테마가 있는 꺼리여행의 시작

세계의 여행꺼리

원융희 · 오용수 지음

| 책머리에 |

21세기는 테마가 있는 꺼리여행의 시대이다

　인간은 상호 간의 접촉을 통하여 문화를 형성하고, 이를 서로 공유함으로써 인간의 교환구조와 전달구조로서의 역할을 수행한다. 그러한 과정의 반복을 통해 국가 혹은 지역의 문화가 형성되므로, 문화를 모르면 그 사회를 이해할 수 없게 된다. 결국 문화는 단순히 교양이나 취미가 아니라 우리들 삶에 직접적인 영향을 주는 것으로 세상을 읽는 방법을 알려주는 매개체인 것이다. 이러한 관점에서 문화는 세계를 설명해 주고 인간행동이 이루어진 배경을 추정할 수 있게 하는 지도라고 하며, 그 사회를 알게 함과 동시에 그 사회를 유지시켜 주는 수단인 것이다. 그러나 때로는 '문화'라는 단어가 너무 남발되어 그 의미와 가치가 퇴색되는 감마저 있다 보니 한편에서는 우려의 목소리도 커지고 있다.
　관광은 왜 하는가? 지금까지는 자연경관을 중심으로 한 여행과 요양을 위한 관광이 주류를 형성해 왔다고 볼 수 있다. 우리나라 사람들은 며칠간, 몇 나라, 몇 개 도시를 돌아다니면서 구경을 해야 좋은 여행을 한 것이라 생각한다. 그러나 앞으로는 많은 곳을 보면서 돌아다니는 것보다 자기취향에 맞는 곳, 보고 싶었던 곳을 가려서 찾아가보는 여행이 주류를 이루게 될 것이다. 이를테면 역사적인 유적지만을 찾아가는 여행, 위대한 예술가가 탄생한 곳이나 작품의 무대가 되었던 곳을 찾아가는 여행, 박물관이나 미술관 같은 문화시설만을 찾으려는 여행문화의 비중이 높아지게 된다는 것이다. 왜냐하면 '인간은 어떻게 살고 있는가? 무엇이 인간답게 살 수 있는 길인가? 무엇이 선진국으로 가는 지름길인가'를 측정하는 데에는 우선적으로 고려해야 할 대상이 바로 '문화'이기 때문이다.

과거에 강대국들은 인접한 문명을 야만으로 치부해 무력으로 정복하려 했고, 현대사회에서도 자기문화중심주의에 빠져 타 문화를 멸시하거나 적대시하는 일부 국가들이 존재하고 있다. 그러나 세계가 지구촌화된 오늘날, 경제적·사회적으로 낙후되어 있는 아프리카 오지라 해서 그 지역문화를 '야만과 미개'라고 격하시키는 일은 공감을 얻지 못할 것이다. 각각의 고유한 문화에는 '차별'이 아닌 '차이'가 있을 뿐이기 때문이다.

다음은 관광환경의 대시대조류(Mega trend)로 인하여 문화인식 및 행동이 대변화를 맞고 있음을 알 수 있는 내용이다.

① 세계화(Globalization)에서 지역화(Localization)로 변화하고 있다.
② 관광목적지 선정 및 판매망 구축 시 전자기술이 막강한 영향력을 발휘하고 있다.
③ 신속·편리한 여행(Fast Track Travel)으로 여행수속의 간소화 및 신속화를 중시하고 있다.
④ 소비자들은 CD-ROM지도, 인터넷을 통한 관광시설 검색, 인터넷 상에서 할인 숙박요금을 제공하는 브로커, 출발 직전 저렴한 항

공요금을 알려주는 전자메일 등을 통해 여행시장에서의 직접적 통제력이 강화되고 있다.
⑤ 모험지향형 대 휴양지향형으로 관광객 성향이 양극화되고 있다.
⑥ 지구촌의 축소화 현상으로 낯선 곳으로의 여행이 증가되고, 우주관광시대가 예상되고 있다.
⑦ 3Es(Entertainment, Excitement, Education)를 결합한 주제별 관광상품의 개발을 추구하고 있다.
⑧ 관광객 유인수단의 확대 및 다양화를 위한 선결조건으로서 관광목적지의 '이미지'가 중시되고 있다.
⑨ 지속가능한 관광개발 및 윤리적 관광을 위한 소비자운동의 영향력이 증대되고
⑩ 점증하는 소비자의 사회·환경의식과 무절제한 여행소비 충동 간의 갈등이 심화되고 있다.

자, 이제부터라도 떠나고 싶은 충동과 미지에의 동경심을 가지고 아무런 부담 없이 가까운 곳부터 가벼운 마음으로 여행을 떠나보자!

2012년 6월 10일
초여름의 문턱에서
원융희·오용수 씀

| 차례 |

아시아 Asia 9

말레이시아 Malaysia 부존자원이 풍부한 나라 … 11
몽골 Mongolia 역사 속에 묻힌 정복문화 … 19
베트남 Vietnam 급부상하는 신흥경제국가 … 22
싱가포르 Singapore 동남아시아 무역의 심장부 … 25
인도 India 비상을 꿈꾸는 약 12억의 땅 … 32
인도네시아 Indonesia 다양성 속에서 새로운 문화를 추구하는 나라 … 39
일본 Japan 모방과 창조로 신경제대국을 이룩한 나라 … 48
중국 China 중화의 나라 … 60
태국 Thailand 불교의 나라 … 68
필리핀 Philippines 축제와 가무를 좋아하는 민족 … 80
홍콩 Hong Kong 아시아 금융권의 허브 … 86

오세아니아 Oceania 93

뉴질랜드 New Zealand 친환경 목축의 나라 … 95
오스트레일리아 Australia 태평양시대의 떠오르는 경제동반자 … 101

서유럽 West Europe 111

그리스 Greece 인류문명의 발상지	113
네덜란드 Netherlands 풍차의 나라	121
노르웨이 Norway 빙하의 나라	125
덴마크 Denmark 낙농의 나라	131
독일 Germany 라인강의 기적을 일군 나라	135
벨기에 Belgium 유럽의 작은 왕국	142
스웨덴 Sweden 바이킹의 나라	149
스위스 Switzerland 세계적인 금융허브국가	156
스페인 Spain 투우의 나라	163
영국 United Kingdom 전통을 중시하는 나라	173
오스트리아 Austria 작은 숲속의 나라	183
이탈리아 Italy 제국과 르네상스문화의 꽃을 피운 나라	194
포르투갈 Portugal 동방항로 발견의 선구자	211
프랑스 France 예술과 와인의 나라	216
핀란드 Finland 호수의 나라	228

동유럽 East Europe 233

러시아 Russia 보드카의 나라	235
루마니아 Rumania 슬라브족의 라틴국가	248
불가리아 Bulgaria 동구권 낙농의 나라	253
세르비아 Serbia 발칸의 메소포타미아	257
우크라이나 Ukraina 유럽국가 중 영토가 가장 넓은 나라	262
체코 Czech 동구권 경제의 선두주자	268
폴란드 Poland 동유럽의 파리	273
헝가리 Hungary 유럽시장의 전초기지	278

북미주 North America 287

미국 United States of America 세계무대의 중심국가	289
캐나다 Canada 바다에서 바다로 이어진 큰 나라	321

중남미 Middle/Southern America 337

- 멕시코 Mexico 중남미 고대문명의 발원지 *339*
- 베네수엘라 Venezuela 남미 제일의 산유국 *345*
- 브라질 Brazil 아마존-지구의 마지막 에덴동산 *350*
- 아르헨티나 Argentina 탱고의 고향 *360*
- 칠레 Chile 지구상에서 가장 좁고 긴 나라 *366*
- 페루 Peru 잉카문명을 꽃피웠던 나라 *371*

중동 Middle East 377

- 사우디아라비아 Saudi Arabia 국민적 자긍심이 높은 석유부국 *379*
- 요르단 Jordan 3대륙 교통문화의 요충지 *382*
- 이란 Iran 고대문명 발원지의 하나 *385*
- 이스라엘 Israel 성지순례의 나라 *388*
- 쿠웨이트 Kuwait 사막에 현대문명을 세운 나라 *393*
- 터키 Turkey 동서양이 만나는 나라 *396*

아프리카 Africa 403

- 남아프리카공화국 Republic of South Africa 보석의 나라 *405*
- 모로코 Morocco 전통풍습이 다양한 나라 *410*
- 에티오피아 Ethiopia 가장 오래된 왕국의 하나 *413*
- 이집트 Egypt 피라미드의 나라 *417*
- 케냐 Kenya 동물의 왕국 *423*

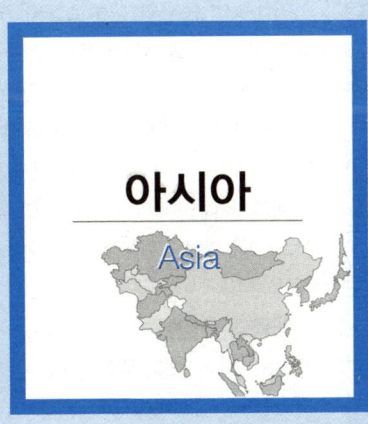

아시아
Asia

말레이시아 Malaysia 부존자원이 풍부한 나라
몽골 Mongolia 역사 속에 묻힌 정복문화
베트남 Vietnam 급부상하는 신흥경제국가
싱가포르 Singapore 동남아시아 무역의 심장부
인도 India 비상을 꿈꾸는 약 12억의 땅
인도네시아 Indonesia 다양성 속에서 새로운 문화를 추구하는 나라
일본 Japan 모방과 창조로 신경제대국을 이룩한 나라
중국 China 중화의 나라
태국 Thailand 불교의 나라
필리핀 Philippines 축제와 가무를 좋아하는 민족
홍콩 Hong Kong 아시아 금융권의 허브

아시아는 우리와 같은 유색인종, 인구가 많은 나라이다. 지역적으로는 유라시아대륙의 동부와 섬들로 되어 있고 그 면적은 광대하다. 인구 또한 세계 총인구의 반 이상을 차지한다.

아시아의 대부분이 오랫동안 유럽의 식민지 지배를 받아오다가 2차 세계대전 후 민족의식이 급속히 높아지면서 대부분 독립하였다. 많은 나라들이 인구과잉과 빈곤으로 어려움을 겪으면서도 근대화를 위해 힘쓰는 것이 특징이다.

세계 최대인 유라시아대륙의 동부가 아시아이고, 우랄산맥, 카스피해, 코카서스산맥, 흑해, 지중해, 홍해, 인도양을 연결하는 선을 경계로 유럽과 아프리카에 접한다.

대륙의 중앙에는 세계의 지붕이라 일컫는 히말라야, 곤륜, 천산알타이 등의 산계(山系)가 모여 있고 북은 시베리아 평원, 남은 준대륙인 인도, 동남은 인도지나반도, 말레이반도가 있고 남태평양상에는 세계 최대의 인도네시아군도가 있다.

인종은 몽골로이드, 한(漢)족, 말레이족, 인도·아리아족을 비롯하여 다양하다.

종교는 남방불교(타이, 미얀마, 스리랑카, 캄보디아, 라오스), 북방불교(일본, 중국, 베트남), 힌두교(인도), 라마교(몽골, 티베트, 네팔), 가톨릭교(필리핀), 자이나교, 시크교 등에 뿌리를 두어 왔으나 최근에는 기독교 성향의 국가와 신도가 급증하는 추세이다.

말레이시아 Malaysia
부존자원이 풍부한 나라

말레이반도에는 말레이인, 중국인, 인도인, 토착 원주민인 오랑아슬리족이 살고 있으며, 사라와크와 사바에는 다양한 부족들이 있다.
말레이인들이 정치를 장악하고 있으며, 중국인들이 경제력을 쥐고 있다는 것은 거의 맞는 말이다. 전체 인구 중 약 85%가 말레이반도에 살며, 사바와 사라와크에 살고 있다. 최근 여러 해 동안 다른 많은 무슬림국가에서 그랬던 것처럼 말레이시아도 종교에 대한 관심이 높아졌으며, 종교활동도 많이 증가하였다. 하지만 다른 국가에서처럼 무슬림 원리주의가 그렇게 강하지 않은 것만은 분명하다. 하지만 현지인들에게 종교문제로 불쾌감을 주는 행동은 하지 않는 것이 좋다.
다양한 인종이 사는 만큼 이를 반영하는 다양한 종교가 말레이시아에 있다. 비록 이슬람교가 말레이시아의 국교이지만, 종교의 자유는 보장되어 있다. 말레이인은 거의 모두 무슬림이며, 인도인 중에서 무슬림을 신봉하는 사람들도 있다. 중국인들의 경우 기독교를 믿는 사람도 조금 있지만, 대부분이 도교와 불교 신자이다. 남부인도에서 온 인도인들은 힌두교도이다. 하지만 무슬림 인도인도 꽤 많다.

    말레이시아는 동남아시아 적도 바로 북쪽에 위치하고 있으며, 말레이반도의 남부, 즉 구(舊)말라야 연방의 11주(서말레이시아)와 보르네오섬 북부의 사바, 사라와크 2주로 이루어진 열대의 나라이다.
    말레이시아의 역사는 15세기 초 수마트라섬에 있던 왕족이 그곳 사람들을 이끌고 말레이반도에 상륙, 말라카왕국을 세우면서 시작되었다. 당시 말라카왕국은 동서무역의 요충이었던 말라카해협을 수중에 넣고 상권을 장악, 일약 부국(富國)으로 성장하여, 왕도(王都) 말라카는 상거래를 위해 모여든 다양한 민족들로 문전성시를 이뤄 국제도시로 번창하였다.

하지만 1511년 포르투갈 세력이 이곳에 진출, 아시아 무역과 기독교 전파의 전초기지를 세움으로써 서구열강의 세력이 밀려들기 시작, 1641년 네덜란드 함대와 부기스(중부 수미트라인)의 침략으로 말라카 왕국은 결국 멸망하고 만다. 그러나 왕조의 후예들은 짙은 밀림으로 뒤덮인 반도의 자연조건을 이용, 각지에서 소왕국을 건설하고 말레이적 전통을 유지해 나갔었다.

18세기에 접어들자 이번에는 이미 인도를 수중에 넣은 바 있는 영국이 이곳까지 세력을 뻗쳐 1786년 말라카해협 북쪽에 있는 피낭섬을 점령한 데 이어 1795년에는 말라카해협 전역을, 그리고 1819년에는 싱가포르까지 접수하고, 피낭, 말라카, 싱가포르 일대를 이른바 '해협식민지'라 칭하였다. 이후 영국은 이곳을 거점으로 차츰 반도 내부의 소왕국에까지 손을 뻗쳐, 1909년에는 반도 북부에 자리 잡고 있던 4왕국을 평정하는 한편, 보르네오섬 북단 연안에 있던 사비와 사라와크 역시 비슷한 시기에 보호령으로 삼게 된다. 그러나 영국은 식민통치 하에서도 기존의 술탄(이슬람교 소왕국의 통치자) 지도체제를 유지, 이때의 소왕국들은 뒷날 연방 말레이시아의 주단위로 재편된다.

이어 2차 세계대전 중에는 일본군에 의해 잠시 점령당하지만, 전쟁 후 다시 영국의 식민통치로 환원된다. 하지만 말레이인들의 강한 저항운동에 부딪힌 영국은 1948년 피낭, 말라카 및 반도의 9주로 이루어진 말라야 연방의 형성과 이에 따른 자치정부의 구성을 허용하게 되었다. 그리고 1955년 7월에는 자유총선거를 통해 '말레이시아 독립의 아버지'인 라만 수상이 취임하게 되며, 1957년 8월에 이르러서는 영연방 가맹 독립국으로 승격하였다.

1960년대 이후 국내의 무장 공산세력의 준동과 민족 간(말레이인과 중국인)의 불화로 불안한 정국이 이어지는 가운데서도 1963년 라만 정부는 싱가포르 및 사라와크와 사바(당시까지도 영국의 식민지로 잔류)지역을 포함한 '연방국 말레이시아(Federation Malaysia)'로 거듭났었다. 하지만 주민 중 중국계가 압도적 다수를 차지하고 있던 싱가포르가 연방 발족 2년 후인 1965년에 분리를 선언, 독립함으로써 오늘날의 말레이시아 영토가 확정되었다.

이후 말레이시아는 통일말레이 국민조직(UMNO)을 중심으로 한 범여권이 오늘날까지 치러진 9차례의 총선에서 압도적 승리를 거두며 정국을 주도, 국제무대에서 개발도상국으로서의 입지를 굳히고 있다.

말레이시아의 정통요리

다양한 인종, 다양한 종교, 다양한 문화를 가진 나라는 음식도 다양하다.

가장 곤란을 겪는 곳은 식당이다. 이슬람교인은 돼지고기를 안 먹고, 힌두교인은 쇠고기를 안 먹는데, 가령 이슬람교도와 힌두교도가 동시에 식당에 찾아오면 쩔쩔매게 된다. 우리나라에서 열린 올림픽 때도 종교에 따른 식성 때문에 고민했다는 에피소드가 있었다.

말레이시아를 대표하는 이 나라 정통요리는 사테(Satay)다. 참새구이처럼 꼬치에 꽂은 숯불구이요리의 일종인데, 재료는 닭고기, 쇠고기, 생선 따위다. 그냥 구운 것이 아니라 특이한 향료를 넣어 묘한 맛을 내고 있다. 캄펠(Campbell)街나, 메단 슐레라(Medan Selera) 부근의 야외 레스토랑 거리에 가면 맛있는 사테 맛을 볼 수 있다.

론당(Rendang)도 이 나라의 대표 요리 중 하나다. 론당은 고기에 코코넛밀크와 고추를 넣어 삶은 요리로, 씹을 때 야릇한 향기가 톡 쏜다. 이 톡 쏘는 자극 때문에 현지인들은 무척 좋아한다. 외국인은 비위가 좋아야 시식할 수 있다.

맵지 않은 카레가루와 코코넛밀크를 배합, 닭고기, 쇠고기, 또는 물소고기나 염소고기를 삶은 코르마(Korma)생선과 다마린드 잎사귀로 만든 수프에 쌀가루 국수를 넣고 그 위에 야채가루를 뿌린 락사(Laksa)도 시장이나 거리의 식당에서 자주 보는데 제법 맵다.

말레이시아 정통요리는 원래 손가락으로 먹게 되어 있다. 오른손의 첫째, 둘째, 셋째 손가락, 3개만을 사용하여 음식을 먹는다. 넷째나 새끼손가락에는 음식이 닿지 않도록 해야 하며, 왼손은 절대 사용해선 안 된다. 보기에는 쉬워 보이지만, 서양 사람의 젓가락질이 서툴 듯, 실제 사용해 보면 잘 되지 않는 것이 손가락 식사법이다.

말레이시아의 축제

말레이시아는 모자이크 국가다. 인종 구성부터가 복잡한 나라다. 말레이시아에 진짜 말레이시아인은 전 인구의 절반도 안 된다. 그러나 전 인구 중 차지하는 비율은 가장 높다. 다음은 중국인으로 전체의 약 3분의 1에 가깝다. 그리고 인도, 파키스탄인이 약 9% 되고, 나머지는 바자우족, 무루트족, 다야크족, 멜라니족 등 여러 소수 종족과 유럽인, 일본인, 그리고 소수이지만 한국인도 섞여 있다.

언어도 복잡하다. 모국어는 말레이시아어지만, 말레이시아어가 통하지 않는 지역이 많다. 그래서 영어, 중국어가 보편적으로 많이 쓰인다. 자기네 나라 사람끼리도 통역을 하지 않으면 의사소통이 안 된다. 이 나라에 살려면 적어도 2개 국어 이상을 해독해야 불편이 없다. 방송은 말레이시아어 · 영어 · 중국어 · 타밀어로 하고, 학교도 말 · 영 · 중국어 외에 힌두어 학교가 따로 있다.

종교도 복잡하다. 가장 많은 것은 회교로 70%에 이르지만, 인종마다 신봉하는 종교가 달라, 중국인은 불교, 인도인은 힌두교, 백인은 가톨릭 등, 다채로운 종교가 공존하고 있다.

축제일도 다양하다. 중국인의 축제인 음력설을 비롯, 석가 탄생일(5월 12일), 이슬람교의 축제 할리타야하지(8월 5일), 마호메트 탄생일(11월 4일), 크리스마스(12월 25일) 등이 모두 이 나라의 축제일이다. 물론 국왕 탄생일(6월 3일), 건국일(8월 31일)도 축제일로 되어 있다. 소수민족의 축제도 수없이 많다. 그러다보니 이 나라는 일 년 내내 축제가 계속된다. 축제 때는 민속의상을 입고, 민속춤을 추며, 각종 민속적 행사를 벌여, 관광객을 즐겁게 해준다.

말레이시아는 우리나라 남북한 합친 것보다 1배 반 더 큰 33만 평방킬로 면적에 13개 나라가 모인 연방국이며, 왕이 통치하는 입헌군주국이다. 그런데 신통한 것은 아시아에서 분쟁도 없고 국내정세가 가장 안정된 평화스러운 나라라는 것이다.

쿠알라룸푸르

서울에서 비행기로 6시간이면 닿을 수 있는 쿠알라룸푸르는 높은 현대식 건물과 역사·종교적 색채의 웅장한 건축물들이 조화를 이룬 곳이다. Kuala Lumpur는 '진흙물'이란 뜻으로 이 도시 생성의 배경을 간직하고 있다. 1859년 일단의 주석광부들이 서해안으로부터 두 갈래로 갈라지는 강 하구(마시드자메 회교사원이 있는 곳)에 도달하여 이곳에서 파낸 주석을 실어나르는 무역항을 개설함으로써 쿠알라룸푸르의 근대역사가 시작된다. 이때 강어귀에서의 주석채굴작업으로 인해 물이 흐려져 아직도 진흙물이 흐른다.

시 중심부의 '황금의 삼각지대(Golden Triangle)'는 유명한 관광호텔들이 들어서 있고 쇼핑과 상업의 중심지이다. 시내관광은 택시를 이용하는 것이 편리하다. 특히 시내 페탈링가(Petaling Street)의 차이나타운은 우리나라의 남대문시장 같은 곳으로 중국계 주석광부의 후손들이 상권을 쥐고 있다. 물건에 따라 10~25%의 할인이 가능한 것도 있다.

시내의 가볼 만한 곳으로는 국가기념비, 국회의사당, 호수정원 등이 운집해 있는 그린파크, 술탄 압둘 사마드 회교사원, 카리야네카 수공예품센터, 국립박물관과 이슬람양식의 건물인 철도역 등이 있다. 북쪽 시 교외에는 힌두사원이 들어선 바투동굴이 있는데, 이 동굴까지 가려면 272계단을 올라가야 한다.

바투동굴은 쿠알라룸푸르 시에서 북쪽으로 13킬로, 자동차로 15분쯤 되는 가까운 교외에 있다. 역사가 1백만 년도 넘을 것이라는 오래된 석회암 종유굴이다. 그러나 이 동굴이 발견된 것은 1878년. 겨우 114년밖에 안 됐다. 미국인과 영국인 경찰서장이 수상쩍다는 생각으로 바위산을 기어 올라가 수색하던 도중 우연히 발견된 것이다. 하늘 한 가운데가 뻥 뚫린 동굴을 비롯, 수없이 많은 크고 작은 동굴들로 이루어진 바투동굴은 지금은 힌두교의 성지로 되어 수많은 신도들의 참배행렬이 그치지 않는다. 272개의 돌계단을 밟고 꼭대기에 도달하면 힌두교 신상(神像) 스부타마니앙이 봉안되어 있다. 묘하게도 이 신상을 7색의 네온사인으로 장식하여 현란한 느낌마저 주는데, 신상을 지나 더 깊이 들어가면 마치 굴뚝처럼 사방이 절벽으로 둘러싸인 동굴이 있다.

이 바투동굴에서 매년 1월과 2월, 끔찍한 축제가 벌어진다. 타이푸삼(Thaipusam)이란 이름의 유명한 힌두교 축제인데, 이때 신도들은 젓가락만한 침을 혀, 얼굴, 팔, 등, 발과 온몸에 꽂고, 카바리란 이름의 장식을 이끌고, 계단을 오른다. 극한의 고통과 인내를 신앙으로 승화시키는 종교의식이다. 바늘이 몇 개 꽂혔는가, 카바리의 무게가 얼마인가에 따라 신심의 깊이를 가늠한다. 이 苦行의 축제를 보기 위해 동굴과 계단 주변은 인산인해를 이룬다.

신상 주변에는 코코넛 껍질이 너절하게 버려져 있다. 코코넛은 껍질은 단단하지만 속살은 부드럽다. 신상 앞에서 단단한 코코넛을 깨고 속살을 보여줌으로써 꼭 닫힌 마음의 문을 열고 신 앞에 순응한다는 신앙의 표현이다.

랑카위섬

말레이시아의 서해바다 북쪽 끝에 그림처럼 아름다운 99개의 섬 집단이 있다. 말레이시아가 감추어두었던 비장의 휴양지 랑카위섬이다. 에메랄드빛 바다와 산호초, 그리고 열대수림에 둘러싸여 그 뛰어난 경관으로 새롭게 주목을 받기 시작한 섬이다.

대개의 경우, 휴양지라면 뛰어난 경관만이 매력의 전부다. 그런데 랑카위에는 수많은 전설과 신화가 있다.

마하수리 왕비의 무덤에도 전설이 있다. 아주 옛날 예쁜 왕비가 살았는데 왕이 출타 중 부정을 저질렀다는 의심을 받고 억울하게 처형된다. 이때 왕비의 몸에서 하얀 피가 흘러 결백을 증명했다는 전설이 오래전부터 전해지고 있어 이 섬을 방문하는 사람들은 꼭 한 번씩 찾는다. 공항 부근의 논에는 이상한 밭이 있다. 이 밭을 휘저으면 시커멓게 탄 쌀이 나온다. 옛날 침략자가 이 섬에 와서 식량을 약탈하면서 불을 질렀던 곳이었다고 한다. 이 불에 탄 쌀을 물에 타 마시면 위장병이 거뜬히 낫는다고 한다.

랑카위에서 두 번째로 큰 다양부팅섬에는 '任婦의 호수'라는 신비로운 연못이 있다. 물결이 하나도 없어 마치 거울 같은데 푸른 비취색을 띠고 있어 왠지 으스스한 느낌마저 준다. 이 호수의 물을 마시고 19년간 아기가 없어 애태우던 어떤 부부가 임신을 하게 되었다는 고사로 인해 이런 별명이 붙여졌다고 한다.

랑카위의 수도 쿠아마을에도 전설이 있다. 옛날 어떤 예쁜 딸을 가진 집안과 이 집에 청혼을 했다가 거절당한 집안 사이에 큰 싸움이 벌어졌는데 이 싸움이 어찌나 심했던지 온 동리의 그릇이란 그릇은 모두 박살이 났다. 현지어로 '엎질러진 고깃국'을 '구례비'라고 하는데 이것이 변하여 '쿠아'가 되었단다.

몽골 Mongolia
역사 속에 묻힌 정복문화

고대로부터 몽골 초원에는 흉노, 돌궐 등 여러 유력한 유목민족들이 나타났다 사라졌다. 1206년 칭기즈칸이 등장해 몽골 초원을 통일하고 역사상 최대의 대제국을 건설했다. 14세기 말에 몽골제국이 몰락하자 몽골 초원에는 다시 여러 부족이 나타났다. 명나라에 이어 중국을 지배한 청나라의 강희제는 몽골의 세력을 견제하기 위해 몽골을 내몽골과 외몽골로 분리시켰다. 이후 내몽골은 중국과 호흡을 같이하고 외몽골은 중국에서 신해혁명이 일어난 1911년에 신정 군주제로 독립을 선언하였다.
1917년 이후 한때 러시아 내전의 여파에 휘말렸으나 1921년 수흐바토르 초이발산이 전란을 수습하고 1924년 국호를 몽골인민공화국이라 함에 따라 아시아의 두 번째 사회주의 국가가 되었다. 그 후 소련의 영향력이 막강해졌으며, 중·소분쟁이 발생할 때 옛 소련을 지원하였다. 1992년에 복수정당제를 원칙으로 하는 자본주의 국가로 변화, 사회주의체제를 버리고 자본주의 경제를 도입하여 오늘에 이르고 있다.
이제 몽골에도 느림의 미학은 사라지고 현대문명의 물결이 여러 곳에서 넘쳐나고 있다.

아시아대륙의 중앙에 자리 잡고 있는 몽골은 북쪽으로는 러시아, 그리고 남동·서쪽으로는 중국과 국경을 맞대고 있는 내륙국이다. 면적으로 따지면 아시아에서 6번째로 큰 나라이지만 인구는 264만 명에 불과해 인구밀도가 1km^{2}당 1.4명 정도이다.

몽골민족은 이미 기원전부터 현재의 지역을 근거지로 소, 말, 양 등을 치며 유목생활을 했다고 전해진다. 따라서 이들은 일찍부터 가축 다루는 기술이 뛰어나 강력한 기마 전투력을 보유하고 있었으며, 여기에 유목민 특유의 날렵함과 강인함을 바탕으로 곧잘 주변 정복에 나서곤 하였다. 특히 몽골민족은 13세기에 접어들면서 세계사 속에 하나의 커다란 족적(足跡)을 남기게 되는데, 그것은 바로 '칭기즈칸'이란 걸출한 한 영웅에 의해 비롯된다. 당시 칭기즈칸은 현재의 몽골고원을 근거로 군사를 일으켜 아시아와 유럽 일대에 걸친 세계 역사상 최대의 제국을 건설한다. 그리고 스스로는 중화(中華)의 황제로 등극, 중국의 원(元)왕조를 열기도 하였다.

몽골의 국교는 라마교로 한창 때는 1천여 개의 사원이 있었다. 그러나 사회주의를 받아들이면서 모두 없어지고 극소수만 남아 있다. 울란바토르의 간단사(寺)가 대표적인 사원으로 남아 라마교 스님들이 종교의식을 치르고 있을 뿐 그나마 나머지 사원은 박물관 구실을 하고 있다.

관광을 원하는 사람에게 현재의 수도 울란바토르는 의미가 없다. 사회주의와 더불어 시작된 도시인데 그 체제가 실패했기 때문이다. 새롭게 민족문화예술을 다듬어가는 움직임이 있지만 아직은 미흡한 상태이다. 체제는 바뀌었지만 사람들의 습성은 아직 사회주의 시절 그대로 남아 있어 버젓한 상점들이 토요일에는 일찍 문을 닫고 일요일에는 쉰다.

관광의 포인트는 자연이다. 고비사막도 자연이라는 측면에서는 값진 볼거리이다. 오염되지 않은 광대한 자연에서 나름대로 느낌을 가져보는 것이다. 옛 수도 카라코룸은 몽골의 가장 오래된 불교사원인 에르데니묘(廟) 북쪽에 유적지가 있어 함께 꼭 들러볼 만한 곳이다. 실크로드 북동지역의 중심지이자, 고원의 중앙부에 해당하는 요지로 돌궐, 위구르 등 역대정권의 거점이기도 하였다. 칭기즈칸에 의해 병참기지가 설치되고, 그의 아들인 오고타이칸에 의해 성벽과 만안궁(萬安宮)이라는 중국식 궁전이 지어진 것이 도시로서의 기원인데 당시 이곳은 세계에서 제일 크고 강한 제국의, 정치와 문물의 중심(?)이었다.

몽골의 강은 모두 바이칼호로 흘러든다. 올흔, 톨라, 셀렝가강 등인데 강 유역은 질 좋은 목초지가 펼쳐지는 평원이다.

'아이락'과 '하마린 치마크'

우리 국토의 15배가 넘는 드넓은 초원의 동네와 동네 사이는 수km에서 수십km나 된다. 말이 동네지 비행기에서 내려다보면 망망대해 같은 초원에 하얀 게르(몽골 전통의 둥근 천막집) 한두어 채가 가축막사와 나란히 뜨문뜨문 떠 있을 뿐이다. 가족들 외에는 사람 그림자라고는 구경할 수 없이 가축과 더불어 살아가는 그들에게 손님맞이는 더할 수 없이 반가운 일이고 또 귀중한 정보 제공원이었을 터이니 그 대접이 얼마나 극진할지는 상상하고도 남는다.

손님이 오면 우선 '아이락'이라고 하는 말젖으로 빚은 술, 즉 마유주(馬乳酒)를 '멍근 아야크'라고 하는 은제 술대접에 가득히 부어 두 손으로 권한다. 이 마유주는 맛과 색깔이 우리의 막걸리와 비슷하고 알코올농도는 5% 정도밖에 안 된다. 술이라기보다는 음료처럼 마시는데, 일년 중 9개월만 마실 수 있다. 술을 따를 때와 마실 때 손목을 안으로 꺾어야 한다. 만일 술을 따를 때 손목을 밖으로 꺾으면 따귀를 맞는다.

겨울에는 풀이 없으니 젖을 짤 수 없으므로, 마유주를 마실 때 새끼손가락으로 찍어서 천지신명께 고수레하며 세 번 뿌리고 나서 마신다. 접시에 '아롤'이라고 하는 마른 치즈와 과자, 사탕 등을 함께 수북이 쌓아서 내어놓는데 어느 집을 방문하거나 똑같다. 또 이들이 일 년 열두 달 즐겨 마시는 '쑤테이 차' 즉, 우유와 차를 섞어 소금을 약간 넣어 끓인 차를 손잡이 없는 사발 같은 그릇에 가득 부어 대접한다.

남자들에게서만 행하여지는 대접으로 '하마린 치마크'라고 하는 코담배가 있다. 글자 그대로 코로 담배를 피우는 것인데 손 한 뼘에 쥘 만한 크기의 것으로 일종의 향수병을 코에 대고 냄새를 맡는다. 남자들은 누구나 하나씩 갖고 있으며 서로 바꾸어 쓰기도 한다. 이것을 거절하면 우정을 끊겠다는 행위로 받아들여야 한다.

베트남 Vietnam
급부상하는 신흥경제국가

베트남은 동남아시아에서 유일하게 이웃한 중국의 영향을 받은 한자문화권에 속하여 인도의 문화적 영향을 많이 받은 다른 동남아시아국가들과 큰 대조를 이룬다.
베트남인들은 근면, 성실, 인내, 친절, 용감성 등의 국민성을 지녔다고 스스로 생각하고 있다. 그러나 오랜 세월 동안 끊임없이 자행되어 온 외침을 성공적으로 물리친 역사에 대한 자부심으로 외국인으로부터 자존심을 손상당했다고 생각하면 금방 얼굴을 붉히는 등 표현으로 나타낸다. 따라서 그들의 전통역사를 칭찬하는 대신 수입이나 생활비 문제 등 가난한 이들의 자존심을 건드리는 질문이나 개인생활에 대한 정부의 간섭 등에 관한 이야기는 하지 않도록 한다.

　　인도차이나반도 동부에 S자 모양으로 길게 자리 잡고 있는 베트남은 우리에게 '월남(越南)'이란 이름으로 친숙하며, 옛날에는 '안남(安南)'이라 불리기도 하였다.
　　베트남의 역사는 기원전 2세기경 통킹만과 북부 안남 일대에 살고 있던 베트남어 부족들이 중국 진(秦)나라의 멸망을 기화로 '남베트남(Nam Viet)', 즉 '남월국(南越國)'을 세우면서 시작된다. 베트남은 남북으로 길게 뻗은 나라이기에 종단하는 데는 시일이 꽤 걸린다. 시간이 있다면 열흘 정도는 보람 있는 여행이 될 만큼 볼거리는 많다.
　　베트남 입국은 하노이나 호치민(사이공)으로 가능하다. 하노이를 기점으로 하면 바다의 계림이라는 하롱베이와 디엔비엔푸, 사파 등의 도시를 도는 북부지역 여행을 삼사일 한 후 호치민시로 내려와 달라트, 붕타우, 메콩델타 등을 둘러보면 훌륭하다. 또 중부에도 후에 다낭, 나트랑 등 가볼 만한 도시들이 많다. 일정에 여유가 없는 경우에는 국내선 비행기를 이용하는 것이 좋지만 그렇지 않은 경우라면 철도여행도 권할 만하다.

인도차이나란 인도와 지나(支那 : 중국)의 문화가 공존하는 땅이라 해서 붙여진 이름이다. 남북으로 길게 뻗은 추옹송산맥을 천연의 국경으로 하여, 나란히 그 동쪽에 위치한 베트남은 4분의 3이 산악지대인데 북쪽으로는 중국, 서북으로는 아로스, 서남으로는 캄보디아와 접해 있고, 남지나해에 면한 동쪽 해안선의 길이는 3,260km에 이른다.

베트남은 이런 지형적 특성으로 인해 크고 작은 여러 개의 강이 서에서 동으로 흐르며 하류에서는 델타를 형성하고 있다. 하노이는 북부지방의 젖줄인 홍하의 델타지역 안에 있으며, 호치민은 광대한 메콩델타에 인접해 있고 중부에는 천연의 양항(良港)들이 있다.

비행기에서 메콩델타를 보면 그 광대함에 입이 저절로 벌어진다. 진흙 범벅 같은 대지에 뱀이 엉켜 있는 듯 흐르는 대하(大河). 부분만을 경작지로 개발하고 있음에도 이 델타는 이미 아시아 최대의 곡창지대로 떠올랐다.

메콩델타 동북쪽을 흐르는 사이공강 오른쪽으로 호치민 시가가 펼쳐지는데 원색의 꽃들이 사철 피어 있고 남국의 정서가 넘친다. 이곳은 연중 최저기온이 26도나 되는 더운 곳이다. 델타지대의 해안은 모래사장이 끝없이 펼쳐지는 곳도 많은데 특히 붕타우는 1년 내내 수영할 수 있는 아름다운 물과 하얀 모래로 유명한 해안이다.

이에 비해 북부의 전원 풍경은 우리 눈에 낯설지 않을 정도로 우리나라와 비슷한 곳이 많다. 하노이 공항에서 시내로 향하다 보면 철근으로 만들어진 거대한 다리(昇龍橋)를 지나게 되는데, 그 아래 흐르는 강이 홍하(紅河)이다. 중국 운남성에서 발원하지만 강줄기의 대부분이 베트남 영내를 돌고 있다. 밀림에 뒤덮인 상류에서는 격류를 이루지만 하류에서는 강폭이 넓어지며 흐름도 완만해진다.

북부에서는 델타만이 아니라 다양한 풍광을 즐길 수 있는데 대표적인 명승지가 하롱만(下龍灣 : 하롱베이)이다.

석회암질로 된 크고 작은 3,000여 개의 바위섬이 저마다 특이한 모양을 자랑하고 있어 '바다의 계림'이라 불린다. 통킹만을 사이에 두고 마주보는 해남도 삼아(三亞)의 기이한 풍광과 연결지어보면 어떤 영감인가가 잡힐 것만 같은 느낌을 준다.

전쟁과 식생활

전쟁 시 한 나라의 음식문화의 형태는 승패를 좌우하는 관건이 되는 경우가 많다. 만약 전쟁을 하는 양 진영 중 한 곳은 음식 준비에 반드시 불이 필요하고 음식이 쉬 불어 맛이 없을 뿐 아니라 쉽게 상하고 운반과 조리에 많은 병력이 필요하고 따라서 적에게 쉽게 노출되는 데 비해, 다른 한 진영에서는 음식의 양이 적고 보관성이 강하고 준비에 불을 피우지 않아도 되거나 불을 피우더라도 적에게 들키지 않을 정도로 적게 피우면서 견뎌낼 수 있다면 전력이 서로 비슷한 경우 앞서 말한 나라는 반드시 패하게 되어 있다.

베트남 사람들이 한 끼에 먹는 음식의 양이 얼마나 적은가에 놀라지 않을 수 없다. 정글 속에 숨어 있는 군대는 한 달이나 보름 동안 차를 끓이는 것 외에 불을 피우지 않아도 되고 라이스 페이퍼, 누크맘, 그리고 야자잎에 싼 발효된 고기만 있으면 그곳에서 조달되는 산야채 등을 활용해 식사를 해결해 왔다.

깊은 정글 속에 숨어서 언제라도 적을 공격할 수 있는 그들에 비해 미군들은 그러지 못해 정글전에 극히 불리하였으며, 미국뿐 아니라 그 이전에는 중국, 일본, 프랑스 등 많은 강대국들이 베트남과 싸워 패배의 쓴맛을 볼 수밖에 없었던 것이다.

싱가포르 Singapore
동남아시아 무역의 심장부

싱가포르는 원래 살던 말레이민족 인구와 3대에 걸친 중국인, 이민 온 인도인과 아랍인, 그리고 현대에 이민 오거나 현지 파견된 한국인을 포함한 여러 민족과 문화가 다양하게 섞여 만들어내는 복합적 문화를 발전시키고 있다. 특히 영국 식민지문화와 페라나칸(Peranakan)의 문화가 주류를 이루고 있다.

따라서 싱가포르인에 대한 종교, 전통 및 관습을 존중하는 자세가 필요하다. 상대적으로 싱가포르를 방문하는 우리나라 관광객이 증가하고 있고 여행 중 한국인으로서의 품위 유지에도 각별한 주의가 요구된다.

이미 싱가포르는 1959년부터 1990년까지 이콴유 수상의 장기집권 기간 동안 놀라운 경제성장을 이루어 홍콩에 버금가는 경제력을 가지게 되었다. 특히 관 주도의 경제, 사회정책의 집행은 공산주의보다 더 강하다는 평가를 받고 있다.

싱가포르는 고도로 발달된 시장기반 경제를 가지고 있으며, 역사적으로 수출입무역에 의존하여 발달해 왔다.

싱가포르는 런던, 뉴욕, 도쿄에 이어 세계에서 4번째로 큰 외환시장을 가지고 있으며, 사업가들에게 가장 친화적인 정책과 환경으로 평가받고 있다. 홍콩, 한국, 대만과 함께 싱가포르는 종종 아시아의 4마리 용으로 불리곤 한다.

    싱가포르는 동남아시아 남부 말레이반도 남쪽 끝에 위치한 싱가포르섬과 그 주변의 부속섬들로 이루어진 도시국가이다.

    싱가포르란 원래 산스크리트어로서 'Singa(사자)'와 'Pura(마을)'가 합성된 말이다. 즉 말레이인들의 전설에 따르면 옛날 인도네시아의 스리비자야성 왕자가 괴상한 동물들을 보고 사자로 오인, '싱가프라

(Singapura)'란 이름을 지었다고 한다. 이런 연유로 오늘날 싱가포르를 상징하는 문장에도 바다사자가 그려져 있다.

사자상

싱가포르시의 중심은 동서로 흐르는 싱가포르강의 하구 주변이다. 시티홀역에서 남쪽으로 뚫린 앤드류거리에 시청, 대법원, 국회의사당, 빅토리아기념홀, 빅토리아극장이 있고, 강변에 이르는 동쪽에 라플즈경의 상륙지점과 서쪽에 엠프레스궁이 있다. 여기서부터 아리나 베이의 바닷가를 끼고 넓은 초록의 세계가 펼쳐지는데 이곳이 에스플라나드 공원이다. 이 공원 한복판으로 2km나 되는 길다란 산책로가 깔려 있다. 엘리자베스 여왕의 등극을 기념하여 만든 '엘리자베스 워크'다.

이 산책로는 젊은 연인들의 아베크 코스이며, 신혼여행 커플의 메카이기도 하다. 열대수와 잘 가꾼 꽃밭, 잔디, 그리고 나무숲 사이로 보이는 바다와 하늘은 그림처럼 아름다운 콘트라스트를 이루고 있다. 이 공원에서 건너다보이는 강 하구의 남쪽에는 싱가포르의 심벌이라는 '마라이온'이 있다. 얼굴은 사자인데 몸과 꼬리는 물고기인 이상한 짐승의 석상이다. 반쪽만 사자이기 때문에 사자상이라고 부를 수도 없다. 사자라고는 한 마리도 없고 살지도 않는 이곳에 사자상이 왜 생기게 되었을까. 원래 싱가포르는 말레이사어로 '테마넥(바다마을)'이라고 불렀었다. 그러나 1377년, 자바의 침공으로 마을은 파괴되고, 수마트라의 왕자 '니라우티마'가 이 섬에 와서 마을을 새로 건설했다.

이때 사자를 닮은 이상한 동물을 보고 '싱가폴라'라고 이름을 새로 지었는데, 이것은 '사자마을'이란 뜻이다. 이로부터 지금의 싱가포르란 이름으로 불리게 되었다. 사자가 없는 마을의 이름이 사자마을이 된 것은 좀 이상하지만, 어쨌든 싱가포르의 상징은 반사자상이 되어 이

나라 곳곳에서 이 돌사자상을 구경할 수 있게 되었다.

높이 8m나 되는 거대한 돌사자상 뒤에는 또 하나의 조그만 돌사자상이 등을 맞대고 서 있다.

사회질서

싱가포르는 규제가 심한 나라다. 길거리에 휴지를 버리거나 침을 뱉으면 처벌을 받는다. 교통질서도 잘 지켜지고 있다. 공무원들의 부정부패는 이 나라에 없다. 법과 규칙을 지키지 않으면 살 수 없게 되어 있는 나라다.

불과 50년 전, 말레이시아연방에서 분리·독립될 당시는 무질서와 불법과 혼란이 이 나라를 지배했다. 질서를 바로잡고 사회를 정당화하기 위해, 정부는 단호한 조치를 취했다. 중한 사회질서 파괴범에 대해서는 시내 한복판에서 공개처형까지 시행했다. 지금도 관광객에게 당시의 처형장소를 관광시켜 주고 있다. 싱가포르에서는 담배 피우기도 힘들다. 가는 곳마다 금연구역투성이다. 담배를 피울 수 있는 장소란, 호텔로비나 자기 집 안방 정도다. 사무실, 백화점, 식당, 병원, 지하철 등 가는 곳마다 금연구역이다. 담배를 피우다 들키면 벌금이 500달러다. 입국할 때는 피우던 담배 외에는 한 갑도 지참하지 못하게 되어 있다. 애연가에겐 지옥같이 느껴지지만 시민들은 불평이 없다.

이 싱가포르에서 이번에는 껌 금지령이 내렸다. 새로 시행되는 껌 규제법령을 보면 추잉껌에 대하여 씹지도, 팔지도, 들여오지도 못하게 막아버렸다. 만약 몰래 껌을 씹다 들키면 벌금이 500달러(약 23만 4천 원)이다. 껌을 팔다 들키면 벌금이 2,000달러(약 93만 6천 원)가 되며, 해외에서 반입하다 들키면 1만 달러의 벌금을 물거나 1년 이하의 징역을 살아야 한다. 보석밀수에 버금가는 엄한 형벌이다.

껌 씹기 좋아하고 아무 데나 뱉는 버릇을 가진 한국인이 멋모르고 이 나라 여행 중 봉변을 당하는 일이 없도록 주의해야 한다.

일류를 만들어내는 두뇌국가

싱가포르가 작은 것은 국토뿐이지 나머지는 작은 것이 없다. 싱가포르항공의 경우에서 보듯 여러 분야에서 오히려 최고, 일류의 자리를 차지하고 있다.

싱가포르가 지금 또 하나 추진하고 있는 사업은 싱가포르를 아시아지역 방송의 중심지로 만드는 작업이다. 골격은 이미 다 만들어졌고 세계에서 내로라하는 유명 방송사들이 앞을 다투어 지역본부를 설치했다.

△음악전문방송인 MTV 아시아와 만다린, △영화전문채널 HBO, △아시아지역 경제뉴스를 전하는 ABN(Asia Business News), △스포츠텔레비전인 ESPN, △다큐멘터리 전문의 디스커버리채널, △가족대상의 영화와 특집들을 방송하는 월트디즈니텔레비전 등등이 아시아지역의 방송을 위해 싱가포르에 교두보를 마련했다.

이들 방송사들이 싱가포르를 택한 것은 영어를 잘하는 인력이 포진해 있다는 점과 아시아지역의 중심에 위치하고 있다는 이유 때문이다.

하지만 싱가포르의 경제적 성장도 방송사들의 진출과 무관하지 않다. 거대한 다국적 기업들이 몰려들면서 각종 기업정보가 한데 모이기 시작했고, 기업정보 시장이 커지자 ABN(아시아 비즈니스 뉴스)이 재빠르게 진출, 기득권을 차지한 것이다. 다우존스사와 TV뉴질랜드 등 4개 회사의 컨소시엄 형태로 운영되고 있는 경제뉴스 전문채널도 기업뉴스가 갖는 신속성과 정확성을 확보하기 위해 싱가포르에 본부를 설치하고 아시아 각국에 '따끈한 뉴스'를 전달하고 있다.

보다 결정적인 성장의 밑거름은 정부라고 할 수 있다. 정치적 안정과 정부의 적극적인 유치정책, 이런 자세와 아낌없는 지원이 일류를 만들어낸 열쇠였던 것이다.

한편, 싱가포르는 동경마저 제치고 아시아지역 최대의 상업금융 중심지로 부상하고 있다. 일본 경제의 성장률이 급격하게 둔화되면서 대표적인 다국적 기업들이 동경보다 싱가포르를 더 선호하기 시작한 것이다. 역시 여기에도 정부의 적극적인 지원이 있다.

정부 산하 싱가포르 개발위원회(EDB)가 면세혜택 여부에 대해 거의 전권을 위임받고 외국기업 유치홍보를 펼치고 있는 것이다.
　이런 분위기에서 다국적 기업들은 고층빌딩들이 경쟁하듯 하늘로 치솟고 있는 센톤웨이의 빌딩군 내에 사무실을 갖는 것을 뉴욕의 월가, 런던의 런던시티에 사무실을 갖는 것만큼이나 일류기업의 상징으로 여기게 되었다.

중심부

　싱가포르 관광은 중심부와 교외로 나누는 것이 효과적이다. 중심부인 시청 주변은 근대 싱가포르의 발상지로 마리나만(Marina bay)과 접해 있는 일대이다. 세계적으로 유명한 고급 호텔과 관광명소, 싱가포르의 상징인 멀라이언(Marlion) 등이 모두 이 중심부에 있다. 비즈니스거리로 불리는 고층빌딩가 센톤웨이, 쇼핑의 즐거움을 만끽할 수 있는 상점가 오차드로드가 '부강한 싱가포르'의 상징이라면, 인도색 짙은 거리 리틀 인디아, 차이나타운, 아랍스트리트 등은 다민족의 다양한 삶을 모아놓은 것만 같다.
　각국의 대기업이나 다국적 기업 빌딩이 밀집해 있는 거리를 우리는 센톤웨이(Shenton way)라고 뭉뚱그려 부르지만 길마다 콜리어키, 래플즈키, 세실 스트리트 등의 자기이름을 따로 가지고 있다.
　오차드로드 일대는 쇼핑의 별천지다. 사방 어디를 봐도 세계 각국의 최고급품을 파는 상점 등이 즐비하다. 여행과 쇼핑을 별개의 취미로 생각하는 사람들도 있지만 넓은 의미로 보면 쇼핑이야말로 여행의 즐거움 중 하나이다.
　전 인구의 80%가 화교인 싱가포르에서 차이나타운은 의미가 없을 수 있다. 싱가포르 전체를 차이나타운이라 부르던 때도 있었다. 차이

나타운은 도시가 재개발되면서 뉴 브리지로드와 사우스 브리지로드를 중심으로 하는 모퉁이에 붙여졌다. 특히 밤이면 진가가 나타나는데, 잡화나 잡동사니, 의류, 그리고 중국요리를 파는 노점상이 성시를 이룬다.

리틀 인디아는 이곳이 싱가포르라는 것을 의심하게 할 정도로 인도풍 일색이다. 옷, 음식, 언어, 종교건물, 인도 특유의 모습에 젖어볼 수 있는 곳이다. 또 아랍스트리트는 비치로드에서 로초카날로드까지의 길을 가리키는데 19세기 무역을 하던 아랍인 상인들에 의해 만들어진 지역이다. 이 일대는 관광화가 덜 되어 아직 시골스러운 소박함이 남아 있다. 싱가포르 최대의 회교사원인 술탄 모스크가 있는 곳으로도 유명하다.

빈탄리조트

싱가포르가 인도네시아와 함께 개발한 빈탄리조트는 철저하게 현대적인 리조트다. 라구나 빈탄리조트(Laguna Bintan), 세도나 빈탄 라군호텔(Hotel Sedona-Bintan Lagun) 등 4개의 대형 종합리조트가 싱가포르에서 페리호로 40분 거리인 빈탄섬 북부해안에 자리 잡고 있어 싱가포르 관광과 묶어 4박 5일에서 5박 6일 정도의 아기자기한 휴가 일정을 꾸밀 수 있다.

라구나 빈탄리조트의 빌라 27채에는 독립된 자쿠치가 설치돼 있고 높은 등급의 객실에는 개인 수영장까지 딸린 초호화판 그렉 노먼이 설계한 9홀짜리 골프장도 문을 열고 있다. 세도나리조트는 라구나 빈탄보다 대중적이지만 역시 고급이긴 마찬가지이다.

각종 해양스포츠를 즐길 수 있는 것은 다른 동남아국과 마찬가지지만 빈탄섬 여행의 특징이라면 세계에서 가장 깨끗하다고 자랑하는 싱가포르의 도시 관광도 함께 즐길 수 있다는 점이다. 잘 정돈된 도심, 한눈에 보이지 않는 높디높은 스카이라인은 싱가포르에서만 볼 수 있는 장관이다.

밤에만 개장하는 동물원 '나이트 사파리'도 빼놓을 수 없는 명소이다. 싱가포르에서 2박 내지 3박 하며 시내 관광을 즐기다가 빈탄섬에서 2~3박 하며 휴식을 취하는 것이 기본일정이다. 무작정 휴양하거나 관광만 하는 지역과 다른 정취를 맛볼 수 있다.

특히 싱가포르의 7월 한 달은 최대 70%까지 할인된 가격에 쇼핑을 할 수 있는 '4빅세일' 기간과 지상 최대라고 자랑하는 요리축제가 벌어지는 기간이다. 볼거리, 할거리, 먹거리가 흘러넘친다.

인도 India
비상을 꿈꾸는 약 12억의 땅

인도는 서로 다른 언어와 문화를 가진 수많은 지역들이 하나의 인도문화권을 형성하고 광대한 국가로 통일된 것은 그야말로 종교의 힘이라 할 수 있다. 특히 그것은 인도 민중의 대다수가 믿는 힌두교에 기인한다.

인도는 힌두교문화가 주요 문화이다. 그래서 인도인들은 소고기를 절대 먹지 않는다고 한다. 이유는 소를 신으로 모시기 때문이기도 하고 생애에 안 좋은 일만 하면 소로 태어난다고 믿기 때문이다.

인도에는 카스트제도라는 구시대의 신분계급이 있는데, 브라만(승려), 크샤트리아(왕족·무사), 바이샤(상인·서민), 수드라와 언터처블(농민·노예)로 나누어진다.

오늘날 헌법에서는 카스트를 금지하고 있어 현재 대·중 도시에서는 점차 사라지고 있으나, 남부지방과 촌락지역에는 여전히 지켜지고 있어 인도발전에 장애가 되고 있다. 계급이 낮을수록 전생에 안 좋은 일을 했다고 생각해서 계급이 낮은 사람은 동물과도 같고, 높은 사람은 낮은 사람을 돕지도 않는다. 오직 외국인들이 도와준다.

인도인들은 소고기를 먹지 않는 대신, 우유를 권장하는 편이다. 영국의 영향으로 홍차에 우유를 타서 마시기도 한다.

인도인은 말이 많고 이론적이며 자기 주장이 강하므로 인도인과 사귈 때는 의사표시를 명확히 하고 소극적인 태도를 취하지 말아야 한다. 애매한 표정이나 대답을 하면 얕보이게 된다.

히말라야산맥 이남, 인도반도의 대부분을 차지하고 있는 인도는 우리에게 '매혹과 신비의 나라'로 알려져 있다.

'인도'란 말은 원래 '힌두'와 같은 어원을 가진 것으로 알렉산드로스의 군대가 인더스강 연안에 도달했을 때, 당시 그곳에 살던 사람들을 '힌두(또는 신두)', 그 토지를 '힌두(인도)'라고 부른 데서 비롯되었다. 하지만 당시 인도인들은 자신들의 땅을 '바라트(Bharat)'라 부르고 있었다. '바라트'란 북인도, 특히 갠지스강 중류지역을 가리키는 말인데 오늘날 인도의 공식 국명으로 사용되고 있다. 인도는 세계 4대 문명의 발상지 중 하나로 그 연원은 기원전 3000년으로까지 거슬러 올라간다. 모헨조다로와 하라파 등지의 유적들을 통해 나타난 이 인더스문명은 약 500여 년간 지속되면서 메소포타미아나 수메르에 버금가는 세련된 청동기문명을 꽃피웠던 것으로 알려져 있다.

하지만 오늘날 인더스문명은 다만 전설처럼 전해질 뿐이다.

본격적인 인도의 역사시대는 기원전 100년경 북방 유목민인 아리안들이 갠지스강 상류에 진출·정착하면서부터 시작된다. 원래 서양인의 선조격인 게르만, 슬라브인 등과 같은 혈통을 타고난 이 아리안들은 철제무기로 무장, 당시 청동기 단계에 머물러 있던 드라비다인들을 손쉽게 정복했으며, 자신들의 문화적 우월성을 공고히 하기 위하여 '카스트'라는 계급제도를 만들어내는 한편, 토착민과의 적극적인 혼혈을 통해 오늘날 인도민족의 주류를 형성하고 있다.

이처럼 인도의 예술과 문화는 오랜 역사를 가지고 있으며, 전통예술에서 현대예술에 이르기까지 매우 다양하게 발전해 왔다. 독립 이래 연방정부와 여러 주정부는 랄리트칼라아카데미(국립미술아카데미), 상게트나타크아카데미(음악·무용·드라마 아카데미), 사히티아아카데미(국립문학아카데미) 등 여러 문화·예술 관련기관을 설립하여 예술·문화활동을 촉진시키고 있다.

한마디로 인도는 세계적 종교발상지인 동시에 근거지이다.

불교의 발상지라고 인도를 찾지만…,

인도의 종교는 다양하지만 하나같이 사람들의 생활 속에 깊숙이 뿌리를 내리고 있다. 외면에 형상으로 존재하는 것이 아니라 내면에서 생사를 떠받치고 있다. 때문에 신앙이 없는 사람일지라도 인도를 여행하다 보면 종교에 대하여 강한 의문을 품게 된다. 눈에 보이는 인도의 현실은 가난하고 비참하다. 그런 가운데에서 어떻게 온화한 미소를 짓게 하는 깊은 신앙이 유지되는 것일까. 의문을 갖게 하는 곳이 인도였다면 해답은 인도에서 얻어야 한다. 그런데 답이 잘 구해지지 않는다.

우리는 불교의 발상지라고 인도를 찾지만, 인도의 부처님은 북인도 한쪽에 흔적만 남아 있다. 가장 불교적인 것으로 신성시하는 돌부처는 힌두의 신들에 밀려서인지 모두 이웃나라에 가 있다. 미얀마나 동파키스탄에 인도의 수백 배, 아니 수천 배나 많은 부처님이 있다. 그런 가운데 인도 국민의 83%는 카스트제도 아래 특유의 의례와 풍습을 이어나가는 힌두교도이다. 일명 브라만교로도 통하는 힌두교는 윤회로부터 해탈하는 것을 최고의 이상으로 삼고 있다.

고행이나 요가, 박티(자신을 조건 없이 신에게 맡기는 것) 등의 방법에 의해 그 경지를 추구한다. 그런데 힌두교에 있어서 불교의 창시자 '붓다'는 비슈누신(평화의 신)의 9번째 현신이 된다.

이외에 코란을 성전으로 하는 이슬람교도 있고, 힌두교를 부정하며 인간의 평등을 부르짖는 시크교, 또 불살생과 무소유를 강조하는 자이나교, 그리고 가장 원시적인 크리스트교 등이 있다.

1950년 이후, 인도의 각 주는 언어별로 영역이 정해져 각각의 언어를 가지게 되었다. 실감나는 것은 차를 타고 1시간쯤 달려가다 보면 대개 언어가 달라진다. 22개 주가 있고, 그중 6개 주는 힌두어를 씀에도 주요 언어가 15개나 된다. 다만 산스크리트어의 영향이 크기 때문에 각 언어 사이에 어느 정도 공통성이 있을 뿐이다. 중앙정부 차원에서 힌두어를 국어로 전환하려는 시도가 몇 번 있었지만 각 지방의 반발에 부딪혀 번번이 무산되곤 했다. 이런 가운데 영어가 공통어로써 매우 중요한 역할을 하고 있다. 이렇게 복잡한 사회가 과연 하나로 융합될 수 있을지는 의문이지만, 정치적 노력은 계속되고 있다. 정치와 종교의 분리, 민족과 언어의 평등한 관계, 각 분야의 민주화 등이 활발하게 추진되고 있는 것이다.

북인도 여행코스

　인도는 세계에서 7번째로 큰 나라이다. 동서유럽을 합한 것과 비슷한 면적인 만큼 짧은 일정으로 몇몇 곳을 둘러보고 여행을 마칠 수 있는 나라가 아니다.
　가장 기본적인 코스는 델리에서 캘커타를 연결하는 북인도 여행이다. 인도의 관광명소는 대부분 이 부근에 있다. 델리로 입국하여 아그라, 바라나시, 가야, 부다가야를 거쳐 캘커타에 이르는데 최소한으로 잡아 7일 이상 걸린다. 인도를 처음 여행하는 사람의 90%가 이 코스에 만족한다.
　델리는 역사적으로 여러 왕조가 흥망을 거듭한 고도(古都)이면서 현재도 정치의 중심지이며, 인도의 미래를 이끄는 수도이다. 영국의 인도지배 본거지이기도 했지만 영국에 대항하는 인도인 애국독립항쟁의 주 무대이기도 했다. 붉은 성벽의 랄 칼라(델리城)와 거대한 모스크 자마 마사지드가 무굴제국 시대의 상징으로 남아 있다. 랄 칼라를 중심으로 강 아래쪽에 국부 간디를 추모하는 성소 라지 가트가 있고 도로 건너에 간디 기념박물관이 있다. 그리고 강 위쪽에 라다크 불교사원이 있는데 이 네 가지가 델리의 상징이다. 뉴델리는 영국 지배 시절에 건설된 신시가지이다.
　하늘의 별을 관측하던 잔타르만타르, 비슈누신 부부가 사는 락슈미 나라얀 사원, 푸라나 칼라(오래된 城), 이슬람 성지, 영국군과 싸우다 간 용사들의 넋을 추모하는 '인도 게이트' 등이 있고, 인도문명의 보고인 국립박물관이 있다.
　인도에서 무엇보다 보고 싶은 것 중의 하나는 타지마할일 것이다. 타지마할은 아그라에 있다. 기차를 타고 2시간쯤 달려가면 아그라(Agra)인데 역시 야무나 강변에 있다. 무굴제국의 황제 샤자한이 사랑하던 왕비를 위해 지었다는 타지마할. 이름은 마할(궁전)이지만 실제는 무덤이다. 낮에도 아름답고 거대한 모습이 여행자를 압도하지만, 보름달이 뜨는 밤에 보면 더욱 환상적이다.

　바라나시(Varanasi)는 3천 년 이상의 역사를 가진 힌두교 최고의 성지이다. 인도문화의 첫째가는 중심지요 민족정신의 본향이다. 12세기 모슬렘세력 아래에서 빛을 잃었다가 1738년 힌두교 지배로 되돌려진 후 옛 활기를 되찾았다. 순례자들은 이곳을 '빛으로 충만한 도시'라 하여 카시(Kashi)라고 부른다.

　영국인들은 '베나레스'라고 불렀다. 성스러운 강 갠지스(Ganges) 역시 이곳의 바른 명칭은 강가(Ganga)이다. 히말라야의 정기를 모은 강이 유유히 평원을 가로질러 시바신의 이마에 걸린 초승달 모양의 구부러진 곳으로 흘러드는데 그곳에 바라나시가 있다. 힌두 신앙에 의하면 강가의 성스러운 물에서 목욕을 하면 모든 죄가 씻기고, 이곳에서 죽어 그 재를 강가에 흘려보내면 최고의 이상인 윤회로부터 해탈을 얻는다고 한다. 이곳을 찾는 순례자 중에는 여기서 죽는 것을 목적으로 하는 사람도 많다. 여행자들은 이곳 강가에 오면 목욕을 한다.

　바라나시에서 서쪽으로 400km쯤 떨어진 곳에 카주라호가 있고 동쪽으로 400km쯤 떨어진 곳에 부다가야가 있다.

　부다가야의 석가모니 발자취는 정신적인 배경에 지나지 않기 때문에 눈에 보이는 흔적은 별로 없다. 수많은 불교유적 중 4대 성지로 불리는 곳은 석가모니의 탄생지인 룸비니와 깨달음의 땅 부다가야, 처음으로 설법을 행한 사르나트와 입적(入寂)지인 쿠시나가르이다.

　캘커타는 동인도에 속한다. 서벵골주의 주도(州都)이며, 인도에서 삶의 냄새가 가장 진한 도시의 하나이다. 일찍부터 영국의 지배를 받아 서양사상의 흡수도 빨랐지만 민족운동이 본격적으로 전개된 곳도 여기이며 힌두교의 종교개혁도 이곳에서 시작되었다. 불멸의 시성 타고르와 19세기 독립운동의 기수 찬드라 보스를 탄생시킨 곳이며 지금도 인도를 이끌어가는 사상과 운동의 진원지로 주목받는 곳이다.

'강가사가르 멜라' 축제

나무로 몸통을 짜 만든 버스가 사람들을 가득 채우고 움직이기 시작하자 뒷좌석에서 누군가 구호를 외치듯 소리쳤다. 버스 안 모든 사람들이 그를 따라 제창했다. '강가마니키-제'는 '성스러운 어머니 갠지스'를 부르는 외침이다. 이들은 갠지스강이 바다와 만난다고 여겨지는 '강가사가르'에서 열리는 축제 '강가사가르 멜라'에 가느라 인도 각지에서 모여든 순례자들이다. 천을 두른 듯한 차림에 슬리퍼 혹은 맨발인 채로 먹을 것과 담요 보따리를 들고 이고서 성지를 향한다.

'강가'는 갠지스, '사가르'는 바다를 뜻한다. 캘커타로부터 갠지스강 지류 후그리강을 따라 150km쯤 내려오면 사가르섬에 닿는다. 갠지스 본류는 방글라데시로 접어들어 대삼각주로 끝나지만, 15세기까지만 해도 후그리강 쪽이 본류였다. 침식과 퇴적작용으로 강줄기가 바뀐 탓이다. 하지만 인도인들은 아직도 그들의 성스러운 강 갠지스는 캘커타를 지나 강가사가르에 이른다고 믿고 있다.

벵골지방 달력으로 9번째 달인 '보우사'의 마지막 날 갠지스강의 이 마지막 성지에선 사흘 밤낮으로 축제가 열린다. 그래서 축제는 '보우사 상크란티'라 불리기도 한다. 매년 1월 중순쯤에 시작된다. 지금은 자리를 옮겨간 카필무니 사원이 예전엔 조수차로 물속에 잠겼다가 이맘때 모습을 드러냈다고 한다. 매년 10만 명에 이르는 사람들이 이곳에서 영혼을 깨끗이 하려고 목욕을 한다.

인도사회에서 갠지스강의 기원은 지역과 종파에 따라 다양하게 존재한다. 그러나 공통적으로 갠지스강은 카필무니라는 성인의 권고로 바기라티왕이 고행을 통해 기도함으로써 하늘로부터 지상에 내려온 것으로 믿는다.

최고 수행자 시바신이 히말라야에 내려준 갠지스는 인도대륙을 풍요롭게 하고, 동쪽으로 흘러 카필무니의 사원을 지나 바다로 흘러든다.

그러나 '강가사가르 멜라'에는 행진도 화려함도 없다. 구경꾼도 없다. 모두가 참가자가 되는 축제다. 그러나 무엇보다 각양각색의 인도인들이 뿜어내는 투박한 열정이 이 축제를 성스럽게 한다. 사람들은 며칠씩 기차를 타고 캘커타로 와서, 버스와 배, 다시 버스를 타고 사가르섬 끝으로 모여든다. 짐

짝처럼 구겨져 가는 버스에 그나마 올라탈 자신이 없는 노인들은 아예 걷기도 한다.

숙소라곤 바닷가에 임시로 얽어놓은 대나무 오두막들뿐이다. 아니면 몇 개 사원의 뜰에 크게 쳐놓은 천막 아래 담요를 깔아두는 게 고작이다. 사원들은 식사를 공짜로 제공한다. 이 모든 불가해(不可解)를 이방인이 이해할 수 있는 한 가지 방법은 이것이 바로 인도 전통에 깊숙이 자리 잡은 성지순례라는 것을 깨닫는 일이다.

사람들은 새벽부터 강으로, 사실은 바다인 갠지스강으로 향한다. 강물에 몸을 담그고 떠오르는 해를 맞는다. 해를 향해 기도하고 강물로 목욕을 한다. 시바의 색이라는 노란색 중국 장미와 과일, 제례용 과자를 나뭇잎 배에 띄워 보낸다. 카필무니사원으로 향하는 길목에는 고행 중인 사람들의 이마에 성스러운 표식을 그려준다. 밤마다 이어지는 사원의 설법들…, 그리고 축제가 끝나면 사람들은 먼 순례의 길을 다시 되돌아간다.

인도네시아 Indonesia
다양성 속에서 새로운 문화를 추구하는 나라

인도네시아의 문화는 우리와 차이가 나는 것이 몇 가지 있다. 먼저 그들에게 일반화되어 있는 일부다처제에 대해 지나치게 기이해 하며 화제의 대상에 올려서는 안 된다. 또한 우리의 음식문화가 한 상에 모든 반찬을 차려놓고, 함께 먹는 형태인 것에 반해, 인도네시아에서는 여럿이 먹는 식사에서 자신의 수저를 대는 것을 금하고 있다.
모든 음식물은 이슬람교가 허락하는 것만 먹을 수 있다. 이들에게 돼지고기는 금기 중에 금기이며 일상대화에서도 돼지 이야기는 좀처럼 하지 않는다.
또한 왼손으로 악수를 청하거나 물건 교환을 하는 것은 실례이고, 허리에 양손을 올리는 행위는 싸우는 것이라는 오해를 불러일으킬 수 있다. 어린이가 귀엽다고 머리 혹은 등에 손을 대는 것도 예의에 어긋나는 행위라 할 수 있다. 또한 사원 출입 시 반바지를 입어서도 안 된다.

남태평양과 인도양을 동, 서로 끼고 아시아대륙과 오스트레일리아대륙의 중간지대에 위치한 인도네시아는 세계 최대의 섬나라다. 크고 작은 섬들이 도합 13,667개에 달하며, 이 중 자바(Java)와 마두라(Madura), 두 섬에 총인구의 65%가 집중되어 있는 반면, 7,700여 개의 무인도가 주변에 산재해 있다.

선사시대에 대한 기록이나 문헌 등이 거의 없는 관계로 정확한 역사는 알 수 없으나 지금까지 발견된 화석 등을 놓고 볼 때 아주 오래 전부터 인류가 살았던 것으로 추정된다. 자바섬을 중심으로 발견되었던 자바원인(일명 피테칸트로푸스 에렉투스)을 비롯, 모조케르토인, 솔로인 등의 유해와 유물들이 바로 그 증거이다.

　현재 인도네시아 주민의 대부분은 인도지나 지역에 근거를 둔 말레이계 민족에 속한다. 이들은 기원 전후 인도상인들의 동쪽 진출을 계기로 당시 발달한 인도문화를 수용, 농경기술을 비롯하여 산스크리트계의 문자와 힌두교, 불교 등을 통해 비로소 원시의 탈을 벗게 된 것이다.

발리, 지상 최후의 낙원

　발리섬에는 일 년 내내 축제가 끊이질 않는다. 축제 때는 의례히 음악과 춤이 따른다. 발리축제 중 으뜸은 '오달란(Odalan)'이다. 발리 달력은 1년이 약 210일인데, 발리 달력으로 1년에 한 번, 사원(寺院)의 설립일에 열리는 축제가 오달란이다.

　오달란은 보통 3일간 계속된다. 어느 마을이든지 마을에는 꼭 3개 이상의 절이 있다. 조상의 영혼을 모신 '푸라푸세'와 마을의 절인 '푸라데사', 그리고 죽은 사람의 영혼을 모시는 '푸사달렘'이 그것이다. 이 절들이 각기 그 창립일에 오달란 축제를 연다. 갈론간제와 쿠닝간제도 유명한 축제들이다. 이 밖에 결혼식, 장례식, 성인식 등이 끊임없이 열린다. 이 나라의 특이한 달력(우크력) 때문에 7개월마다 해가 바뀌니 해마다 열리는 축제도 그만큼 자주 찾아오는 셈이다.

　발리에는 약 2만 개의 사원이 있다. 이 사원들마다 '오달란'축제를 여는데, 보통 3～7일, 길게는 1개월 정도 계속된다. 발리인들은 사원 건립일에 '오달란'이라는 행사를 치른다. 이 오달란 날에는 신들과 조상의 영혼이 하늘로부터 내려와 제물을 받는다고 한다.

　오달란을 위해서 여자들은 1개월 전부터 제물을 준비하고, 남자들은 제단을 꾸미기 시작한다. 여자들은 솜씨를 발휘해 집집마다 쌀로 시루떡을 만드는데, 1m 이상의 높이로 쌓아올린 형형색색의 떡 장식은 예술품이라 해도 과언이 아니다. 남자들은 코코넛 잎과 바나나줄기를 이용해 제단을 꾸민다.

　발리의 중심도시인 덴파살에 있는 빠띨란사원에서도 오달란축제가 열린다. 아침부터 마을사람들은 가믈란 음악팀의 연주에 맞추어 일렬로 제물을 머리에 이고 와서 기도를 드린다. 버망꾸(힌두교의 제사장)는 사람들에게 신성한 물을 뿌리며 신들에게 내려와서 즐겨 달라고 기도한다. 오후 4시경 '그리스춤'이라고 알려진 의식이 시작된다. 마을사람들의 수호신인 바롱과 해를 끼치는 마녀로 알려진 랑다의 싸움이 시작된다. 마을사람들은 끄리스(검)로 바롱을 돕기 위해 랑다를 찌르지만 랑다는 마을사람들을 미치게 해 사람들이 칼로 자신의 몸을 지르며 자해하게 만든다. 이때 바롱은 마법의 힘으로 사람들이 자해하는 것을 그치게 만들고 랑다는 도망친다. 선이 악을 이긴 것이다. 마을사람들은 의식을 회복하고 평안한 가운데 일상생활을 시작한다. 종교의 례인 오달란은 이렇게 끝을 맺는다.

　오달란은 보통 해가 진 후부터 새벽까지 계속된다. 발리인들은 전통적인 의상으로 차려입고 신에게 제물을 바치며, 기도하고, 노래하고, 춤을 추며 밤을 새운다.

　'신들의 섬'에서 인간과 신들의 향연이 며칠간 계속된다. 발리인들은 음악·시·춤·축제를 즐기며, 항상 신을 생각하고, 신을 모시며 행복하게 살아가는 것이다.

수마트라(Sumatra)

　44만km²의 면적을 가진 수마트라는 인도네시아에서 두 번째로 큰 섬이며, 세계에서 다섯 번째로 큰 섬이다. 적도가 이 섬의 중서부를 관통한다. 높은 화산들과 웅장한 삼림이 우거진 산들은 아름다운 경관이며, 특히 섬의 남쪽에 있는 스뻬네화산을 따라 전개되는 경관은 더욱더 아름답다. 인도네시아에서 가장 큰 산 중 하나인 국립공원 레우세르산이 북부 수마트라에 있다. 비록 현재는 이슬람교가 지배적인 종교이지만, 고대 힌두문명의 유물이 섬에 산재해 있다. 이것은 역사 초기에 외국문물과의 접촉이 있었음을 입증하는 근거가 된다. 인도네시아에서 가장 오래된 이슬람왕국은 최북단에 위치한 현 아쩨지방에 수립된 적이 있었다.

　북부 수마트라는 거대한 산맥, 폭포, 거대한 호수, 혼합된 문화집단, 고무, 담배, 야자유, 커피농장 등으로 형성되어 있다. 그 지방에서 가장 관심을 끄는 관광명소는 산맥 중간에 위치한 또바호이다. 따빠눌리 지역은 바딱족들의 본산지이며, 바딱문화의 발상지는 또바호에 있는 사모시르섬이다. 이곳의 전통적인 가옥들은 목재를 이용하여 만든 안장 모양의 높은 지붕 형태를 지니고 있다. 니아스섬과 몇 개 지역에서는 이슬람과 기독교의 출현에도 불구하고 고대 관습이 여전히 고수되어 오고 있다.

　수마트라의 국제적 관문인 메단은 상업의 중심지이자 행정의 중심도시이다.

　또바호의 남쪽에서 멀리 떨어진 곳에 미냥까바우가 있다. 서부 수마트라는 독특한 문화를 지니고 있으며 다른 섬들과는 구별되는 군도이다. 초록빛 호수와 푸른 산들로 구성된 아름다운 경관을 가진 곳이다. 서부 수마트라의 문화 및 관광의 중심지는 그 지방의 중심도시인 빠당의 북쪽 고원지대에 위치한 부낏띵기이다. 서부 수마트라에서 가장 독특한 경관은 사슴뿔 모양으로 된 지붕에 코코넛 껍질을 비스듬히 붙인 가옥들이다.

　몇 군데의 여타 지역들은 관광객들에게 공개되어 왔으며, 싱가포르에 인접한 지역들, 즉 바땀과 빈딴섬은 해양 휴양지로 급속하게 개발되는 중이다. 싱가포르와 조호르(*말레이시아령) 등 3개국이 경제발전을 위해 합병하여 개발시키고 있는 곳으로 관광시설로써 훌륭한 골프장과 요트정박소 등이 개발되고 있다.

　남부 수마트라 해안은 인도네시아에서 가장 훌륭한 몇 개의 해변이 있는 블리뚱과 방까섬들이 있다.

람뽕은 자카르타에서 용이하게 갈 수 있는 곳이며, 유일하게 코끼리 사육장을 가지고 있음을 자랑으로 여긴다. 그리고 수마트라와 자바 사이에 위치한 끄라까따우 화산섬은 두 섬의 교차점이다.

자바(Java)

자바(Java)섬은 인도네시아에서 인구밀도가 가장 높은 지역 중 하나로 9,500만 명을 수용하고 있으며, 또한 가장 풍요로운 섬 중 하나이다. 산업, 상업 및 정치의 중심이며 인도네시아에서 가장 개발된 지역이다.

자바의 비옥함은 화산에서 기인된다. 산맥이 서쪽에서 동쪽으로 뻗어 있으며 자바에 있는 121개 화산 중 최소한 27개 화산은 활화산이다. 그중 15개 화산은 높이가 3,000미터 이상이다. 그 산봉우리, 광활한 평원, 도시 및 시골 등은 첫 방문객으로 하여금 깊은 인상을 주는 관광명소이다. 시원한 자바고원에는 온갖 규모의 리조트가 분산되어 있다.

자바는 찬란한 역사를 자랑하고 있다. 인도네시아군도에 일부 유적, 즉 가장 오래되고 가장 세력이 큰 왕국이 존재했었다. 그중 가장 유명한 왕국은 자바 인근 지역에까지 영향력을 미쳤던 마자빠힛왕국이다. 그 왕국은 502년 초기에 불교를 신봉하는 왕이 통치를 했었다. 중부자바의 보로부두르사원은 9세기에 융성했던 사이랜드라왕조 때 창건되었다. 이것은 현 캄푸치아에 있는 앙코르사원이 건축되기 300년 전, 그리고 프랑스 파리의 노트르담사원이 건립되기 200년 전에 창건된 것이다. 그러나 보다 지속적인 영향력을 미친 것은 힌두교였다. 고대 힌두, 자바문명의 흔적은 인도와 자바의 요소를 가미한 것으로, 비록 대다수 자바인이 자신들의 종교로 이슬람을 채택한 지 오래되었지만 여전히 자바예술, 문화, 전통 등에 그 양상이 많이 나타나고 있다.

보로부들사원

인도네시아 자바섬에 있는 보로부들사원은 현재 누가, 왜 만들었는지 아직 그 이유가 밝혀지지 않고 있다. 자그마치 한 변의 길이가 124미터, 높이가 45미터나 되는 이 거대한 불교유적은 스투파(성지임을 나타내는 탑)인가, 아니면 부처님의 가르침을 그린 만다라인가, 아니면 단순히 조상의 영혼을 모신 영조인가, 아무도 이에 대한 확실한 단정을 내리는 사람이 없다. 다만 8~9세기 샤일랜드라왕조 때 세워진 건조물일 것이라는 추정이 고작이다.

보로부들사원이 세상에 알려진 것도 얼마 되지 않는다. 영국의 라플스가 1814년 매몰된 토사 속에서 우연히 발견, 발굴한 것이 계기가 되어 비로소 세상에 알려지게 되었다. 워낙 크고 중요한 문화재라 유네스코의 원조까지 받아 유적 발굴, 수복공사를 마친 것은 9년 전인 1983년이다. 한때 이슬람신도에 의해 폭파사건이 발생, 세상을 깜짝 놀라게 했으나 다행히 원상에 큰 손상은 입지 않았다.

이 보로부들사원은 지하 1층, 지상 9층으로 되어 있는데, 맨 아래층은 '욕망의 세계'를 그린 사랑과 미움, 죄와 벌, 인간의 번뇌 등을 그린 160개의 조각그림이 있고, 5층까지는 '有形의 세계'를 표현한 회랑(回廊)으로 이루어져 있는데, 1,300여 점의 조각그림과 504개의 석가상을 담은 벽함으로 장식되어 있다. 그리고 그 위는 둥근 테라스인데 이곳에 오르면 온 세상이 탁 트인다. '無形의 세상'을 상징하는 72개의 스투파가 규칙적으로 늘어서 있다.

마치 종을 닮은 보로부들의 스투파들을 자세히 보면 속이 들여다보일 것처럼 커다란 구멍이 뚫려 있는데, 그 모양새가 모두 다르다.
　이 사원은 새벽 해 뜰 때와 저녁 노을 질 때의 모습이 가장 아름답다고 한다.

발리(Bali)섬

　자바섬의 동쪽 끝과 마주보는 작은 화산섬, 가메란음악, 춤, 불의 섬으로 지상 최후의 낙원이라 하며, 세계일주의 호화선도 기항하는 유명한 관광지이다.
　인도네시아의 수많은 섬들 가운데서 회교의 영향을 입지 않은 유일한 섬으로, 힌두교가 토착원시종교와 결합하여, 섬 도처에 수백 년 된 사원, 괴상한 석상 등이 있고, 매일 어딘가에서 고풍스러운 축제가 열린다.
　푸르고, 화산이 있고, 호수가 있는 아름다운 경치 못지않게 이 섬을 유명하게 한 것은, 독특한 춤과 음악이다.
　악령(惡靈) 랑다와 선령(善靈) 바롱의 영원한 싸움을 상징하는 바롱춤, 여러 사나이들이 둥근 진을 만들고, 원숭이소리를 흉내 낸 합창을 하면서 춤을 추는 묘한 원숭이춤 등이 매혹적이다.
　발리섬의 또 다른 매력은 멋진 목각이다. 티크재, 흑단을 재료로 한 예술품인데 기념품으로 좋다.

베사키사원

　베사키사원은 소재지 덴파사르에서 자동차로 2시간쯤 되는 곳에 있다. 발리섬에서 가장 높은 아궁산 중턱에 자리 잡은 이 절은 발리 힌두교의 총본산이다. 1000년의 오랜 역사를 가진 이 절경 내에서 대소 30개의 사원이 집단으로 모여 있다. 이 절에는 힌두교의 3대 신이라는 '브라흐마' '비슈누' '시바' 외에, 남신(男神), 여신(女神), 바다의 신, 대장간의 신 등 발리의 여러 신들이 모셔져 있다. 3층, 5층, 11층 '매루'란 이름의 탑이 수를 헤일 수 없을 만큼 숲을 이룬 베사키사원은 발리섬 관광의 최대 명소로 꼽힌다.

그러나 이 절을 찾을 때는 복장에 신경을 써야 한다. 현지인들은 모두 정장(正裝)을 한다. 정장이 아니면 신에 대한 불경으로 몰려 절 출입이 금지된다.

남자는 '싸롱'(치마 비슷한 하의)과 셔츠를, 여자는 '쿠바야'(레이스 달린 긴소매 블라우스)와 '싸롱'을 입는다.

외국에서 온 관광객들은 임시방편으로 절 입구에서 싸롱을 빌려 입기도 하지만 기념으로 한 벌쯤 사는 것도 좋다.

또 지켜야 할 규칙이 있다. 절에 들어갈 때는 문을 향하여 왼쪽으로 들어갔다가 오른쪽으로 나와야 한다. 특히 손을 조심해야 한다. 가령 귀엽다고 어린이의 머리를 쓰다듬어 준다든지, 손으로 허리를 짚는 것은 절대 안 된다. 손으로 허리를 짚는 것은 화가 났다는 표시로 통한다. 손가락으로 사람이나 물건을 가리키는 것도 안 되고, 악수도 해선 안 된다.

발리의 주민들은 매우 신앙심이 깊고, 종교적 규율을 엄격히 지키며 산다. 행여 이들의 종교적 자존심을 자극하는 무례를 절대로 저질러서는 안 된다. 베사키사원뿐만 아니라 발리섬의 어느 힌두사원을 찾아가도 마찬가지다.

발리춤의 으뜸은 레곤 댄스다. 일종의 궁중무용인 레곤춤은 의상의 화려함과 발리에서만 볼 수 있는 우아한 율동미에 외국 관광객들이 가장 많은 찬사를 보내고 있다. 바롱댄스도 널리 알려진 발리 춤이다.

성수(聖獸) 바롱과 마녀 랑다의 싸움을 묘사한 바롱댄스는 단검을 휘두르며 공포감을 조성하는 박력 있는 전통무용이다. 이 춤은 아침 9시, 하루도 빠짐없이 공연하는 마을이 있는데, 그 마을이름은 '바루불란'이다. 가장 전형적인 바롱댄스는 이곳에 가야만 볼 수 있다.

가장 대중적인 발리춤은 바리스(남자 춤)와 레쟝(여자 춤)이다. 발리 사람이라면 이 춤을 못 추는 사람이 없다. 이 춤은 오달란제 때 신에게 바치는 무용이다.

발리춤은 너무 많아 그 수를 헤아릴 수도 없고, 모두 볼 수도 없다. 발리춤 중에서 대표적인 것들만 모아 약 2시간 정도 보여주는 공연장이 있다.

일본 Japan
모방과 창조로 신경제대국을 이룩한 나라

일본사회에서는 본심을 드러내지 않고 숨길 수 있는 것을 훌륭한 인격 중 하나로 보며, 감정의 직접적 표현, 특히 얼굴로 표현하는 것을 천박한 것으로 생각한다.

일본사회는 매우 수직적인 사회로 예절과 매너가 철저하게 중시된다. 일본인이 중시하는 예절은 겸손, 자제, 인내, 관용 등이다. 일본인들은 이와 같은 예의범절을 일본 특유의 것으로 생각하고 있다.

애매함 속에서 조화를 찾는 대표적인 개념이 '화(和)'라고 불리는 행위 또는 사고방식이다. 일본의 화(和)는 개인의 공동체 속에서 협조를 목표로 해야 한다는 것을 암묵적으로 요구하고 있으며, 행동범위는 공통의 원(360도의 원)을 벗어나지 않는 것을 의미한다. 회사 내에서 화(和)는 연대의식하에 동일 목표와 동일 가치관을 갖고 동시에 매진하는 것을 의미하며, 화(和)를 위해서는 자기주장이 애매한 것이 되기도 한다.

이렇듯 일본인은 조화를 중시하는 경향이 있다.

또한, 일본인이 존경하는 대표적인 인격은 '냉정성'을 갖춘 사람이다. 냉정은 화(和)의 실현에 중요한 역할을 하며, 업무상의 손실을 방지하는 의미에서도 중요하다. 예컨대 업무상 문제가 생겨 큰소리를 치면서 흥분한다면 몰상식한 사람으로 인식되어 경원시되며, 자기억제를 하지 못하는 사람으로 평가받게 된다.

서양사람들은 자기 의사나 의견을 상대방에게 직접 전달하는 데 비해 일본사람들은 상대방의 기분이나 입장을 감안해서 발언하거나 행동하는 경향이 강하다. 또한 일본인은 Yes, No를 확실하게 표현하지 않는 경향이 있다. 일본사람들이 이러한 행동을 하고 또한 상대방에게도 그것을 기대하는 것은 일본인의 동질성, 마찰을 피하려는 성향으로 이것은 예부터 내려오는 전통에 기반을 둔 것이다.

흔히 두 얼굴로 불리는 일본, 그래서 가깝고도 먼 나라로 지칭되고 있다. 누구에게나 그들은 한결같이 친절한 웃음을 보이며 정성을 다하는 듯하지만, 역사가 주는 교훈에서 보면 날카로운 이빨을 감추고 있다.

모방으로 시작하여 이윽고 자기소유화한 첨단기술들, 평소에는 다양한 견해를 보이지만 유사시에는 하나로 똘똘 뭉치는 찰떡 같은 단결력, 그리고 앞날을 예견하는 데 있어 뛰어난 안목을 지닌 경제대국이라는 사실에서 보면 미래지향적인 사람들에게는 분명 배울 것이 많은 동반관계의 이웃이다. 그러나 과거를 돌이켜보면 그 음모나 잔인성이 너무 치밀하고 비인간적이어서, 다시 가깝게 지내고 싶지 않은 상대가 또한 일본이다.

결코 하나라고 보아지지 않는 이러한 두 얼굴. 전쟁에 대한 직접적인 사죄는커녕, 잊혀질 만하면 한마디씩 하는 전(현)직 각료들의 망언을 들어보면, 겉으로는 허리를 굽히지만 속은 오만으로 가득함을 느끼게 한다. 한편 민간단체들은 더할 수 없이 겸손한 자세로 우호와 친선 다지기에 정성을 다한다.

너무도 판이하게 다른 두 얼굴의 일본은 상대에게도 두 얼굴을 갖게 한다. 앞에서 말했듯이 과거의 감정을 잊지 못하는 사람에게는 용서할 수 없는 이웃이요, 미래지향적인 사람들에게는 '선망의 동반자'가 되고 있다.

역사적으로 엉켜 있고 지리적으로 가깝고 경제적으로 앞서 있어 외면하는 것만으로 능사가 될 수 없는 이웃 일본과 한국, 이들은 그래서 저마다 다른 이유로 일본을 알고자 여행을 한다.

그러나 일본여행에서 무엇을 느끼고 돌아오는가가 문제다. 떠날 때의 감정은 백인백색이지만 돌아올 때의 느낌은 크게 다르지 않다.

어디를 가든 만나는 것은 친절이요, 정성을 다해 서비스하는 감동적인 자세와, 조용하고 검소하게 사는 모습 일색이기 때문이다.
 그렇게 소박하고 왜소한 사람들이 어떻게 세계대전을 일으켰고, 잠시나마 조선을 능멸하는 우(愚)를 범했을까? 이 역시 두 얼굴에 대한 의문으로 남을 뿐이다.
 여행이 배움의 산 광장으로서 사고의 폭을 넓혀주어 인생을 풍요롭게 한다는 데 대해 일본은 ― 적어도 아시아에서는 ― 일찍 눈을 떴다. 일본인들은 진작부터 '깃발부대'를 만들어 세계 곳곳을 여행하며 그 견문으로 자국 내 관광산업을 일으켰다. 지방마다의 특색을 최대한 살리되 중복은 가급적 피했다. 역사유적을 다듬어 보전하고 각 지방의 민속을 살려 그것을 최대한으로 관광자원화했다.
 패스(Pass)를 이용한 철도여행상품을 발전시켰으며 추운 지방에선 눈 축제를 열게 했고, 아무 특색이 없는 쓰쿠바 같은 곳은 과학단지로 만들어 사람들이 모이게 했다.
 대도시 유흥가는 세계 첨단의 화려한 모습으로 치장했다. 그리고 치안과 교통질서 확립에 심혈을 기울임으로써 지진과 화산과 태풍의 나라라는 악조건을 극복하고 관광대국을 만들었다.
 비교적 전국이 골고루 다양하게 다듬어진 일본이지만, 그중에서 하나의 보편적인 특색을 꼽는다면 온천여행이 될 것이다. 일본을 처음 찾는 사람들에게 권장되는 코스들이 하나같이 유명한 온천지를 중심으로 하고 있는 것은 그런 이유에서이다.
 일본의 상징 후지산과 화산의 분출이 빚어낸 아시호수를 품고 있는 하코네는 아름다운 경관과 온천, 흥미롭고 유서 깊은 사적이 있어 사철 관광객을 불러들인다. 또한 현재도 유황과 수증기를 내뿜고 있는 오와쿠다니계곡은 일본 열도의 아름답고 신비한 자연환경을 대표한다. 유황냄새 가득한 계곡에서 온천수에 찐 불로장생의 검은 달걀을 맛보는 것도 이곳 여행에서나 만날 수 있는 색다른 맛일 수 있다.

아타미 역시 4백여 개의 온천이 밀집된 일본 3대 온천지의 하나인데, 해변의 아름다움과 밤의 절경이 뛰어나 동양의 나폴리라는 애칭을 갖고 있다. 일본을 자주 찾는 사람 중에는 짧은 일정으로 이곳 아타미만을 찾아 온천욕을 즐기며 쉬다가 돌아가는 사람이 많을 정도다.

또 나라는 세계 최대의 청동불상이 있는 도다이지와 사슴공원이 있으며, 고구려인 담징이 그린 금당벽화로 유명한 호오류지 등 많은 문화재가 잘 보존되어 있는 관광명소인데, 한국인에게는 이곳이 특별히 선조의 발자취가 많은 신화와 전설의 무대여서, 발길이 더 오래 멈춰지는 곳이기도 하다.

교토는 나라와는 반대로 헤이안시대부터 명치유신까지 약 1천 년 동안 왕궁이 있었던 곳으로 지극히 일본적인 모습을 간직하고 있는 고도이다. 역사의 산실인 니조오죠, 금각사, 헤이안 신궁 등에서 일본 역사·문화의 정취를 만끽할 수 있으며, 풍부한 민속과 전통적인 축제, 부드럽고 깜찍한 사투리를 만날 때면 마치 타임머신을 타고 수백 년 전의 일본에 온 듯한 착각이 들기도 한다.

녹음 속에 자리 잡은 구마모토를 지나면 일 년 내내 굉음과 연기로 꿈틀대는 활화산인 아소산을 만난다. 활화산이면서 계절에 따라 아름다운 변화를 보이고 있어 더욱 신비롭게 여겨지는 산이다. 하코네, 아타미와 더불어 3대 온천지를 완성하는 벳푸에서는 쉬지 않고 끓어오르는 시뻘건 진흙열탕 온천이 '지옥온천'이란 이름으로 관광객을 손짓하며, 한편에서는 해양수족관과 타카사키산의 야생원숭이 공원이 여행객을 즐겁게 한다. 그리고 후쿠오카는 규슈의 정치·경제·문화의 중심지임은 물론, 대륙과의 교류거점으로서 무역으로 번성했던 역사적인 도시이기도 하다.

그러나 어디를 둘러봐도 역사에서 본 야수적인 모습의 일본은 보이지 않는다.

보이느니 푸르고 깨끗하게 다듬어진 경관이요, 만나느니 검소하게 열심히 사는 모습이요, 느끼느니 비싼 경비들이고 여행해도 아깝지 않을 정도의 서비스와 친절이다.

평화로운 이들의 모습 어디에 그렇게 날카로운 이빨이 있는 것일까? 문제의 해답은 일본 어디에서나 만날 수 있는 차(茶)에 있다. 일본을 여행하다 보면 어디에서든 차(茶)를 만난다. 특급호텔에서부터 일반 국민숙사에 이르기까지, 또 터미널·공항·공원의 휴게실, 심지어 신칸센이나 고속버스에 이르기까지 차는 어디든 갖춰져 있다. 하나도 특별하게 보이지 않는 차. 이 차가 다도(茶道)로 승화되면서 근대 일본의 신화를 벗기는 열쇠가 된다.

일본 역사여행

일본인들은 외국의 기술이나 문화를 그들 나름대로 발전시키는 능력이 뛰어나, 다른 나라와는 달리 일찍이 메이지유신 때부터 서구문화를 적극적으로 받아들여 일본문화에 동화시켜 왔다. 그러나 이처럼 합리적이고 이성적인 서구문화를 자율적으로 흡수통합시켜 왔음에도 불구하고 일본은 아직도 수많은 토속신앙과 수호신을 신봉하는 비문화적인 요소가 깃들어 있음은 아이러니가 아닐 수 없다. 이는 아마도 감상적인 일본인의 성향에서 비롯된 듯싶다.

프랑스인이 상징주의적이며 독일인이 이상주의적이라 한다면 일본인들은 섬나라 특유의 예민하고 섬세한 감각과 함께 정서적인 면을 보여준다. 흔히 우리는 일본 속의 한국문화를 쫓는 여행을 많이 한다. 그러나 일본을 알려고 하는 사람이라면 '일본 역사여행'을 해보는 것도 좋다. 일본 황실의 신화와 불교 성지순례가 그것인데 2박 3일 정도의 일정으로 둘러볼 수 있다. 코스는 오사카-덴리-이세-신구우-나지다케-가쓰우라-다나베-류진-다카노야마-오사카를 거치면 훌륭하다.

이세(伊勢)에 있는 신궁은 일본의 개국신이며 초대 천황인 아마데라스 오오미까미를 제사지내는 곳으로 일본인의 마음의 고향이다. 일생 동안 이세에 7번, 구마노에 3번 참례치 않으면 저승에 가서 문책당한다는 옛말이 있을 정도이다. 태야(態野)-본궁(本宮)-신궁(新宮)-나지다케 코스는 전형적인 성지순례 코스인데, 이세신궁과 일본 천황가와의 관계, 그리고 일본민족 특유의 전통의례에서 일본의 참모습을 발견할 수 있다.

다카노야마는 해발 900m의 산으로 123개의 사원, 600여 명의 승려가 법등을 지켜오고 있다. 다카노야마 동쪽 끝에 있는 오꾸노인으로 가는 길은 이치노바시에서 호오다이시 묘까지 2km에 이르는 삼나무숲과 돌이 깔린 어둠 침침한 길인데, 길 양쪽에 오다 노부나가, 도요토미 히데요시 등의 무장, 신란, 호오넨 등의 고승과 그 밖에 주요 역사적 인물들의 묘석이 줄지어 있다.

일본인의 데스티네이션

세계 제일의 여행왕국이 된 일본에서 발행되는 여행정보잡지 '에이비로드'에서 최근 재미있는 여론조사를 했다. 이 조사에서 일본인이 가장 가고 싶어 하는 여행데스티네이션(여행 목적지)이 미국의 뉴욕을 1위로 선정한 것이다. 뉴욕은 다만 거대한 도시일 뿐 관광 메리트는 별로 없는 곳이다. 일본인들의 미국 점령(?)이 한창 진행 중인 시기에 뉴욕여행을 선호하게 된 데는 큰 의미가 있는 것 같다.

2위는 파리, 3위는 런던, 4위는 시드니, 5위는 발리섬, 6위는 로마, 7위는 호놀룰루, 8위는 뉴칼레도니아, 9위는 로스앤젤레스, 10위는 밴쿠버로 랭크되었다. 파리, 런던, 로마가 랭크된 것은 이해할 만한 일이나, 시드니와 밴쿠버가 포함된 것은 이색적이다. 영국이 개척한 큰 땅만 찾아가는 느낌을 준다. 뉴칼레도니아는 한국인에겐 아주 생소한 지역이다. 남서 태평양에 있는 프랑스령의 작은 섬으로, 영화 '천국에서 가장 가까운 섬'으로 유명해지긴 했지만 한국에는 한 번도 소개된 적이 없는 곳이다. 주로 여성들에게 인기가 높아 랭크되었다.

그런데 매년 무더기로 찾는 서울은 10위는커녕 30위 안에도 들지 않고 있다. 아시아에서는 푸켓(13위), 싱가포르(15위), 홍콩(17위), 몰리브(20위)가 거의 하위권에 랭크되고 있다. 이것은 일본의 '탈아시아주의'와 상관성이 있지 않나 생각된다.

일본인의 과거 데스티네이션 베스트10을 보면, 호놀룰루, 홍콩, 싱가포르, 파리, 로스앤젤레스, 런던, 샌프란시스코, 뉴욕, 시드니, 발리섬이었다.

마쓰리

일본에선 전국에 걸쳐 1월부터 12월까지 각종 축제(마쓰리)가 끝없이 이어진다. 일본에는 이 축제만을 기록한 '축제달력'이 있을 정도다. 이 달력에 따라 소위 '마쓰리꾼'으로 불리는 각종 상인들이 전국을 일년 내내 유람하고 다니는 것도 또 다른 일본 풍경 중 하나다. 그중에서도 여름축제는 압권이다. 특히 7~9월 석 달은 일본 전국에 걸쳐 각종 축제행사가 겹쳐 있다.

일본의 3대 축제 중 하나인 교토(京都)의 기온(祇園)축제가 7월 1일부터 31일까지 열리며, 그 하이라이트는 16~17일이다. 수백 명의 군중이 횃불을 들고 강을 건너는 에히메(愛媛)현 와지마시의 여름축제와 일본 최대의 불꽃축제인 도쿄 스미다강 축제는 7월 말이 피크다.

8월에는 일본에서 가장 성대한 제전인 센다이(仙台)의 '타나바타' 행사가 8월 6~8일까지 열린다. 캄캄한 밤하늘의 산중에 '큰 大'자의 불을 밝히는 교토(京都) '다이몬지(大文字)'축제는 8월 16일이 하이라이트. 아오모리(青森)현의 마쓰리는 8월 2~7일 네부다축제와 셋째주에 개최되는 다나베축제 등이 9월까지 계속된다.

전통행사

　사회의 발전으로 잊혀지기 쉬운 옛날의 행사를 현재에 맞추어 변형시켰는지는 몰라도 일본인이 즐기는 전통행사는 상당히 많아서 여러 가지 행사를 접할 수 있다.

　가장 인상에 남는 것은 그들이 부르는 이름은 잘 모르겠으나 거리에서 일정한 날에 마을사람들이 모여서 가마 같은 것에 작은 집을 올려놓고 여러 사람이 어깨에 메고 소리를 합해 내면서 거리를 마구 돌아다니는 것이다. 남녀의 구별 없이 전통의상을 입고 머리를 동여맨 차림으로 거리를 돌아다니는 것으로 거리별로 날을 정해서 한다고 한다. 도시는 도시대로 시골은 시골대로의 규모와 그곳의 특징에 따라 이 행사를 하는데 몇 곳의 축제는 전국적으로 유명하여 많은 관광객이 모여들고 있다. 이 행사는 예전에 마을의 단결을 위하여 했던 무척 큰 행사로 옛날의 모습이 조금은 남아 있었으나 요사이는 그렇게 웅대한 행사를 하는 곳이 드물다고 한다.

　다음으로는 불꽃놀이가 있다. 마을사람들이 돈을 모아 일정한 날에 불꽃놀이를 하며 모여서 먹고 마시면서 구경하는 것이다.

　또 하나 빼놓을 수 없는 것이 일본 씨름으로 연중 분기별로 지역을 옮겨 가면서 시합을 한다. 그들의 경기 모습을 잠깐 소개하면 흙을 높여 경기장을 만들고 관중석은 하나씩 분리된 것이 아니라 4인이 함께 앉아서 음식을 먹고 술을 마시면서 구경할 수 있게 만들어져 있다. 입장권은 음식과 술값이 포함되어 상당히 비싸다고 한다.

　아침부터 저녁까지 하루 종일 경기가 있으며 시간이 지날수록 더 중요한 경기가 치러지나 늦게 들어가는 사람은 없고 처음부터 끝날 때까지 먹고 즐기면서 시합을 본다고 한다. 얼마 전 모델과의 결혼설로 우리나라 신문에서도 기사화된 적이 있으나 여기에 나오는 선수들의 체격이 보통 사람과는 다르다. 체중이 일반인의 두 배쯤 되고 배가 나오고 엉덩이가 커서 화장실에서 용변 후에 뒷처리를 못하여 후배들의 도움을 받아야 할 정도라고 하며 변기의 크기가 보통사람의 목욕통만 하다고 한다.

또한 가정에서 즐기는 전통적인 행사로는 새해에 인절미를 만들어 소나무 가지와 함께 장식하여 일 년의 무사함을 비는 것으로 신사에 가서 절을 하면서 그해의 기원을 한다. 이 신사에 가서 비는 것은 어떤 종교적인 행사라기보다는 습관 비슷한 것으로 누구든지 일 년에 한 번은 이때 간다고 한다.

다음은 어린아이들과 관계된 것으로 남자 어린이와 여자 어린이를 축원해 주는 날이다.

도쿄(Tokyo)

최첨단 도시문명의 매혹적인 도시로서 정치 · 경제의 중심지로 세계의 패션 · 문화 · 게임, 첨단산업의 기술을 창출해 가는 일본 제일의 도시이다.

착공 17년 만에 완성한 국회의사당, 거미줄처럼 얽힌 지하철, 황궁, 거대한 백화점과 상가가 밀집해 있고 동경시내를 한눈에 볼 수 있는 333m의 동경타워, 긴자거리, 젊음이 넘치는 신주쿠 등은 관광지로서 일본의 모습을 그대로 보여준다.

도쿄는 과거와 현대의 두 얼굴을 갖고 있다. 옛날에 에도(江戶)라고 불렸던 도쿄는 1603년부터 1867년 도쿠가와 막부(德川幕府)의 소재지였다. 1868년부터 메이지유신(明治維新)으로 에도(江戶)는 도쿄라고 개칭되어 현재 일본의 수도가 되었다.

도쿄에는 옛것과 새것이 조화를 이루고 있다. 초고층 빌딩의 바로 뒤쪽에 옛 신사(神社)가 고색창연한 모습을 드러내고 있다. 정서가 넘치는 이 대도시에는 가부키나 노(연극) 등의 전통적인 것과 함께 레뷰나 디스코텍 등의 현대적인 오락도 만끽할 수가 있다. 도쿄의 밤은 매혹적이다. 오색찬란한 네온사인이 도쿄의 밤을 취하게 한다. 도쿄는 여행자의 다양한 욕구를 만족시켜 줄 수 있는 대도시이다.

도쿄는 일본을 여행할 때 좋은 출발점이 된다. 도쿄에서 교통망이 각 방면으로 뻗어 있기 때문에 일본의 다른 지역으로 가기가 쉽다. 하루나 이틀밖에 여유가 없는 사람에게도 주변의 시골을 탐방하는 데는 도쿄가 이상적인 기지가 된다. 요코하마, 가마쿠라, 하코네, 후지산, 이즈반도, 닛코는 철도나 버스라도 2시간 이내로 갈 수 있다.

교토(京都)와 나라(奈良)

교토는 도쿄에서 초특급 열차인 신칸센을 타면 2시간 15분 만에 갈 수 있다. 교토는 일본 국내나 해외에서 모집하는 패키지투어에 거의 빠짐없이 들어 있는 관광명소이다. 한국의 경주와 같은 곳이다.

아름다운 언덕으로 덮여 있는 교토는 역사적 의의와 전통을 자랑하는 곳으로 옛 일본 유적의 보고(寶庫)로서 최상의 관광지이다.

헤이안시대(794년)로부터 메이지유신(1868년)까지 천 년 동안의 수도였던 교토는 천년 고도의 우아함이 숨 쉬고 있으며 여러 가지 즐거움으로 가득 차 있다.

나라는 일본 건국 초기 대부분 한국문화의 영향을 받아 일본의 예술, 공예, 문학, 산업이 움튼 곳이기도 하다. 불교도 처음에는 나라에서 번영했다. 영광의 절정기에 나라에는 화려한 궁전, 절, 저택이 많이 있었으며 지금도 당시의 상태 그대로 남아 있는 것이 있다. 이 고장에서는 지금도 태고의 감각과 일본의 고대문화가 잘 보전되고 있다.

주요 관광명소는 나라역 근처에 산재해 있는데, 사슴공원으로 잘 알려진 나라공원에는 사람을 잘 따르는 1,000마리 정도의 사슴이 노닐고 있으며 사슴에게 특별먹이를 사주는 관광객을 환영한다.

규슈(九州)와 삿포로

일본 남단의 섬 규슈의 특색은 아열대적인 풍격과 온천이다. 그리고 이 지방과 유럽 및 아시아대륙, 특히 한반도와 고대문화의 교류가 있었던 것을 증명하는 수많은 사적이 있다.

일본열도 북단의 섬 홋카이도(北海道)는 일본에서 최후로 개척된 곳으로 넓은 원생림과 황야가 이 섬의 특징이다. 홋카이도로 가는 교통수단으로는 비행기와 열차, 훼리가 있다. 삿포로는 도쿄에서 홋카이도로 들어가는 현관이며 홋카이도를 여행하는 출발점이 된다.

이 도시의 특징은 바둑판처럼 반듯하게 깔려 있는 도로와 아름다운 경치이다. 일 년 내내 꽃이 피는 오도리공원은 시민과 관광객의 좋은 휴식처이다. 매년 열리는 '눈(雪)의 축제'는 독일 뮌헨의 10월 맥주축제, 브라질 리우의 삼바축제와 함께 세계적인 축제로 유명하다.

삿포로 눈 축제

삿포로는 일본 최북단에 있는 섬 홋카이도의 중심도시로 겨울이 유난히 길고 추우며 눈이 많이 내린다.

이런 지역적 특수성에서 비롯된 삿포로의 눈 축제(祝祭 : 유키마쓰리)는 세계적으로 유명하다. 1950년에 시작된 유키마쓰리는 해마다 2월 5일에서 11일까지 1주일 동안 열린다. 매년 2백만 명 이상의 관광객들이 몰리는 축제기간 동안에는 국제 눈 조각 콩쿠르를 비롯하여 미스 유키마쓰리 선발대회, 패션쇼, 스키대회, 레이저 광선쇼 등이 다양하게 펼쳐진다.

오도리공원에서는 축제의 백미인 국제눈조각경연대회가 열린다. 두 그룹으로 나뉘어 4일 동안 세계 각국에서 온 팀들이 작품을 만든다. 한국은 제1회 대회부터 참가했고, 제18회에는 '부활'이란 작품으로 우승한 바 있다. 전시되는 작품은 자그마한 것에서부터 미국 백악관을 본뜬 높이 15m, 폭 30m, 길이 20m나 되는 거대한 것도 있다. 다루는 소재도 인도의 타지마할, 파리의 개선문, 일본의 고성, 동물 등 다양하다. 대형 눈 조각상 제작에는 많은 노력이 필요하다. 기획에서부터 현지조사, 도면과 미니어처 제작 등에 이르기까지 거의 1년이 소요된다. 사용되는 엄청난 양의 눈은 일본 자위대가 수송을 맡는다. 보통 5톤 트럭 7,700대분의 눈이 현장으로 운반된다. 많은 자원봉사자들의 헌신적인 노력도 빼놓을 수 없다.

삿포로 시민들은 폭설로 교통이 두절되고 사상자가 생기는 열악한 자연환경 속에서 무엇인가 즐거운 일을 만들어보려고 궁리했다. 이렇게 해서 탄생한 것이 눈싸움 대회와 눈 조각상 만들기 대회로, 1950년 제1회 대회 때는 5만 명이 넘는 관광객이 몰렸다. 축제기간 동안 삿포로의 메인 스트리트인 오도리, 스스키노, 나카지마공원은 기기묘묘한 눈 조각상으로 뒤덮이고, 밤하늘을 수놓은 전등장식과 붐비는 인파로 불야성을 이룬다. 삿포로 눈 축제에서는 격렬하게 춤추고 노래하며, 술에 취해 난동을 부리는 일 등은 벌어지지 않는다. 다만 가까운 사람끼리 몰려다니며 거대한 눈 조각상을 들여다보거나 흥미 있는 행사에 참여한다. 그리고 삿포로의 유명한 생맥주를 즐기는 조용한 축제인 것이다.

중국 China
중화의 나라

중국은 땅이 아주 넓은 나라다. 또한 다민족(多民族)국가이기 때문에 기본적인 지식을 모르고 중국을 여행할 경우 크게 당황하기 쉬운데, 예를 들어, 한 지역에서 다른 지역으로 이동하게 되면, 자연환경, 문화, 민족 등이 크게 바뀌므로 적응하기 쉽지 않고 많은 혼란을 겪기 쉽다. 물론 이런 점이 중국여행의 가장 큰 매력이기도 하다. 중국 전역을 여행하는 것은, 사실은 국경만 없을 뿐 여러 나라를 한꺼번에 여행하는 것과 같다고 할 수 있다.

오늘날 중국은 선진국에 비해 경제적으로 매우 낙후한 결과 그들은 문호를 개방하여 열심히 선진국을 배우려고 한다. 그러나 일례로 많은 중국인들은 '미국이 좋다. 미국의 과학이 훌륭하다고 한다면 상관하지 않겠다. 그러나 미국문화가 우리 문화보다 뛰어나다고 한다면 결단코 용서하지 않을 것이다. 어떻게 우리 중국이 미국을 흉내낼 수 있단 말인가?'라 하고, 또한 입버릇처럼 '그것은 중국식이 아니다'라고 말한다. 정말 자존심이 강한 민족이다. 우리나라가 우리의 주체성을 강조하면서도 늘 하는 말은 '외국에도 그러한 예가 있는가?', '외국에서는 어찌어찌하다'라며 좀처럼 우리식의 사고와 해결방법이 설자리를 찾지 못하는 것과는 매우 대조적이다.

또한, 장대한 대륙을 닮은 중국인의 성격을 가장 핵심적으로 표현한 말은 '만만디(漫漫地)'이다. 이 말 그대로 중국인의 성격은 느긋하고 나아가 대범하다. 그리고 중국인은 관계를 중요하게 생각하고 그중에서도 신용을 첫째로 꼽는다. 이 때문에 중국인은 쉽게 자기 속을 드러내지 않고 깊이 친해졌다는 생각이 들어서야 비로소 자신의 생각을 드러낸다. 따라서 중국인과 교류하기 위해서는 이 '꽌시'라는 말부터 이해해야 하고 많은 시간을 투자해야 한다.

오늘날 중국은 하루가 다르게 변하고 있다. 변화속도가 너무 빨라 1년만 지나도 딴 세상으로 변한다. 과거 중국여행의 가장 큰 애로사항은 항공과 숙소문제였다. 그러나 최근 신축호텔이 속속 개관, 호텔문제에 관한 한 여행자들이 전혀 불편을 겪지 않게 되었다. 호텔 수준도 국제화 수준에 도달하여 쾌적한 휴식을 즐길 수 있게 되었다. 항공편 사정도 많이 호전되어 낡은 프로펠러 비행기는 사라졌고, 운행시간도 아직 연발착이 많으나 전보다는 훨씬 좋아졌다. 가장 피부에 와 닿는 것은 통신사정이다. 전에는 여행 중 중국에서 한국으로의 전화가 매우 어려워 여행사에서 오리엔테이션할 때 아예 여행 중에는 전화 걸 생각을 말라고까지 했고, 꼭 전화를 걸어야 할 일이 있을 때는 새벽 일찍 전화국 앞에 가서 줄을 서면 정오 무렵에야 차례가 올 만큼 힘든 시기가 있었다.

예전에는 중국에 한국인 가이드가 없었다. 중국인이 중국어로 설명하면 한국에서 따라간 에스코터가 통역을 하거나, 영어 또는 일어 가이드가 안내했었다. 지금은 북경, 서안, 계림, 항주, 상해 등 1차 선택 코스상의 지역에는 잘 훈련된 1급교포 가이드들이 능숙한 한국어로 안내를 해준다. 2차 선택코스에도 한국교포 가이드가 배치되어 있고, 그 밖의 지역도 아르바이트 형태의 교포 가이드들이 한국인 여행자들에게 여행안내 서비스를 훌륭하게 제공하고 있다.

중국의 가볼 만한 곳을 짧은 문장으로 설명하기란 참으로 어렵다. 긴 역사를 통해 귀에 익은 도시만 선정해서 나열해도 원고지 수십 매는 금세 채워지기 때문이다.

그러면 중국의 명승지는 어디일까?

우선 첫 번째로 만리장성을 꼽을 수 있다. 흔히 만리장성이라면 진시황이 축조한 것으로 생각하는데 현존하는 장성은 5백 년 전 명나라 때 만든 것이다. 그래서 중국인들은 만리장성이란 말을 쓰지 않고 명장성(明長城)으로 부르고 있다.

두 번째는 청나라의 황궁 자금성(紫禁城)이다. 방이 99,999개에 누각이 7백여 개나 되는 자금성은 세계 최대의 궁전이다.

세 번째는 서안의 병마용갱(兵馬俑坑)이다. 지난 1974년에 우연히 농부에 의해 발견된 병마용갱에는 땅속에서 8천여 명의 도용(陶俑)으로 만들어진 어마어마한 대군단이 출토되었다. 제1, 3갱만 발굴되어 일반에 공개되고 있고 제2갱은 아직도 발굴작업 중이다.

네 번째는 승덕(承德)의 피서산장이다. 북경에서 기차로 약 3시간 반 거리에 있는 승덕의 원명은 열하(熱河)였다. 겨울에도 얼지 않는 강이란 뜻이다. 이곳에 넓이 564만 평방미터에 길이 10km에 이르는 만리장성처럼 육중한 성벽을 쌓고 화려한 여름궁전을 지었다.

다음은 소주의 정원이다. 운하도시 소주는 옛날 중국의 부호들이 호화로운 별장을 짓고 살던 휴양지다. 명나라 재상 왕헌신의 별장 졸정원(拙政園)을 비롯, 청나라 유용봉이 살던 유원, 송나라 시인 소자미의 집이었던 창랑정 등 수많은 명원(明園)들이 있다.

이 밖에 항주의 시호, 계림산수, 장강 3협, 황산, 그리고 대만의 일월담 등이 10경에 포함되어 있다.

문물고적 관광

반만년의 기나긴 세월은 중국 특유의 찬란한 문화를 창조했다. 960만km^2의 광활한 대지에는 헤아릴 수 없이 많은 문물고적이 널리 분포되어 있다. 중국 국가관광국과 국가문물국은 중국의 풍부한 관광자원을 집중적으로 보여주고 관광형 제품을 더욱 보완하며 보다 많은 해외관광객들을 맞이하기 위해 노력하고 있다. 그리고 이 활동을 통해 대중의 문물고적 보호의식을 계속 높임으로써 찬란하고 풍부한 문물고적을 천추만대에 길이 전하려 하고 있다.

관광객들은 공자·진시황·서하객 등 유명 역사인물과 봉건 제왕·문인 묵객·탐험가들의 발자취를 따라 명승고적을 유람할 수 있다. 어슴푸레한 성곽이며 풍부한 내용의 옛 유적지, 높이 솟은 누각이며 웅장 화려한 제왕 능묘, 조각과 벽화예술을 집대성한 석굴들이 해외관광객들의 왕림을 기다리고 있다. 관광객들은 또한 문물정품전 등 각종 특색을 지닌 관광활동을 참관하고, 낙산국제관광대불제·장안국제서법연회·오대산국제관광월 등 풍부하고 다채로운 문화성 축제에 참가할 수 있다.

중국인의 기질

중국사람의 기질을 잘 나타내는 에피소드로서 2차 대전 때 일본군이 중국 본토에 비행장을 설치하느라 중국 노무자·기술자들을 강제로 동원, 일을 시켰다. 그런데 어찌나 열심히 일을 잘하고 게다가 비행장 설치에 쓰일 재료도 가장 좋은 것으로 쓰면서, 훌륭한 비행장을 만들라고 열심히 협조하면서 부탁을 하더라는 것이다.

이를 본 일본인들이 하도 기가 막혀서 한마디 "지금 만드는 이 비행장은 전쟁에 사용하려고, 더 나아가 당신네 중국을 통째로 집어삼키려고 만드는 줄 모르고 이 명청한 중국인들아, 그렇게 열심히 좋게 만들어달라고 부탁을 하냐?"고 빈정거렸다는 것이다. 그 말을 들은 중국인들 "하나는 알고 둘은 모르는 일본인들아, 지금은 당신네들이 그런 목적으로 만드느라 애를 쓰지만 10년, 20년 아니 50년 후 너희들이 언젠가는 물러갈 테니 그때는 이 비행장이 바로 우리 것이 될 것이 틀림없을진대, 기왕 만들려면 훌륭하게 만들어달라는 것뿐"이라고 하였다는 것이다.

또한 옷차림새로는 그 사람의 신분을 알 수 없을 만큼 검소하고, 외형보다 내실을 기하는 국민이다. 비록 겉옷은 남루할지라도 속옷은 비단을 입고 있는 게 중국인들이다.

중국인은 여간 해서 서두른다거나 재촉하지 않는다. 헤어질 때 나누는 인사가 '만쪼우(慢走, 천천히 가세요)'이며, 식당에서 요리를 내오면서 하는 말이 '만만츠(慢慢吃, 천천히 드세요)'이다. 이러한 만만디(慢慢的)의식은 공무원들의 행정업무 능률을 저하시키고 이러한 과정에서 부패관계가 형성될 수 있다. 일을 하지 않으니 많은 것을 판단하지 않기 때문이다.

한편, '차뿌뚜어(不多)'는 '좋은 게 좋다'는 뜻으로 두루뭉술한 면을 말하는데 이는 바로 중국사람들의 애매모호한 국민성을 잘 나타낸다고 할 수 있다.

이런 생각이 부패에 대한 관용의 자세까지 초래하고 있다.

유명고적 관광

대명루/황학루(호북)

무한 장강기슭의 사산 위에 위치, 원래 기원 223년 무창 황곡기두에 건조되었는데 천고의 명승이며, 천하의 절경으로 칭송되었다. 황학루는 수차 파괴, 재건되었다. 현재의 누각은 1981년 6월에 준공, 개방되었는데 청나라 건축양식을 원본으로 한 높이 51.4m의 5층 방고건축물로서 어디에서 보나 모두 동일한 건축스타일을 안겨준다. 72개의 기둥과 60개의 교각이 하늘을 떠이고 있다.

악양루(호남)

호남성 악양시 서문 성루 위에 위치하고 있으며 삼국시기(200~280년) 오나라 장군 노숙이 수군을 훈련시키던 열병대라고 한다. 송나라 경력 5년(1045년)에 개축, 청나라 때 범중엄이 '악양루기'를 지어 더욱 유명해졌다. 주루의 높이는 19.72m, 겹처마, 회색 지붕의 목조건물로서 4개의 큰 녹나무 기둥이 3층 꼭대기까지 곧추 뻗어 있다.

등왕각(강서)

남창시 감강기슭에 위치하고 있으며 당나라 현경 4년(653년) 태종 이세민의 아우 등왕 이원영이 홍주도독으로 임명되었을 때 영조한 것이다. 각은 그의 봉호로 명명되었으며 예로부터 '강남 제1루'로 칭송되고 있는데 강남 3대 명루의 으뜸이다. 등왕각은 28차의 성쇠를 겪어 1983년에 재건되었다. 외관이 3층, 내부가 5층으로 높이가 25m이며 주각 면적은 5,600m²이다.

4대 불산

불교는 세계 주요 종교의 하나로서 서한 말엽에 중국에 전해 들어와 현재까지 2,000여 년이 흘렀다. 불교사상은 중국의 철학·사학·문학·예술 및 민간풍속에 일정한 영향을 미쳤다. 종교신앙의 자유를 존중하고 보호하며 일체 정당한 종교활동을 보장하는 것은 중국정부의 일관된 정책으로서 중·외 각계 인사들의 호평과 찬양을 받고 있다. 불교참배를 동경하거나 불학문화연구에 흥미가 있는 내·외 벗들은 예로부터 불교성지로 명성이 높은 중국의 불교 4대 명산을 찾지 않을 수 없을 것이다.

중국의 불교사원은 초기에는 대부분 도시 및 그 근교에 건조되었으나 선종이 흥기됨에 따라 승려들이 수행에 전념하기 위해 경치가 아름다운 심산에 사원을 건축하기 시작하였는데 1,000여 년이 지나면서 점차 '천하의 명산에 승려들이 많게 되었다.' 관광환경으로서의 산은 사원에 의해 더욱 돋보이게 되었다.

실크로드 관광

기원전 2세기 중국 인민의 우호사절인 장건(張騫)에 의해 개척된 실크로드는 유럽, 아시아 내륙을 관통하는 동서방 교통요로이다. 동쪽의 장안(오늘의 서안)에서 시작하여 섬서·감숙의 하서희랑, 신강의 타림분지를 거쳐 월총령(오늘의 파미르고원)을 넘고 구소련의 중앙아시아·아프가니스탄·이란·이라크·시리아를 지나 지중해 동부해안에 이른다. 총길이 7,000여km, 중국 영내의 길이 4,000여km이다. 기원전 2세기부터 기원 15세기에 이르러 해상실크로드가 개통되기까지 중국의 정미한 비단·누에고치·견직물·화약·제지·인쇄술은 이 실크로드를 통해 서방에 전해졌고 불교·경교·이슬람교 및 그와 관련된 문화예술, 그리고 포도·호두·석류·오이·유리·향료 등 특산물도 잇따라 중국에 전해졌다.

실크로드의 번영했던 과거는 이미 사서에 기재되었거니와 지난날 중국과 서방 간의 교제에서 일으킨 거대한 역할과 보존된 대량의 문화재·명승고적들은 여전히 수많은 관광객들을 끌어들이고 있다. 지난날의 주요한 교통수단은 '사막의 배'라고 불리는 낙타였으나 현재는 이미 버스나 기차를 타고 실크로드를 여행하면서 명승지와 고적을 찾아보는 한편 각지의 풍토와 인정을 체득할 수 있다.

실크로드 구간에는 세계의 제8 기적인 진시황 병마용, 석가모니 유골이 보존된 법문사, 세계적으로 이름난 돈황 막고굴·병령사 석굴·맥적산 석굴 등이 있고 또한 만리장성의 서쪽 종점인 가욕관, 신비로운 라마교사원 타얼사, 실크로드의 주요도시 고창(高昌)의 옛 성터가 있다. 이런 곳에서 관광객들은 자유자재로 옛날을 기억하며 만 리 길을 더듬을 수 있으므로 시간이 마치 수천 년 전으로 돌아간 듯한 느낌이 들 것이다.

실크로드의 자연경치는 신비롭고도 웅장 화려하다. '새의 왕국'인 청해호의 새섬, 천산 버거다봉의 천지, 바인부루커초원과 백조자연보호구는 관광객들을 별천지로 이끌어준다.

실크로드에는 수십 개의 소수민족이 살고 있다. 관광객들은 각 민족지구에서 농후한 민족특색과 지방풍정을 체득하고 소수민족의 생활을 체험할 수 있으며 또한 노래와 춤을 감상하고 좋은 요리를 맛볼 뿐 아니라 쇼핑도 할 수 있다.

실크로드는 친선의 길로서 문화발전에 따라 반드시 보다 더 새로운 활기와 번영이 나타날 것이다.

태국 Thailand
불교의 나라

이 나라 국민 대부분은 신분과 빈부에 관계없이 그저 자기 위치에서 사원과 승려를 정성껏 공경하는 성실한 신도들이다. 가난해도 욕심 부리는 일 없이 자기 할 일을 하며 사는 훌륭한 국민들이다.

조상에 대한 존경은 타이의 정신적 관습의 한 부분이다. 타이사람들은 환대하는 마음과 관대한 마음을 가졌으나 강한 사회적 계급의식도 있다. 타이문화에서 어른 공경은 중요한 요소이다. 연장자가 항상 가족 대소사를 결정하거나 의례를 주관한다. 타이의 전통 인사법인 "와이"는 두 사람 중 젊은 사람이 먼저 하는데, 이는 손바닥끼리 서로 닿도록 두 손을 모은 다음, 손가락 끝은 위로 향하게 하고 얼굴이 손에 닿도록 머리를 숙여서 하는 인사이다.

유명한 관광명소들과 문화재를 통해 엄청난 수입을 올리고 있다. 태국의 관광사업은 국가 수입의 60%에 이를 정도로 관광산업에 의존하고 있다. 때문에 곳곳에 관광지와 유적지가 펼쳐져 있다.

태국을 여행할 때 가장 조심해야 할 것은 국왕에 대한 예절이다. 입헌군주국이라 국왕에게 실권은 주어져 있지 않으나, 국민들은 국왕을 신격시(神格視)하고 있다. 어떠한 경우에도 국왕에 대한 모욕이나 실례를 범할 때는 용서치 않고 흥분하는 것이 태국인이다. 멋모르고 땅에 떨어진 돈을 밟았다가 뭇매를 맞는 외국인도 종종 본다. 돈에는 국왕의 그림이 있기 때문이다. 왕궁에 들어가서 침을 뱉거나 국왕의 사진에 손가락질하다가도 봉변을 당한다.

태국 국민은 낙관적이며 항상 웃는 밝은 인상을 갖고 있어 '미소의 나라'로 불린다. 오랜 세월 동안 주변국의 침략과 지배를 받으면서 독립을 지켜온 민족으로 애국심은 물론 자존심이 대단하며, 미소와 경제력만으로 태국을 판단하는 것은 무리가 있다. 태국은 '미소의 나라'이자 '무에타이의 나라'라는 것을 기억할 필요가 있다.

태국에서는 어떤 일이 있어도 현지인과 다퉈서는 안 된다. 본질이 착하기 때문에 좀처럼 다툴 일은 생기지 않는다. 그러나 한번 다투게 되면 이길 생각을 말아야 한다. 논리나 정당성은 둘째 문제다. 내가 잘못한 것이 없으니 질 수 없다는 생각을 가졌다가는 살아서 돌아올 생각을 포기해야 한다. 경찰에 고발해도 소용없다. 경찰은 법으로 다스리는 것이 아니라 무조건 태국인의 주장을 긍정한다. 멋모르고 교통사고를 내었다가 혼쭐이 난 외국인은 한두 명이 아니다. 요금시비 같은 것도 이길 생각을 하고 걸어서는 안 된다. 이 나라에선 법보다 자존심이 우선이다.

공손한 행동은 어디서나 환영받는다. 다른 나라에서 공손하다고 받아들여지는 행동은 태국에서도 공손한 것으로 받아들여진다. 그러나 사회적·종교적·문화적으로 주의해야 할 부분들이 있다.

공양음식

불교의 나라 태국은 곳곳에 정성스럽게 지어진 사원들과 끊이지 않는 사람들의 발길을 엿볼 수 있다. 태국인들은 여전히 부처의 가르침을 믿으며 살아가고 있다. 이 전통이야말로 서부 열강의 침략 속에서도 태국이 독립을 유지해 온 바탕이라고 할 수 있다. 오늘의 삶이 고단할수록 내세를 비는 마음은 더욱 간절하다. 보다 나은 내일을 기원하는 사람들의 마음이 새로운 문화를 만들어가고 있다. 이제는 부처에게 바쳐지는 음식들조차 거리에서 사온 음식이다. 이것이 오늘의 태국이다.

시간의 변화 속에 전통은 또 이렇게 모습을 바꾸어간다. 음식 속에 바로 그들의 삶이 있다.

새벽 5시, 나이 어린 스님들이 거리로 나서면 비로소 태국의 아침이 시작된다. 황색의 승복인 치온까지 단정히 차려입고 이른 아침부터 다름 아닌 탁발하러 나선다. 사람들은 또 이렇게 거리 곳곳에서 승려들을 기다리고 있다가 보시를 한다.

인구의 90퍼센트 이상이 불교를 믿는다. 매일 아침 공양을 하는 이러한 풍경은 일상적인 의식이기도 하다. 시대의 변화 속에서도 여전히 불교가 태국인들의 삶을 지탱해 주고 있음을 알 수 있다.

그런데 알고 보면 시주를 하는 음식들은 대부분 손수 만들어온 것이 아니다. 탁발이 이루어지는 부근에 아예 가판이 크게 벌어진다. 이것이 태국 음식문화의 독특한 특징 중 하나이다. 공양은 물론 일상적인 식사조차도 거리에서 사먹는다고 한다.

아침마다 벌어지는 이 진귀한 풍경은 농촌은 물론 방콕이나 치앙마이와 같은 태국의 대도시에서도 여전하다고 한다. 태국의 불교는 테라바다불교, 중생을 구제하는 대승불교와 달리 승려들은 오로지 자신의 혜택만을 위해 고행과 수련을 한다. 그 규율도 엄격해서 살인을 하거나, 이성과의 접촉은 물론 생산에 종사해서도 안 되고 금전을 직접 다뤄서도 안 된다.

대부분의 승려들이 이처럼 탁발에 의존하는 것이다. 비록 거리에서 사온 음식들이지만 그 종류는 다양하다. 승려들에게 금지된 음식을 제외하고는 모두들 포장해서 팔고 있고 사람들은 이를 구입해서 시주를 하는 것이다. 국수는 물론 라면도 있다. 이렇게 보시 받은 음식들로 스님들은 아침, 저녁 하루에 두 끼를 공양한다. 또한 태국에서는 음식뿐만 아니라 옷이며, 사원의 건축 수리까지 대부분이 신자들이 공덕을 쌓는 기회이다. 태국사람들은 스님에게 공양을 하거나 사원에 공을 쌓는 정도에 따라 내세의 행복이 결정된다고 믿는다. 모든 음식은 사원으로 가져가서 많은 승려들과 함께 나누어 먹는다. 봉지 속에 담겨 팔리는 공양음식들이다.

이것은 바로 오늘날 태국인의 문화를 말해주는 것이다.

중부지역

중부지역은 미얀마와 서쪽으로 접해 있는 산악지역으로부터 동쪽으로 북동부고원에 이르는 지역을 말하며, 북쪽으로는 핑(Ping)강, 왕(Wang)강, 난(Nan)강, 욤(Yom)강 등이 합쳐져서 차오프라야(Chao Phraya)강을 이루는 나콘사온(Nakhon Sawan)까지를 말하는데 차오프라야강은 '강의 어머니'라는 뜻으로 방콕을 가로질러 남쪽으로 태국만까지 흐르고 있다. 남쪽으로는 태국에서 동서로 가장 좁은 곳, 즉 서쪽의 산악지역에서 동쪽의 태국만까지의 길이가 60km밖에 되지 않는 프라추압키리칸(Prachuap Khirikhan)까지를 포함한다.

차오프라야강은 세계 주요 곡창지대 및 과일산지 중 하나인 중부평야를 관개하고 있으며 풍부한 과수원과 시장정원을 관개하는 복잡한 수로망을 형성하고 있다. 또한 활기 있는 수상시장을 형성하고 있으며 강변에서 사는 태국사람들의 독특한 생활양식의 근간을 이루고 있기도 하다.

중부지역은 역사적 유물이 풍부한 지역이기도 하다. 나콘파톰(Nakjhon Pathom), 칸차나부리(Kanchanaburi), 방파인(Bang Pain), 아유타야(Ayutthaya), 사라부리(Saraburi), 롭부리(Lopburi) 등 유서 깊은 곳 외에도 태국의 수도이며 태국여행의 관문인 방콕이 자리 잡고 있는 곳이다.

방콕

방콕의 주요 관광지는 우선 유명한 왓프라케오(Wat Phra Kaeo : 에메랄드사원)와 왕궁을 들 수 있다. 또한 왓아룬(Wat Arun : 새벽사원), 왓포(Wat pho : 와불상이 있는 사원), 왓사켓(Wat Saket : 황금불상),

왓벤차마보핏(Wat Benchamabophit : 대리석사원), 유명한 출라롱콘(1868~1910)왕의 거처이자 세계 최대의 티크나무로 건축된 위만멕궁(Wiman Mek Palace) 등이 있는 곳이기도 하다. 이 밖에도 차오프라야 강에서의 멋있는 배의 행진, 코브라 등 각종 독사를 키우며 독사의 독으로 귀한 치료제를 만드는 파스퇴르연구소의 뱀농장, 아시아의 예술 작품들을 모아놓은 짐 톰슨의 집(Jim Tompson's House), 중세의 금잎으로 그려진 벽화로 장식되어 있는 수안 파카드왕궁(Suan Pakkad Palace), 세계 최대의 악어농장, 2백 에이커의 대지 위에 건설된 고대 도시(Ancient City), 사이암해양공원, 사파리월드, 킹콩아일랜드, 라마 9세 공원 및 두싯(Dusit)동물원, 세계적인 수공예품을 살 수 있는 여러 상점 및 시장, 세계 각국의 다양한 요리를 즐길 수 있는 수많은 레스토랑, 그리고 자유롭고 흥겨운 밤의 여흥거리 등 방콕에서 가볼 곳은 무궁무진하다.

노 핸드 레스토랑

1년에 800만 명의 관광객이 몰려드는 아시아 최대의 관광지 방콕에서 볼 만한 곳이란 수상시장, 왕궁, 새벽사원, 로즈가든, 악어농장 정도다. 이는 모두 하루 구경거리에 불과하다. 볼 곳이 많아서가 아니라 오히려 놀 곳이 많아 관광객이 이곳을 찾는지 모르겠다. 레스토랑만 보아도 진기하고 희한한 곳이 여러 곳 있다.

방콕의 번화가 서콤비트부근에 탐낙타이(Tumnak Thai)란 식당이 있다. 3,000명을 수용하는 이 식당은 너무 커서 종업원들이 롤러스케이트를 타고 다니면서 서비스를 한다. 주인의 이야기로는 빨리 봉사하기 위해 롤러스케이트를 탄다고 한다. 기네스북에 세계 최대 레스토랑으로 등재되어 있기도 하다. 그런데 최근 방콕 교외에 이보다 더 큰 레스토랑이 생겼다. 비룡(飛龍)가든이란 이름의 중국요리집인데, 머지않아 기네스북에 탐낙타이 대신 오를 것임이 틀림없다.

방콕의 명물은 시푸드(Sea food)다. 바닷가재와 게를 비롯, 갖가지 해산물을 값싸고 푸짐하게 내놓는 데 매력이 있어 인기를 독차지해 왔다. 그런데 근래 시푸드 식당이 너무 많이 나와 잠시 다녀가는 관광객의 눈으로는 옥석을 구분할 수 없게 되었다. 또한 질도 전보다 떨어진다는 것이 여러 사람의 평이다. 변화가 이름을 딴 '서콤비트'란 레스토랑은 자기가 먹고 싶은 것만 선택, 먹고 싶은 양만큼 먹을 수 있는 이점이 있다.

각양각색의 아이디어들이 속출하는 방콕의 레스토랑街에서 대상감은 아마 '노 핸드 레스토랑(No Hand Restaurant)'일 것이다. 이름 그대로 이 식당에선 음식을 먹을 때 손을 사용하지 않는다. 요리가 나올 때 아예 수저세트가 나오지 않는다. 그 대신 예쁜 아가씨가 나와 손님 옆에 앉아서 음식을 먹여준다. 술을 마실 때도 자기 손은 사용이 금지되어 있어 아가씨가 손수건으로 턱밑을 받쳐주면서 술을 따라주면, 손님은 그냥 마시기만 한다. 만약 손님이 음식을 먹을 때 손을 사용토록 방심하면 아가씨는 당장 벌금을 물게 된다.

북부지역

미얀마와 라오스 국경에 접하여 있는 태국의 북부지역은 히말라야 산맥이 끝나고 숲이 울창한 산악지대와 비옥한 강변의 골짜기 등으로 이루어져 있으며 현 태국문명의 요람으로 이미 수세기 전 여러 작은 공국들이 존재했었으며 이상향으로 불리는 황금의 삼각지대(Golden Triangle)가 있는 곳이기도 하다.

1238년에 세워진 수코타이(행복의 새벽이라는 뜻)왕조는 태국 최초의 독립왕국으로 이 기간 동안 태국의 문자가 발명되고 초기의 예술이 형성되었다.

수려하고 아름다운 산, 이국적인 산악부족, 코끼리를 이용한 숲에서의 작업, 화려한 축제, 활력을 불어넣어주는 서늘한 기후, 오래된 도시들, 정교하고 아름다운 태국과 버마식 사원들, 그리고 다정한 북부지역 사람들의 환대는 북부지역의 자랑거리이다.

치앙마이

치앙마이(Chiang Mai)는 방콕면적의 약 1/7에 불과한 도시이지만, 고대로부터 독특한 역사를 갖고 있으며 경관이 뛰어난 북부지방의 중심부에 위치한 매력적인 관광명소이다.

방콕에서 북으로 약 700km 떨어진 치앙마이까지 비행기로 약 1시간가량 소요되며 매일 7~8편의 태국 국내선이 운항되고 있다.

'북방의 장미'로 보다 잘 알려져 있는 치앙마이는 방콕과는 현저하게 대조된다. 방콕의 역사는 200여 년에 불과하나 치앙마이는 과거 독립왕국이었던 란나(Lanna)의 수도로서 13세기 말에 창건된, 태국에서 가장 오래된 거주지 중의 하나이다.

따라서, 독특한 문화유산을 간직하고 있는 이 지역은 예술과 건축의 진수를 맛볼 수 있는 보고이다.

수많은 고대 사원과 유적들이 과거의 영화를 잘 말해주고 있으며, 인근에는 산 정상에 멋지게 들어앉은 왓프라탓도이수텝사원(Wat Prathat Doi Suthep)과 왕족의 여름 휴양지인 푸핑왕궁(Phuping Palace)이 있다.

치앙마이의 꽃축제

'스와디 크랍', '스와디 카'

'안녕하세요?' 미녀들의 고장인 북부 타이 여성들의 부드러운 인사말은 사람들의 마음을 녹인다. 남부 타이 여성의 인사말은 '스와디 카'이다. 남자들은 '스와디 캅'. 북부의 여자들은 아름다운 미모를 자랑한다. 그러나 부드럽고 정겨운 그녀들의 친절함이 더욱 유명하다. 그래서인지 무더운 방콕보다 서늘한 북부를 좋아하는 여행자들이 많다.

치앙망이는 타이의 제2의 도시이자 북부 타이의 중심 도시이다. 또한 옛 왕조 란나왕국의 수도였기 때문에 타이 전통문화의 중심지이기도 하다. 이곳은 전통적인 예술, 건축과 공예품을 비롯하여 춤, 요리, 축제 등이 독특하고 뛰어난 곳이기도 하다. 이곳 사람들은 자신들의 전통에 대단한 자부심을 갖고 있으며 '미소의 땅'이라는 타이의 별명처럼 늘 부드러운 미소를 지으며 살고 있다. 북부 타이는 1,500~1,800m 정도의 산악지대로 이루어져 있는데 치앙마이는 이들 산악의 분지에 자리 잡고 있다. 이들 산악지대에는 카렌족, 몽족, 미엔족, 아카족, 라후족, 리수족 등 많은 소수민족이 살고 있으며 '마약의 삼각지대'로 유명한 '골든 트라이앵글'도 이곳에 있어 북부 타이는 국제적인 관광지이기도 하다.

타이는 난초를 비롯한 꽃의 왕국이다. 난초만 해도 1,000종이 넘는다. 그들 중 대부분이 북쪽에 있다. 타이 북부는 히말라야산맥의 영향과 열대우림지역의 특성이 있어서 제각기 다른 두 기후의 영향을 받는다. 따라서 다른 지역에서 볼 수 없는 식물들이 많다. 북동 몬순의 영향을 받는 12월 중순부터 2월까지의 겨울철에는 비도 거의 내리지 않고 시원하여 지내기 좋다. 이 기간이 난초의 향을 즐기기에 알맞은 계절이다.

치앙마이에서는 꽃의 축제가 해마다 2월의 첫 주말 금, 토요일에 열리는데 토요일 아침부터의 퍼레이드가 하이라이트다. 금요일 밤 거리를 돌아다니노라면 밤새워가며 수천 수만의 꽃송이를 하나하나 꽂고 연결시켜 아름다운 꽃 조각품을 만드는 것을 볼 수 있다. 불교사원이나 부처님의 일생을 나타내는 내용을 형상화한 것이 있는가 하면 전설 속에 등장하는 동물이나 역사적인 건축물 등을 꽃으로 만들어 그 위에 미녀들을 앉히고 거리에서 퍼레이드를 한다. 퍼레이드는 아침 8시경에 시작되는데 춤이 인상 깊다. 2백여 명의 아름다운 소녀들, 여인들이 함께 춤을 춘다. 타이의 전통적인 춤을 보며 그녀들을 따라 걷는 사람들이 많다. 그 뒤를 난초나 국화부터 이름을 알 수 없는 열대지방의 꽃에 이르기까지 여러 종류의 꽃으로 장식된 꽃의 조각품들이 천천히 움직인다. 꽃의 축제는 미녀선발대회와 함께 진행되는데 이곳에서 뽑힌 미녀는 미스 타이 콘테스트에 나갈 자격을 얻는다.

동부 해안

태국의 동부 해안은 차오프라야(Chao Phraya)강 하구로부터 시작하여 수많은 만과 해변이 캄보디아 국경까지 이른다. 파타야를 비롯하여 많은 해변 휴양지들이 이곳에 자리 잡고 있다.

파타야(Pattaya)

파타야는 방콕의 남동쪽 약 150킬로쯤 떨어진 곳에 있는 해변 휴양지다. 하얀 산호초에 둘러싸여 물빛이 유별나게 푸르고 맑으며 모래는 밀가루처럼 곱다. 맨발로 뛰어다녀도 발바닥을 다칠 염려가 없다.

파도는 잔잔하고 큰 바람도 없다. 폭우도 오지 않는다. 그리고 기온은 여름이나 겨울이나 거의 일정하다. 수심이 얕아 50미터쯤 걸어가도 물이 키를 넘지 않는다. 이런 자연조건과 풍광 때문에 파타야는 동남아 최고의 관광휴양지로 되었다.

파타야에는 없는 것이 없다. 태양과 바다와 모래, 3S를 완벽하게 갖추고 있을 뿐 아니라 레저스포츠 시설도 풍부하다. 수상스키, 수상오토바이, 보트세일링, 바다낚시, 낙하산을 비롯 우수한 골프 코스까지 휴양지로서 필요한 모든 것이 이곳에 있다. 해안선을 따라 길게 뻗은 비취로드 도로변엔 수없이 많은 호텔들이 줄지어 서 있다. 사우스 파타야 모드 부근은 번화가이다. 바, 디스코, 카바레들이 밀집되어 있고, 바닷가 바로 앞엔 시푸드레스토랑이 있다.

파타야는 밤에도 즐겁다. 밤에는 찬란한 국제환락가로 변한다. 전라의 누드쇼를 거리낌 없이 보여주는 술집들이 많다. 파타야의 최고 명물은 알카자르(Alcaxar)카바레의 특별쇼이다. 이곳에 출연하는 미녀들은 모두 남자들이다.

파타야 관광코스 중엔 로랄섬 유람이 꼭 들어 있다. 배를 타고 1시간쯤 나가면 신비에 싸인 섬들이 있다. 물이 맑고, 모래가 고와 해수욕장으로는 세계 최고(?)라고 할 만하다. 관광객에게는 바닥에 유리를 깐 배를 태워주는데, 잘 들여다보면 바다 밑에서 헤엄치는 열대어와 아름다운 바다 식물들이 보인다. 수상오토바이, 모터보트 등 각종 레저시설도 잘 갖추어져 있다. 한 가지 아쉬운 점은 호텔과 식당이 없는 것이다. 그래서 이곳에서는 오래 머물지 말고, 당일로 돌아와야 한다.

남부지역

태국의 남부지역은 푸른 숲의 열대섬들, 야자수가 있는 해변, 형형색색의 아름다운 산호초와 열대어, 국립공원, 숲이 울창한 산, 폭포, 유적지, 어디에서나 볼 수 있는 고무나무군, 야생동물들의 서식지, 곳곳에 산재한 사원과 모스크 등으로 다양한 모습을 지니고 있다.

지형적으로 방콕 남쪽 460km 거리에 있는 춤폰에서 시작하여 크라지협(Kra Isthmus)를 거쳐 남쪽으로 말레이시아 국경에 이르는 지역으로 동쪽으로는 태국만, 서쪽으로는 인도양에 접하고 있다.

푸켓

잠시 일상에서 벗어나 목가적인 아름다움과 여유를 즐기고 싶은 당신의 꿈을 태국 남단의 섬 푸켓에서 이룰 수 있다. 아시아에서 가장 멋진 해변과 아름다운 풍경, 그리고 최고 수준의 휴양지 호텔들을 만날 수 있다.

방콕에서 비행기로 약 1시간 거리이며 남서해안에서 멀리 떨어져 있는 푸켓은 다리를 놓아 본토와 연결되어 있기 때문에 항로뿐만 아니라 육로로도 갈 수 있다. 타이항공의 태국 국내선이 방콕에서 매일 수차례 정기운항하고 있으며 홍콩, 말레이시아, 싱가포르와의 직항노선도 운항되고 있어 푸켓공항은 국제공항으로서의 면모를 갖추고 있다. 또 방콕에서 출발하는 야간버스도 운행되므로 열차와 버스여행을 함께할 수 있다.

자연 진주와 같은 모양을 한 푸켓은 넓이 약 21km, 길이 약 48km로 태국에서 가장 큰 섬이며 자치권을 갖고 있다. 인적이 드문 푸켓 교외에는 울창한 녹지대, 코코넛 재배단지, 고무 재배지가 펼쳐져 있으며 해안선을 따라 그림 같은 해변들이 점점이 흩어져 있다. 자연 그대로 간직된 고운 백사장이 서해안을 따라 길게 펼쳐져 있다. 태양을 흠뻑 머금은 각 해변들은 각각 독특한 특성과 매력을 간직하고 있으며 그림처럼 수목이 우거진 언덕을 배경으로 하고 있어 인접지역과 독립되어 있다. 안다만해(Andaman Sea)의 따뜻하고 파란 바닷물이 푸켓의 해변과 태양을 감싸주고 있다.

필리핀 Philippines
축제와 가무를 좋아하는 민족

필리핀은 수세기에 걸쳐 스페인의 지배를 받았고 반세기 동안 지속된 미국의 통치하에서 그들의 영향을 강하게 받았지만 동남아 고유의 정신적 지주는 뚜렷하게 남아 있다. 스페인 식민지시대에도 많은 필리핀 노래와 춤이 유지되거나 재해석되었으며, 바야니한과 같은 합주단들은 이러한 전통예술을 공연하여 전 세계의 청중들에게 널리 알려왔다.

필리핀에서 느껴지는 첫인상은 아마도 그들의 평온한 성품일 것이다. 필리핀사람들은 역경이 닥치면 칼라바우(물소)가 등짝의 파리를 대하는 정도의 태도로 대처한다. 어깨를 한번 으쓱한 후 웃어넘기는 것이다. 이런 될 대로 되라는 식의 태도를 가리켜 '바할라 나(bahala na)'라고 한다. 모든 일은 지나갈 것이고, 그동안 어쨌든 삶은 살아야 한다는 사람들의 신념을 담은 표현이다.

또 다른 중요한 특성 한 가지는 '히야(hiya)'다. 히야란 대략 '부끄러움' 정도이다. 다른 사람들 앞에서 '히야'가 부족한 것은 '체면을 잃는 것'과 비슷하며, 필리핀사람들에게 이는 거의 최악이라고 할 수 있다. 공개적으로 감정을 강하게 드러내거나 부정적인 감정을 보인다면 분명 '왈랑히야(염치없다)'라는 말을 듣기 쉽다.

외국인들이 잘 이해하지 못하는 점이 바로 히야 때문에 자신이 옳다고 생각하는 일을 하기보다는 남들이 어떻게 생각하는지에 더 신경 쓰는 필리핀사람들의 태도이다.

여행객들에게 발생하는 문제는 대부분 이런 '히야'와 '아모르 프로피오(자부심)'에 대한 존중이 부족하기 때문이 아닐까 한다. 여행할 때 가장 중요한 원칙은 상냥함을 잃지 말라는 것이다. 분노와 퉁명스러움이 일을 더 어렵게 만들고, 미소와 농담이면 많은 문제를 해결할 수 있다.

필리핀은 아시아대륙의 동남쪽, 즉 태평양과 남중국 사이에 위치한 도서(島嶼)국가이다. 총 7,109개의 섬으로 이루어져 있는데, 이 중 대부분은 이름 없는 산호초섬이며, 루손·민다나오 등 2개의 큰 섬과 비사얀제도의 7개 섬(사마르, 레이테, 마스바테, 보홀, 세부, 네그로스, 파나이), 그리고 민도로, 팔라완 등 11개의 섬이 전체 면적의 약 96%를 차지하고 있다.

지금까지 발견된 화석에 따르면 필리핀의 역사는 기원전 2만 년대, 즉 호모사피엔스시대로까지 거슬러 올라간다. 그러나 문헌사료에 기초하여 본격적으로 정리되기 시작한 연대는 16세기 중반 이후, 즉 마젤란이 이곳에 도착한 후 스페인의 식민지배가 관철되면서부터이다.

1521년 3월, 마젤란이 비사얀제도에 도착했을 무렵 이곳엔 아직 통일된 국가권력이 형성되지 못한 상태여서 '바랑가이(Barangay)'라는 부족 단위로 원시공동체 생활을 하고 있었다. 이어 1527년에는 스페인이 빌리로보스가 마젤란의 뒤를 이어 민다나오에서 레이테까지 탐험했으며, 이때 그는 이곳을 당시 스페인의 국왕이었던 필립 2세의 이름을 따 '필리피나스(Filipinas)'라 명명했는데, 이것이 오늘날 필리핀이란 국명이 생기게 된 유래이다.

축제와 가무를 좋아하는 민족

식민지배의 가장 큰 폐단은 신분에 따른 빈부차이이다. 독재정권 역시 일부 추종자에게 집중적으로 부를 누리게 하는 악습을 이어왔다. 이와 같은 환경에서 신분이 낮은 서민들의 낙은 스스로 체념하고 부족한 가운데 즐기는 쪽으로 기울게 마련이다.

필리핀인들의 낙천적이고 활동적인 모습은 이런 환경에서 만들어진 것이라고 보아야 한다. 평소에는 수동적이고 양순하다가, 무엇인가 빌미를 잡으면 전투적으로 돌변하여 최대한의 것을 얻어내는 습성도 마찬가지 환경의 소산일 수 있다.

필리핀인들의 뛰어난 음악성 또한 복잡한 혼합사회가 주는 선물일 수 있다. 그들은 장소를 달리하며 거의 매일 모여서 즐긴다. 역사를 모르는 사람들은 그들이 유난히 축제를 좋아하기 때문이라고 하지만, 관점에 따라서는 이것이야말로 역사의 안타까운 유산일 수 있다.

축제의 종류를 살펴보자. 이슬람의 축제가 거의 모두 행해지고 마젤란 상륙 때 용감하게 맞서 싸우다 전사한 추장을 기리는 행사도 행진을 겸한 축제로 열린다. 기독교의 모든 행사도 물론 축제다.

가족들과의 재회와 재래식 쌀의 진미를 맛볼 수 있는 만찬, 캐럴 부르기와 불꽃놀이, 새벽미사, 그리고 전통적인 등을 비롯한 특이한 크리스마스 트리 장식품 등은 크리스마스만이 갖는 운치이자 정겨움이다.

필리핀만의 독특한 크리스마스 관습 중의 하나가 한 가정도 빠짐없이 크리스마스등을 장식한다는 점이다. 필리핀에서는 이 등(燈)을 빼놓고는 진정한 크리스마스 분위기를 느낄 수 없다. 이 독특한 장식물은 간단한 것에서 복잡한 것에 이르기까지 크기와 구조가 다양하다. 필리핀에서는 매년 세공기술을 겨루는 크리스마스등 만들기 경연대회가 열린다.

크리스마스등 외에도 각 가정에서는 크리스마스 트리를 장식한다. 또한 아이들은 병뚜껑을 편편하게 펴서 줄에 매달고 빈 깡통을 막대기로 두드리면서 집집마다 다니며 캐럴을 부른다. 이에 대한 대가로 돈이나 먹을 것을 받으면 나눠 갖기도 하는데, 아이들뿐 아니라 어른들도 교회 건립이나 고아원 자선 등을 위한 기금 마련을 위해 캐럴을 부른다.

또 필리핀 독립기념일이나 독립의 아버지 호세 리살을 기리는 행사도 축제 중의 축제이다. 이렇게 모든 경축일이 축제가 된 것은 경건하게 역사를 기리고 신앙심을 가다듬는 그런 날들이기 이전에 '놀기 위한 빌미'였기 때문이다.

메트로 마닐라

거대도시 마닐라

메트로 마닐라(Metro Manila)는 자연 항구를 끼고 있는 조그마한 부족마을로 시작하였으나 지금은 행정, 경제, 상업, 교육의 중심지인 거대도시로 변모되었다. 4개의 도시와 13개의 자치구로 구성돼 있으며 630km²에 이르는 필리핀의 수도 마닐라는 곧 이 나라의 주요 관문이다.

메트로 마닐라에는 과거와 현재가 조화를 이루며 공존한다. 수백 년 된 건물과 번쩍이는 고층빌딩, 기묘한 상가와 현대적인 가게들, 장엄한 박물관, 디스코텍, 술집 등이 그 좋은 예이다.

인트라무로스

스페인 식민주의자들은 1571년 필리핀의 수도를 세부에서 마닐라로 옮겼다. 같은 해 스페인사람들은 교회와 정부의 소재지로써 성벽으로 둘러싸인 도시인 인트라무로스(Intramuros)를 건설하기 시작했다. 성채와 같은 이 왕궁 안에는 지금도 역사가 숨 쉬고 있으며 이 역사적 성채를 직접 둘러보면 마닐라의 풍부한 유산을 더욱 깊이 이해할 수 있을 것이다.

인트라무로스 안에는 유명한 건물들이 많이 있다. 스페인 군대의 사령부이자 당시 감옥으로도 사용된 산티아고 요새(Fort Santiago), 수많은 종교 유물들로 가득한 필리핀에서 가장 오래된 교회 마닐라 성당(Manila Cathedral)과 성 어거스틴 교회(San Agustin Church), 16~19세기 사이의 고색창연한 가구와 실내비품들이 풍부한 19세기 저택인 카사 마닐라(Casa Manila)가 그것이다.

인트라무로스 밖에는 필리핀인들의 휴식터인 리잘공원(Rizal Park)이 있다. 이 공원에는 잘 다듬어진 넓은 잔디와 분수, 야외공연장, 중국 및 일본식 정원, 어린이놀이터, 스케이트장 등이 있다. 한편 호세 리잘의 유물이 리잘기념탑의 주춧돌 안에 들어 있다.

푸에르토아줄

필리핀은 많은 섬이 모여서 이루어진 나라이다. 그러나 이 중 절반은 이름도 없는 섬이며, 필리핀의 수도가 있는 루슨도(島)를 비롯 11개의 섬이 중심이 되고 있다. 국토의 총면적은 약 30만 킬로로 우리나라(남북한 합친 것)보다 3분의 1쯤 더 넓다. 그러나 인종은 말레이시아인, 중국인, 스페인 등이 섞여 복잡하기 이를 데 없다. 90개의 언어가 있는 것만 봐도 짐작이 간다.

필리핀은 일 년 내내 평균기온이 섭씨 27, 28도다. 계절의 구분이 거의 없이 언제나 여름이다. 태평양의 산호초에 둘러싸여 바다는 아름답고, 자연 풍광도 아름답다. 내란만 없었다면 아마 동남아에서 가장 살기 좋고 아름다운 나라가 되었을지도 모른다.

푸에르토아줄은 마닐라에서 60킬로 남쪽에 있다. 바닷가에는 하얀 비단 모래밭이 넓게 펼쳐지고, 배경에는 우거진 숲이 둘러쳐져 남국적인 분위기가 진하다. 관광객을 위한 해저시설도 고루 갖추어져 있다. 윈드서핑, 수상스키, 수상자전거 등 비치 스포츠는 물론, 골프 코스, 테니스 코트 등은 완비되어 있다. 해안선을 이용한 골프 코스는 1980년 2월 아시아 서킷의 휘장으로 이용되어 국제적으로 명성을 높이고 있다. 바다를 향하여 공을 때리는 상쾌함은 다른 곳에서는 느낄 수 없는 기쁨이다.

세부, 보홀

필리핀의 두 번째 국제관문인 세부(Cebu)지방은 비사얀군도 중앙에 위치하고 있다. 필리핀에서 가장 오래된 도시이자 이 지역 수도인

세부시와 함께 167개의 섬들로 이뤄진 이 도시는 흔히 남부의 여왕도시로 불린다.

세부지역의 해안선을 따라 수많은 휴양지가 늘어서 있다. 조금 호화스런 휴양지에는 모든 다이빙장비가 구비돼 있다. 이곳에서는 다이빙 강습도 가능하다. 또 윈드서핑, 호비캣세일링, 제트스키 장비와 시설도 갖춰져 있다. 맥탄섬(Mactan Island)은 휴양시설이 가장 많이 몰려 있는 곳이다.

이 지역의 우수한 다이빙 장소로는 부용비치(Buyong Beach), 모알보알(Moalboal), 페스카도르섬(Pescador Island), 바디안섬(Badian Island) 등이 있다. 세부시 주변의 사적지 중에는 마젤란의 십자가(Magellan's Cross)가 있다. 이것은 포르투갈의 탐험가 마젤란이 필리핀인들이 최초로 세례를 받은 곳을 기념하기 위해 세워놓은 것이다. 또한 어린 예수의 성전(Basilica Minore del Santonino)에는 필리핀에서 가장 오래된 종교 유물인 어린 예수상(Sto Nino)을 소장하고 있다. 또한 비사얀 지역에는 보홀(Bohol)이 있다.

이 작은 섬은 초콜릿 언덕(Chocolate Hills)으로 가장 유명하다. 1,000개 이상의 둥근 석회덩어리가 카르멘, 비투안, 사그바얀 마을 전역에서 작은 산을 이루고 있다. 그리고 이곳은 세계에서 가장 작은 타르시우스 원숭이의 본거지이며 스페인 정복자인 미구엘 로페즈 데 레가스피와 이 섬의 추장인 시카투나가 피로써 두 민족 간 조약을 체결한 곳이기도 하다.

세부와 마찬가지로 보홀 역시 많은 휴양지가 있으며(특히 팡글라오에 많다) 풍부한 해양동물들로 가득 찬 다이빙 장소 또한 무수히 많다. 그중에서도 가장 유명한 곳은 발리카사그섬으로 팡글라오에서 펌프보트로 45분 거리에 위치한다.

홍콩 Hong Kong
아시아 금융권의 허브

세계에서 가장 거대한 자유시장이며, 1997년에 중국에 반환되었다. 100년간의 통치로 영국의 영향이 매우 크다. 모든 사업가들이 영어를 구사한다. 대부분 3글자로 된 이름을 갖고 있으나, 일부 중국인들은 서양 이름을 따서 쓰고 있다.

홍콩은 외교와 방위에 관한 사항만 중화인민공화국 정부가 결정하고, 나머지는 홍콩 특별행정구 정부가 관할한다. 홍콩 특별행정구 정부는 전적으로 홍콩주민의 자치에 의해 운영된다. 홍콩 특별행정구 정부의 수장은 행정장관으로, 주민의 선거에 의해 선출된다.

홍콩에는 맛있는 세계 요리가 모두 모여 있으며 가격도 적당해서 여행자를 즐겁게 한다. 콘티넨털 요리로 불리는 유럽요리, 러시아요리, 한국, 일본 등 동양의 요리 중 맛있고 이름 있는 것은 모두 있다.

물론 가장 많은 것은 중화요리이다.

홍콩은 때때로 동서양이 만나는 곳으로 묘사된다. 이는 홍콩의 경제와 교육 및 거리문화에 기반을 두고 있다. 홍콩의 어느 거리에는 불교의 장신구, 중국 한방약재, 인조 상어 지느러미를 파는 상점들이 줄지어 있고, 다른 거리에는 서양식 술집, 성당, 맥도날드, 지난 할리우드 영화를 상영하는 영화관을 찾아볼 수 있다. 영국의 식민지배는 끝났지만 서양문화는 홍콩사회 깊숙이 스며들어 있으며, 또한 동양의 관례나 풍습 및 철학이 남아 있는 곳이다.

홍콩이 세계의 현대도시 가운데 첨단 과학기술을 자랑하고 최신유행의 빌딩 디자인과 현대 편의시설을 두루 갖추었다 하더라도 역시 문화적으로는 아시아 도시임에 틀림없다.

최첨단 마천루가 늘어서 있긴 하지만 거리 이름과 상점 간판에 쓰인 한문과 분주한 거리를 보면 홍콩의 전통문화는 역시 중국이 뿌리라고 할 수 있겠다.

  아침 일찍 도시공원에 산책을 나가면 느리면서도 정확하게 태극권(중국식 섀도복싱)을 연습하는 것을 볼 수 있으며 찻집으로 가기 전에 새장을 들고 산책하는 사람들을 만나게 될 것이다. 홍콩 거주 중국인은 비록 20세기에 살고 있지만 옛날과 같이 그들의 신조와 관습을 고수하고 있다. 그들은 아직도 악령을 막아야 하고, 재수 없는 숫자는 어떻게든 피해야 하고, 용은 숭상의 대상으로 여기고 있다.

  홍콩에는 신앙과 미신이 아직도 혼재해 있다. 중국인은 조상을 숭배하는 것과 같이 불교와 도교를 모두 믿는데 이래서 모두가 화평하고 행운이 온다고 믿고 있다. 350개가 넘는 절에서 고대의 관습과 의식을 지키고 수천 개의 작은 제단이 가정과 상점 사무실에 있다. 많은 절은 약간의 복채를 내면 점을 봐준다. 주요 축제기간 동안 가정주부가 부적을 태우기도 하고 악령을 피하기 위하여 향을 피우는 모습을 볼 수 있다.

  주요축제는 홍콩사람들의 일상생활에 영향을 주는 뿌리 깊은 중국의 관습과 전통을 접하기에 아주 좋은 기회이다. 중국 민속예술품 중에는 종이로 만든 화려한 상, 정교한 등과 정성스레 쓴 서예도 있다. 사자춤은 북소리에 맞추어 춤추며 저녁에는 꼭두각시 쇼나 중국 오페라도 볼 수 있다.

  화려한 의상, 요란한 징소리, 심벌즈소리와 함께 공연되는 중국 오페라는 잊을 수 없다. 마을에서 벌어지는 즉석 쇼는 한 번의 공연이 5일 동안 계속될 수도 있고, 극장공연도 4시간 이상 계속된다.

  홍콩은 중국의 역사와 문화를 기록하고 연구하는 독특한 곳이다. 중국대륙의 가장 끝에 있는 홍콩은 서기 1세기까지 거슬러 올라가는 기록을 가지고 있다. 홍콩의 박물관과 화랑에는 독특한 예술품이 소장되어 있다.

'홍콩에서 하루 더 묵어보세요'라고 권할 수 있는 것은 평방킬로미터당 관광할 곳과 볼거리가 세계 어느 곳보다도 많기 때문이다. 전통적인 중국사원, 성벽으로 둘러싸인 옛날 마을에서부터 235개의 외곽섬의 농촌풍경, 농장, 산악지대, 강, 공원, 북적거리며 활기찬 대도시에 이르기까지 다양하게 볼 수 있다.

홍콩의 진면목을 보기 위해서는 걸어다니는 것이 가장 좋다. 홍콩관광협회는 관광객의 편의를 위하여 '센트럴과 웨스턴 지역 도보관광', '야우마테이 도보관광', '청챠우 도보관광', '란타우섬 탐사 가이드'를 발간하였는데 이 안내책자는 자세한 안내지도, 흥미 있는 지역정보 등을 수록하고 있다. 뿐만 아니라 홍콩관광협회는 '관광과 문화'가이드 책자를 무료로 배포하고 있는데 여기에는 많은 정보가 수록되어 있으며 어떻게 하면 혼자서 볼 수 있는가 하는 귀중한 데이터가 들어 있다.

1,000가지 축제가 있는 곳

홍콩은 '동양의 진주'라 불리는 동아시아 관광의 요충지이다. 동남아시아에서 오는 여행자가 가장 많고 미국, 유럽 등에서의 방문자도 많다. 최근에는 중국인 여행객도 증가하였다.

홍콩은 크게 △중환과 홍콩섬 △지엔사지와 주룽반도 △신주룽과 신계 △랑타오와 작은 섬들로 나뉜다. 여행자에게는 마카오도 중요한 볼거리 중 하나지만 마카오는 포르투갈령이다.

홍콩의 행정관청·은행·상사·호텔 등이 집중해 있는 홍콩섬의 센트럴은 정말 아름답다. 무수한 배가 지나다니는 항구와 숲을 이룬 고층빌딩군, 그러나 고층빌딩이 숲을 이룬 면적이 그리 넓지는 않다. 아시아 최대 규모의 해양공원이 있고 남단에는 수상생활자들의 선박이 몰려 있다. 산비탈을 깎아 만든 정원으로 홍콩의 심벌인 아우분하우가든도 볼 만한 가치가 있다. 중앙의 산인 빅토리아피크에는 케이블카가 다니고, 중간에 아름다운 식물원이 있다. 해발 552m의 산꼭대기 전망대에서 주룽 일대를 전망할 수 있는데 여기서 보는 홍콩의 야경은 황홀하여 탄성이 절로 나온다.

어떤 여행자도 지엔사지와 주룽반도를 밟지 않고는 홍콩을 여행할 수 없다. 주룽의 번화가 지엔사지는 양면성을 지닌 거리이다. 도로 양측에 내걸린 간판의 홍수, 붐비는 인파와 차량, 최신 빌딩 사이의 낡은 빌딩들, 온갖 것이 뒤섞여 있는 애환 서린 홍콩 서민의 거리이다. 한국인 교포들도 대개 여기 살고 있다. 오후 6시부터 12시까지 열리는 유마지의 야시장, 여성용 의류와 잡화를 중심으로 한 노점상이 즐비하게 늘어선 왕각의 옥외 패션마켓, 홍콩에서 가장 유명한 도교사원인 황대선묘 등이 볼 만하고, 중국 송대의 모습을 재현해 놓은 송성(宋城)도 흥미롭다.

쇼핑과 식도락을 위해 찾는 도시에서 자연을 만끽하려는 사람은 드물지 모른다. 그러나 대소 235개에 달하는 섬들과 주룽반도로 이루어진 홍콩에는 자연을 즐길 수 있는 공간이 생각보다 많다. 랑타오섬만 해도 홍콩섬보다 큰 면적이 자연 그대로의 모습을 하고 있는 가운데, 해변의 휴양과 승마, 낚시, 골프를 즐길 수 있는 멋진 리조트지구이다.

쇼핑관광

홍콩의 강점은 거대한 쇼핑몰에서 즐기든지 문화나 전통을 배우든지 간에 전 가족이 좁은 지역에서 만족스럽게 보낼 수 있다는 데 있다. 가치, 다양성, 서비스 면에서 홍콩은 세계에서 가장 쇼핑하기 좋은 장소이다.

중국과 동양의 훌륭한 예술품과 공예품뿐만 아니라 세계 각처의 브랜드 상품도 있다. 쇼핑장소도 쇼핑 몰, 호텔, 아케이드, 종합 쇼핑센터, 백화점, 부티크, 시장, 노점상 등 범위가 대단히 넓다. 홍콩에서는 좁은 지역에서 편리하게 쇼핑할 수 있는 선택권이 무한할 뿐만 아니라 돈을 쓸 가치가 있다.

가장 유리한 쇼핑은 다음과 같다.

홍콩에는 아시아 각국으로부터 들어온 골동품과 공예품을 취급하는 전문점이 많다. 홍콩은 언제나 최신 카메라 기자재를 판매한다.

중국산, 인도산, 중동산, 그 외의 다양한 카펫을 저렴한 가격으로 살 수 있다. 동양과 서양의 골동품은 물론 장식용 식기류도 있으며 정찬세트, 기성품 및 주문 도자기도 있다.

전통적인 중국 수제 티크나 자단가구에서부터 고대와 현대의 서양가구를 본뜬 제품에 이르기까지 디자인이 다양하다. 등나무 가구도 대중적이며 값도 저렴한 편이다.

홍콩은 세계 최대의 모피의류 수출국인데 최고급 모피류를 반값에 살 수 있다. 모피의류는 기성품도 있고 주문품도 있다. 가장 인기 있는 것은 주로 미국과 스칸다나비아에서 인공 사육한 밍크와 여우제품인데 여러 가지 색깔이 있다. 대부분의 국가가 세금을 조금 부여하거나 면세인데 출국하기 전 본국의 세관에 문의하라.

비취는 경옥과 면옥을 합쳐 말하는 것인데 홍콩에서 인기 있고 품질과 가격도 다양하다.

홍콩에서는 보석류에 세금이나 관세가 없으므로 다른 나라보다 가격이 낮다. 보석은 세팅된 상태도 있고 알 상태로 구입하면 여러분이 원하는 대로 홍콩에서 세팅할 수 있다. 다이아몬드는 천연진주나 양식진주와 같이 인기 있는 품목이다.

또한 의류, 신발, 핸드백, 가방을 특별히 디자인하거나 사이즈에 맞추어 주문할 수 있다. 홍콩 가죽제품과 세계 각국에서 들여온 가죽 액세서리제품을 아주 싼 가격에 구입할 수 있다.

식도락가 관광

홍콩은 여러 민족으로 구성된 사회이기 때문에 문자 그대로 식도락가의 지상천국이다. 이곳에는 세계 제일의 중국요리는 물론 아시아 주변국가의 특별요리와 훌륭한 서양요리도 있는데 가격도 합리적이다.

여기서는 외식이 생활의 한 부분이다. 대부분의 식당은 아침, 점심, 저녁시간에 만원이다.

광동요리는 센 불에서 단시간 요리하여 천연의 맛을 낸다. 해물, 쇠고기, 돼지고기, 채소, 버섯, 광동성 내륙지방의 민물고기와 같은 재료가 매일 아침 시장으로 반입된다.

하카요리는 북부의 하카인이 남쪽으로 이동할 때 음식을 소금에 절인 것으로, 암염에 절여 구운 닭고기와 푹 절인 양배추를 곁들인 돼지고기 두부요리는 권할 만한 요리들이다.

상하이식 요리는 겨울에 적합한 요리로 광동요리보다 요리 시 녹말가루를 많이 쓰고 몸을 덥게 해준다. 특별한 것으로는 찐 고기만두와 와인에 넣어 마늘과 함께 요리한 장어요리가 있다.

중국요리 중에서 가장 잘 알려진 '북경오리' 요리를 시식해 보라. 이 요리는 파, 오이, 플럼소스와 함께 팬케이크로 싼 얇은 고기편으로 이루어져 있다. 그 외에 권할 만한 요리로는 밀로 만든 만두, 파를 곁들인 새끼양요리, 베거스치킨 등이 있다.

사천요리는 중국요리 중에서 양념을 가장 많이 사용하는 요리인데 마늘, 회향풀, 호유, 후추 등을 넣는다. 요리하는 방법은 찌거나 끓이기도 하고 말린 후추, 생강, 계피, 오렌지 껍질로 요리하는 훈제 오리고기와 같이 마리네이드하는 방법도 있다.

진한 철불차는 치우차우 식사를 하기 전에 마시는 전통차이며, 우차우는 샥스핀, 수프, 간장에 절인 거위, 제비집 수프, 닭고기 요리, 국수 등이 있다.

후난요리는 칠리소스를 많이 쓰는 사천요리와 비슷하다. 이 요리는 매시드 퓨전 콩소메 수프, 겨자소스를 친 오리혀, 콩가루옷을 입힌 생선 등이다.

중국인은 때때로 체내를 깨끗하게 하기 위해 채식을 즐긴다. 이 채식요리는 다양한 야채, 두부, 완두콩, 옥수수, 죽순, 콩, 수십 종의 버섯 등을 사용한다.

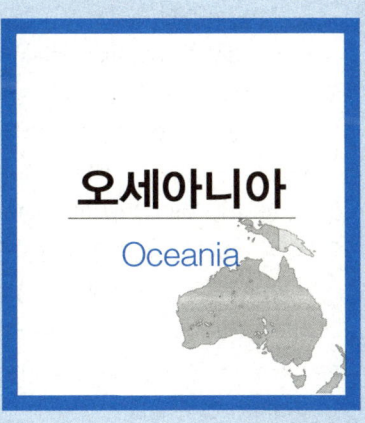

오세아니아
Oceania

뉴질랜드 New Zealand 친환경 목축의 나라
오스트레일리아 Australia 태평양시대의 떠오르는 경제동반자

대양주는 일반적으로 오세아니아라고 하며, 오스트레일리아, 뉴질랜드 및 태평양상의 무수한 섬들을 포함하고 있다. 또 오스트레일리아와 뉴질랜드를 합하여 오스트랄라시아(Australasia)라고도 부른다. 이 두 나라는 모두 영국에서 이주한 유럽의 이주민들이 건설한 나라들이다.

남태평양제도에는 무수히 많은 섬들이 있다. 너무 많아 그 수를 헤아릴 수조차 없다. 남태평양의 섬을 크게 셋으로 구분하는데, 즉 미크로네시아, 멜라네시아, 폴리네시아다. '네시아'는 그리스 말로 '섬들'이란 뜻이다. 그리고 '미크로'는 '작다', '멜라'는 '피부가 검다', '폴리'는 '많다'는 뜻을 가지고 있다.

남태평양은 인간이 살기에 가장 알맞은 기후와 환경을 가지고 있다. 심히 덥지도 춥지도 않으며, 1년 내내 기후의 큰 변동이 없다. 낮과 밤의 기온도 큰 차이가 없다. 연 평균기온은 섬에 따라 약간의 차이는 있으나, 23~27°C 이하로 내려가는 일이 없다.

폭우나 폭풍 같은 천재도 드물다. 12~2월 사이 남태평양 특유의 태풍인 허리케인이 불어올 때가 많으나 타히티나 하와이 같은 데는 이런 바람도 없다.

신기하게도 독사나 맹수가 남태평양에는 없다. 정글은 있지만 사람에게 해를 주는 동물은 살지 않는다. 어떤 학자는 일부러 독사를 가져가 길러보았지만 다 죽었다. 그 이유를 모른다. 독충이나 해충도 드물다. 산속이나 들판에서 아무렇게나 누워 자도 괜찮다. 어쩌면 남태평양이야말로 하느님이 창조하신 낙원인지도 모른다. 아담과 이브가 살던 에덴동산이 이곳이 아닌지 모르겠다.

먹을 것도 풍족하다. 사철나무가 무성하게 자라고, 산과 들에는 자생하는 과수가 그득하다. 농사를 안 지어도 굶을 염려가 없다. 거기다가 공해마저 없다. 공장이 없고 인구가 희소하니 공해가 생겨날 수 없다. 전쟁위험도, 이념분쟁도 없다. 남태평양이야말로 신이 남겨주신 미래의 낙원임에 틀림없다.

뉴질랜드 New Zealand
친환경 목축의 나라

> 뉴질랜드사람들은 오랜 기간 다른 대륙과 고립되어 선천적으로 개척정신이 강하며, 야외활동을 중요시하여 토, 일요일과 같은 공휴일은 온 가족이 야외로 나가서 즐기는 것을 많이 볼 수 있다. 또한, 겉치레를 중요시하지 않고 소박하며, 외국인에 대하여 우호적이며, 보수적인 민족성을 가지고 있다.
> 뉴질랜드는 세계적인 복지국가로 제2차 세계대전 후 태평양지역에서 이 나라의 동맹국인 오스트레일리아와 함께 강력한 영향력을 가지고 있다.
> 인구의 85%가 체육이나 레저 활동에 회원으로 참가하고 있다. 국기인 럭비를 비롯하여 육상·크리켓·요트·조정·카누·마술경기 등 모든 스포츠를 망라한다. 스릴과 박력의 레저스포츠 생산지가 이곳이며, 동시에 어드벤처 여행의 보고이기도 하다.

    뉴질랜드는 오스트레일리아대륙으로부터 동쪽에 위치한 섬나라이다. 북섬과 남섬으로 이루어져 있으며, 이 밖에 스튜어트섬, 오클랜드제도, 쿡제도 등을 거느리고 있다. 뉴질랜드란 국명은 1642년 네덜란드의 탐험가 아벨 타스민이 네덜란드의 한 지명을 따서 '새로운 젤란드'란 뜻의 'Nieuw Zeeland'라고 명명한 데서 유래한 것이다.

    이곳 최초의 주민은 '모아 헌터(모아 사냥꾼)'라고 불렸던 폴리네시아계의 인종으로 추정된다. '모아(Moa)'란 우리말로 '공조(恐鳥)'라 하며, 타조와 비슷하게 생긴 거대한 새를 말한다. 13세기를 전후하여 오늘날 뉴질랜드의 원주민격인 마오리족이 대규모로 이주, 주로 따뜻한 북섬에 삶의 터전을 마련하였다.

한편 유럽인으로는 1642년 네덜란드 출신의 아벨 타스만이 최초로 이곳을 발견하였다. 그 뒤 영국사람인 쿡이 1769년 이래 수차례에 걸쳐 탐험하기도 하였다. 그러나 당시 유럽인들은 이곳을 포경(捕鯨)과 바다표범을 잡는 기지로만 이용했을 뿐 식민개척의 의욕을 보이지 않았었다.

1814년 영국인 선교사 마스덴은 현지에 성공회교회를 세우고, 마오리어로 직접 원주민교화에 나선다. 그리고 이와 함께 당시 남태평양 진출에 무척 적극적이었던 프랑스세력을 의식한 영국은 이를 견제하기 위한 조치로 1839년에 뉴질랜드를 오스트레일리아의 뉴사우스웨일스령으로 편입시키고, 해군출신인 홉슨을 총독대리인으로 파견한다.

또한 1840년 벽두에는 영국의 이민정책에 의거하여 첫 이민단이 포트 니콜슨(현재 웰링턴)에 상륙하게 되며, 홉슨 총독은 마오리족 대표와 와이탕기(Wai-tangi)조약을 체결, 영국 국왕의 통수권을 관철시킨다. 이로써 뉴질랜드는 뉴사우스웨일스로부터 분리, 영국의 직할 식민지로 탈바꿈하며, 포트 니콜슨 서안에 건설된 '뉴질랜드회사'(영국 이민자들이 세운 식민회사)를 중심으로 본격적인 식민지 개척시대를 맞이한다.

1907년 뉴질랜드는 영국으로부터 자치권을 획득하고 실질적인 독립을 달성하지만 모국과의 유대관계는 계속 돈독히 이어졌다. 그러나 1930년대에 밀어닥친 세계적 불황은 뉴질랜드경제에도 심각한 타격을 입힌다. 경제적 혼란은 결국 1935년 보수정권 대신 노동당정권을 낳게 되며, 이를 계기로 뉴질랜드 정치권은 사회입법을 정비하는 등 복지국가로서의 기반을 마련하게 된다. 그리고 1947년 웨스트민스터조약에 따라 영연방가맹국의 일원으로 정식 독립한 뒤부터는 국제사회에서 독자적인 국가위상을 확립하게 되었다.

호수와 광활한 목초지, 그리고 남반구의 알프스로 불리는 산과 오색의 바다에 둘러싸인 뉴질랜드는 국토 전체가 지상낙원이라는 자연의 보고임과 동시에 종합레저타운이다. 크게 남섬과 북섬으로 나뉘는데, 북섬은 우리나라 제주도 날씨와 비슷하고, 남섬은 중부지방과 흡사하다.

북섬에는 뉴질랜드 최대의 도시이자 옛 수도이며, 또한 돛배의 도시인 오클랜드가 중앙에 위치하며, 유황냄새를 물씬 풍기는 온천도시 로토루아 등이 더욱 인기가 있다. 남섬에는 레저스포츠의 천국 퀸스타운, 꽃의 도시 크라이스트처치가 단연 각광받고 있다.

마오리족의 향기음식

뉴질랜드의 입맛을 이해하는 가장 빠른 길은 한 가정에서 엿볼 수 있다. 뉴질랜드의 아이들은 말 그대로 자연과 함께 자연 속에서 생활하고 있다. 학교에 다녀와서는 닭에게 모이를 주고, 아마도 직접 해왔을 때 건초더미를 양에게 먹이는 행동들이 무척이나 자연스러운 뉴질랜드의 어린이들이다. 뉴질랜드의 가정요리는 한마디로 소박하고 단조롭다고 할 수 있다. 어찌 보면 영국의 전통이 그대로 남아 있기 때문이다.

뉴질랜드에서 요리는 주부만의 몫이 아니다. 온 가족이 함께 만들기도 하고 아이들까지도 순번을 정해 돌아가면서 식사를 준비한다. 이것은 아마도 키위 허즈번즈라고도 일컬어지는 아버지의 영향 때문일 것이다. 뉴질랜드의 남자들을 흔히 키위 허즈번즈라고 하는데, 키위는 뉴질랜드에만 서식하는 날 수 없는 새를 뜻한다. 다시 말해 키위 허즈번즈란 뉴질랜드적인 가장을 뜻하는 말로 오로지 가족과의 생활을 소중히 여기는 착실한 남편을 뜻한다.

뉴질랜드인들에게 음식은 이렇게 가족 간의 사랑과 대화를 돈독히 해주는 가교역할을 하는 것이다. 뉴질랜드의 아침식사는 간단한 오트밀과 콘플레이크로 시작해 점심식사는 주로 샌드위치나 파이 등으로 간단히 마친다. 하지만 저녁식사만큼은 반드시 수프로 시작해 육류를 사용한 주요리에 야채가 첨가되는데 그 요리에는 주로 양고기와 쇠고기가 사용된다. 오븐을 사용해 토스트하는 것이 일반적인 요리법이라고 한다. 그런 다음 디저트와 홍차로 소박한 가정요리는 끝이 난다.
　　로토루아 지역에서는 여기저기서 무럭무럭 연기가 피어오르는 모습이 자주 눈에 띈다. 이것은 로토루아가 온천지역이기 때문에 생기는 자연현상으로 이런 지형의 특징은 온천 풀이 있는 공원이다. 용솟음치는 지하수를 이용한 물고기 양식장, 보글보글 끓어오르는 열탕 등은 중요한 관광자원이 되고 있다.
　　뜨거운 물줄기가 하늘로 치솟는 간헐천의 분출구는 정말 신비스럽기까지 하다. 온천 주변의 펄펄 끓는 진흙은 좋은 미용재료가 된다고 한다. 주택가에서도 흔히 볼 수 있는 온천지역의 모습이다. 이 지역의 지형적 특징은 생활의 이기로 적절히 사용되고 있다.
　　원주민, 백인 할 것 없이 함께 어울리는 주민파티에서 그들은 과연 어떤 음식을 먹으며 살고 있는지 궁금하지 않을 수 없다. 로토루아의 온천지역이라는 지형적 특징은 그들만의 요리법을 개발시켰는데 이는 다름 아닌 땅에서 나오는 지열을 이용한 돌찜구이요리, 즉 항기(돌항아리)다. 마오리족의 전통 음식인 항기의 조리법은 다음과 같다. 우선 땅속에 구덩이를 파고 달군 돌멩이를 집어넣은 다음, 그 위에 나뭇잎으로 싼 음식을 얹고 흙을 덮는다. 그리고 한참을 기다리면 돌의 열과 음식물의 수분으로 찜이 되는 것이다. 오랜 기다림 끝에 하나씩 덮은 포장을 거둬내면 맛있는 항기요리가 모습을 드러낸다. 이렇게 펄펄 끓는 땅속은 언제 어디서든지 요리를 해먹을 수 있는 즉석 화덕인 셈이다. 마오리족들은 이런 자연현상을 이용해 그들만의 독특한 음식문화를 발전시켜 왔다. 항기요리에 사용되는 조리는 돼지고기, 쇠고기, 닭고기, 민물고기, 호박, 감자에 이르기까지 다양하다.
　　이들 요리에는 향신료를 사용하지 않는다는 점이 특이하다.
　　전통적 항기음식에 유럽인들이 가지고 들어온 케이크나 샐러드가 함께 준비되는데 백인들과 마오리족들이 그들의 음식을 함께 먹으며 이야기꽃을 피운다. 백인들의 사회문화에 완전히 동화된 듯 보이는 마오리족의 긍지와 민족성이 되살아나는 때는 아마도 이 항기음식을 먹을 때가 아닌가 싶다. 어쩌면 마오리인들의 음식을 함께 먹는 백인들에게도 이들의 자부심이 전해졌는지 모르겠다. 함께 어울려 음식을 나누는 원주민과 이주민의 모습에서 평화로운 뉴질랜드의 오늘을 볼 수 있다.

웰링턴

 수도 웰링턴(Wellington)은 북섬의 최남단에 자리 잡고 있는데, 쿡 해협을 사이에 두고 남섬과 마주보듯 위치해 있다. 1865년 수도가 된 후 정치·경제의 중심지로 발전해 왔다. 그 이전의 수도는 오클랜드였다.
 포트 니콜슨을 감싸듯이 둘러싸고 있는 녹색의 구릉지대에 약 33만 명이 살고 있는 이 도시는 어느 거리를 가더라도 길은 언덕길이며, 뒤돌아보면 바다이다. 바람이 강해서 '윈디 웰링턴'이란 이명(異名)도 있지만 뉴질랜드가 자랑하는 수도로서 현대적인 모습을 하고 있다. 언덕에 설치된 케이블카를 타면 도시 전체의 아름다운 모습을 한눈에 전망할 수 있다. 야경은 더욱 낭만적이다. 웰링턴의 가볼 만한 곳으로는 국회의사당, 국립박물관, 해양박물관, 웰링턴동물원, 마운트빅토리아 등이 있다.

오클랜드

 오클랜드는 뉴질랜드 최대의 주요 관문도시이다. 인구는 약 100만 명 정도이며, 상업과 공업의 중심지이기도 하다. 이 세계적인 도시는 여러 나라의 전통이 살아 움직이는 관광의 도시이며, 다양한 쇼핑과 일품요리를 선보이는 레스토랑이 즐비하다. 또한 반짝이는 파도와 티 없이 밝은 해변, 천혜의 기후로 울창한 수목들과 그림 같은 섬들이 있는 곳으로 폴리네시아 문화권의 중심역할을 하고 있다. 이 아열대 도시는 두 개의 항구 사이의 좁은 땅에 위치해 있으며, 세계의 어떤 도시보다도 많은 수의 요트를 가지고 있어서 '요트의 도시(city of sails)'로 불린다. 하버 브리지의 우아한 풍경, 랑이토토섬을 덮는 원추형 화산의 장관은 관광객을 매료시키기에 부족함이 없다.

오클랜드시의 북부지역인 노스랜드반도에는 완만한 대지와 울퉁불퉁한 지면, 조수간만이 있는 아름다운 해변과 열대 강가의 습지에 널리 서식하고 있는 맹그로브 식물, 아름다운 섬들이 그림과 같이 펼쳐지는 전형적인 시골도시들이다. 이곳은 마오리족과 유럽의 영국인들이 한 민족으로 서로를 인정한 조약인 '와이탕기'조약에 서명을 한 장소로써 역사적으로 중요한 의미를 갖는 지역이다.

크라이스트처치

한국사람은 이상하게도 뉴질랜드 북섬만 좋아한다. 그러나 실은 남섬에도 볼 곳이 많다. 피요르드랜드, 마운드 쿡, 퀸스타운 등 북섬에 뒤지지 않는 명소가 많다.

남섬을 가려면 크라이스트처치가 거점도시가 된다. 인구 약 30만 명의 뉴질랜드에서 3번째로 큰 도시인 크라이스트처치는 이상사회 건설의 꿈에 부푼 영국 옥스퍼드대학의 크라이스트처치 기숙사인 엘리트들이 건설한 도시다. 처음부터 이상향을 꿈꾸며 계획한 도시라 그림처럼 아름다운 도시가 되었다. 이 도시를 본 사람들은 한결같이 '영국보다 더 영국 같은 도시'라고 칭송해 마지않는다.

오스트레일리아 Australia
태평양시대의 떠오르는 경제동반자

오스트레일리아는 기본적으로 다민족, 다문화의 사회를 지향하지만 유럽의 이민자들로부터 세워진 식민국가이므로 대부분 서양의 문화에 기초를 두고 있다.
그렇지만 오스트레일리아의 문화에는 두 줄기의 흐름이 있다. 하나는 원주민 에보리진(Aborigine)의 문화이다. 그들은 고도의 문화를 이룩하지는 못했으나 독특한 양식의 음악과 미술을 가지고 있다. 그들의 음악은 그들의 역사와 신화를 엮은 전승의 수단이기도 하다. 또한 조상숭배의 종교의식과 관련이 있는 조형예술을 창조했다.
이들 에보리진 중 티즈메이니아 지역의 에보리진은 호주가 영국의 식민지가 되면서 백인들의 '인간사냥'으로 전멸당하고 말았다. 이 나라는 1973년까지 백호주의(白豪主義, White Australia)를 고수하여 흑인의 이민을 제한하였으나, 노동력 부족 등의 문제가 나타나자 1973년에 백호주의를 전면 폐지하였고, 이후로 차별은 감소하였다.
또 하나의 흐름은 18세기 이후 이주해 온 유럽계 이민들이 들여온 문화로 거기에는 유럽의 전통과 미국의 새 사조의 영향이 두드러지고 있다.
그러나 원주민에게서 유래된 것을 제외한다면 영국문화를 바탕으로 하여 오스트레일리아의 독자적인 요소를 가미해서 발달해 왔다고 볼 수 있다. 미국문화는 개척시대의 역마차와 현대의 자동차, 그리고 햄버거와 콘플레이크 등 생활문화의 물질 면에서 영향을 받았다고 볼 수 있다.
이렇듯 오스트레일리아 예술은 유럽의 전통에 기초하며, 환경, 역사, 원주민의 문화 및 이웃나라들과의 관계가 부분적으로 영향을 끼치고 있다.
제2차 세계대전 후 영국적 요소가 약화되고 있는 것은 사실이나, 그것이 곧 단순한 미국화로의 전환은 아니고, 이민 구성의 변화에 따라 여러 문화의 영향을 포함한 문화적 다양화가 진행되고 있는 것이라고 보아야 할 것이며, 새로운 오스트레일리아문화가 형성되는 과정에 있다고 할 수 있다.

호주만이 갖고 있는 생활습관을 몇 가지 소개하면 다음과 같다. 비행기가 호주공항에 도착해서 제일 먼저 하는 일은 기내 소독이다. 손님들이 내린 다음 소독하는 것이 아니라 손님을 기내에 가둔 채 소독약을 뿌리는 것이다. 입국 통관 시에는 음식물이나 의약품 등을 지참하지 않았는지 철저히 조사하고 발견되면 무조건 압수한다. 고추장, 마늘, 김치 등을 멋모르고 가지고 가던 여행자가 무참하게 빼앗기는 사례를 자주 목격하게 된다.

지구의 반대쪽에 있는 나라 호주는 모든 것이 반대다. 집들은 북향이고, 도어핸들은 좌에서 우로 틀어 열고, 룸스위치는 위에서 아래로 켠다. 자동차의 운전석도 오른쪽에 있고, 차량통행은 우측이 우선이다. 우리와는 모든 것이 거꾸로다.

생활관습도 다른 점이 너무 많다. 가령 명함을 줄 때는 악수를 교환하고 자기소개를 한 뒤다. 명함을 주면서 자기소개하는 것은 실례다. 초대받았을 때는 약속된 시간보다 10~15분 늦게 가는 것이 예의이고, 쇠고기보다는 닭고기·돼지고기의 값이 더 비싸고 또 고급이다. 지도를 보면 남반구가 위에 있고, 북반구는 아래에 있으며, 공중전화는 1통화에 30센트인데, 가정용은 24센트로 싸다. 샤워는 아침에 한다.

말에도 조심해야 할 것이 있다. 가령 보이 프렌드니, 걸 프렌드니 하는 것은 성적인 관계가 있었음을 의미한다. 서로 잘 알고 지낸다고 보이 프렌드라고 소개하면 전혀 다른 뜻을 전하게 된다. 결혼식 풍습도 좀 별나다. 청첩장을 보낼 때는 입고 올 옷이 포멀인지, 캐주얼인지 명기해야 하며, 하객에게서 축의금을 받는 일은 없고, 답례품이란 것도 물론 없다. 피로연은 음료수는 신랑 측이, 연회비는 신부 측이 부담한다. 그 대신 신부가 신랑집 가족에게 주는 예물은 아예 없다. 결혼식은 등기소에서 올리는 것이 가장 싸다(95호주달러 = 약 5만 5천 원). 교회에서 올리면 60~450호주달러(약 3만 5천 원~26만 원)이 든다. 한껏 호화결혼식을 올려봤자 우리 돈으로 100만 원이면 넉넉하다.

여행자가 주의해야 할 일도 있다. 아무 데나 함부로 쓰레기를 버리다 들키면 200호주달러(약 11만 5천 원)의 벌금을 내야 한다. 껌 껍데기나 담배꽁초도 마찬가지다. 강이나 바다를 더럽히면 벌금이 자그마치 600호주달러(약 35만 원)이다. 강변에서 실례(?) 같은 것을 함부로 하다가는 큰일 난다. 담배도 함부로 못 피운다. 꼭 허용된 장소를 찾아가서 피워야 한다. 여행자와는 관계없는 일이지만 개를 데리고 산책할 때는 꼭 사슬로 묶은 뒤 동반해야 한다. 아니면 그것도 벌금이다. 여비 이외에 벌금까지 지참하고 가야 할 나라다.

흔히 호주인의 특성으로 꼽히는 메이트십(Mateship)에서도 알 수 있듯이 호주인은 동료의식이 강하며 자유롭고 얽매임 없는 생활을 선호한다. 또 낙천적인 오지사람들은 약간의 트러블 정도는 가볍게 웃으며 넘기는 것이 보통이며 오지라는 말 속에 담긴 뜻처럼 부드럽고 친절하다.

시드니

오스트레일리아 최대도시이다. 남북으로 긴 해안선에서 쑥 들어간 포트 잭슨(port Jackson) 또는 시드니만이라고 하는 항만의 안쪽에 자리 잡은 항구도시로서 돌출한 반도들이 방파제 역할을 하는 천혜의 양항이다. 거리는 활기에 넘치고, 묵은 건물은 파괴하고 새로운 건물을 짓는 등 나날이 달라지는 양상을 보이고 있어 조용한 멜버른과는 대조적이다. 풍광명미는 홍콩, 리우데자네이루와 더불어 세계유수의 미항의 이름에 부끄럽지 않다.

하버 브리지(Harbour Bridge)

포트 잭슨만을 가로질러 시와 북쪽 교외를 연결하는 대교로 1932년에 완성되었다. 시드니 시민이 세계 최대의 단호교(單弧橋)라고 자랑하고 있다. 총 길이가 4.4km나 되며, 중앙아치 길이 503m, 수면에서의 높이 51.9m의 다리 위를 2줄의 철도, 8차선 차도가 달리고 양쪽은 인도로 사용되고 있다. 다리 밑에는 4만 톤급 선박이 유유히 출입하고 있다. 전망대 필론 룩아웃(Pylon Lookout)이 서 있다.

큐어텀빈 야생조류보호구역

2000년 올림픽 개최지로 호주의 시드니가 선정된 이유 중 가장 컸던 것은 깨끗한 환경 때문이었다고 할 수 있다. 호주가 자랑하는 비치리조트 골드코스트에서 남쪽으로 15km쯤 가면 새들의 천국이라는 자연동물원 큐어텀빈 야생조류보호구역(Currumbin Wildlife Sanctuary)이 있다. 이곳에 오면 맑은 공기와 푸른 숲으로 문명의 때가 묻지 않은 신선함을 느낀다. 원시의 자연이 그대로 살아 있는 것 같다.

경이로운 것은 자연환경만이 아니다. 사람이 지나가면 새들이 날아와 어깨와 머리에 앉는다. 사람에게 겁도 없이 덤벼든다. 새란 본능적으로 사람을 피하는데 이것을 우리는 새의 본능으로만 생각했다. 그러나 큐어텀빈에서는 그렇지 않다는 것을 느낀다. 이 공원의 새들이 사람을 따르는 것은 먹을 것을 주기 때문이다.

공원 내의 곳곳에서 알루미늄으로 만든 접시에 빵가루를 얹은 새먹이를 판다. 예쁘고 귀여운 새들의 재롱을 보기 위해 사람들은 모두 빵가루 접시를 가지고 다닌다. 새들의 눈에 보이는 사람은 저들을 해치려는 공포의 상대가 아니라 맛있는 먹이를 주는 친근한 상대로 보이는 것이다.

가장 인기 있는 새는 롤리키트와 앵무새로서 색깔이 아름답고 작은 예쁜 새다.

캔버라

호주의 수도 캔버라는 전 세계 현상공모로 당선작을 뽑아 처음부터 계획적으로 지은 완전 인공도시. 이 도시설계응모에서 당선된 사람은 미국의 '월터바리 글리핀'이라는 설계사였는데, 글리핀은 이 응모에 당선됨으로써 일약 세계적인 명사가 되었다. 시가지는 원형, 6각형, 8각형으로 된 광장을 중심으로 띠처럼 된 환상도로와 방사상으로 뻗어 나간 도로가 가로·세로로 얽혀 아름다운 구도를 갖추었으며, 기능에 따라 구역을 분류, 예술도시를 창작했다. 바리 글리핀 호수를 사이에 두고 크게 남북으로 갈라진 캔버라는 남쪽은 정치, 북쪽은 문화도시의 기능을 갖도록 설계되었다. 남쪽에는 캐피털힐 한복판에 국회의사당을 짓고 그 주변에 관공서와 해외공관들이 들어섰으며, 북쪽은 시티힐을 중심으로 법원과 경찰서, 대학, 교회당, 관광국과 호텔, 레스토랑, 상가들이 밀집한 번화가가 전개되고 있다.

글리핀 호수도 인공호수다. 집도, 길도, 호수도 모두 인조품이지만, 온 도시에 나무를 심어 초목의 도시를 만들어 자연과의 조화를 꾀했다. 초록과 하늘과 물과 조각예술품 같은 도시건축물의 앙상블은 인간의 작품으로 보기에는 너무나 위대하다.

멜버른

시드니 다음가는 도시로 빅토리아(Victoria)주의 수도이다. 시드니시가 항구의 아름다움을 자랑하는 데 대해, 멜버른은 아름다운 거리를 자랑으로 삼는다. 질서정연하게 구획된 거리는 노폭도 넓고, 도처에 공원·정원이 있어 공원의 도시라고 부른다. 도시 전체의 분위기가 침착하고 영국적 전통이 남아 있어 미국의 보스턴과 흡사하다. 번화가는 서쪽 스펜서 스트리트역(Spencer Street Station) 앞에서 동쪽으로 트레저리 빌딩(Treasury Building) 앞까지 달리는 콜린스 스트리트가 늘어서고, 아름다운 가로수와 조화를 이루고 있다.

기타 지역

아이어스 록(Ayers Rock) 오지여행의 기지로 이름난 앨리스 스프링스(Alice Springs)의 서남방 약 440km 지점의 올가산 국립공원(Mt. Olga National Park)에 있는 아이어스 록은 세계에서 가장 큰 바위이다. 황막한 대평원 가운데 주위 9km, 높이 350m의 붉은 기암이 우뚝 솟아 있다. 해가 뜰 때는 자색, 대낮에는 오렌지, 해질 때는 붉은색으로 바위의 빛깔이 변하는데, 햇빛에 따라 일곱 가지로 바뀐다고 한다. 이 바위를 한 바퀴 돌아보면 오랜 세월의 풍화와 침식으로 인한 기암을 볼 수 있고, 가까운 동굴 안에는 원주민의 조상들이 그린 진귀한 그림들이 남아 있다.

골드코스트

누군가가 '골드코스트를 보지 않고 호주를 말하지 말라'고 했다. 그만큼 골드코스트는 호주가 자랑하는 호주의 자존심이 걸린 휴양지다. 과거에는 호주여행 코스 중에 골드코스트가 빠지는 일이 많았다. 그러나 근래에는 멜버린이나 캔버라가 빠지고 골드코스트가 정규코스로 들어간다.

골드코스트를 가려면 먼저 브리즈번을 경유해야 한다. 호주대륙의 서쪽 허리께쯤에 있는 브리즈번은 인구 120만의 대도시다. 국제공항이 이곳에 있어 브리즈번에 내려야 골드코스트에 갈 수 있다. 거리는 75km나 남쪽으로 떨어져 있지만, 고속버스, 호텔 셔틀버스, 택시 등이 빈번하게 오가므로 1시간이면 닿는다.

골드코스트는 직역하면 '황금해안'이다. 아침 해뜰 무렵이면 모래가 태양빛을 받아 천지가 황금색으로 물든다. 모래밭은 32km에 걸쳐 뻗어 있다. 단일해안으로 이처럼 거대한 모래밭은 또 없다. 워낙 모래밭이 크다 보니 사람들이 눈에 보이지 않는다. 만약 한국인구 약 5,000만 명이 모두 이곳에 모이면 여름철 해운대비치만큼 붐빌까? 이 골드코스트의 중심부가 서퍼스파라다이스(Surfers Paradice)다. 1년 365일 중 290일이 쾌청한 맑은 날이고, 기온이 평균 섭씨 24°C로 1년 내내 수영을 할 수 있다. 해안을 따라 직선으로 뻗은 대로변에는 큰 호텔과 쇼핑센터, 고층건물들이 줄을 이어 서 있다.

서퍼스파라다이스는 서핑의 천국이다. 파도가 거칠고 웅장하여 세계 각국에서 서퍼들이 몰려 온다. 패러세일링, 워터스키, 윈드서핑, 제트스키 등도 흔하게 볼 수 있는 레저스포츠다. 마린 스포츠뿐만 아니다. 골프, 승마, 테니스 등 육상 레저시설도 잘 갖추어져 있다. 그런가 하면 호주에만 있는 캥거루, 코알라 따위의 동물과 어린이들의 놀이

시설이 있는 드림월드, 물개쇼를 보여주는 시월드, 천연색의 야생조류 보호구역 큐어텀빈 등이 연중 끊임없이 관광객을 유혹하고 있다.

몽키미아해변

유난히 진한 남색을 띠는 호주의 서쪽바다 몽키미아해변에 사람들이 모이기 시작한다. 바다에는 아무것도 없다. 바다 위를 나는 갈매기조차 눈에 들어오지 않을 정도로 조용하다. 잠시 후 누군가 조심스레 발꿈치를 들고 손가락으로 먼 바다를 가리킨다. 그 순간 누가 먼저랄 것도 없이 사람들의 시선은 그곳으로 모아진다. 그러나 바다에는 아무것도 보이지 않는다. 가끔 바다 한가운데 강한 햇살을 받은 무엇인가가 반짝일 뿐…… 10여 분이 지난 후에야 반짝이는 물체가 한 무리의 예쁜 돌고래라는 것을 알게 되었다.

어른 키만한 돌고래는 5~6마리가 무리를 지어 나타나며, 사람을 전혀 두려워하지 않는다. 신기한 일이다. 간혹 호기심 많은 어린이들이 가볍게 등을 쓰다듬으면 반갑게 몸짓을 한다. 잠시 사람들과 즐거운 시간을 보낸 돌고래들은 다시 먼 바다로 되돌아간다.

호주의 서쪽 끝에 있는 몽키미아는 웬만한 지도에는 나오지도 않는 아주 조그마한 바닷가다. 언제부터인지 모르지만 돌고래가 찾아오면서 독특한 관광명소로 자리 잡은 곳이다. 몽키미아는 퍼스에서 북쪽으로 약 800km쯤 떨어져 있다. 이곳에 가기 위해서는 시드니에서 퍼스까지 특급열차(3박 4일)나 비행기(4시간)를 이용한다. 그리고 다시 승용차를 타고 10시간을 가야 한다. 이곳 주민들은 호주의 다른 도시들과 달리 영국에서 건너온 자유이민자가 대부분이어서 자존심이 강하다.

퍼스에서 몽키미아를 찾아가는 길에 있는 '남부국립공원'은 관광객들이 빼놓지 않고 들리는 명소이다. 퍼스에서 북쪽으로 약 300km 떨어져 있다. 공원에는 피너클스라 불리는 뾰족한 모양의 크고 작은 바위들이 널려 있다. 서호주의 대표적 명물이다. 단조로움, 어쩌면 이 짧막한 단어 한마디가 국립공원을 잘 표현한 것일지도 모른다. 한반도보다 넓은 면적의 서호주에서 단조로움의 미학(?)이 극치를 이룬 곳이 바로 피너클스다.

사람키 절반밖에 자라지 않는 관목숲과 아무렇게나 널려 있는 돌기둥들, 이곳을 찾는 많은 관광객들은 색깔과 형태가 거의 비슷한 돌기둥 사이를 거닐며 무엇인가를 발견하려고 애쓴다. 그러나 시원스럽게 풀어줄 그 무엇도 찾지 못한다. 언제, 어떻게 이 같은 형태를 갖추게 되었는지 아직까지 의문으로 남아 있다. 피너클스는 가급적 석양 무렵에 찾는 것이 좋다. 낮보다 덜 따갑고, 저녁 햇살을 받아 크고 작은 돌기둥이 적당한 명암을 이뤄 그야말로 일대 장관을 이루기 때문이다.

그레이트 오션로드

호주의 가장 작은 주 빅토리아는 넉넉하고 다양한 자연풍광으로 인해 아름다움과 조화의 땅으로 불린다. 어느 한 곳 사랑스럽지 않은 데가 없지만, 그중에서도 빅토리아의 위대한 자연을 한꺼번에 경험할 수 있는 그레이트 오션로드(Great Ocean Road)와 '열두제자(12Apostles)' 바위는 호주여행을 계획한 사람이라면 누구나 한번쯤 들러보아야 할 곳이다.

해안도로인 그레이트 오션로드는 단순한 드라이브 코스가 아니다. 장엄한 열두제자바위에 이르는 동안 '할 것,' '볼 것'이 너무 많이 기다리고 있다. 특히 열두제자바위는 수백만 년을 파도에 깎이고 침식된 12개의 거대한 바위로서 대양에 우뚝 서 있는 모습은 조물주의 신비

그 자체다. 그 앞에 서면 어느 틈에 거대한 세계가 나타난다. 그래서 거대한 우주의 한 점에 불과하다는 사실을 깨닫게 된다. 열두제자바위까지 가는 드라이브는 유쾌한 길이다. 또 영화에 단골로 등장하는 벨 비치(Bell Beach)는 세계 서퍼들의 보금자리다. 여기서 초보자들은 인공서핑보드에 올라 연습을 한 뒤 진짜 파도에 뛰어들 수 있다.

 오래전 그레이트 오션로드해안은 거센 파도를 헤치고 마을로 들어오려는 배들로 붐볐다. 그 가운데 가장 파도가 거친 '십렉코스트(Shipwreck Coast)'는 파도를 이기지 못하고 침몰한 배들이 수장되어 있다. 지금도 물 아래로 사라진 선원들의 슬픈 이야기와 함께 황금 수백만 달러어치가 잠들어 있다는 소문이 떠돈다. 이 슬픈 장소를 뒤로하고 나아가면 평화롭고 아름다운 오트웨이 포리스트(Otway Forest)해변이 나온다. 이 숲으로 들어가 숲의 모습과 숲의 소리를 들어보라. 폭포와 시냇물과 숲에 매혹당하고 놀랄 것이다.

서유럽
West Europe

그리스 Greece 인류문명의 발상지
네덜란드 Netherlands 풍차의 나라
노르웨이 Norway 빙하의 나라
덴마크 Denmark 낙농의 나라
독일 Germany 라인강의 기적을 일군 나라
벨기에 Belgium 유럽의 작은 왕국
스웨덴 Sweden 바이킹의 나라
스위스 Switzerland 세계적인 금융허브국가
스페인 Spain 투우의 나라
영국 United Kingdom 전통을 중시하는 나라
오스트리아 Austria 작은 숲속의 나라
이탈리아 Italy 제국과 르네상스문화의 꽃을 피운 나라
포르투갈 Portugal 동방항로 발견의 선구자
프랑스 France 예술과 와인의 나라
핀란드 Finland 호수의 나라

유라시아대륙 서북부에 돌출한 반도모양의 지역으로부터 러시아 및 독립국가연합에 이르는 유럽권은 그 면적이 약 2,733km²로서 전 세계 육지면적의 18% 정도가 된다. 해발 200m 이하의 평지가 반 이상을 차지하므로, 인구는 세계의 20%에 달할 만큼 많고, 산업이 발달하고 옛날부터 세계문화의 중심이 되어왔다. 해안지대는 내해와 만이 풍부하여 해안선 발달이 6대주 가운데 이곳이 좋은 기후라는 점과 서로 어울려 해운이 발달하고 문명이 발달하는 계기가 되었다.

현재 유럽권에는 40여 독립국이 있어, 영·불·독·러시아 등의 제국이 세계의 정치, 경제에서 차지하는 역할은 과거나 현재나 조금도 변하지 않고 있다.

내륙 남부에 알프스산맥이 동서로 연하고, 그것이 남으로 내려가서 아페닌산맥이 되고, 동으로 칼파치아산맥 등을 이룬다. 또, 이베리아반도로 들어가서는 프랑스국경의 피레네산맥 남단에 시에라네바다산맥을 형성하고 있다.

한편, 북부에는 스칸디나비아반도의 등줄기가 되는 스칸디나비아산맥과 영국 북부에의 그랑피아산맥 등이 있다.

중앙부는 동과 서가 지형을 달리하고, 동북부는 넓은 평원이 뻗어 있으나, 서부는 산맥과 산지가 대지모양으로 달리면서 그 북쪽에 평원이 있다. 동으로 볼가강, 서로는 도나우(다뉴브)강, 라인강 등이 흐른다. 모두 수량이 풍부하고 운하로 연결되어 있어 수운과 관개에 이용된다.

알프스산맥의 주변과 스칸디나비아반도에는 옛날에 발달했던 빙하의 침식으로 생긴 호소(湖沼)가 많으며, 남부에는 고지, 북부에는 저지대에 분포하고 있어 발전에도 이용되면서 좋은 풍경을 만들어 도처에 휴양지가 많다.

그리스 Greece
인류문명의 발상지

고대 그리스는 여러 가지 면에서 서구문명의 산실이었다. 어떠한 기준에서 보더라도 그 업적은 놀라운 것이며, 예술 및 과학에서 남긴 유산은 막대하다. 이러한 이유로 자기의 자존심을 상하게 한 일에는 자기의 명예를 걸고 회복하려는 습관이 있다. 국교인 그리스정교는 기독교의 한 종파로 간주되곤 하지만 그 역사의 시작은 그리스도의 사도 바울이 직접 그리스에서 선교한 데서 비롯되어 유구한 역사를 가지고 있다.

그리스인의 95%가 그리스정교의 신도라는 것에서 알 수 있듯이 교회는 국민들 사이에 확고히 자리 잡고 있으며 그리스의 국교로서 헌법에 보장되어 있고 교육과정에도 종교 과목을 두어 정교의 역사와 교리를 가르치고 있다.

기후만큼이나 열정적이고 남의 일에 관심이 많아 개인적인 질문도 많이 한다. 초면에는 악수를 하지만 두세 번 만나면 포옹을 한다.

그리스는 유럽 동남부 발칸반도 일대와 펠레폰네소스반도에 딸린 지중해연안의 여러 섬들로 이루어진 나라이다.

오늘날 서구문명의 모태라 할 수 있는 그리스문명은 기원전 16세기 그리스 남단 크레타섬의 크노소스를 중심으로 발생한 미노아문명에 의해 비롯된다. 이 미노아문명은 펠로폰네소스반도에 정착해 있던 아카이아인(오늘날 그리스인의 선조)과 교류하며 미케네문명으로 발전하여 인류 최초의 서사시인 호메로스의 '일리아드'와 '오디세이'의 주무대인 트로이전쟁을 승리로 이끄는 등 한때 번창일로를 걷는다. 하지만 기원전 12세기, 북방계 도리아인의 침략으로 미케네문명이 붕괴되자 그리스는 오랫동안 암흑기를 맞이한다.

이후 기원전 8세기경 아테네를 필두로 폴리스라는 도시국가가 생겨나면서 그리스문화는 깊은 잠에서 깨어나 다시금 화려한 꽃을 피운다. 알파벳의 기초가 되는 문자가 창안되고, 제우스신전을 비롯한 여러 가지 고대건축물들이 축조되는가 하면 고대 올림픽경기가 생겨난 것도 모두 이 시기의 일이었다. 그리고 이때의 도시국가들 중 아테네는 다리우스라는 걸출한 영웅이 이끄는 페르시아제국의 서진을 마라톤전투와 살라미스해전 등을 통해 막아냄으로써 서구문명의 방파제 구실까지 하였다.

페르시아전쟁의 승리는 곧 아테네의 부상을 낳았다. 페리클레스의 민주정치가 만개하고 비극작가 소포클레스, 역사가 헤로도투스, 철학자 소크라테스 등이 모두 이 시기 아테네가 낳은 위대한 인물들이다. 하지만 아테네의 급성장은 같은 도시국가의 하나였던 스파르타의 도전을 낳는다. 이른바 '그리스의 자살'이라고까지 평을 받는 아테네와 스파르타 간의 펠레폰네소스전쟁이 발발한 것이다. 전화(戰禍)는 30년 동안 그리스 전역을 휩쓸었다. 전쟁의 승자는 스파르타였지만 화려했던 그리스문화의 몰락은 그 모두를 패자로 만들었다. 그리고 끝내는 그리스 북방 마케도니아에서 군사를 일으킨 알렉산더 대왕의 아버지 필리포스 2세에 의해 정복당하고 만다.

기원전 322년 동방정벌을 통해 대제국을 건설했던 알렉산더 대왕이 33세의 젊은 나이로 병사하자 전 유럽의 패권은 로마의 손에 접수된다. 따라서 기원전 146년 그리스는 로마의 속주 마케도니아의 일부로 편입되어, 이후 오랫동안 외세의 식민통치에 의해 연명한다. 특히 로마제국이 동서로 분열된 후 들어선 비잔틴제국은 그리스를 1000년 이상 통치하며, 뒤이어 들어선 오스만터키는 1453년부터 1821년까지 약 400년 동안 그리스에서의 식민지 지배를 관철시킨다. 게다가 오스만터키의 통치시대에 그리스 전체 인구의 1/4이 감소하고 그 나머지도 소작농이나 노예로 살아갈 정도로 혹독하고도 암울한 세월이었다.

1814년, 러시아의 항구도시 오뎃사에서 그리스 상인들을 중심으로 최초의 독립해방조직이 결성된다. 그리고 1821년엔 펠레폰네소스의 칼리브리타에서 그리스 독립선언서가 낭독되고 곧바로 터키와의 항쟁에 돌입한다. 독립전쟁은 터키군의 무차별 학살로 그리스인 5만여 명이 목숨을 잃고, 유럽열강이 참전하는 등 우여곡절을 겪은 끝에 터키의 패배로 종결된다. 이로써 그리스는 1829년, 근 2000년 동안의 외세 지배에서 벗어나 독립국으로 거듭나며, 이후 20세기 초에는 2차례의 발칸전쟁을 승리로 이끌면서 데살로니카, 이오니아 등 과거의 옛 영토를 회복하기에 이른다. 또한 제2차 세계대전 동안에는 독일과 이탈리아군에 의해 다시 점령되지만, 1946년 연합군의 승리로 다시 독립국으로 자리매김한 후 오늘에 이르고 있다.

신화는 '이야기'

신화, 즉 Mythology의 어원인 Mythos는 그리스어로 '이야기'란 뜻이다. 그 이야기에는 어처구니없는 게 너무 많아 신화가 되었다는 것이 그리스 학자들의 설명이다. 그러면서 인간세상에 있음직한 스토리는 다 들어 있다.

천지창조에서부터 영웅들의 무용담, 신들의 나라 세우기, 갖가지 풍속의 유래, 각 지방의 설화, 민담… 등 그리스신화는 유럽인들의 정신세계가 어디에 뿌리를 두고 있는지를 확연히 짐작케 한다.

이 이야기들이 언제 만들어진 것인지는 아무도 모른다. 다만 호메로스의 '일리아드'와 '오디세이'의 신화 속에 신들이 등장하고 있으며, 그 뒤에 나온 헤시오도스의 '신통기'에 천지창조와 신들의 계보가 있는 사실을 들어 BC 8세기쯤에서 뼈대가 만들어졌다고 보고 있다. 그리고 BC 6세기 이후 그 내용이 서정시를 통해 아름답고 정교하게 다듬어졌다고 보는 게 통설이다.

그리스문화 전성기에는 3대 비극시인과 철학자들이 신화를 새롭게 해석하며 철학성, 도덕성을 가미하는 작업을 광범위하게 벌였다. 알렉산더가 대제국을 건설한 뒤 헬레니즘시대가 되자, 각 지방에 전해 내려오는 이야기나 어지럽게 퍼져 있던 설화와 민담들이 보태져 신화의 세계는 엄청나게 커졌다.

이어서 로마가 유럽의 중심이 되자 그리스신화는 로마에 그대로 옮겨졌다. 로마에도 토착신들이 있었으나 그리스의 신들처럼 오랜 세월 갈고 다듬어진 의인화된 신은 아니었다. 문화적으로 후진국인 로마의 신들이 그리스의 신들에게 흡수, 통합되기 시작한 것은 BC 3세기 후반부터였다. 그러나 감쪽같이 같아질 수는 없고 대체로 비슷해졌을 뿐이다.

예를 들면 아프로디테와 에로스는 신비하고 원시적인 힘을 상징한다. 그러나 로마의 비너스와 큐피드는 연애적이랄까, 유희적 분위기가 강하다. 이는 퇴폐적인 로마 귀족사회의 영향으로 추측되는데, 읽는 이에 따라서는 로마신화 쪽이 더 목가적이고 달콤하며 아름다운 로맨스가 많을 수 있다.

신화와 헬레니즘을 낳은 고대 그리스문명은 망했고 로마제국도 없어졌다. 지금의 그리스는 1830년에 새로 태어났다. 하지만 새로 태어난 그리스는 신화를 가지고 끊어졌던 역사의 맥을 이었다. 그 과정에서 신화는 더 다듬어지고 주인의 자리 역시 더욱 굳건해졌다.

그리스신화는 서양의 위대한 문화유산이자 정신적 지주가 되었다. 따라서 이 신화를 모르고서는 유럽문화를 이해할 수 없게 되었다. 특히 예술세계를 이해하는 데 있어선 절대적으로 필요한 상식이 되었다. 유럽을 여행하면서 보게 되는 수많은 건물, 조각, 그림 등의 예술에서 기독교적이지 않은 것은 대개 그리스신화에서 그 소재를 얻은 것들이다. 따라서 그리스여행은 일반적 관광이 아닌, 유럽문화의 바탕을 본다는 차원에서 준비하는 게 바람직하며, 신화의 세계를 들여다보는 계기로서도 매우 뜻깊은 시간이 될 것이다.

아테네

아테네는 이미 오래전에 도시국가로 출발하였던 만큼 고대와 중세와 현대가 뒤섞인 복잡한 곳이다. 그리스 전체 인구의 절반 정도가 살고 있어 도시 집중화의 전형을 보여주는 곳이기도 하다. 지금은 공해에 찌들어 옛 정취가 시들어가긴 하지만 아직도 시내 곳곳에 낯설지 않은 역사의 자취가 남아 있다. 여러 신전들과 로마시대의 교회, 선사시대부터 헬레니즘시대에 이르는 예술품들이 시선을 끌고 발길을 멈추게 한다.

아테네는 산타그마, 플라카, 콜로나키, 오모니아의 네 구역으로 나뉜다. 산타그마광장은 아테네의 가장 중심지로 공공기관이 밀집해 있어 관광지도는 물론 여행에 관한 정보를 얻기에 편한 곳이다.

관광객에게 인기 있는 지역은 플라카 지역으로 그리스의 옛 모습을 가장 많이 품고 있다. 리카비토스 언덕에 자리 잡은 콜로나키 지역은 고급 아파트와 부티크들이 있는 부촌이고, 오모니아광장은 아테네 시민들로 붐비는 또 하나의 중심지다. 아테네에 도착하면 이 4구역을 연결하는 교통편부터 알아두는 것이 좋다. 산타그마광장에서 아람리아스 거리를 따라 내려가면 국립공원이 나오고, 좀 더 내려가면 2천 년 전에 코린트양식으로 지어진 아드리아누스 아치와 제우스신전의 유적이 나온다. 100여 개나 되던 기둥이 이젠 다 없어지고 15개뿐이지만 장엄한 분위기는 여전하다.

제우스신전 동쪽 8백m 지점에 1896년 제1회 근대올림픽이 열렸던 경기장이 있다. 고대 아테네의 올림픽경기장을 본떠서 만든 것이다. 또 제우스신전에서 서쪽으로 가면 고대 그리스의 상징인 아크로폴리스가 나온다. 올림포스의 신들에게 제사를 지내던 성역이다. 가파른 언덕을 오르면 에게해와 아틱평원이 시원하게 내려다보인다. 정상에는 도리아식 파르테논신전을 비롯하여 아테네 황금시대의 건축물들이 있다. 많이 파괴되고 낡았지만 조화롭고 우아한 모습이 눈길을 사로잡는다. 아크로폴리스박물관에는 BC 6세기의 유물을 비롯하여 감동을 주는 작품들이 많다.

그리스의 시에스타

남유럽에서 흔히 볼 수 있는 풍경 중 하나는 시에스타다. 한낮에는 너무 덥기 때문에 이 시간을 이용하여 낮잠을 자두는 풍습이 있다. 그리스인도 예외는 아니다. 어쩌면 가장 철저하게 시에스타를 즐기는 국민이 그리스가 아닌가 싶다.

아테네 시민들은 낮 12시부터 3시까지 장장 3시간 동안 어김없이 낮잠을 즐긴다. 이 시간에는 길도 조용하다. 지나다니는 사람도 없다. 이 시간에 다니는 사람은 여행자거나 외국인이다. 길도 조용하다. 음악소리조차 없다. 만약 길에서 떠들면, 창문이 열리고, 쉬이, 쉬이, 조용히 하라는 경고가 들린다. 그래도 떠들면 어디선가 돌이 날아온다.

아테네 시민들은 부지런하다. 은행이나 관공서는 아침 7시 반에 출근한다. 그 대신 1시 반이 퇴근시간이다. 일반기업체는 하루 두 번 출근한다. 오후 시에스타가 끝나면 다시 출근하기 때문에 이 나라에는 러시아워가 하루 두 번이다. 신나는 것은 버스회사와 호텔이다. 낮걸이 손님 때문에 호텔들이 톡톡이 재미를 본다.

그리스인들은 점심이 정찬이다. 푸짐하게 아주 잘 먹는다. 낮 인사가 이 나라에선 '카리올레꾸시'인데 이것은 '좋은 식욕을!'이라는 뜻이다. 잘 먹고 늘어지게 자고 난 다음, 오후에는 밤늦도록 인생을 즐긴다. 저녁식사 시간은 보통 오후 8시부터 12시 사이다. 식당도 8시 이전엔 문을 열지 않는다. 보통 새벽 2시까지 영업하는 식당이 많다. 부부가 외식할 때는 자정이나 새벽 1시에 식당을 찾는다.

그리스의 다베투나

그리스인은 책을 잘 안 본다. 아테네 시내에는 서점이 귀하다. 서점 찾기가 서울만큼이나 어렵다. 그 대신 토론을 좋아한다. 둘만 모여도

토론이 벌어진다.

아크로폴리스 언덕에서 내려오면서 신다쿠마광장 쪽을 지나야 한다. 이 플라카 골목은 아테네의 최고 명물이다. 이곳에는 5백여 개나 되는 다베투나(술집)가 있다. 대부분이 창도 벽도 없는 노천식당이다. 천막을 친 집도 있다. 해만 떨어지면 아테네의 지식인들이 이곳으로 몰려와 술을 마시며 토론을 벌인다. 외국인의 눈에 보이는 이 광경은 마치 소크라테스와 플라톤과 아리스토텔레스가 심각한 철학토론을 벌이고 있는 것같이 보인다.

다베투나는 그리스 특유의 대폿집이다. 술과 안주를 판다. 석쇠에 구운 불고기의 일종인 브리조레스 모스하리, 쌀과 고기를 넣고 둘둘만 무사카, 오징어튀김 요리인 칼라마리, 양고기 꼬치구이 스부라키아 등 이곳에 가면 그리스의 토속음식을 맛볼 수 있다.

어떤 집에선 그리스의 민속음악인 부스기와 민속춤인 시루타키를 보여준다. 전속악사를 두고, 민속의상을 입고, 노래와 춤을 보여주는데, 민속악기는 만돌린과 비슷하다. 통도 작고, 크기도 작은 것이 이채롭다. 민속의상은 흰색 합바지 위에 짧은 미니스커트를 입고, 검정색 조끼를 걸쳤는데, 춤을 출 때는 땅바닥에 떨어진 물건을 줍는 시늉을 한다. 부스기와 시루타키 쇼를 보려면 밤 10시 이후라야 한다.

원래 다베투나는 술을 파는 레스토랑이다. 따라서 식사도 겸해서 할 수 있다. 입구에는 메뉴와 가격표가 제시되어 있다. 그러나 호객행위, 바가지가 심하다. 멋모르고 들어갔다가 망신당하는 여행자가 많다. 가급적 호객행위를 하는 집은 피하는 것이 좋다.

에게해섬

　가능하다면 에게해의 섬들도 돌아보라. 에게해의 섬들은 몇 개의 제도로 나뉘어 있는데 유럽에서 꽤 인기 있는 휴양지들이다. 1일 관광 크루즈부터 3박 4일짜리 상품까지 다양하다. 우선 경치가 아름답고 다른 휴양지에 비해 물가가 싸다. 아테네 시내에서 지하철로 30분 정도 가면 피레우스항구가 나오는데, 에게해의 여러 섬들로 가는 배가 여기서 출발한다.

　여객선들이 매일 피레우스에서 치우스, 레스보스를 왕래한다. 터키까지 연결하는 여객선도 있다. 섬마다 숙박시설은 넉넉한 편이다.

　시클라데스제도의 미코노스, 파로스, 이로스, 티라 섬 등이 젊은이들에게 인기가 있다. 특히 미코노스는 먹고 놀고, 일광욕과 수영을 번갈아 할 수 있는 섬이다. 유명한 누디스트 비치(裸體村)도 있다. 티라는 화산섬으로 경치가 특이한 곳이며 델로스에는 신전과 극장, 박물관, 경기장 등 유적지가 많다.

　크레타는 에게해에서 가장 큰 섬으로 인류 문명이 시작되었다는 곳이다. BC 2천 년경에 거대한 궁전을 짓고 도시를 건설한 흔적이 남아 있다. 지중해성 기후로 따뜻한 곳이지만 2천m급 산이 있어 겨울에는 눈이 내린다. 복잡한 미로(迷路) 때문에 이름이 더욱 알려진 크노소스 궁전 등 크레타문명의 유적들이 볼 만하다.

　이외에도 피타고라스와 이솝의 고향인 사모스, 에게해의 장미라는 별명을 지닌 로도스, 히포크라테스가 세웠다는 병원 아스클리피온이 있는 코스, 사도 요한이 계시록을 쓴 곳으로 유명한 파르모스 등 시간만 넉넉하다면 권할 곳은 그리스신화만큼이나 무궁무진하다.

네덜란드 Netherlands
풍차의 나라

네덜란드는 작으면서도 큰 나라이고 약한 듯 보이면서도 강한 나라이다. 우리나라의 1/3만한 국토면적과 열악한 환경 속에서 네덜란드가 오늘날의 번영을 누리게 된 배경에는 무엇이 있을까? 유럽의 열강인 영국, 프랑스, 독일의 틈바구니 속에 있으며 수많은 전화를 겪으면서도 네덜란드가 생존할 수 있었던 배경에는 무엇이 있을까? 이 질문에 대한 대답은 여러 각도에서 구해질 수 있겠으나 우선 그 설명들에 설득력을 부여해 줄, 네덜란드 사회를 관통하고 있는 사회규범으로서의 근검·절약정신과 관용을 먼저 이해하는 것이 필요할 것이다. 하지만 이렇게 친숙한 나라인 네덜란드가 실제 유럽의 어느 부분에 위치해 있는지를 모르는 사람들이 의외로 많고, 또한 독일과 비슷한 수준의 경제규모와 유구한 역사·문화적 기반을 가지고 있는 나라라는 사실을 아는 이가 극히 드물다는 사실이 무척 새롭다.

네덜란드는 우리에게 한말의 헤이그(Hague)밀사 사건을 떠올리게 하는 나라이다. 그리고 그보다 앞선 시기에 네덜란드인 하멜이 우리나라 남쪽에 표착하여 귀국 후 견문록을 써서 서양사회에 처음으로 우리나라를 소개하기도 하였다. 이러한 역사적 배경을 가진 나라 네덜란드는 그 이름 Netherlands가 나타내듯 바다를 간척해서 해발보다 낮은 땅을 가지고 있고, 인구밀도가 세계에서 높은 풍차의 나라이며, 유럽공동체의 현관과도 같은 위치에 있는 나라 등 여러 가지 이미지를 주는 작으나 실속 있는 나라로 알려져 있다.

네덜란드는 전 면적의 약 1/4이 바다보다 낮고, 모래언덕이나 제방으로 해수의 침입을 막고 있다. 원래 이 땅은 개펄이었고, 중세 이래로 끊임없이 물과 싸워왔다. 간척지의 건설에 심혈을 기울여 배수에는 제방과 풍차가 사용되었고 이 물을 빼는 무수의 운하(연장 8,000km)가 중요한 교통로가 되고 있다.

물을 정복한 한 예가 Zuider Zee(조이데르海)이다. 오랜 세월에 걸친 대공사 끝에 길이 약 30km에 달하는 대제방을 건설하여 바다를 막고 그 안에 담수를 담은 호수(Ijssel호)를 만든 것이다.

인내심이 강한 국민성은 4.08만km²에 불과한 좁은 국토 중 2할에 가까운 부분을 간척 농경지로 개간하여 세계에서 손꼽히는 치즈 생산국·농업국이 되었다. 그 때문인지 EC의 여러 나라 중에서도 순조로운 경제발전을 이룬 나라로 꼽히며 로테르담은 서유럽에서도 굴지의 무역항이 되었다.

거리에서 마주치는 자전거 등 이 나라에서 볼 수 있는 풍경들은 모두 평온하고 한가로워 보인다. 그러나 그 평화로움과 화창함이 매일 아침 여자들이 자기 집 돌층계에 윤을 내는 것에서 볼 수 있는 근면함과 혹독한 자연조건을 극복해 온 강인함에서 탄생된 것임을 생각할 때 또 다른 신선한 감회를 느끼게 된다.

튤립축제

'튤립'의 원산지는 터키. '툴반(Tulban)'이라는 원명을 유럽인들이 잘못 받아들여 '튤립'이 되었다. 오스만투르크의 황제들이 우호와 친선의 상징으로 건네준 게 그 시초였다. 튤립이 네덜란드의 국화가 아니라는 것은 의외다. 402년 전 바다보다 낮은 이 땅에 튤립이 처음 선을 보인 이래 사람들은 튤립을 사랑하고 가꿔왔을 뿐이다. 역사상 단 한 차례도 튤립이 공식적으로 네덜란드 국화가 된 적은 없었다. 그럼에도 불구하고 해마다 튤립이 만발하는 봄이면 이 나라는 왕족에서 어린이까지 튤립 열병에 걸린다.

'튤립기간(Tulip Time)'이라는 다소 무뚝뚝한 이름의 축제가 전국에서 열리고 꽃송이만큼 많은 국내외 관광객들이 튤립을 찾아 공원으로 몰려든다.

이 무렵이면 세계 각국에서 튤립축제가 벌어진다. 이름까지 'Holland'인 미국의 한 도시이다. 캐나다의 오타오 등 내로라하는 꽃의 도시들이 저마다 튤립행사를 벌인다. 그러나 규모나 내용 면에서 네덜란드, 이 가운데서도 수도 암스테르담에서 30분 거리에 있는 리세(Lisse)의 큐켄호프(Keukenhof)공원 튤립축제를 능가하는 것은 없다. 네덜란드에 튤립이 첫 파종된 큐켄호프는 '유럽의 정원'이라고 불린다. 9월 말부터 12월 초 사이에 파종된 튤립 구근이 꽃피는 3월 말에서 5월 초까지 24명의 정원사들이 정성들여 꽃을 가꾼다. 공원의 넓이는 70에이커. 그 넓은 공원에 2천여 종 6백만 송이의 튤립이 향기별로, 색상별로 심어져 있다. 암스테르담에서 리세로 가는 도중 갑자기 지평선 위로 거대한 원색 양탄자가 떠오르고 곧이어 신선한 꽃내음이 코에 스민다. 그곳이 큐켄호프, 바로 튤립의 마음이요, 꽃들의 축제가 벌어지는 곳이다.

1949년 개원한 이래 해마다 4월과 5월이 되면 튤립과 히야신스, 수선화가 들판 가득 피어오른다. 튤립이 도입된 지 4백주년이었던 1994년, 이곳을 찾은 관광객 90만 명 가운데 3분의 2가 외국인이었다.

꽃융단이 끝나는 곳에는 강과 호수가 흐르고, 그 위로 백조와 오리들이 떠다닌다. 공원 내 3군데 대형 실내전시실에는 연중 튤립과 다른 꽃을 전시하고 있어 바깥에서 꽃이 지더라도 언제나 튤립의 군무를 감상할 수 있다.

큐켄호프는 튤립축제의 원조지만 꽃이 피는 두 달 동안 꽃이 주인이 되어 사람들을 차분히 맞을 뿐 왁자지껄한 축제 분위기는 없다. 다만 세계 최대의 꽃 경매장인 인근 알스메이에서 1천만 송이 꽃들의 주인이 되기 위해 전 세계 상인들이 모여 열띤 흥정을 벌이는 장면을 볼 수 있다.

암스테르담

수도 헤이그의 동북 50km에 위치한 네덜란드에서 가장 큰 도시이다. 각국의 대공사관은 헤이그에 있고 공식행사는 헤이그에서 행하나, 정식 수도는 이 암스테르담(Amsterdam)이다.

시가지는 무수의 운하를 가지고 있기 때문에 '북의 베니스'라고도 한다. 수없는 운하가 100개의 섬을 만들고, 650개 이상의 다리를 만들었다. 중심을 이루는 구시가지에서 거리가 여러 운하와 교차하면서 사방으로 방사상을 이루어 뻗어 있다.

여기에 오랜 역사와 현재가 동거하고 있는 것이 이 도시이다. 13세기에는 조그마한 어촌에 지나지 않았던 것이 1369년 한자동맹에 가입하고, 북부유럽의 중심지가 되어 각국의 상인, 특기를 가진 피난민을 흡수하여 급속히 발전했다.

헤이그

헤이그(Hague)는 네덜란드 말로는 Den Haag's Gravenhage, 프랑스어로는 La Haye, 우리는 과거에 해아(海牙)라고도 부른 도시이다.

1830년에 실제로 이 나라의 수도가 되었고, 1899년에는 국제평화회의의 개최지로 선정되어 국제중재재판소가 설치되었다. 1907년에 제2회 평화회의가 열려 이때 대한제국 고종 황제가 파견한 밀사가 우리나라를 강점하려는 일본의 야심을 폭로했으나, 영국이 들어주지 않음을 분통히 여긴 이준 열사가 할복자결한 사건으로 우리에게는 너무나 잘 알려진 곳이다. 인구 48만의 운하와 보리수가 아름다운 도시이며, 과거 수세기 동안 꽃의 도시라고 불리어왔다.

노르웨이 Norway
빙하의 나라

노르웨이는 빙하의 나라다. 전국에 있는 빙하는 모두 1,700여 개에 이르고, 전 국토의 1.4%가 빙하유역이다. 빙하와 피요르드와 험준한 산악이 어우러진 신비로운 풍물시는 지구상에서 오직 노르웨이에만 있다. 세계지도에서도 '북쪽으로 가는 길'이란 뜻을 지닌 노르웨이는 지구 끝의 북쪽 끝에 위치하며 국토의 대부분이 북극권에 있다. 노르웨이 자연환경의 가장 큰 특징을 꼽으라면 피요르드(Fjord)일 것이다. 내륙으로 깊숙하게 형성된 피요르드 양편에 해발고도 1,000m까지 가파르게 치솟은 절벽은 말로는 표현할 수 없을 만큼 웅대하여 우리의 상상력을 압도한다. 북쪽지역에서 나타나는 백야현상과 함께 거친, 그렇지만 드라마틱한 경관은 관광객에게 강하게 각인되는 주요한 관광요소다. 노르웨이의 자연환경은 감히 인간이 범접할 수 없을 만큼 장대하지만 노르웨이인들은 결코 두려워하지 않는다. 그들의 줄기찬 탐험정신은 이러한 인간적 스케일을 능가하는 자연환경에서 비롯된 것이다. 그래서 노르웨이의 사회, 문화, 역사 등은 자연과 함께 호흡하고 극복하는 과정의 연속이며 생활에서 자연과 더불어 있는 흔적을 엿볼 수 있다. 노르웨이의 가장 큰 장점은 깨끗한 공기와 오염되지 않은 물이다. 그들은 그러한 물과 공기를 미래의 후손에게 물려주기 위한 방안을 이미 오래전부터 실천하고 있다. 여기에 특별한 방법이 있는 것은 아니다. 그들은 자연과 가깝게 그리고 항상 접촉하면서 생활하는 자체를 즐기며 또한 그것을 위해 개인적 이익이라도 기꺼이 제한하는 데 동의하는 대가를 치를 줄 알기 때문이다. 또한, 그들은 냉혹한 자연에 순응하면서도 자연을 이겨낼 수 있는 강인함을 어려서부터 배워왔다. 우리네처럼 초등학교 학생에게 농기계 부속품 명칭을 가르치기보다 동네에 피는 꽃과 나무를 관찰하게 하고 가르쳐주면서 자연사랑을 생활화하고 있다.

북유럽 스칸디나비아반도 서쪽에 길게 자리 잡고 있는 '노르웨이왕국'이다. 여기서 '노르게'란 '북방의 길'을 의미한다. 동쪽으로 스웨덴, 핀란드, 러시아 연방과 국경을 접하고 있으며, 그 밖에는 바렌츠해, 노르웨이해, 북해, 스카게라크해협 등으로 둘러싸여 있다.

노르웨이는 기원전 1만 년 무렵부터 사람이 살기 시작했으나, 노르웨이인이 본격적으로 유럽역사의 무대에 등장한 건 서기 400년경으로 여러 부족공동체들이 각기 나뉘어 부족국가시대를 열면서부터다.

이후 서기 890년경 하라드왕에 의해 처음으로 전국 통일이 이루어지지만 오래가지 못하고 재차 분열, 이때 이후로 각 부족별로 비옥한 토지를 찾아 대륙으로 침략의 길에 나서는 바이킹세대를 맞이한다. 그리고 11세기 초엽, 기독교를 앞세운 올라프 2세가 마침내 재통일을 달성하면서 노르웨이는 중세 봉건시대의 서막을 연다.

노르웨이의 중세 왕권은 덴마크, 스웨덴과의 긴밀한 외교관계와 활발한 해상활동을 통해 13세기 한때 북구 아이슬란드 등지를 정복하는 등 전성기를 구가한다. 하지만 1397년에 덴마크, 스웨덴, 노르웨이의 3개국 동군연합이 '칼마르연합'으로 재편되면서 덴마크의 독주시대가 펼쳐진다. 따라서 노르웨이는 15세기에 들어서면서부터 덴마크의 일개 속주로 전락하며, 이 식민지적 상황은 19세기 초엽까지 이어진다.

한편, 식민지적 상황이긴 하지만 노르웨이는 16세기 중반 이후 한자상인들의 세력이 약해지는 틈을 타 네덜란드, 영국 등과 활발한 무역을 전개, 나름대로 알찬 경제적 번영을 구가한다. 게다가 1678년에 취해진 덴마크왕의 '노르웨이법'이 정치적으로 노르웨이의 중앙집권화를 촉진시켰고, 또한 대륙과 떨어진 지리적 조건의 혜택으로 오랫동안 내부적 안정을 도모할 수 있었다.

이런 번영과 안정은 덴마크로부터의 독립의식을 고취시키는 자양분으로 작용한다. 그리고 마침내 덴마크가 나폴레옹전쟁에서 패하자,

이를 계기로 노르웨이는 400년에 걸친 덴마크의 식민지적 지배를 종식시키고 해방을 맞이하는 듯하였다. 하지만 노르웨이의 완전 독립은 인근 스웨덴의 등장으로 무산된다. 전쟁에 패배한 덴마크왕은 '킬조약'을 통해 노르웨이를 스웨덴에 할양하였으며, 이에 따라 노르웨이의 국권은 자치권을 제외한 모든 권한이 스웨덴에게 양도된다.

스웨덴 왕권의 치하에서 연합왕국의 일부가 된 노르웨이는 1884년에 내각책임제를 도입함으로써 근대 의회주의를 확립한다. 그리고 1898년에는 보통선거를 실시, 민주주의국가로서의 기틀을 마련한다. 한편 19세기 말엽부터 외교권 문제가 본격화되자, 노르웨이의 좌익 내각은 스웨덴 정부와 적절한 타협점을 모색하여 1905년에 비로소 연합왕국을 해소하고 명실상부한 독립국의 자격을 획득하게 된다. 이후 노르웨이는 2차 세계대전 중 중립주의를 천명했음에도 불구하고 독일군의 일방적인 침략하에 국왕이 런던으로 망명하는 사태를 맞기도 한다. 하지만 전쟁 종료 후 다시 국권을 회복하고 정치적 안정과 풍부한 자원을 바탕으로 알찬 경제성장을 이룩하여 오늘날 세계 유수의 복지국가를 구현하고 있다.

백야제

노르캅은 스칸디나비아반도 최북단에 있는 도시다. 어쩌면 지구상에서 가장 북쪽에 있는 도시일지 모른다. 북위 71도에 있는 노르캅은 정확히 말하면 스칸디나비아반도 북쪽 끝에 있는 마겔오이야섬이다. 307m의 깎아지른 절벽 위에 있다. 도시라기보다는 카페, 레스토랑과 우체국 등 몇 채의 건축물이 있는 작은 마을로서 6월 하지를 전후하여 많은 관광객이 찾아온다. 자정에 이곳에 닿기 위해 호닝스보그에서 밤 10시에 버스가 출발하고, 노르캅에서는 새벽 2시에 돌아간다.

지구 끝에서 가장 완벽한 심야의 태양을 볼 수 있는 장점은 있지만 노르캅은 너무 멀고 교통편도 복잡하다. 오슬로부터의 거리는 2,600km나 되고, 육로로 이곳까지 오려면 편도 5박 6일, 베르겐에서 배편으로 와도 편도 6일이 소요된다. 오슬로에서 비행기편을 이용하면 알다까지 올 수 있는데, 이곳에서 다시 자동차를 타고 이틀을 걸어야 노르캅에 닿는다. 다만 백야 구경 한 가지만을 위해 여행하기에는 너무 번거롭다. 스톡홀름, 오슬로, 헬싱키, 페테르스부르크 등은 모두 북위 60도 선상에 있다. 북극권에는 못 미치지만, 6월에는 밤이 없는 계절을 맞는다. 6월 22일, 하지를 전후해서 각 지역마다 백야 축제가 벌어진다. 백야는 북위 64도에서 2개월 동안, 62도에선 40일간 계속되고, 북위 60도에서는 하지 무렵 하루 1~2시간을 빼고는 종일 밖에서 신문을 읽을 수 있다. 북극권인 북위 66도 이북에서는 한밤에도 해를 볼 수 있다. 스웨덴의 키루나, 노르웨이의 보오도, 느롬소, 노르캅, 핀란드의 이발로 등지가 심야에도 태양이 있는 곳들이다. 해가 지다가 지평선 가까이에서 다시 떠오르는 희한한 광경을 목격할 수 있다. 헬싱키, 스톡홀름, 오슬로 등지에서는 이때에 맞춰 'Midnight Sun Flight'라는 특별항공편이 각지로 운항하고 있다.

오슬로

오슬로강의 끝에 수평선과 언덕으로 둘러싸여 있는 오슬로는 자연과 조화가 잘된 아주 독특한 분위기의 도시이다. 도시 주변이 야생상태 그대로인 것은 스칸디나비아 지방의 특징이다.

오슬로 관광은 중앙역에서 시작하도록 한다. 기차를 타고 가면 물론 중앙역에서 내린다. 비행기를 타고 가면 오슬로공항에 내리는데 중앙역까지 10km 정도 거리이다. 중앙역에서 왕궁까지 이어진 카를 요한 거리가 오슬로의 중심 도로로 대성당, 국회의사당 등이 있다. 왕궁은 노르웨이가 스웨덴의 지배를 받고 있을 때 세워진 것으로 당시의 스웨덴 왕 카를 요한 동상도 있다. 매일 오후 1시에 근위병 교대식이 행해진다. 왕궁을 지나면 프롱네르공원이 나온다. 왕궁에서 버스나 전차를 이용하여 갈 수 있다. 이 공원은 오슬로에서 가장 인상적이고 감동적인 관광지다. 공원 곳곳의 조각품은 복잡한 도시생활을 강하면서도 단순하게 표현하고 있다. 17m 화강암에 121명의 남녀노소를 조각한 작품 '모놀리토'는 이 공원의 하이라이트다.

공원 남쪽의 뷔그데위에는 민속박물관, 바이킹선박박물관, 프람호박물관, 콘티키호박물관 등 박물관이 모여 있다. 시청 앞 3번 부두에서 배를 타고 직접 갈 수도 있다.

빙하지대

노르웨이 여행의 또 다른 백미로 피요르드와 뗄 수 없는 빙하지대 관광이 있다. 버스로 가능하지만 열차나 페리보트를 이용한 관광도 낭만적이다. 북극권에 가지 않고 빙하를 볼 수 있는 곳은 부릭스달이다.

베르겐에서 위로 올라가면 길이가 가장 긴 소그네피요르드가 나온다. 발레스트란은 소그네피요르드에 면한 아름다운 마을이다. 발렌스트란에서 버스로 4시간 반쯤 가면 올덴에 닿고, 올덴에서 부릭스달까지는 금방이다. 차에서 내려 마차를 이용하거나 또는 걸어서 산길을 이용한다. 가는 도중 부릭스달 폭포 앞에서 물보라를 맞으며 무지개가 걸린 다리를 건너 20분 정도 가면 빙하의 일부가 보이는 작은 광장이 나온다. 여기에서 다시 20분 정도 가면 눈앞에 빙하가 펼쳐지는데 정말 장관이다.

빙하관광을 할 때는 바람이 몹시 차기 때문에 두꺼운 옷을 입어야 한다. 또 여름에는 결빙상태가 느슨하기 때문에 세심한 주의가 따른다. 이곳 관광에서 목숨을 잃는 사람이 해마다 나온다는 사실을 염두에 둘 필요가 있다. 노르웨이는 그리 큰 나라가 아니다. 국토면적은

32만km²로 우리나라의 1배 반쯤이지만, 그 절반은 북극권 안에 있고, 83%는 산악지대이며, 5분의 4는 해발 150m가 넘는 고지이다.

　15만 개나 되는 엄청나게 많은 섬을 거느리고 있다. 더욱 희한한 것은 해안선이다. 톱니보다도 더 날카롭게 들쭉날쭉한 이 나라 서해 바닷가 해안선의 길이는 2만 7천km이다. 만약 이 해안선을 한 줄로 죽 늘이면 지구를 반 바퀴 돌고도 5천km가 남는다고 한다.

　노르웨이의 해안선은 왜 이렇게 이상한 지형이 되었을까? 그것은 빙하 때문이다. 백만 년 전, 계속 쌓이기만 하는 빙하의 무게에 눌려 지반이 가라앉으면서 바닷물에 침식, 피요르드가 생겼는데, 이것은 바다도 아니요, 강도 아니며, 호수도 아닌 '제4의 수면'이다. 피요르드는 흐르지도 않고 움직이지도 않는 침묵의 수면이다. 피요르드는 폭은 좁고, 수심은 최고 1,200m로 깊다.

　피요르드는 노르웨이의 최고 관광자원이다. 노르웨이의 제2도시, 베르겐이 피요르드 관광의 중심지다. 노르웨이의 옛 수도이기도 했던 베르겐은 중세시대에는 한자동맹도시로서 북유럽의 중요 무역항으로 크게 번영한 역사를 지니고 있다. 피요르드 관광유람선은 베르겐 부두에서 뜬다.

　유명한 소그네피요르드, 하르당게트피요르드는 베르겐에서 하룻길이다. 피요르드 관광은 도중에 버스, 기차 등을 번갈아 타며 보게 되어 있다. 가장 대표적인 코스는 소그네피요르드와 폴롬 1일 관광인데, 아침 7시 반 고속선으로 베르겐 부두를 출발, 소그네피요르드, 오랜드피요르드를 구경하고 폴롬에 도착, 점심을 먹고, 기차를 타고 베르겐으로 귀환한다.

덴마크 Denmark
낙농의 나라

덴마크는 1960년대까지 모래땅 황무지를 일구어 대표적인 복지국가의 기틀을 마련한 협동농업국가이다. 한때는 우리나라 선진농업국의 모델이 되었으며 유럽 내에서도 대표적인 낙농업국가였지만, 지금은 현대적 산업국가로 변화를 적극 모색하고 적극적인 자유무역 개방정책은 그 실효를 거두어 고용증대와 경기진작에 커다란 실익을 얻고 있는 '작지만 최정상(small but top)'을 목표로 하는 기술집약적이고 두뇌집약적인 산업으로 경제구도를 완성해 가는 국가로 인정받고 있다.
바이킹의 모험심과 근면하고 활달하며 개척정신이 강한 민족성을 지녔다.
덴마크인들은 개인주의적이고 침착하며 매사를 여유 있게 처리하는 스타일이다. 정의감이 강한 편이고 교통질서 등 공중법규를 철저히 지킨다.
또 다른 특징은 부지런하고 검소하며 합리적이라는 점이다. 덴마크 교육기관이 추구하는 국민교육의 목표는 근면·정직하고 법질서를 잘 지키는 모범시민을 길러내는 데 있으며, 결코 소수의 엘리트나 영웅을 양성하는 데 있지 않다고 한다. 덴마크사람들이 흔히 하는 말 중 '휘게리(Hyggelig)'라는 것이 있다. '기쁜 마음으로 흐뭇하게, 쾌적하고 친밀하고 허물없이'라는 뉘앙스를 지닌 뜻으로, 덴마크의 국민성을 잘 드러내주는 의미 있는 말이다.

유럽 북서부에 위치한 덴마크는 유틀란트반도와 주변 5백여 개의 섬들로 이루어져 있으며, 본토 이외에 캐나다 북동쪽에 위치한 세계 최대의 섬인 그린란드와 북대서양상의 패로제도를 해외영토로 보유하고 있다. 정식명칭은 '덴마크왕국(Kingdom of Denmark)'이다. 덴마크란 국명은 원래 '데인 사람들(Danes)의 경계지대'란 뜻에서 유래되었다.

이곳에 인류가 거주한 것은 지금으로부터 약 20만 년 전인 빙하기로 추정되나 본격적인 역사시대는 5세기경 오늘날 덴마크인의 선조격인 북부 게르만계의 데인(Danes)족이 스웨덴으로부터 이주하여 정착하면서부터다.

동화작가 '안데르센'

안데르센은 1805년 오덴세에서 가난한 구두수선공과 세탁부 사이에서 태어나 1875년 생을 마칠 때까지 주옥 같은 156편의 동화를 남겼다. 그가 세상을 떠났을 때 덴마크는 그의 불멸의 업적을 기리기 위해 국장으로 애도했다. '덴마크 하면 안데르센, 안데르센 하면 덴마크'라고 할 정도로 동화작가 안데르센은 덴마크를 대표한다.

코펜하겐의 상징도 어찌 보면 안데르센 동화의 주인공을 소재로 랑게리니에 부둣가 바위에 만들어놓은 '인어공주' 청동상이라 할 수 있다. 그 자신이 '내 인생은 한 편의 아름다운 동화'라고 말했던 한스 크리스티안 안데르센(덴마크어 발음으로는 '아너슨'이다), 사람들은 안데르센 동화의 매력과 비밀을 '공상을 하게 하고, 쉬운 말로 사람을 감동시키며, 현악기의 울림'과 같은 여운을 지니고 있다고 한다.

그를 '위대한 이야기의 마술사'라고 일컫는다. 안데르센 이전의 동화들은 거의가 해피엔딩으로 막을 내린다. 하지만 안데르센의 동화들 가운데엔 '성냥팔이 소녀'가 그렇고 '인어공주'가 그렇듯이 슬픈 결말이 적지 않다. 그가 써서 남긴 동화들은 착하고 진실한 주인공이 어려움과 고생을 딛고 마침내 행복해지는 경우와, 독자들의 안타까운 바람과는 달리 불행해지거나 끝내 죽음을 맞는 경우가 반반이다. 그럼에도 불구하고 그의 동화가 104개 국어로 번역돼 꾸준히 읽히는 것은 가난한 어린이, 억압받고 학대받는 어린이들을 주인공으로 설정, 소외받는 인간을 부각시킴으로써 인생의 슬프고 어두운 면을 그대로 보여주고 희생의 중요성도 강조하기 때문이다. 사회현실을 그대로 보여주는 그의 동화는 문장 표현이 쉽고 단순하지만 어른들에게도 낯설지 않은 이야기들이다.

안데르센을 비롯해 '아웃 오브 아프리카'의 작가 카렌 블릭센 남작 부인 외에도 덴마크의 몰리에르라고 불리는 희극작가 루드비히 홀버그, '아름다운 대지가 있고…'로 시작되는 국가를 작사한 국민시인 엘렌슬레거가 덴마크 문학을 빛낸다. 안데르센과 동시대에 살았으며 '죽음에 이르는 병' 등의 명저로 실존주의철학을 창시한 키에르케고르도 덴마크인들이 자랑하는 철학자이다.

코펜하겐

북유럽 제1의 도시임을 자랑하는 코펜하겐이지만 시가지는 의외로 작다. 보행자와 쇼핑의 거리인 스트로이어트를 중심으로 2km 내외에 관광명소가 집결되어 있다. 바닷가의 '인어공주 동상', 세계에서 가장 오래된 공원이라는 티볼리, 17세기 덴마크의 영명한 군주였던 크리스티안 4세가 지어 현재는 의사당으로 쓰고 있는 크리스티안보그 성이 볼 만하다. 칼스버그 맥주회사가 건설하여 국가에 기증한 박물관으로 유명 화가의 회화, 조각품을 전시하고 있는 칼스버그박물관도 빼놓을 수 없는 곳이며, 햄릿의 무대라 하여 햄릿성이라고도 불리는 크론보그 성은 코펜하겐에서 기차로 40분 정도 걸리는 헬시너에 위치하고 있다.

오덴세

오덴세는 덴마크의 수도 코펜하겐에서 기차로 3시간쯤 되는 곳에 있는 덴마크의 시골도시다. 오덴세에 내리면 우선 조금 색다른 분위기에 의아스러움을 느낀다. 첫째, 고층빌딩이 없다는 것이다. 인구 17만 명으로 덴마크에서는 제3의 큰 도시인데 큰 건물이 없어 시골 어느 한적한 도시에 온 기분이 든다. 큰 집이 3층이고 보통은 단층집들이다. 또 자세히 보면 문지방이 없다는 사실이다. 그리고 길바닥 높이와 방바닥 높이가 같다. 집 안과 밖이 같은 높이에 문턱도 없다는 것은 혹시 '평등의식'에서 산출된 주택문화가 아닐까 한다.

오덴세는 온 도시가 안데르센 냄새로 가득하다. 안데르센의 집, 안데르센박물관, 안데르센공원 등이 도시 곳곳에 있고 가게 진열장을 들여다보면 안데르센 동화 속의 주인공 인형들이 빠짐없이 있다. 온 도시가 안데르센 때문에 생긴 것 같은 인상을 받게 된다.

안데르센은 가난한 구두수선공의 아들로 태어났다. 어머니는 알코올 중독자였다.

이런 가정환경 때문에 그는 친구들로부터 항상 따돌림을 받았고 고독과 비통 속에 혼자 들판의 숲속에서 시간을 보내곤 했다. 결국 14세 때 가출하여 코펜하겐으로 간다. 가수 노릇도 해보고 시, 소설, 여행기도 집필해 보고, 실연의 쓰라림도 맛보며 갖은 고생 끝에 자살까지 기도한다. 그런 중에도 왕립극장 지배인의 도움을 받아 대학에 진학, 작품활동을 벌여 '즉흥시인'으로 문단에 데뷔한다. 그러나 마음속 깊은 곳에 가라앉아 있던 어렸을 적의 잠재의식은 그를 동화작가로 만들게 된다.

오덴세는 유명한 작곡가 카를 닐센의 고향이기도 하다. 안데르센박물관에서 별로 멀지 않은 곳에 카를 닐센박물관이 자리하고 있다. 시내에는 13세기 고딕식 건축들인 크누드교회 등이 있으나 관광객이 찾는 곳은 주로 안데르센 유적지들이다.

독일 Germany
라인강의 기적을 일군 나라

원래 독일인의 국민성은 보수적이면서 치밀하고 우직한 편이다. 외견상 무뚝뚝한 면과 아울러 짜임새 있는 면모를 풍기기도 한다. 본시 그들은 친구 사귀기를 좋아하고, 일단 사귄 친구는 영원한 벗으로 삼고 배신할 줄 모른다.

그런가 하면 그들은 단결력이 강한 백성으로 평판이 높다. 또한 술집에서 마주앉은 외국인이라 할지라도 인사를 건네고 맥주잔부터 권한다. 때로는 독일의 민요가 흘러나오면 식탁에 앉은 내국인, 외국인 구별 없이 어깨동무를 하고 노래 부르는 것을 체험한 이방인들은 독일인의 단결력과 외국인에 대한 친절함에 감탄을 자아내기도 한다.

그러나 게르만의식이 내면에 있기 때문에 겉으로는 매우 친절한 태도를 취하지만 다른 민족에 대한 차별의식이 강하다.

독일은 문학적으로 다양한 작가와 철학자들을 배출하였으며 그중에서도 괴테와 실러, 토마스 만과 헤르만 헤세 등의 작가와 하이네, 릴케 등의 시인이 널리 알려져 있다. 또한 오스트리아와 함께 전 세계 클래식음악가의 태반을 배출시킨 음악의 나라로, 바흐와 헨델, 하이든, 모차르트, 슈베르트, 슈만, 바그너, 베토벤 등 세계 거장의 음악가가 모두 독일에서 나왔다.

독일은 역사적으로 강력한 중앙정부가 성립되지 못했기 때문에 진정한 의미의 수도를 한 번도 갖지 못했다. 비록 베를린이 70년간 제국의 수도가 되긴 했으나, 파리나 런던처럼 지배적 위치에 도달하기엔 너무 짧은 시간이었다. 그러나 이러한 중심지 부재가 오히려 독일로 하여금 각 지방의 독특한 문화를 이루어내게 한 요인이 되었다. 독일에 황량한 외딴 시골이 거의 없는 것은 문화의 중심지가 곳곳에 산재해 있기 때문이다. 전제주의시대의 군주들이 그 거주지를 문화의 중심지로 만들려는 야심을 가졌든, 아니면 자의식이 강한 시민들이 자기 고장을 예술과 학문의 고장으로 키우려 했든 간에 오늘날의 독일 국민들은 이러한 노력의 덕택으로 다양한 문화생활을 즐기고 있다. 문화에 대하여 프랑스 및 이탈리아 등 타 유럽국가에 열등감을 갖고 있으므로 이들과 대화할 때에는 이 점에 유의하여 직설적인 표현은 삼가야 한다.

게르만민족이 주류를 이루는 독일은 유럽대륙의 정중앙부에 위치한 나라이다. 정식 명칭은 독일연방공화국(Federal Republic of Germany)이다.

민족대이동 이후 라인강을 중심으로 게르만족이 삶의 터전을 잡으면서 독일의 역사는 시작된다. 3세기 말 서유럽 일대에 프랑크제국이 건설되자 독일의 여러 부족들도 그 영향력하에 확대와 분열과정에서 봉건화를 진행시켜 이른바 신성로마제국으로 상징되는 봉건시대를 맞이한다. 그러나 이 신성로마제국은 게르만민족의 완전한 통일이었다기보다는 부족국가 간의 연합체적 성격을 띠고 있었다. 따라서 부족국가 간의 대립과 갈등이 첨예화되고 여기에 로마교황의 개입이 본격화되면서 십자군전쟁이란 홍역을 치른다. 한편 13세기 후반에 이르러 농경사회의 생산력이 비약적으로 발전하게 되자 제국의 황제권이 땅에 떨어진 반면, 지방제후의 영향력은 날이 갈수록 막강해져 갔다. 이에 따라 정치적 갈등과 분열이 극에 달하고, 인근 국가인 영국과 프랑스의 영향으로 봉건제의 위기를 맞이한다.

독일의 봉건시대와 근대의 분기점을 이루는 사건은 바로 '종교개혁'이었다. 하지만 독일은 인근의 영국이나 프랑스처럼 순조로운 자본주의로의 길을 걸을 수가 없었다. 물론 독일의 신흥 부르주아 역시 생산력 발달을 배경으로 체제변화를 꾀하기 위해 '3월혁명'을 일으키지만 메테르니히의 반동체제에 막혀 좌절되고 만다.

이후 18세기 후반부터 독일 내부에서 '국민통일운동'이 일기 시작하여 1871년에 마침내 프로이센을 중심으로 한 독일제국이 탄생한다. 하지만 1918년 제1차 세계대전의 패배로 독일제국은 멸망하고 대신 '11월혁명'을 통해 바이마르공화국이 성립된다. 이 바이마르체제는 헌법상 가장 민주적 색채로 채색되어 있었지만 소당난립과 당쟁격화를 감당하지 못해 나치스의 권력지배를 용납하고 만다.

1933년에 등장한 히틀러의 국가사회주의 독일노동자당(이른바 '나치스')은 과거의 영토를 회복한다는 구실하에 제2차 세계대전을 일으킨다. 그러나 결과는 600만 명의 독일 국민과 11만 4천km²의 영토를 전쟁의 대가로 지불하며 1945년 5월 8일 무조건 항복하게 된다. 제2차 세계대전 후 독일은 얄타회담에 의해 동서로 분열된다. 냉전시대를 갓 넘긴 1970년대 브란트의 동방정책인 '한민족, 두 국가' 원칙이 주효하여 이후 통일의 교두보를 마련한다. 그리고 1980년대 후반 이념의 장벽이 무너지고 동유럽에 민주화의 열기가 치솟자 28년 동안 지속되었던 베를린장벽을 철거하고 마침내 1990년 통일독일을 달성한 후 오늘에 이르고 있다.

베를린

독일이 통일되면서 누구든지 통행증 없이 마음대로 동베를린에 갈 수 있게 되었다. 검문소도 없어지고, 철조망도 없어지고, 장벽도 없어졌다. 브란덴부르크 문을 지키던 붉은 휘장을 두른 병사도 자취를 감추었다. 이제는 눈을 씻고 봐도 분단시대의 공포분위기는 찾아볼 수 없게 되었다.

브란덴부르크 문을 지나면 오른쪽에 오토 그로테볼(Otto Grotewohl)이란 거리가 있다. 우중충한 집들이 죽 늘어선 이 길은 왠지 모르게 어두운 그림자가 보인다. 자유는 찾았지만 자유의 밝은 햇살이 아직 이 거리에는 비추지 않은 느낌이다. 옛날 히틀러 총통관저와 관청건물들이 이 길에 있었다. 이 거리 빌딩들의 창문 안쪽에서 밖을 내다보는 감시의 눈이 숨어 있는 듯하다. 이 길과 한 블록 간격을 두고 베를린장벽이 평행으로 뻗어 내리고 있었기 때문에 장벽을 넘어 탈출을 기도하는 자유희구 시민의 마지막 저지선이 이 도로였다. 이 길이 끝나는 부분에서 왼쪽으로 꺾어지면 고호대로다. 고호대로의 첫 번째 4거리 코너에 '벽박물관'이 있다. 이름부터가 별난 세계의 오직 하나뿐인 특수박물관이다. 옛날 국경검문소의 하나였던 체크포인트 찰리 바로 곁에 있는 이 박물관에는 1961년 8월 13일 장벽이 세워진 이후 1989년 11월 9일의 벽 붕괴, 1990년 10월 3일의 독일통일에 이르기까지의 역사를 한눈에 볼 수 있도록 해놓았다. 장벽을 넘어 서쪽으로 망명한 사람들의 소식과 도망갈 때 사용했던 자동차와 도구 등을 패널사진으로 전시하고 있다.

살아 있는 노천 벽 박물관도 있다. 장벽이 무너질 때 대부분 파손되고 수집가들이 뜯어 가고 남아 있는 벽이 아직 1.3km나 있다. 벽이 붕괴될 때의 파편은 고가로 팔리고 있다. 관광객들은 누구나 기념으로 1개씩 사게 마련인데, 실제는 이것이 모두 가짜다. 베를린에는 이 가짜 벽 조각을 만드는 벽공장이 있다. 너무 정교하게 만들어 보통사람은 가짜를 가려낼 수조차 없다고 한다.

브란덴부르크 문에서 직선으로 뻗은 보리수대로는 동부 베를린의 메인 스트리트다. 국립도서관, 훔볼트대학, 무명용사기념비, 국립오페라극장, 프리드리히 2세 기마상 등 중요 시설물이 이 거리에 집결해 있다. 이 대로가 끝나면 마르크스엥겔스다리가 있고, 슈프레강을 건너면 섬이다. 여의도처럼 강 속의 중지도인데 '박물관섬'으로 부른다. 파르가몬박물관과 보데박물관, 고대박물관 등 세계적으로 널리 알려진 유명한 박물관들이 있고 신구 2개로 되어 있는 국립미술관도 이 섬에 있다.

보데박물관에는 이집트의 미술관과 초기 기독교시대, 그리고 비잔틴시대의 미술품과 조각, 회화, 화폐 등이 전시되어 있다. 이 박물관은 1904년, 카이저 프리드리히박물관으로 개관했는데 후에 초대 관장이던 빌헬름 폰 보데의 이름을 따서 보데박물관으로 개칭하게 되었다.

19세기에 개관하여, 120여 년의 역사를 가진 국립미술관은 베를린에 2개가 있다. 하나는 서베를린에 그리고 하나가 이곳 박물관섬에 있는 미술관이다. 서베를린에 있는 것은 신미술관인데 이곳은 겉모습부터 현대적 양식으로 설계되었으나 구미술관은 코린트식의 고전 건축물이다.

19세기에서 20세기 초에 걸쳐 독일제국은 당시 수도였던 베를린의 중심부 슈프레강변에 5개의 대규모 박물관을 건설했다. 금력과 권력이 집중하는 곳엔 예술도 집중한다고 믿었던 야심가 빌헬름 4세는 이 섬이 바로 '예술과 학문의 피난처'라고 선언했다. 박물관섬은 이렇게 해서 탄생된 것이다. 나치 군사독재시대에 한때 수난도 당했고, 퇴폐예술로 단정되어, 외국에 팔리는 불행을 겪었으며 2차 세계대전 시 전재(戰災)도 겪었다.

베를린의 박물관 순례 시엔 생각나는 사람이 있다. 베를린 출신의 건축가 카를 프리드리히 싱켈이다. 그는 베를린의 왕립극장을 비롯, 포츠담의 니콜라이교회, 구미술관 등 베를린의 중요 건축물들이 모두 그의 설계로 이루어졌다. 그가 아니었으면 베를린은 또 다른 모습을 지니게 되었을지도 모른다.

뮌헨

뮌헨은 독일에서 대중교통망이 가장 잘 발달된 도시다. 거미줄처럼 퍼져 있는 전차, 버스 노선과 교통체증을 최대한 줄이도록 설계된 교통신호체계, 그리고 곳곳에 붙어 있는 큼직한 이정표들은 이 도시에 낯선 이방인이라도 아무 불편 없이 도시여행에 나설 수 있도록 한다.

뮌헨은 또한 '맥주의 도시'다. 수천 가지 브랜드의 맥주가 뮌헨에서 쏟아져 나오지만 나오는 족족 뮌헨시민과 관광객들이 마셔버려 정작 세계적으로 유명한 상표는 없다. 1년에 한 번씩 뮌헨은 600만 리터의 맥주 속에 잠긴다. '옥토버페스트(Oktoberfest)', 세계에서 가장 유명한 술 축제인 뮌헨 맥주축제가 열리기 때문이다.

옥토버페스트는 1810년 당시 뮌헨이 속해 있던 바바리아왕국에서 처음 시작됐다. 당시 루드비히왕가의 왕자였던 루드비히가 작슨 할드부르가우센왕가의 테레사 공주와 결혼식을 올리던 날이다. 왕국의 시민들은 뮌헨의 성문 앞에 모여 이들의 성혼을 축하했고, 이날 벌어진 경마대회는 훗날 옥토버페스트의 시초가 됐다. 해를 거듭하는 동안 경마장과 오락장 부근에는 양조장에서 만든 맥주집이 생겨났고, 1896년에는 자그마한 맥주집 대신 수백 명을 수용할 수 있는 거대한 맥주 텐트가 명물로 등장하면서 본격적인 맥주축제가 시작됐다.

축제는 첫날 오전 11시 바바리아 영주들과 양조가문의 전통의상을 입은 사람들이 화려한 마차를 타고 시내 중심가에서 행진을 펼치면서 시작된다. 각 맥주 텐트의 악단들이 이에 가세한다. 점심나절부터 뮌헨의 공기 속에는 맥주 냄새가 퍼져 나가고, 오후 8시가 되면 시내에 있는 서커스 크로네 빌딩에서 6백여 공연자들이 전통 민속음악 공연을 펼친다. 둘째 날 오전에는 전통의상 퍼레이드가 2시간 동안 시내 전역에서 벌어진다. 여기에는 독일 전역은 물론 스위스, 오스트리아 등 게르만족이 살고 있는 이웃나라에서 온 전통가무단이 가세한다. 예쁜 리본으로 단장한 가로수 아래에서 머리에 꽃을 꽂은 무희들이 시민들과 어울려 춤을 추며 맥주 텐트촌까지 사람들을 끌고 간다. 이때부터 본격적인 술잔치가 시작되어, 뮌헨은 열흘 동안 끝없이 맥주와 낭만과 춤과 노래로 달아오른다. 맥주 텐트는 물론 연중무휴로 열려 있는 대형 맥주집에서 세계 각국의 민요를 함께 부르며 어깨춤을 추는 관광객들을 볼 수 있다. 히틀러가 주도한 나치스의 본거지였던 뮌헨도 이때만큼은 세계 시민들이 함께 모여 술에 취하고 웃고 춤추고 노래하며 밤을 보낸다.

1,500여 종의 다양한 소시지

독일 소시지는 그 수를 셀 수 없을 정도로 많은데 공식적으로 집계된 것이 대략 1천5백여 가지로 추정되며 지역마다 독특한 특성을 가진 소시지가 있다. 소시지는 독일어로 부르스트(Wurst)라 하는데 대표적인 것은 돼지의 붉은 고기에 파슬리나 향신료를 넣은 프랑크푸르터(Frankfurter)이다. 또 석쇠에 구운 브라트부르스트(Bratwurst : 구운 흰 소시지)와 삶은 소시지인 보크부르스트(Bockwurst : 붉은색의 소고기 소시지), 그리고 커리가루를 뿌린 커리부르스트(Currywurst) 등이 유명하다.

재료나 모양에 따라 다양하지만 종류에 따라 기름에 굽는 것, 오븐에 굽는 것, 물에 데쳐 먹는 것, 날로 먹는 것 등 조리방법도 제각각이다. 독일인들은 주로 겨자를 잔뜩 찍어서 먹지만 제조단계에서부터 미리 커리가루나 캐러웨이, 파프리카 등 고유의 향신료로 양념한 것은 그냥 먹기도 한다.

소시지는 겨울을 나는 요리였기 때문에 유럽요리답지 않게 소금간이 세다. 그래서 약간 짠 음식 정도는 개의치 않는 우리나라 사람들도 독일 현지의 소시지는 입맛에 맞지 않아 소시지와 빵을 밥과 반찬처럼 곁들여 먹는 것이 일반적이다. 그러나 소시지의 본고장인 독일에서는 소시지를 먹을 때 미국이나 그외 다른 나라처럼 빵에 끼워서 핫도그로 즐기기보다는 소시지 자체의 맛을 즐긴다. 소시지와 관련된 축제로 폴크스 운트 슈텐페스트(Volks und Schuetenfest)가 있다. 중세 때부터 내려온 이 축제는 각 마을 단위로 열리며 각 지방의 소시지, 감자요리와 고기 종류의 음식들을 볼 수 있다.

벨기에 Belgium
유럽의 작은 왕국

오랜 세월에 걸친 네덜란드어권과 불어권 간의 첨예한 대립으로 현재 벨기에가 안고 있는 정치적·사회적·문화적 현상들과 긴밀한 연관성을 보이고 있다.

언어권 간의 갈등은 언어연방제를 초래하였고 연방국가의 출현을 낳게 하였다. 연방국가 성립 후 벨기에 국내정치의 가장 큰 쟁점이었던 언어권 간의 갈등은 정치적 대화를 통한 성공적 유도로 인하여 그 실마리를 풀어가고 있다.

네덜란드어를 사용하는 폴라더른 지역과 불어를 사용하는 왈로니아 지역은 언어적 특성과 함께 게르만문화와 로만스문화의 유입을 야기하였다.

따라서 벨기에문화에 대한 진정한 이해는 그들이 갖고 있는 독특한 언어적 사용 상황에 대한 접근에서 시작되어야 할 것이다.

상업은 수세기에 걸친 벨기에의 전통이며 항상 시장이 개방되어 있다. 1993년 유럽시장 단일화를 위해서 만반의 준비를 해왔으며 산업근로자 3명 중 2명이 수출상품 생산에 종사하고 있다. 벨기에는 세계 수출시장의 3% 이상을 점유하고 세계 10대 수출국의 위치에 있다.

벨기에 사람들은 1인당 수출고가 세계에서 가장 높은 나라임을 자랑한다. 벨기에의 주요 수출품은 전기통신설비, 자동차, 기차, 가정용 리넨제품, 쇠고기, 만화책 등이며, 다이아몬드와 카펫은 세계 제1의 수출국이다.

관광산업도 매우 발달하여 지역별 특성이 다양하다. 해변과 아르데느 산간지역은 관광휴양지로 유명하며 역사적 기념비, 성, 박물관, 공원 등이 많고, 브뤼셀은 세계에서 가장 아름다운 예술의 도시로 칭송받고 있다.

잔잔하고 검소한 국민성과 멋과 맛을 함께 즐길 줄 아는 삶의 여유에서 벨기에가 걸어온 여정을 엿볼 수 있다.

벨기에는 유럽의 작은 왕국이다. 국토의 면적은 겨우 3만 1천 평방미터로 우리나라(남한)의 3분의 1에도 못 미친다. 전자, 석유화학공업 등의 발달로 유럽에서 가장 잘사는 나라 중 하나다. 겉보기엔 행복해 보인다.

그러나 내부를 들여다보면 그렇지가 않다. 북쪽에는 네덜란드 말을 쓰는 플라망계, 남쪽은 프랑스 말을 쓰는 왈롱계, 동쪽에는 소수의 게르만계 민족이 함께 살고 있다. 차라리 이들이 함께 섞여 살았으면 좋을 텐데, 자로 금을 긋듯 각 민족들이 사는 지역이 확연하게 구분되어 있다. 그리고 이들은 각기 자기네 고유언어를 사용하여 한 나라이면서 다른 나라 같다. 정부에서도 2개의 언어를 공용어로 인정하고 있다. 수도 브뤼셀에 가면 도로표지나 공용문서들이 2개의 문자로 기록되어 있다. 브뤼셀조차 Brussel(네덜란드어)로 표기되어 관광객들은 어리둥절해 한다.

그래도 브뤼셀에선 2개의 언어가 공존하여 편한 편이다. 지방으로 가면 아예 고유어 하나로 표기, 골치 아파진다. 가령 루벤스의 집이 있는 항구도시 앤트워프는 네덜란드어 표기로 Antwerpen으로 되어 있다. 그러나 남부 사람이 지참하고 간 남부에서 제작된 지도상에는 Anvers로 적혀 있다. 반대로 프랑스어 지역의 리에주(Liege)를 찾아가는 북쪽 사람 지도에는 Liege란 지명은 없고 Link가 있을 뿐이다. 언어마저도 통용이 안 된다. 남쪽 사람과 북쪽 사람이 서로 대화를 할 때는 통역을 세워야만 한다.

이들 민족 간의 자존심은 가관이다. 멋모르고 외국 관광객이나 장사꾼이 남쪽에 가서 서투른 북쪽 말을 쓰거나, 북쪽에 가서 남쪽 말을 지껄이다가는 괄시를 받거나 심할 때는 몰매를 맞을 우려조차 있다. 아는 체하고 까불어서는 안 되는 나라다. 차라리 영어를 쓰든가, 벙어리 노릇을 하는 편이 후환이 없다.

이 벨기에가 드디어 둘로 갈라설 모양이다. 얼마 전 벨기에 의회는 현행 중앙집권적 입헌군주국에서 지방분권적 연방국가로 전환하는 개헌을 통과시켰다.

이제 벨기에는 남주의 왈롱 지역, 북부의 플라망 지역, 수도 브뤼셀이 각기 주민들의 직접선거로 뽑은 독자적 의회와 정부를 갖게 되었다. 한 나라에 2개의 정부가 탄생한 셈이다.

물론 국왕 보드앵 1세와 연방정부는 브뤼셀에 그대로 존속할 예정이다.

세계적인 다이아몬드 세공기술 확인도

벨기에여행에서 빼놓을 수 없는 것은 다이아몬드 시장이다. 안트베르펜 중앙역 부근에 다이아몬드를 거래하는 보석상들과 세공공장들이 모여 있고 다이아몬드 원석과 생산지, 또 그에 따른 품질, 옛날의 세공도구와 방법을 볼 수 있는데 한편에는 다이아몬드의 명품을 전시하고 있다. 다이아몬드 세공은 형태 그리기, 쪼개기, 절단하기, 둥글게 만들기, 단면 깎기 등 다섯 단계로 나눠져 있다. 원석의 형태와 결을 살펴 최대한 가치를 낼 수 있도록 절단하고, 둥글게 깎아지면 최고 숙련공에게 넘겨져 '브릴리언트 커트(Brilliant cut)'라고 하는 단면 깎기에 들어간다. 이 작업이 다이아몬드에 있어서 가장 중요하다. 둥근 것을 처음 18면으로 깎고 그 다음 표준면인 58면으로 깎아나가는데 각 면의 크기가 일정하고 각도가 정확해서 '균형을 유지한 광채'가 나와야 최고등급을 받을 수 있다.

벨기에는 세계가 공인하는 다이아몬드의 중심시장이다. 그런데 이곳에서의 세공이-첨단 자동화시대에-아직도 일일이 사람의 손에 의해 이루어지는 것을 보면서, 명품을 만드는 데는 사람의 손보다 좋은 기계가 없다는 사실을 확인하게 된다.

브뤼셀

중세와 현대가 절묘한 조화를 이루는 국제도시 브뤼셀, 다이아몬드로 유명한 안트베르펜, 도시 전체가 천장 없는 미술관인 브뤼헤, 꽃의 도시 헨트 등은 벨기에를 대표하는 매력적인 도시들로 유럽의 어느 도시 못지않게 여행자들에게 즐거움을 주고 있다.

유럽 사람들은 벨기에의 수도 브뤼셀을 '작은 파리'라고 부른다. 중세의 화려한 도시 분위기를 그대로 간직하고 있는 구시가와 EC, NATO 등 국제기구들이 들어선 현대적인 거리가 조화를 이루고 있다.

브뤼셀은 스페인 점령시대에는 베네룩스 3국의 중심지였고, 네덜란드하에서는 왕국의 중심지였으며, 안트베르펜과 더불어 플랑드르파 화가들의 활동중심지로서 예로부터 문화적으로 상당한 무게를 지니고 있었다.

도시 중심에 있는 사각형 광장인 그랑 플라스(Grand Place)만 보아도 이 도시의 과거가 얼마나 화려했는지를 느낄 수 있다. 광장을 둘러싸고 있는 고딕과 바로크식 건물들이 현란한 느낌을 줄 정도로 장식적이다. 광장을 둘러싸고 시청사, 왕의 저택(시립박물관), 길드하우스(상인조합) 등이 있다. 시청사는 고딕양식의 건물로 96m의 첨탑이 눈길을 끈다. 420개의 계단을 올라가면 종루가 나온다. 탑 끝에 브뤼셀 수호신을 상징하는 황금색 바람개비가 있다.

중세기 300년에 걸쳐 만들어진 고딕양식의 생 미셀 대성당도 볼거리이며, 프랑스의 베르사유궁전과 비슷한 양식으로 지어진 왕궁도 훌륭한데 내부는 8월에만 공개된다.

왕립미술관은 고전미술관과 근대미술관으로 이루어져 있는데 플랑드르파 화가들의 걸작을 대할 수 있는 곳이다. 브뤼겔과 루벤스 두 화가의 작품에 많은 공간이 배정되어 있다.

그랑쁘라스축제

브뤼셀의 그랑쁘라스광장은 빅토르 위고가 '세계에서 가장 아름다운 광장'이라고 칭찬한 곳이다. 폭이 70m, 길이가 110m밖에 안 되는 작은 광장이지만 이 광장을 둘러싸고 있는 집들이 보통이 아닌 예술적 건축물들이다. 15세기 때 지은 시청사를 중심으로, 임금님의 집(실제는 왕궁이 아니고 스페인의 정무성이었음), 중세시대의 길드하우스 등의 건축물들이 이 광장을 둘러싸고 있는데 모두가 고딕식, 바로코식의 우아한 집들이다. 창틀, 기둥, 지붕모서리 할 것 없이 건물 전체를 섬세하게 다듬어 조각예술품을 만들었다. 그 위에 금박칠을 해서 밤에 보면 눈이 부실 만큼 휘황찬란하다. 장 콕토도 여기 와서 직접 보고 '눈부신 극장 같다'고 찬사를 아끼지 않았다.

브뤼셀의 중요한 축제는 모두 이 광장에서 개최된다. 그중에서도 7월 2일 개최되는 '오메강'축제가 가장 압권이다. 14세기 때부터 시작된 오랜 역사의 이 축제는 귀족과 길드의 장인(匠人), 그리고 일반 시민들이 한데 어울려 민속의상을 입고 퍼레이드를 벌이는 것이 관례인데 말을 탄 중세 기마병과 가장행렬 등이 특히 인기가 있다. 퍼레이드는 밤 9시에 시작, 10시까지 계속되면서 온 도시의 밤을 뜨거운 열기에 불타게 한다. 퍼레이드가 끝난 뒤에도 시민들은 그랑쁘라스광장을 떠나지 않고 노상 카페에서 통술을 마시면서 여름밤을 즐긴다.

가톨릭국가인 이 나라에는 종교와 관련되는 축제가 연중 끊임없이 각지에서 개최되는데 브뤼주의 '성혈(聖血)축제', 겐트의 '성체(聖體)행렬', 오스텐드의 '해신제(海神祭)', 팡슈의 '오렌지카니발', 메렌의 '자이언트퍼레이드' 등이 유명하다.

여행 중 축제를 만나면 그냥 구경만 하지 말고 현지인과 어울려 술도 마시고 춤도 추면서 밤을 새워보는 것이 기억에 남는 여행이 될 것이다.

아트

유럽에는 축제가 많다. 특히 여름철에는 거의 매일 어디선가 꼭 축제가 벌어지고 있다고 봐도 될 것 같다. 이 많은 축제 중에는 신기하고 별난 것들도 수두룩하다.

아트(Ath) 거인축제도 그중 하나다. 아트는 브뤼셀에서 틸르행 기차를 타고 약 40분쯤 가면 있는 작은 시골마을이다. 워낙 작은 시골도시라 지도에도 잘 나타나지 않고 관광객의 발길은 전혀 없는 외진 곳이다. 그런데 8월 이곳에서 유럽에 널리 알려진 흥미로운 행사다.

보통 이틀간 열리기로 되어 있는데 첫날은 거인의 결혼식이 열린다. 키가 자그마치 6m나 되는 거인 인형이다. 신랑은 중세시대의 갑옷에 투구를 썼고 신부는 흰색의 웨딩드레스를 입었는데 허리가 가는 늘씬한 미인이다. 한쌍의 거인 신랑-신부는 시청 앞 광장을 출발, 성 쥬리앙 교회까지 퍼레이드를 벌인다. 이 행렬을 프랑스 경비대 복장을 한 기마병들이 에스코트한다. 거리에는 온 시민들이 구름처럼 몰려나와 이 거인 신랑-신부를 향하여 환호성을 지른다. 이때 함께 따라온 작은 악마와 요정(妖精)들이 구경꾼들에게 공을 던지며 장난을 친다.

이날은 더욱 많은 시민들이 몰려나와 함성과 환호 속에서 들뜬 하루를 보낸다. 이날의 하이라이트는 아트마을의 심벌이기도 한 1850년에 제작된 빅토르라고 하는 거인을 수많은 거인들 틈에서 찾아내는 게임이다. 오후 2시 반이 되어야 축제는 막을 내린다. 그러나 아직 흥분이 가라앉지 않은 시민들은 카페와 술집으로 몰려가 밤새도록 떠들고 마시면서 즐거운 하루를 마감한다.

안트베르펜

안트베르펜은 플라망어 지역을 대표하는 도시이다. 시의 중심부인 마르크트광장에 인접한 노트르담 대성당은 시내 어디에서도 보일 정도의 거대한 높이로 우뚝 솟아 있다. 높이가 123m나 되는 고딕양식의 이 성당은 1352년부터 1521년까지의 긴 세월에 걸쳐서 지어진 벨기에 최대의 성당이다. 여기서도 루벤스의 그림이 성당을 더욱 빛나게 한다.

루벤스는 화가로서의 활동시기 대부분을 이곳에서 보내면서 많은 제자를 길러냈다. 루벤스의 생가를 방문해서 플랑드르 미술을 대표하는 위대한 화가의 숨결을 느껴보는 것도 좋을 것이다.

스웨덴 Sweden
바이킹의 나라

스웨덴은 햇빛 말고는 무엇이든 다 있다고 하는 나라이다. 노벨을 비롯해 많은 학자를 낳은 것도 주목할 일이다. 스웨덴은 무엇보다 '태양의 나라'라고 하는 말은 당연히 역설처럼 들린다. 국토의 남쪽 끝이 북위 55도 20분, 북단이 69도 4분, 그 면적의 7분의 1이 북극권에 속하는 이 나라는 겨울이 몇 주일이나 묵직한 잿빛의 풍경 속에 가라앉는다. 게다가 태양도 없다. 그렇기 때문에 사람들의 마음속에 태양은 더없는 동경심으로서 빛나고 있는 것이다.

햇빛은 그들에게 신과 같은 존재이다. 그 찬미는 여름 동안 남부의 해변, 가령 중세에 항구로 번창했던 파루스테브르, 해수욕장의 메츠레, 작은 도시의 해수욕장 보오스타즈, 근대적 해수욕장 설비를 갖춘 티레산드나, 스톡홀름의 중심에 있는 옛 궁전 뜰의 벤치에 누운 사람들의 표정에서 읽을 수 있다.

태양의 신이라면 신에게는 축제가 따르며, 축제는 사람들의 마음을 들뜨게 한다. 4월 30일에서 5월 1일까지 봄을 축하하는 봐르보르이멧소낫텐(봐르브르기스), 이날 밤 사람들은 '봄이 왔다!'고 함성을 지른다.

또 하지 전후 주말의 성(聖) 요하네 축제 때는 '여름이 승리했다!'고 하며 밤새워 환호한다. 몇 달을 기다려왔던 햇빛이 심장에 화살을 꽂아 사람을 뒤흔든다. 동시에 그들은 그 빛 속에 온몸을 떠맡기는 것이다. 예술작품, 특히 빛의 예술인 영화에는 스웨덴 사람들의 빛에 대한 독특한 감슈성과 향수가 듬뿍 담겨 있다.

태양을 동경하는 나라 스웨덴은 또한 자연을 더없이 존경하는 나라. 태양 숭배는 자연 전체에 대한 숭배의 일환이라고 할 수 있다.

'요람에서 무덤까지'라는, 이 나라의 사회복지정책은 참으로 부러울 정도이다. 아동연금, 교육보장, 연금, 공영주택 등 갖가지 사회정책을 자랑하는 국가이다. 반면에 그러한 행정을 지탱하기 위해 세금도 세계 제1위라고 한다.

최근 스웨덴 정부는 복지국가 추구를 목표로 하여 사회보장제도 마련과 함께 높은 수준의 문화환경 분위기 조성에 주력해 오고 있는데, 표현의 자유, 문화시설 향유의 특정 지역 및 계층 편중을 막기 위한 지방분산을 내용으로 하는 문화정책을 1974년 국회에서 채택하였다. 그러나 대다수 문화행사와 상품의 제공 및 수요는 정부의 관여 없이 민간차원에서 이루어져 정부는 주로 문화관련 강행자료에 대한 보조금 지급 등 문화생활의 다양성과 질적 수준을 유지하는 역할을 수행하고 있다.

국토는 스칸디나비아반도의 동반부를 차지하여 남단은 북위 55도, 북단은 69도이며 태반이 삼림지대이다.

여행자의 눈에는 프리섹스 등 표면현상만이 눈에 띨지 모르나 연간 예산의 15% 이상을 군비에 충당하여 150년간 중립을 유지하여 유럽 최강의 군대를 가지고 있는 현실주의에 주목할 필요가 있다.

또, 북구 5개국(핀란드, 노르웨이, 스웨덴, 덴마크, 아이슬란드) 중에서 제일가는 공업국이다.

우리는 생물분류법인 이명법의 기초를 마련한 생물학자 칼 폰 린네가 이 나라 사람이라는 것을 잊어서는 안 된다. 스웨덴 사람의 성(姓)에는 자연에서 따온 것이 많다. 베르이맨은 '산 사나이', 세스트렘은 '호수의 물결', 에크달은 '떡갈나무 골짜기', 린드브레드는 '보리수 잎', 린드그렌은 '보리수 가지', 룬드크뷔스트는 '큰 나무의 작은 가지', 뵤르크룬드는 '자작나무숲'이라는 뜻이다. 스웨덴은 나라 그 자체가 거대한 자연공원이라고 해도 과언이 아니다.

노벨상의 권위

가을이 깊어가면 스웨덴 한림원은 매년 노벨상 수상자를 발표한다. 선진국에서 수상자가 나오면 그의 업적을 새삼스런 관심으로 면밀히 살펴보는 정도에 그치지만 개발도상국이나 후진국에서 수상자가 나오면 분위기는 달라진다. 세인의 영역에 그치는 것이 아니라 그가 소속된 대학이나 연구소의 영광이요, 온 나라가 축제 분위기에 휩싸인다.

100년 가까운 노벨상의 역사가 이제는 학문과 문학과 민주화의 세계적 권위를 질서 짓는 기준이 되었기 때문이다. 대학의 권위도 노벨상 수상자를 몇 명 배출했느냐에 좌우되는 것이 불문율이 되었다. 다행스럽게 우리나라도 노벨 평화상을 배출하였다. 과학이 뒤진 나라에서 수상이 가능한 분야는 문학상이다. 또 정치가 뒤진 나라에서 바라볼 수 있는 것은 평화상이라 할 수 있다. 극심한 인종차별이나 독재의 늪에서 벗어나면 으레 그 나라의 민주화 기수에게 평화상이 주어져 왔기 때문이다.

노벨상 제정자 알프레드 B. 노벨은 인도주의자였다. 그러나 그는 파격적인 다이너마이트의 발명으로 돈을 벌었고, 그 때문에 생전에 좋은 평가를 받지 못했다. 그는 평화를 바라는 마음이 진실이었음을 증명하기 위하여 전재산을 기금으로 내놓고 노벨상의 제정을 유서로 남기면서 1896년 세상을 하직했다.

그는 유서에서 후보자의 국적을 고려하지 말 것과 인류 복지에 가장 구체적으로 공헌한 사람에게 줄 것 등을 지정했다.

이에 따라 1901년부터 물리학, 화학, 생리 및 의학, 문학, 평화 등 다섯 부문에서 노벨상이 수여되면서 20세기 또 하나의 질서 기준이 만들어졌다. 스웨덴은 중립국의 이점을 최대한 살려 노벨상에 세계 최고의 권위를 실리게 하는 데도 성공을 한 것이다. 노벨상의 최종 전형은 비공개회의에서 신중한 검토와 조사를 통해 이루어진다.

물리학상·화학상은 스웨덴 과학아카데미가, 생리 및 의학상은 스톡홀름 카를린의학연구소가, 문학상은 스웨덴·프랑스·에스파냐(스페인)의 아카데미가, 평화상은 노르웨이 국회가 선출한 5인 위원회가 그 최종 전형을 담당하고 있다. 사회가 복잡해지면서 연구내용이 분화되어 한 부문에 2, 3명의 수상자 결정은 시상식 1개월 전에 이루어져 전보로 통지되어 왔다.

1969년부터는 경제학상이 추가되었다. 그러나 이는 노벨상기금과는 별도의 것으로 스웨덴 과학아카데미가 전형을 맡고 있다. 수상자가 없는 해도 있는데, 이제까지 해당자가 가장 많았던 부문은 평화상이었다.

시상식은 수도 스톡홀름의 콘서트홀에서 매년 12월 10일 오후 4시 30분에 거행되며, 스웨덴왕국으로부터 수여장과 메달이 증정된다. 다만 평화상만은 같은 날 노르웨이의 수도 오슬로에서 거행된다. 이는 노벨이 작고한 날짜와 시각이다. 노벨의 프로필이 부각되어 있는 13캐럿짜리 금메달과 함께 고액의 상금(해마다 달라진다)이 수여된다. 수상자는 6개월 이내에 수상업적에 관한 강연을 해야 하고, 강연내용의 저작권은 노벨상기금이사회에 귀속된다.

스칸센

숲과 호수의 나라 스웨덴은 19세기 초까지는 가난한 농업국이었다. 불과 100년 사이, 이 나라는 선진공업국이 되었고, 사회복지정책의 성공으로 지상의 낙원이 되었다.

이 나라의 수도 스톡홀름은 인구 67만의 가장 아름다운 도시이다. 이 도시에 '북유럽의 귀부인'이란 별명이 붙은 것은 결코 우연이 아니다. 배를 타고 스톡홀름에 입항하려면 2만 4천 개의 섬 사이를 지나가야 한다. 하늘의 별만큼이나 많은 작은 섬들이 스톡홀름 앞바다에 깔렸다. 실은 스톡홀름도 13개의 섬 위에 세워진 도시다. 그래서 '북유럽의 베니스'라고 부르는 사람도 있다.

베니스에는 수목이 없지만, 스톡홀름에는 수많은 푸른 숲과 공원이 깔렸다. 도시 속에 공원이 있다기보다는 공원 속에 도시가 있다고 해야 옳을 것 같다.

17세기의 스웨덴은 북유럽에서 최강국이었다.

러시아의 표트르 황제가 모스크바를 버리고 수도를 상트페테르부르크로 옮겨온 것은 스웨덴의 위협에 대항하기 위해서였다. 당시의 위엄을 상징하는 왕궁이 시내 한복판에 있다.

방이 550개나 되는 바로크식의 거대한 궁전이다. 이 궁전에는 현재의 왕 칼 구스타프 16세 일가가 살고 있다.

구시가지 감타스탄, 스톡홀름 대성당 등 시내에는 중세시대의 유적이 많이 남아 있다. 그러나 스톡홀름 최대의 관광 포인트는 세계 최대의 야외 박물관이라는 스칸센(Skansen)이다. '작은 성채'란 뜻을 가진 스칸센은 동쪽 바다에 떠 있는 유로고덴섬 안에 있는데, 100여 년의 역사를 간직하고 있다.

이 섬에는 역사적 가치가 있는 스웨덴의 전통 민속건축물 150여 채를 재현했는데, 교회건축물을 비롯하여 풍차, 농가, 산장, 상가건물, 민속공예품 제작공장, 직물공장 등이 모여 있고 민속의상을 입은 종업원들이 당시의 풍습을 그대로 보여주며 각종 기념품을 팔기도 한다.

지하철 미술관

호수는 잔잔하고 맑다. 그리고 주변은 푸른 숲으로 둘러싸여 있다. 멀리서 보면 그림처럼 아름답다. 물이 더럽고 물결이 사납고 나무가 없는 베니스보다 몇 배 더 아름답다. 이 물의 도시 스톡홀름에 세상에서 가장 아름다운 지하철이 있다면 믿지 않을 사람들이 있다. 베니스에는 지하철이 없는데 수중도시에 어떻게 지하철을 부설했는지 경이롭다.

스톡홀름의 지하철은 모두 11개 노선이다. 이들은 중앙역을 중심으로 부채살처럼 각 방면으로 뻗어 있다. 땅속에서 서로 엇갈리지 않고 철길을 낸 것이 흥미롭다. 갈아타는 역은 11개 노선 통틀어 두 곳(중앙역과 Fridhemsplan역)뿐이다. 완전 중앙집중식이다. 그러나 도시인구가 고작 70여만 명밖에 되지 않아 지하철은 그렇게 붐비지 않는다.

스톡홀름의 지하철역은 기능중심으로 설계된 다른 도시 지하철과는 달리 전혀 색다른 분위기의 역이다. 플랫폼은 물론 출입구 통로 에스컬레이터의 벽과 천장을 온통 그림으로 장식했다. 바닥까지 그림을 그린 곳도 있다. 한마디로 역이 아니고 미술관이다.

스톡홀름은 1940년대 후반, 지하철을 처음 건설할 때부터 '모던아트로 장식한 역'을 기획했고 현재 66개의 역에 이처럼 미술로 장식된 역사를 만들었다. 이것은 스톡홀름 지하철의 전 역사 중 절반이다.

중앙역은 전선이 모두 교차하는 역이라 심혈을 기울여 설계했다. 17명의 예술가가 동원되었는데 그중에서도 10, 11호선의 플랫폼이 가장 걸작이다. 10호선의 슈드비버그센드럼역, 왕립공원 부근의 쿵스트뢰고덴역, 10, 11호선의 교외역인 텐스타역, 이 밖에 베스트라스코겐역, 림카비역은 걸작역으로 꼽히고 있다.

스톡홀름의 지하철은 3개 노선을 중심으로 편성되어 있다. 이 3개의 기본노선을 중심으로 방면에 따라 지선을 연결하고 있다. 3개 기본선은 청색, 녹색, 붉은색으로 심벌색을 설정, 혼돈을 막고 있다.

스모르가스보르드

우리나라에 소개된 지 20년여 년 된 뷔페는 이제 웬만한 가정집 모임에서도 예사로 택하는 상차림 방식이다. 일부에서는 이 뷔페를 '바이킹'이라고도 한다. 원산지가 '바이킹'의 후예인 스칸디나비아이기 때문이다. 길다란 상에 온갖 음식을 차려놓고 자유롭게 덜어다 먹는 이 같은 방식을 스웨덴에서는 '스모르가스보르드'라고 부른다.

스모르가스보르드의 유래에 대해서는 온갖 설이 있지만, 가장 유력한 설은 집에서 만든 음식을 펼쳐놓고 먹었던 농촌의 야외파티였다는 것이다. 손님들은 자기 접시를 들고 적당히 덜어다 먹고 난 후 새 접시로 다음 코스를 먹곤 했다는 것이다.

첫 순서로는 대개 훈제한 절인 청어와 뱀장어, 소금과 겨자 등을 곁들인 연어 등 차가운 생선을 들었고, 다음은 따뜻한 음식(주로 돼지고기나 닭고기)을, 샐러드와 차가운 육류, 감자와 양파, 앤초비(멸치절임)찜을 들었다.

곁들이는 술은 라거맥주나 차가운 독주(위스키나 브랜디), 찬 음식이나 더운 음식 모두 생선이 주종을 이루는 것은 발트해를 끼고 있는 스웨덴의 지형 특성 때문이다.

우리나라의 뷔페식당에 가보면 아직도 많은 사람들이 김치와 샐러드, 나물에서부터 구운 갈비, 생선튀김까지 한 접시에 수북이 쌓아서 들고 다니는 모습을 심심찮게 볼 수 있다.

그러나 이것은 가장 맛없게 뷔페를 먹는 법이다. 다소 귀찮더라도, 찬 음식부터 뜨거운 음식, 후식에 이르기까지 한 접시에 한 코스씩 가져다 먹는 게 음식 맛을 즐길 수 있고 보기에도 좋다.

맨 처음 훈제연어나 햄 등 찬 것을 가져오면서 우리나라 음식 중 청포묵 무침 같은 것을 곁들인다. 갈비구이, 로스트 비프 등 뜨거운 음식은 따뜻하게 데워진 접시에 담아오고, 초밥이나 무침 등은 찬 접시에 담아온다.

스위스 Switzerland
세계적인 금융허브국가

스위스는 한 개의 민족국가가 아니며 여러 민족이 함께 사는 고유의 문화, 언어와 종교를 지니고 수세기 동안 국익을 위해 집결된 독립체를 이루고 정치 공동체로 성장해 왔다. 이는 스위스에 예술과 과학에 공헌한 뛰어난 인물들이 많기 때문이 아닐까 한다.
또 스위스는 종교개혁, 프랑스혁명, 나폴레옹전쟁 등과 같은 동란의 시기에 자유와 양식의 도피처로서 창조적인 인물들을 숨겨줬으며, 두 차례의 세계대전에 있어서도 이러한 문화적 역할에는 변함이 없었다.
스위스 사람들은 법질서 준수정신이 철저하다. 스위스인들의 이러한 정신 때문에 교통규칙은 물론 아파트의 공동생활에 이르기까지 모든 면에서 자율적으로 질서가 빈틈없이 잘 유지되고 있다. 도로교차의 신호등 앞에 경찰이 없어도 신호위반하는 차가 없이 교통이 잘 소통되며, 밤 12시에도 신호를 지키는 것은 한결같다. 그러나 만약 위반하는 차가 있으면 교통 신호대에 장치된 카메라가 자동적으로 정확한 일·시·분과 차량번호를 찍어 적발하게 되어 있다. 그리고 밤 11시가 되면 아파트 주민들은 이웃의 안면을 방해하지 않기 위해 소음을 내지 못하게 되어 있다.

스위스는 '유럽의 지붕'이라 일컫는 알프스 산중에 위치한 내륙국이다. 몬테로사, 마터호른 등 4,000m급 이상의 고봉들이 즐비한 산지가 전체면적의 약 60%를 차지하고 있다. 기원전 스위스 지역에는 독일 지역에서 남하한 켈트계의 헬베티나족이 거주하고 있었으나, BC 58년 로마의 카이사르에게 정복된 이후 로마제국의 식민체제에 편입된다.
이후 로마제국이 멸망하자 6세기부터는 프랑크제국의 일부가 되며,

계속해서 9세기에는 신성로마제국의 통치하에 들어가 유럽의 남북을 잇는 요충지로서 상업과 촌락의 발전을 이룩한다.

13세기 신성로마제국이 멸망하자 전 유럽의 판도가 합스부르크왕가의 영향권하에 놓인다.

당시까지 스위스는 독일 황제의 식민지이기는 했지만 '자유와 자치'의 특허장하에서 일정 정도의 정치적 자유를 누리고 있었다. 하지만 새롭게 등장한 합스부르크가의 루돌프 황제는 강력한 중앙집권과 더불어 영토확장정책을 추진한다. 이에 대해 1291년 8월 1일, 스위스의 우리(Uri), 슈비츠(Schwyz), 운터발덴(Unterwalden) 등 산악지역의 3개 주가 자신들의 사법과 행정의 자주권을 보호하기 위한 공동방어를 목적으로 '스위스 서약동맹'을 체결하게 되는데, 이것이 오늘날 스위스연방의 효시가 된 것이다.

젝세로이텐축제

스위스의 겨울은 유난히 길고 춥다. 그래서 스위스인들에게 '봄'은 가다림의 대상이자 그리운 연인과도 같은 존재다. 대지에 따뜻한 기운이 서리기 시작하면 여러 지방에서는 겨울을 몰아내고 포근한 봄을 맞이하려는 다양한 축제가 벌어진다. 강과 호수로 둘러싸인 호반의 도시 취리히에서는 해마다 4월 셋째 일요일이 되면 '젝세로이텐(Sechse Lauten)'축제가 열린다. 젝세로이텐은 '여섯 시에 울리는 종소리'라는 의미를 가지고 있으며 기원이 중세로까지 거슬러 올라간다. 축제는 일요일 오후 시내 중심가에서 어린이들이 전통의상이나 자신들이 직접 만든 의상을 입고 가장행렬을 펼치면서 시작된다. 월요일 오후에는 25개 길드 회원들이 각 길드 특유의 의상과 깃발을 내세우고 거리를 행진하는데 말이나 우렁찬 악대를 동반하기도 한다. 길드는 직업별 협동조합을 일컫는 것으로 중세 이후 19세기까지 취리히에서 중요한 역할을 담당해 왔다. 젝세로이텐축제가 굳이 오후 6시를 고집하는 것도 과거 길드들이 봄이 시작되는 첫날 오후 6시에 모임을 가졌기 때문이다.

길드 행진의 최종목적지는 젝세로이텐 플라츠이다. 이는 푸르고 맑은 취리히 호숫가에 자리 잡은 광장으로, 축제를 위해 마련된 특별 행사장이기도 하다. 월요일 오후 정각 6시, 젝세로이텐 플라츠에 축제행렬들이 모여 그로스뮌스터 성당의 종소리에 맞추어 보오그(Boog)를 불태우는 순간이 축제의 하이라이트이다. 보오그는 추운 겨울을 상징하는 솜으로 만든 커다란 눈사람인형이다. 보오그에 들어 있는 화약에 불이 붙으면 요란한 폭음을 내며 터지게 되는데, 이를 보면서 취리히 시민들은 빨리 봄이 올 것이란 예감을 갖는다.

이어 호반에서 오색찬란한 불꽃놀이가 벌어지며, 쏟아져 나온 시민들로 인해 거리는 흥청거린다. 각 길드들은 자신들의 조합건물에서 대규모의 만찬을 베풀고, 서로 다른 길드를 방문해 유쾌한 만남의 시간을 갖는다. 일반 대중들도 음식점이나 야회장 등에서 파티를 벌이면서 축제의 밤을 즐긴다.

상공업의 중심지인 취리히의 특성과 오랜 풍속이 멋지게 조화된 젝세로이텐축제는 시민들의 봄맞이 행사로 계속 이어질 것이다.

제네바

인구 40여만 명으로 스위스에서 취리히 다음으로 큰 도시이다. 유럽교통의 중심지이며 대전의 2분지 1의 크기만한 면적 안에 2백여 개의 국제기구 및 단체가 몰려 있다. 국제적십자사, 국제노동기구, 국제보건기구, 세계무역기구 등의 국제무대를 둘러보는 것도 색다른 즐거움이다.

서유럽에서 가장 크고 낭만적인 레만호수(제네바인들은 제네바호라 부름)는 총 둘레 72km로 초생달 모양을 하고 있다. 호수 한가운데 봄부터 가을까지 제트분수가 높이 117m의 물기둥을 뿜어 올려 장관을 이룬다. 호반에는 제네바에서 출생한 장자크 루소를 기념하는 동상이 서 있는 루소섬도 있다. 중세의 분위기가 물씬 풍기는 구시가지에는 800여 년 전에 세워진 성 피에르 성당이 위용을 자랑한다.

시계박물관, 적십자박물관 등 30여 개의 박물관 중에서 관심 있는 곳을 둘러보는 것도 좋고 구시가지와 신시가지를 연결하는 몽블랑다리 우측에서 수시로 떠나는 모터보트를 타보는 것도 좋다.

취리히(Zurich)

취리히 호수 서북 기슭에 자리 잡은 스위스 제1의 도시이다. 유럽 금융의 일대 중심지이자, 스위스의 상공업, 교육, 문화의 중심지이기 때문이다.

신석기시대에는 호상(湖上)주민이 살고 있었는데, 그 호상 주거지가 남아 있다. BC 58년에 로마인이 성을 쌓고, 투리쿰(Turicum)이라 부른 것이 지명의 기원이다. 중세에는 자유시로서 번영했고, 1351년에 스위스연방에 가입했다. 16세기에 쥬네브와 더불어 종교개혁의 중심지가 되고, 이후 유럽문화 중심지의 하나가 되었다.

융프라우

스위스의 4,000m가 넘는 100개의 고봉 중에서도 가장 장엄하고 아름다운 봉우리가 융프라우(4,166m)이다. 만년설이 덮여 있는 이 봉우리에는 올라갈 수가 없고 융프라우요흐(3,454m)라는 또 하나의 봉우리에 올라서 멀리 융프라우를 바라볼 수 있다. 융프라우요흐까지는 등산열차를 이용해서 쉽게 오를 수 있다. 정상에 오르면 미로 같은 얼음동굴인 얼음궁전이 있고 동굴 곳곳에 펭귄, 독수리 등 얼음조각들이 있다. 날씨가 좋으면 멀리 독일 땅까지 조망할 수 있다.

등산열차의 기점은 인터라켄이다. 인터라켄에서 융프라우요흐까지의 관광은 평균 8시간 소요된다.

알프스의 빙하특급

유럽에는 두 개의 유명한 관광열차가 있다. 세계에서 가장 호화롭다는 '오리엔트 엑스프레스와 스위스의 산악지대를 달리는 '빙하특급(Glacier-Express)'이 그것이다.

빙하특급(氷河特急)은 알프스의 산악도시 체르마트에서 스위스와 이탈리아의 국경지대 가까이 산모리츠까지 약 320km를 동서로 달리는 알프스 관광열차다. 그런데 오리엔트 엑스프레스가 초호화열차인 데 비해 빙하특급은 보잘것없는 보통열차다. 선로의 폭도 1m로 과거 우리나라의 수인선을 닮은 협궤다. 그러나 빙하특급은 열차 내부보다 창밖 풍경이 기막히게 아름답다.

체르마트는 알프스의 대표적인 명산 마터호른 기슭에 있는 중세풍의 관광도시이다.

체르마트 시내에는 자동차가 한 대도 없고 그 대신 마차가 택시 구실을 하는 것으로도 이름나 있다. 마터호른 부근에는 몬테로사를 비롯, 4,000m가 넘는 큰 산이 30여 개 있다. 알프스에서도 이처럼 거봉이 몰려 있는 곳도 이곳뿐이다. 빙하특급은 바로 여기서 시발, 빙하와 계곡, 암벽 사이를 누비고 달린다. 산세가 험해 기차는 천야만야한 절벽의 허리를 따리처럼 감고 달리기도 하고 S자, 쌍S자, Z자로 달리기도 하고 터널과 다리를 수없이 드나들며 알프스의 오지를 누빈다. 푸르카 고개를 넘을 때는 산속 터널로 들어가는데, 이 터널의 길이가 자그마치 15.3km다. 산길이라 경사도 급하다. 낮은 곳은 해발 671m지만 높은 곳은 2,033m 고지까지 오른다.

그래서 선로도 3줄이고 가운데 1줄은 톱니바퀴형이다. 이 열차는 겨울에는 운행하지 않는다. 눈보라가 치고 눈사태가 일어나면 위험하기 때문이다.

어떤 철교(슈테판바흐)는 겨울에 눈사태로 떠내려갈까봐 가을이 되면 접어 치웠다가 봄이 되면 다시 펴서 조립한다.

빙하특급 전 구간 여행은 8시간 걸린다. 중간역이 여럿 있으므로 바쁜 사람은 도중에서 내려 돌아가도 된다.

융프라우 등산열차

융프라우는 스위스 알프스의 얼굴마담이다. 그러나 융프라우(4,158)는 가장 높은 산도, 험한 산도 아니며 아름다운 산도 아니다. 높기로는 마터호른(4,478), 몬테로사(4,634), 리스캄(4,634), 바이스호른(4,506), 테슈호른(4,491) 등 융프라우보다 훨씬 큰 산이 많다. 험하기로도 악명 높은 아이거(3,970), 라라호른에 비할 바 아니다.

융프라우에 등산열차가 등장한 것은 1890년이다. (우리나라 최초의 경인선은 1889년 개통) 경사각도가 평균 25도나 되는 산길에 철로를 놓은 것은 '위대한 인간의 승리'로 자랑할 만도 하다. 더욱 놀라운 것은 해발 3,000m가 넘는 고산지대에 암벽을 뚫고 철길을 깔았다는 사실이다. 융프라우의 바로 턱밑 융프라우요흐(3,454)까지 등산열차가 오르게 해놨는데, 고도 2,500m가 넘으면 풀도 안 자라고 생물도 못 살고, 산소가 희박하여 보통사람은 고산병에 걸리며, 지면은 빙벽으로 발 딛기조차 위험하고, 기후는 영하 10~20도로 춥고, 항상 눈보라와 돌풍이 불어 지옥보다 더 견디기 어려운 환경조건을 가진 곳이다. 마지막 구간, 크라이네솨이데크에서 융프라우요흐 코스는 1912년 완성 개통되었는데, 이 구간의 대부분은 산속에 터널을 뚫고 철길을 놓았다. 이 터널철로는 아이거와 맹히(4,099m)의 가슴속을 파리처럼 헤집고 빙글빙글 돌아 종착역에 이른다. 이 터널의 길이가 7.1km다.

    융프라우 등산열차는 인터라켄 마을(567)에서 출발, 약 3,000m의 고도차를 약 2시간 걸려 천천히 기어오른다. 레일은 보통열차보다 하나가 더 있는데, 가운데 레일은 톱니바퀴형이다. 산을 오르는 동안, 목가적인 스위스 농촌풍경과 계곡, 절벽, 빙하, 만년설의 거봉들을 구경한다. 천천히 오르기 때문에 고산증이 발병하는 경우도 없다.

스페인 Spain
투우의 나라

스페인은 유럽에서 역사가 가장 긴 나라 가운데 하나이자 가장 강성했던 나라로 16~19세기에 걸쳐 대제국을 건설한 바 있다. 지정학적으로 아프리카와 유럽의 교차점이며, 지중해와 대서양을 잇는 관문으로서 유럽·아프리카·지중해·대서양의 문화유산을 골고루 간직하고 있다. 그 때문인지 스페인의 문화는 서유럽의 여타 국가들과는 다른 독특한 색채를 띤다.

그래서 스페인의 문화를 혼합문화라고 한다. 이는 역사상 침략자들에 의한 지배의 산물이기도 하다. 건축에서는 로마 지배하의 원형극장을 비롯해서 8세기 이후에 만들어진 이슬람문화의 산물인 그라나다의 알함브라궁전 등이 남아 있다. 그리스도 교회의 건축양식인 12~13세기의 로마네스크양식은 북부지방에서 많이 볼 수 있다. 19세기의 천재적 건축가 가우디의 곡선을 구사한 건축작품은, 바르셀로나를 중심으로 성가족교회를 비롯하여 주택에서 공원에 이르기까지 폭넓게 산재되어 있다.

스페인 하면 누구나 플라멩코 춤과 투우를 떠올릴 것이다. 주름이 많은 원색적인 스커트를 뒤집으면서 두 손으로는 캐스터네츠를 두드리며 강렬하게 몸을 움직이는 이 춤은 가장 스페인적인 것 중 하나다.

볼레로, 환당고, 세기델랴스, 세빌랴나스 등 많은 민속무용 가운데서도 스페인 사람들이 이 춤을 가장 즐기는 것은 집시의 전통을 이어받은 매혹적인 움직임과 기타 반주가 스페인 민족의 정서를 그대로 표현하고 있기 때문일 것이다.

그래서 스페인에서는 여가수와 투우사가 가장 사랑을 받는다. 생사가 걸린 투우를 일종의 예술이라고 보는 스페인사람들의 생활은 그 자체가 노래와 춤과 투우라 해도 과언이 아니다.

'정열의 나라'로 상징되는 스페인은 유럽대륙 남서쪽에 있는 이베리아반도의 약 5분의 4를 차지하고 있다.

스페인의 역사에서 16세기 중엽부터 17세기 후반까지를 이른바 '황금의 세기'라 한다. 이미 1492년 콜럼버스의 '지리상의 발견'을 통해 식민지 개척에 나선 스페인은 16세기에 이르러 브라질을 제외한 남미대륙 전역을 수중에 넣는 성과를 올린다. 그리고 식민지에서 채굴해 온 금, 은 등을 통해 막대한 이익을 거둬들이고 모직물 공업 등 경제발전을 추진하기도 한다. 그러나 18세기에 접어들어 유럽 전역에 근대화의 물결이 몰아치자 스페인의 영광은 차츰 영국과 네덜란드의 위세 앞에 압도당하기 시작한다.

나라 안으로는 가혹한 종교재판과 유대인과 무어인에 대한 박해로 말미암아 노동력이 고갈되는 지경에 빠지고, 또한 대외적으론 영국, 프랑스, 네덜란드 등과의 전쟁에서 모두 패해, 결국 무적함대의 명예를 영국에 넘기고 만다. 정치권력은 부패의 극을 달렸다. 하지만 혁명을 추진할 만한 신흥계급이 스페인에는 없었다. 게다가 국외 식민지들의 독립이 가속화되고 연이어 터진 미국과의 전쟁으로 인해 마침내 스페인은 유럽의 최후진국으로 몰락하고 만다.

20세기가 도래하자 스페인은 국제적 고립과 반봉건적 잔재가 낳은 여러 가지 사회문제에 봉착한다. 특히 교회 중심의 기생적 대토지 소유는 민중 불만의 표적이었다. 왕권은 군부를 끌어들여 민중운동의 열기를 제어하려 했다.

그러나 군부마저 이미 실추된 왕권에 등을 돌림으로써 1931년 스페인은 왕정을 폐지하고 공화국 체제를 맞이한다. 스페인의 새로운 공화국은 일차적으로 봉건 잔재의 청산에 나선다. 하지만 귀족과 군부의 반동에 부딪혀 제대로 된 개혁을 추진할 수 없었다.

이에 불만을 품은 스페인의 노동자, 농민들은 '인민전선'을 결성,

1936년 총선을 통해 정치 전면에 등장한다. 그러나 이번에는 프랑코 중심의 우익진영이 인민전선에 대해 총부리를 겨눈다. 이른바 '스페인 내전'이 발발한 것이다. 3년 동안의 내전은 결국 반란군 프랑코 장군의 승리로 종결된다. 그리고 이때부터 스페인은 장장 36년 동안 프랑코 총독 1인이 다스리는 전제정치가 이어진다. 그 결과 정치·경제적으로 발전에 저해를 가져와 후진성을 면치 못하게 된다.

에스파냐를 빛낸 사람들

에스파냐를 가장 빛낸 사람은 누구일까? 이 나라에서는 선뜻 한 사람을 지명하기가 어렵다.

16세기에 들어와 미술은 가톨릭을 중심으로 크게 발전하였다. 16세기의 엘 그레코, 18세기의 고야, 19세기의 미로, 그리고 20세기의 거장 피카소가 배출되었다.

문학 역시 16세기가 황금기로 라만차 지방을 무대로 한 세르반테스의 돈 키호테도 이때 쓰여졌다. 19세기 자연주의의 흐름을 거쳐 20세기에 들어와 로르카가 우뚝 섰다.

1922년 J. 베나벤테가 처음 노벨문학상을 받은 이후 1956년에는 J.R. 히메네스가, 1977년에는 V. 알렉산드라가, 1989년에는 C.J. 셀라가 각각 노벨문학상을 수상하였다.

이외에도 음악과 연극, 영화, 건축 등 문화·예술분야에서 에스파냐를 빛낸 위인들은 너무나 많다. 그러나 1936년에 일어난 에스파냐 내전과 이에 이은 프랑코 체제는 많은 유능한 예술인들을 망명의 길로 내몰아 국내 예술계는 장기간 침체기에 빠져들어 갔다.

'대항해시대'에는 신대륙을 발견한 C. 콜럼버스가 에스파냐 최고의 영웅이었다. 이어 경쟁적으로 식민지를 확대해 가던 시절에는 소수의 병력으로 잉카를 점령한 F. 피사로가 최고의 자리에 올라앉았다. 그렇다면 지금 그 자리는 1994년 마스터스를 제패한 호세마리아 올라사발의 것일 수도 있지 않을까 싶다.

탕아의 대명사로 뭇 남성의 흠모를 받고 있는 돈 후안의 근거지도 에스파냐의 세비야다. 세비야는 대항해시대에 아메리카 신대륙에서 가져오는 금은 보화로 번성한 도시였다. 경제적으로 풍요로웠기에 미인도 많이 꼬였을 것이다. 술과 여자와 돈이 많은 세비야에 돈 후안이 등장한 것은 조금도 어색한 일이 될 수 없다. 17세기 초 몰리나의 희곡 '세비야의 탕아와 돌(石)의 손님'에 등장하는 이 '돈 후안' 또한 '돈키호테' 못지않게 이 나라를 빛낸 인물이라 해도 괜찮을 것 같다.

마드리드

지리적으로 이베리아반도의 중심부에 위치하고 있는 마드리드는 16세기 이후 스페인의 수도이다. 9세기경 아라비아인에 의해 세워진 마드리드는 오늘날 매우 분주한 현대도시로서 많은 방문객들의 눈길을 끄는 매혹적인 도시이며 많은 기념 유적지가 있는 곳으로 중세도시의 형태는 라파자(La Paja)광장 근처에 아직도 보전되어 있다. 전통적으로 마드리드의 중심지였던 푸에르타 델 솔(Puerta del Sol) 근처에는 황금시대에 만들어진 바리오 데 아우스트리아스(Barrio de Austrias)로 알려진 지역이 있으며 이곳은 마드리드에서 가장 오래된 곳이다. 여기서 조금만 가면 17세기에 바로코양식으로 지어진 스페인에서 가장 훌륭하다고 할 수 있는 플라자 마요르(Plaza Mayor)라는 광장과 아름다운 시청과 함께 라 플라자 데 라 빌라(La Plaza de La Villa)광장이 있다. 18세기에 지어진 훌륭한 왕궁의 한 예로써 아름다운 정원으로 둘러싸여 있는 왕궁은 부분적으로 관광객이 관람할 수 있도록 공개하고 있다.

이외에도 마드리드에는 많은 정원과 공원이 있는데, 엘 레티토(El Retito)공원과 17세기 왕가의 명령으로 만들어진 자르딘 보타니코(Jardin Botanico)정원, 파르케 델 오에스테(Parque del Oeste)공원과 카사 데 캄포(Casa de Campo) 등이 있다. 박물관과 미술관 중에는 무세오 델 프라도(Museo del Prado)와 별관 카손 델 부엔 레티포(Cason del Buen Retifo), 스페인에 있었던 거의 모든 문화의 유물을 소장하고 있는 무세오 아르케올로기코(Museo Arqueologico : 고고학 박물관)와 그 외에 많은 소장품 중 피카소의 대작 '구아다라마(Guadarrama)'가 있는 센트로 데 엘 에스코리알(Centro de El Escorial)은 구아다라마(Guadarrama)산에 있으며, 펠리페(Felipe) 2세가 웅장한 수도원에 딸린 자신의 왕궁을 세운 곳으로 이 건축물은 스페인 르네상스의 최고 건축가 주안 데 헤레라(Juan de Herrera)의 설계로 당시 스페인 최대의 예술기획으로서 스페인 식민지들의 건축에 크게 영향을 끼쳤다.

알칼라 데 헤나레스(Alcala de Henares)는 세르반테스가 태어난 곳으로 16세기와 17세기에는 중요한 대학도시였다. 구도시에는 여러 흥미 있는 유적들이 있는데, 그중에는 대학교가 가장 두드러진다.

아랑후에스(Aranjuez)는 왕의 휴식처가 된 멋진 마을로서, 타조(Tajo)강 제방 위에 웅장하고 멋진 정원이 있다.

바르셀로나

바르셀로나는 에스파냐 제2의 도시이자 카탈루냐 지방의 중심으로 도시의 역사가 2천 년에 이른다. 1975년 민주화와 함께 가장 먼저 자치권을 얻었고 카탈루냐어를 이 고장 공용어로 지정하여 표준어와 함께 자랑스럽게 사용하고 있는 데서 뿌리 깊은 독립정신을 엿보게 한다.

500년 전 콜럼버스가 신대륙에서 수많은 재화를 가지고 왔던 도시이다. 거장 피카소를 키워내고 천재 건축가 가우디가 활동한 바르셀로나는 1988년 서울올림픽의 배턴을 이어받아 1992년 올림픽을 성대하게 치른 도시이기도 하다. 피카소미술관, 미로미술관이 있으며 콜럼버스탑 옆의 선착장에는 30분마다 떠나는 유람선이 있고 콜럼버스탑과 인접한 평화의 광장 서쪽에는 해양박물관이 있다.

특히 이곳의 대성당은 13세기 말 고딕양식으로 지어진 것으로 이 대성당의 탑은 14세기부터 세우기 시작해서 19세기 초까지 건축한 성당이다. 14세기에 봉헌된 고딕양식의 산타마리아 델 마르(Santa Maria del Mar)성당, 산타 마리아 델 피노(Santa Maria del Pino)성당, 모나스테리오 데 페드랄베스(Monasterio de Pedralbes)수도원이 있다. 14세기 말에 지어진 론자(Lonja : 옛 상품거래시장), 15세기 초에 건축된 까딸란 지방의 중심기관 파라키오 데 라 키우다드(Palacio de la Ciudad), 19세기 말의 가장 독특한 개성을 보인 스페인의 건축가이며 예술가인 안토니오 가우디(Antonio Gaudi)가 1882년부터 건축 중에 있는 새로운 대성당 '성가족교회' 등은 모두 고딕양식으로 바르셀로나에서 볼 수 있는 유적이다. 더욱이 스페인모더니즘의 창시자이며 전파자이기도 한 안토니오 가우디의 작품 대부분이 바르셀로나에 보존되어 있다.

바르셀로나를 관광하면서 고딕지구와 몬쥬이크 언덕, 람블라스 거리, 성가족교회를 둘러보는 것이 정해진 코스다.

발렌시아

카탈루냐(Cataluna) 남부의 지중해 연안지역인 이곳은 끝없이 펼쳐진 오렌지밭과 널따란 해변이 있어 경치가 아름답다. 이슬람의 지배가 남긴, 뿌리 깊은 히스판노아라베(Hispanoarabe)의 문화유산이 지중해 문화와 조화를 이루고 있다. 발렌시아는 이 지역의 수도로 이곳은 산 조세(San Jose) 성자를 기념하여 나무와 단단한 마분지로 만든 거대한 수백 개의 조형물들을 동시에 모두 불태우는 라스 잘라스(Las Jallas) 축제가 전 세계적으로 유명한 곳이다. 또한 이 도시에는 유물들이 남아 있는데 경매소와 상품 거래소로 쓰였던 라 론자(La Lonja) 건물과 성당의 종탑이었던 엘 미구엘레테(El Miguelete) 등이 유명하다.

아라비아양식의 유적지

그라나다

알함브라궁전은 14세기 나사르왕조의 궁전으로 스페인 아라비아 예술 제2기에 만들어진 걸작이다. 엘 게네라리페(El Generalife)는 나사르왕조의 작은 궁전으로 매우 아름다운 정원이 있다. 알카자르 게닐(Alcazar Genil)성곽은 게니아(Genia)강 위에 14세기에 지어진 방벽도 함께 있는 곳이다.

알카자르 다랄호라(Alcazar Daralhorra)성곽은 15세기의 옛 방벽인데 현재는 산타 이사벨(Santa Isabel)수도원에 포함되어 있다. 카사 데 라 알혼디가(Casa de la Alhondiga) 혹은 카르본(Carbon)이라고도 불리는 이 저택은 나사르왕조 당시 아라비아 귀족 저택의 좋은 예이다.

라비타(Rabita) 혹은 산 세바스티안(San Sebastian)성당은 아랍의 수도원이었던 곳이다. 카를로스 5세 궁전은 르네상스양식으로 만든 것으로 알함브라궁전 경내에 있다.

16세기에 건축된 후기 고딕양식의 대성당, 18세기 초 바로크양식으로 지어진 이글레시아 데 사그라리오(Iglesia de Sagrario)교회, 18세기 바로코양식의 카르투자(Cartuja)사원 등이 있다.

세비야

히랄다는 옛 아라비아사원을 위해 지은 매우 마을다운 탑으로 알모아드족이 12세기에 지은 것이다. 알모아드왕조 시대에 지은 성벽, 같은 양식으로 지은 8각의 탑으로 황금의 탑이 있고, 14세기에 지어진 방벽과 성곽으로 알모하데(Almohade)의 성곽 위에 무데하르양식의 멋진 증인과도 같은 알카자르(Alcazar)성곽, 산 파블로(San Pablo), 산타마리아(Santa Maria)성당은 알모하데(Almohade)시대에 강한 영향을 받은 무데하르양식으로 지은 사원이며, 15세기 초에 짓기 시작한 고딕양식의 대서당은 히랄다탑 옆에 지어 히랄다탑을 대성당의 종탑으로 사용하게 되었다. 이외에 르네상스양식으로 지어진 빌라도의 집 등도 있다.

알함브라궁전

타레가의 '알함브라궁전'을 모르는 사람은 드물다. 그러나 정작 알함브라궁전이 어디에 있는지 아는 사람은 매우 드물다.

알함브라궁전은 스페인의 남부 안달루시아 지방의 고도 그라나다에 있다. 안달루시아라면 투우와 플라멩코의 본고장으로 알려져 있다. 안달루시아는 비가 별로 오지 않고, 일 년 내내 뜨거운 햇빛이 내리쪼이는 황량한 땅이다. 그러나 그라나다만은 네바다산맥의 영향으로 한여름에도 섭씨 25도를 넘지 않는 쾌적한 기후와 푸른 수목이 우거진 초록의 모습을 지녔다.

'네바다'는 '눈이 쌓였다'란 뜻인데, 이 산에서 흐르는 눈 녹은 물의 맛이 너무 좋아 이것으로 만든 미네랄워터가 스페인에서는 가장 인기 있는 생수로 팔리고 있다.

알함브라궁전은 1238년 아랍 왕 '아라말'이 즉위한 후 착공되어 21

명의 왕들이 대를 이어 계속 짓다가 14세기 말, 무하마드 5세 때 완공된 이슬람식 궁전이다. 이 궁전은 4개 부분으로 구성(1 왕궁, 2 칼르토스 5세궁, 3 알르카자바, 4 여름별궁, 헤네랄리페정원)되었는데, 아예 입장권도 4장 1조로 판다. 이 입장권은 2일간 유효하다. 즉 이 궁전을 다 보려면 이틀이 소요된다는 뜻이다.

그런데 이 궁전은 설계가 묘하게 되어 있다. 첫째, 방바닥에 엎드려서 보아야 한다. 실내의 구도가 방바닥 높이에서 볼 때 가장 아름답다. 둘째, 방에서 방으로 이동할 때는 직각으로 된 코너를 몇 번 돌아야 한다. 처음 찾는 사람에게 방향감각을 상실케 하는 설계다. 셋째, 방의 조명을 하나는 어둡게 그리고 다음은 밝게 했다. 이것은 시각혼란을 일으킨다. 넷째, 방 높이가 모두 다르다. 높았다, 낮았다 들쭉날쭉이다. 무슨 이유로 이처럼 기이한 설계를 했는지 모르지만 이슬람식 궁전의 신비감을 자아내게 하는 데 충분하다.

축제행사

매년 스페인의 마을에서 행해지는 아름답고 전통적인 기념축제는 오래되고 풍부한 스페인의 문화적 전통, 지역적 다양성을 갖추고 있다. 200가지가 넘는 축제에는 세계적으로 유명한 것도 있다.

2월에는 스페인 전역에서 카니발이 열린다. 그중 가장 재미있는 것은 카디즈(Cadiz)와 테네리페(Tenerife)에서 열리는 것으로 음악이 울려 퍼지며 축제 분위기로 가득 차기 때문에 이곳에서의 일상생활이 마비되기도 한다.

3월은 발렌시아(Valencia)의 라스팔라스(Las Fallas)에서 조형물을 전시한다. 이 조형물은 현 세태를 풍자하는 우스꽝스러운 것으로 3월

19일에 완전히 태워 사람들을 즐겁게 한다. 성주간은 가장 아름답고 종교행사와 관련이 깊은 축제로 봄에 열린다. 가장 오래되고 중요한 것으로는 발라도리드(Valladolid), 쿠엔카(Cuenca), 카스티야(Castilla) 지방의 사모라(Xamora)와 안달루시아(Andalucia) 지방의 세비야(Sevilla), 말라가(Malaga) 등이 있다.

4월에는 페리아 데 세비야(Feria de Sevilla)가 열린다. 해마다 새롭게 만들어 축제를 준비하는 이 행사는 이 행사장 자체가 작은 세비야(Sevilla)시의 모습으로 변해 각 천막에서는 술을 마시며 고유의 노래와 춤인 세비야나(Sevillana)를 밤과 낮 구별 없이 하루 종일 즐긴다.

5월은 전형적인 안달루시아(Andalucia)의 행사인 엘 로키오(El Rocio) 축제가 있다. 이 행사는 안달루시아의 전역에서 사람들이 말이나 마차를 타고 종교적인 행렬을 벌이며 후엘바(Huelva) 지방의 도나나(Donana)국립공원 옆 아야몬테(Ayamonte)에 있는 엘 비르겐 로키오(El Virgen Rocio)교회로 모이게 된다.

팜플로나(Pamplona)에서는 7월 6일에서 14일까지 산 페르미네스(San Fermines)축제가 열린다. 이 축제에서는 이 지방의 청년들이 가축장에서 투우장까지 도시의 거리를 따라 소와 함께 뛰는 모습을 볼 수 있다.

스페인에서는 매년 큰 축제가 열린다.

영국 United Kingdom
전통을 중시하는 나라

영국은 서구문명에 길이 남을 위대한 문화와 지성을 꽃피워 왔다. 선사시대에 세워진 스톤헨지, 셰익스피어와 조지 버나드 쇼의 희곡들, 헨델의 '메시아(Messiah)', 진화론, '옥스퍼드 영어사전' 등이 모두 대표적인 예이다. 지역적인 차원에서 보면 켈트족의 춤과 음악, 음유시적인 전통, 초가지붕을 인 오두막으로 대변되는 전원적 풍경, 마을 술집, 철저한 스포츠맨십, 오후의 사교적인 모임 등이 있다.

또한 유럽의 전 인종이 모여 살아왔기 때문에 '유럽의 혼합문화'라고 말할 수 있으며 지역 간 대립의 뿌리가 깊다. 전체 인구의 80% 이상을 차지하는 앵글로색슨족의 후예들인 잉글랜드 지방의 사람들과 예로부터 박해를 받아온 전체 인구 10% 미만인 스코틀랜드 지방의 사람들은 감정의 대립이 극심한 상태이다.

영국과 같이 좁은 땅에서 여러 가지 풍물의 변화를 볼 수 있는 나라도 없다. 오늘날 런던은 과거 런던의 전통을 그대로 간직하고 있으며 영국사람들은 대체로 검소하여 결코 무리한 낭비나 사치를 하지 않는다.

또한 가장 보수적이고 전통에 강한 반면 유행의 기원이 되는 곳으로 미니, 맥시에서 히피에 이르기까지의 발상지는 피카디리 서커스이다.

질서와 규칙을 잘 지키며 정직한 것도 영국인의 장점이다.

하지만 영국인들은 대체로 거만하고 차갑고 그래서 쉽게 사귀어지지 않는다.

이웃 사람들 간에 잘 사귀지 않으며 타인에게 별로 관심을 주지 않는다. 이러한 특성은 영국인 자신들도 알고 있다.

영국인들은 천성이 온화하여 격렬한 언쟁을 싫어한다. 노년층의 일부가 완고한 편이나 젊은 세대들은 사회적 금기와 관습에 얽매이지 않는다.

영국은 유럽대륙 북서쪽 북대서양에 위치한 섬나라이다. 정식명칭은 '그레이트 브리튼 및 북아일랜드 연합왕국'이다. 잉글랜드(England), 웨일스(Wales), 스코틀랜드(Scotland), 북아일랜드(North Ireland) 등 4개의 지방으로 구분되며 우리나라와 비슷한 모양이다.

영국은 유럽 근대화의 최선국(最先國)이란 이미지가 있다. 하지만 이는 17세기 말 이후에 해당하는 말이며 실상 그 이전의 영국은 유라시아대륙 변경에 위치한 후진국가에 불과했다. 지중해연안에서 그리스·로마 문명이 화려하게 꽃피우고 있을 때 영국은 미개한 켈트계 부족들의 연합체에 지나지 않았다. 게다가 영국의 고대사는 주로 로마제국의 속주로 지냈던 시절(1~4C)로 장식되어 있다.

4세기 말 로마세력이 물러나자 북방 게르만계의 앵글로색슨족이 침입하여 기존의 켈트족을 웨일스와 스코틀랜드 지방으로 몰아내고 잉글랜드왕국을 건설한다. 또한 11세기에는 노르망디의 윌리엄공이 이곳을 정복, 노르망디왕조를 수립하면서 중세 봉건국가의 기틀을 다진다. 이후 12세기 플랜태저넷왕조 땐 프랑스의 속령과 같은 신세로 전락했다가 두 차례에 걸친 100년전쟁을 통해 국민국가로서의 면모를 갖추면서 튜더왕조의 절대주의시대를 맞이하게 된다.

영국의 역사에서 중세와 근대의 가교역할을 한 이는 여왕 엘리자베스 1세였다. 이 여왕은 1588년 당시 무적함대를 자랑하던 스페인 세력을 격파, 해상의 지배권을 확립하는 한편 문화적으로도 셰익스피어, 베이컨 등을 배출하며 문예부흥시대를 구가한다.

17세기 초 스튜어트왕조가 들어서자 영국 내정은 영국 국교회와 청교도 간의 종교마찰이 발생, 수많은 청교도들이 탄압을 피해 북미대륙으로 이주하는 사태를 빚어낸다. 게다가 이 종교분쟁은 왕정과 의회 간의 마찰을 초래하여 결국 크롬웰이 이끄는 의회파가 청교도혁명을 일으켜 왕을 처형하고 공화제를 선언함으로써 일단락된다. 이후

1688년 영국의회는 '권리선언'을 골자로 한 명예혁명에 성공하여 입헌정치를 확립한다.

이 청교도혁명과 명예혁명으로 말미암아 영국은 유럽대륙에서 근대화의 최선두주자로 나선다. 즉 전 세계에 걸친 식민지 경영, 산업혁명의 수행, 의회정치의 확립 등으로 초기 자본주의의 전형을 가르치는 모범국으로 부상했던 것이다. 특히 19세기 빅토리아여왕시대는 폭발적인 산업의 발달과 전 세계에 걸친 식민지 경영으로 '지지 않는 태양, 대영제국'의 절정을 구가하였다.

하지만 20세기의 영국은 대공황과 두 차례의 세계대전이 남긴 후유증, 식민지국가들의 독립, 그리고 1956년 수에즈전쟁에서의 굴욕적인 철군과 유럽경제공동체(EEC)에 대항하여 조직했던 유럽자유무역연합(EFTA)의 실패 등으로 세계자본주의권의 대권을 잃게 되었다. 그리고 과거의 영광이 퇴색된 지금의 영국은 복지국가의 위상을 정립하기 위해 노력하는 유럽대륙의 평범한 국가로 자리매김하고 있다.

티타임

영국인들과 생활하다 보면 어느 곳에서나 흔히 접할 수 있는 그들의 관습들 중 하나가 바로 '홍차를 마시는 시간(Tea Time)'이다. 홍차는 원래 중국의 서부지역과 인도의 북동부지역에서 재배되던 것으로 유럽에는 포르투갈인과 네덜란드인에 의해서 처음 수입되기 시작했다. 홍차가 영국에 처음 알려진 것은 1650년경으로 '동인도회사(East Company)'가 중국에서 수입하기 시작함으로써 비롯되었으며, 그 이후 '동인도회사'는 약 200년 동안 세계에서 홍차를 취급하는 최대 무역회사로 알려져 왔다.

이 홍차가 처음 영국에 수입되었을 때는 물론 그 가격이 매우 비싸서 아무나 홍차를 즐길 수 있는 것은 아니었고 단지 찻집에서만 마실 수 있었다고 한다. 그러던 것이 18세기에 들어서는 몇몇 특별한 가정에서 하나의 유행처럼 홍차를 마시는 관습이 생겨나기 시작했으며, 19세기에 와서야 영국의 어느 가정에서든지 흔히 볼 수 있는 일상생활의 주요한 일부분이 되었다.

원래 19세기 전반까지만 해도 영국에서 처음 사용되었던 홍차(Tea)라는 개념은 상류계층에서 시작되었는데, 단지 차를 마시는 것뿐만 아니라 아침, 점심, 저녁의 하루 세 끼 식사 외에 새로운 식사를 두 번 더 하는 것을 뜻했다. 그중 하나는 '오후의 홍차(After Tea)'라고 해서 오후 5시에 주로 부인들이 모여서 홍차와 케이크를 먹고 마시면서 나누는 사교시간을 말하고, 둘째로는 처음부터 '하이 티(High Tea)'라고 하여 홍차와 고기 또는 생선과 같은 상당량의 음식을 먹는 식사를 말하는데, 주로 저녁 늦게 다시 정규식사를 하기에는 부적절한 경우에 행해지는 것을 뜻했다. 20세기에 들어서면서 두 가지 서로 다른 종류의 식사는 결국 사회계층적 차이점에 따라 나누어진다. 이때 중산층에서는 홍차(Tea)라는 개념이 '오후의 홍차'를, 노동자 계층에서는 원래 '하이 티'라고 부르던 식사를 뜻하여 직장에서 일을 마치고 집에 돌아왔을 때 먹는 음식을 가리켰다.

우리가 영국에서 주로 경험하는 '홍차를 마시는 시간'은 주로 '오후의 홍차'를 뜻한다. 여기서 한 가지 더 알아두어야 할 것은 어디서나 홍차를 주문하면 으레 물어보는 영국인들의 어휘가 있는데 바로 'White or Black…?'이다. 이외에도 'Milk-in-First…?'라는 질문을 받을 때가 간혹 있다. 이것은 찻잔에 홍차를 붓기 전에 우유를 먼저 넣기를 원하는가, 아니면 우유를 나중에 넣기 원하는가를 묻는 것이다.

우리는 우유를 언제 넣든지 무슨 차이가 있는가 하는 의혹이 생기지만 많은 영국인들이 'Milk-in-First…?'를 고집하며, 그래야만 홍차의 맛이 더 좋다고 말한다. 사실상 영국인들이 홍차에 우유를 넣어서 마시기 시작한 것에는 이유가 있다. 처음 중국에서 홍차가 수입되고 그와 더불어 중국에서 사기로 만들어진 찻잔이 처음 들어왔을 때만 해도 영국에서는 아직 금속으로 만들어진 찻잔만을 사용했다. 당시 영국인들이 처음 사기잔을 받아보았을 때 너무 약하게 느껴지고 쉽게 깨질 것 같은 두려움이 앞섰다고 한다. 그러한 사기 찻잔에 뜨거운 홍차를 직접 부어 마시면 찻잔이 깨질까봐 먼저 우유를 조금 넣은 다음에야 홍차를 따랐던 것이 오늘날 'Milk-in-First… White Tea'의 유래가 된 것이다.

이와 같이 홍차는 영국인의 생활에서 떼어놓을 수 없는 중요한 부분을 차지하고 있다. '홍차를 마시는 시간'을 이해한다는 것은 바로 영국인들의 중요한 관습과 전통의 일부를 경험한다는 뜻이다.

런던

런던에는 박물관과 미술관이 많다. 그중 대부분이 계속하여 전시내용을 바꾸고 있어 항상 새로운 전시를 관람할 수 있다. 영상박물관(Museum of the Moving Image)에 가면 TV나 영화 속의 이야기를 실지로 겪을 수 있다.

그 안에서 여러분은 슈퍼맨처럼 날 수도 있고, 서부활극의 배우가 될 수도 있으며 카메라를 직접 조작할 수도 있다.

전 세계의 유명 인사를 똑같이 밀랍인형으로 만들어 전시하고 있는 마담 튀소(Madame Tussaud's)에 갈 때는 사진기를 잊지 말고 가져가라. 피카딜리광장에 있는 록 서커스(Rock Circus)는 1950년대부터 제직기술과 최신 첨단기술을 합쳐서 만든 전시장이다. 필 콜린스, 마돈나, 비틀즈의 라이브 공연을 볼 수 있다.

자연박물관(Natural History Museum)에서는 공룡 전시와 스크린을 직접 만져보면서 어른, 아이 모두 다 하루를 즐겁게 지낼 수 있다. 바로 옆에 위치한 과학박물관(Science Museum)에 가면 컴퓨터와 우주탐사를 비롯한 과학과 산업의 역사와 발달을 한눈에 볼 수 있다.

살인이나 미스터리 같은 무시무시한 이야기를 좋아하면 런던 던전(London Dungeon)이 제격이다. 세계 최초의 중세 스타일의 괴기박물관인데 특수효과장치를 이용해 살인과 미스터리를 묘사해 놓았다.

국립박물관, 국립초상화박물관, 테이트모던미술관은 세계에서 손꼽히는 곳이다. 대영박물관(British Museum)은 런던에서 가장 큰 박물관으로 한 번 이상 관람해야 제대로 볼 수 있다.

그 밖에 수십 개의 전문 박물관이 있다.

잉글랜드

잉글랜드는 여러 가지 매력을 지닌 지역이다. 어느 도시에나 쇼핑 기회가 풍부하고 전시물이 풍성한 박물관이 많으며 즐거운 저녁시간을 보낼 수 있다. 전원지역에서는 한적한 아름다움을 만끽할 수 있다. 잉글랜드를 여행하다 보면 지역마다 경치가 바뀌는 것을 느낄 수 있다.

굽이치는 녹색의 언덕과 히스꽃으로 뒤덮인 황무지가 보이는가 하면 모래사장과 바위골짜기도 나타난다.

도시와 마을들은 각기 색다른 특성을 지니고 있다. 일 년 중 언제 이 지역을 방문하든지 간에 중세풍 축제와 유적지에서의 저스팅(jousting : 말을 타고 창시합을 하는 운동), 유럽에서 가장 큰 놀이공원까지 항상 즐길거리가 마련되어 있다.

마을과 도시들

여러분은 아마도 런던 관광으로 잉글랜드 여행을 시작할 것이다. 하지만 여러 특징 있는 잉글랜드의 다른 도시를 잊지 말고 꼭 들러보길 바란다.

북쪽으로 가면 활기찬 도시 맨체스터(Manchester)가 있다. 그라나다 스튜디오에 가보아라. 그곳엔 유명한 셜록 홈즈 같은 TV연속극의 무대장치를 볼 수 있고 모의 국회의사당의 의원석에도 앉아볼 수 있다.

이곳엔 또 중국음식과 가게들이 즐비한 호화로운 차이나타운이 있다. 서쪽의 리버풀(Liverpool)시에는 복구된 알버트부두에 상점이 즐비하고 리버풀 테이트미술관과 유명한 비틀즈의 도시로 이들을 기념하기 위해 세워진 The Beatles Story(비틀즈기념관)가 있다.

매년 여름 한 주일 동안 비틀즈페스티벌이 열리는데 전 세계에서 그들의 추앙자들이 찾아오고 있다.

잉글랜드의 북쪽은 문화유산이 풍부한 역사적 도시가 많다. 고대도시 체스터(Chester)는 2,000년 전에 세워진 도시이다.

여러분의 가이드를 로마 백부장(Roman Centurion)으로 앞세우고 도시 성벽을 돌아보는 관광을 하시거나 밤에 유령의 흔적을 좇는 도보관광(Ghost Walk)은 볼 만하다.

더함(Durham)은 잉글랜드 북동쪽에 자리한 도시로 11세기 성과 웨어(Wear)강변 위에 우뚝 서 있는 웅장한 성당건물이 인상적이다. 이 성은 지금은 더함대학의 안내를 받아 구경할 수 있다.

고대도시 요크(York)에는 좁고 구불구불한 중세식 골목 위로 솟아올라 보이는 요크대성당(York Minster)이 있다. 시청각과 후각을 이용하여 바이킹시대를 생생하게 보여주는 Jorvik Viking Centre를 방문해 보아라. 지형적으로 잉글랜드의 중심부에는 활기찬 도시 버밍햄(Birmingham)이 있다. 잉글랜드 제2의 도시답게 낮에는 마음껏 쇼핑할 수 있고 밤에는 여러 가지 오락거리를 즐길 수 있다.

멀리 떨어지지 않은 곳에 유명한 16세기 극작가 윌리엄 셰익스피어의 생가가 있는 스트랫퍼드어폰에이번(Stratford-upon-Avon)이 있다.

지붕이 없는 2층버스로 시내관광을 즐기고 여러분이 구입한 Great British Heritage Pass로 셰익스피어와 관련된 이 도시 안팎의 여러 명소를 관광해 보아라.

스코틀랜드

스코틀랜드 하면 경치 좋은 산, 호수, 체크무늬, 백파이프, 질 좋은 몰트위스키 등이 떠오른다. 이 모든 것이 스코틀랜드의 상징이긴 하나 그 외에도 풍요로운 왕실의 유산, 역사적인 도시들, 고원(Highland)의 게임 등으로 많다.

아름다운 하이랜드지역, 숲이 울창한 협곡, 연어가 노니는 굽이쳐 흐르는 강과 그림 같은 어촌들을 들러보면 스코틀랜드의 매력이 어디에도 비길 데 없음을 느낄 수 있을 것이다.

에든버러

스코틀랜드의 우아한 수도로서 스코틀랜드의 메리여왕이 1566년에 제임스 1세를 출산한 12세기성이 이 도시의 분위기를 압도하고 있다. 중세기적 구시가지의 자갈포장길 **로얄마일**(Royal Mile)을 따라가면 메리여왕이 파란만장한 **일생을 보냈던 홀리루드궁**(Holyroodhouse)이 있다.

이 궁은 현재 여왕의 공식 스코틀랜드 거주지이다. 이와 대조적으로 조지아 에든버러(Georgian Edinburgh) 지역은 도로 양쪽에 가로수가 즐비하고 우아한 상가들로 이루어진 매력적인 곳이다. 이 도시의 풍요로운 문화유산은 8월에 열리는 에든버러 **페스티벌**에서 절정을 나타낸다. 전통적인 타탄(흔히 체크무늬로 부름)이나 **부드러운 캐시미어 스웨터** 등은 주요 쇼핑가인 **프린세스 스트리트**(Princes Street)를 따라 서 있는 상점에서 **쇼핑하면 된다**.

에든버러축제

스코틀랜드의 몇몇 도시들은 공인된 별명을 가지고 있다. 괴물 네시가 출몰하는 네스호 북쪽 끝 도시 인버네스의 다른 이름은 '하일랜드의 수도'다. 이곳 인버네스에서부터 특유의 검은빛 호수와 빙하가 만들어낸 장엄한 산악이 시작된다.

그런가 하면 북동부 해안도시 애버딘은 '장미의 도시'로 불린다. 도시 전체를 감싸고 있는 장미꽃밭은 영국에서 가장 아름답다. '만개한 영국(Britain in Bloom)' 도시 정원 경진대회에서 1위를 독식해 버려 아예 공식 경쟁대상에서 제외됐을 정도다.

스코틀랜드의 수도 에든버러의 별명은 '축제의 도시'다. 이곳에서는 일 년 내내 단 한 달도 쉬지 않고 각종 축제가 벌어진다. 어린이축제, 과학축제, 범선축제… 이 중에서 에든버러 국제축제(Edinbourgh International Festival)는 이들 축제 가운데 백미요, 서유럽에서 가장 성대한 국제축제다.

에든버러축제는 2차 대전의 상처가 가시지 않은 1947년 8월 24일 '예술을 통한 인류의 상호협동과 이해'를 목적으로 출발했다. 세계에서 몰려온 오페라, 발레, 연극, 음악, 미술 등 다양한 분야의 예술가들이 공연의 주역이 되고, 역시 지구촌 곳곳에서 온 관광객들이 관객이 된다. 이탈리아, 독일 등 유럽국가는 물론 일본도 전통극을 현대화한 행위예술을 펼친다. 한국인 예술가의 공연은 아직 없다. 그러나 축제 기간 동안 시내 곳곳에서는 한국어를 비롯한 다양한 언어로 동시에 내뱉는 경탄의 함성이 연이어 터진다.

또한 '에든버러 축제 주변(Edinbourgh Festival Fringe)' 행사와 에든버러 고성에서 열리는 군악행진, 그리고 영화, 재즈, 책 축제 등 각종 행사들이 메인 축제와 함께 벌어진다. '축제 주변' 행사는 에든버러 시내 길거리에서 열리는 각종 공연을 일컫는 것으로, 1회 축제 때 초대되지 않은 6개 공연집단이 시의 외곽에서 공연을 한 것이 그 시초가 된다. 실내에서 열리는 메인 축제와 달리 자유롭고 편하게 즐길 수 있는데다 소재도 다양해 오히려 더 인기가 있다.

실내공연과 예술가들에 의해 거리가 점령(?)당하는 동안 도시를 굽어보는 에든버러 고성에서는 영국왕실 근위병들이 장중한 군악과 화려한 조명 속에서 행진을 펼친다. 늘 관광객으로 붐비던 고성은 병사들의 발소리와 하늘로 울려 퍼지는 군악으로 가득 차고, 이때만은 관광객들도 숨을 죽인다.

이 같은 시끌벅적한 축제 분위기는 당연히 에든버러의 관광수입과 직결된다.

퀸 엘리자베스 2호

퀸 엘리자베스 2호는 세계에서 가장 호화롭다는 배다. 이 배는 한마디로 바다에 뜬 궁전이다. 이 배는 자존심이 대단하다. 배 이름도 영국의 여왕이 명명했지만, 영국 왕실의 긍지와 품격을 지키며, 최고의 요리, 객실을 갖추고 손님을 마치 귀족처럼 모신다는 것이 이 배의 자랑이다.

이 배는 67,140톤의 거대 선박으로 갑판이 13층이다. 배 안에는 957개의 객실이 있고, 최고 1,814명의 손님을 한번에 태울 수 있다. 이 손님들의 시중을 들기 위해 1,015명의 승무원이 승선하고 있다. 손님 2명에 1명 이상의 승무원이 서비스하는 격이다. 선상 레스토랑은 4개나 있는데, 그중 가장 큰 것은 수용인원이 602명이다. 배 안에는 갖가지 호화시설이 모두 갖추어져 있는데, 그중에는 2개의 실내수영장과, 2개의 실외수영장, 에어로빅 룸, 조깅 코스, 골프, 테니스, 사우나 룸, 머신 트레이닝 룸 등의 스포츠시설이 포함되어 있다. 매일 2종의 신문도 발행되고 있다. 하나는 매일매일의 선상생활 정보를 알려주는 신문이며, 또 하나는 세계 각국의 주요 뉴스와 선내 뉴스가 실린 신문이다. 극장도 있다. 이 극장은 2층으로 되어 있고, 524명을 수용한다. 이곳에서 가끔 국제적인 회의가 열리기도 한다. 이 밖에도 병원, 은행, 미용실 등이 있다. 밤에는 더욱 화려한 요지경 세계가 펼쳐진다. 클럽, 리도, 카지노, 퀸스룸 등 다채로운 유희, 오락 시설이 유혹한다. 이곳에서는 디스코, 댄싱, 도박 등 취미에 따른 생활을 즐길 수 있다.

배 안에는 18개 등급의 객실이 있다. 최고급(AA)과 최하등급(M)의 요금 차이는 약 7대 1이다.

오스트리아 Austria
작은 숲속의 나라

오스트리아는 독일과 같은 게르만계 민족이고 독일어를 국어로 사용하고 있는데도 불구하고 독일과 오스트리아의 국민성은 큰 차이가 난다. 그 이유는 첫째, 오스트리아의 사회구성이 여러 인종으로 뒤섞여 있기 때문에 강한 국제적인 분위기를 지니고 있는 데서 비롯된다. 오스트리아인, 특히 수도인 빈 시민들이 가지는 로마적 정서와 발칸적 격렬성은 독일인들에게서는 찾아볼 수 없는 성격이다. 오스트리아사람들의 생활을 가장 강하게 지배하고 있는 것은 가톨릭이고, 풍속·습관이나 연중행사의 많은 부분은 가톨릭적인 것이다. 예를 들면 매일 하는 인사도 "신의 가호가 있기를"하고 말한다. 예로부터 교통의 요지이고 다민족국가를 구성하고 있었다는 것을 빼고는 이 나라 문화를 논하기 어렵다. 특히 빈은 옛 제국(帝國) 안팎의 여러 민족문화가 융합하여 독자적인 오스트리아문화를 창조하는 데 주도적 역할을 해왔다.

한편, 이 나라의 소도시나 시골마을을 지나노라면 크고 작은 농장과 조그마한 교회, 그리고 독특한 모양의 가옥들이 아름다운 조화를 이루고 있음을 볼 수 있다.

일찍이 예술과 건축이 발달하여 도시나 작은 마을에 이르기까지 주택들이 각기 독특한 색깔과 형태를 지니고 있다. 오스트리아인들은 주위 환경과 조화를 잘 이루게 하기 위하여 주변에 있는 독특한 재료를 사용하여 집을 짓기 때문이다. 그래서 수목이 풍부한 서부지역은 목조주택이 많으며 17, 18세기 초에 지어진 집들도 아직 존재하고 있다. 오래된 건물은 잘 알려진 건축양식에 의해 지어진 것이 아니라 대부분 농부들이 직접 지은 집들이다.

오스트리아는 유럽대륙의 정중앙에 위치하여 동서유럽의 접점지대를 이루고 있는 나라이다. 이곳은 선사시대부터 교통의 요지로 여러 민족들의 이동이 잦은 곳이다. 특히 BC 2세기에는 켈트족이 노리콤이란 왕국을 세웠다가 로마에 의해 멸망하며, 이후 5세기에는 게르만민족의 대이동으로 게르만족이 터를 잡는 동안 슬라브족을 동반한 아바르족이 진출하였다. 하지만 8세기 후반 카를대제가 아바르족을 물리치고 이곳에 오스트마르크란 백작령을 설치하면서 국가다운 면모를 갖춤과 동시에 신성로마제국의 일원으로 자리 잡았었다.

당시 오스트리아를 영도한 왕가는 바벤베르크가였다. 바벤베르크의 군주들은 동방식민을 추진하여 경제발전을 꾀하는 한편 황제와 교황 간의 분쟁을 이용해 세습권까지 확보한다. 그러나 13세기 중반 헝가리와의 전쟁으로 군주였던 프리드리히 2세가 전사함으로써 오스트리아는 바벤베르크가의 시대가 막을 내리고 합스부르크가의 시대를 맞이한다.

1273년, 보헤미안의 오토카르 2세가 세력을 확대하려 하자 이를 염려한 독일 제후들은 급히 스위스 출신의 합스부르크백작 루돌프를 황제로 선출하였다. 황제 루돌프 1세는 즉위 즉시 오토카르를 제거하고 오스트리아를 영지로 확보하는 한편 인근 룩셈부르크가의 도전도 당당히 물리침으로써 명실상부한 합스부르크가 천하를 구축한다. 이후 오스트리아의 합스부르크가는 1438년부터 1806년까지 신성로마제국의 제위를 독점하면서 유럽의 패자로 군림하게 된다.

19세기의 막이 열리고 나폴레옹 보나파르트의 등장에 직면한 합스부르크가의 프란츠 2세는 패권을 유지하기 위해 신성로마제국을 해체하고 오스트리아 황제로 등극하였다. 그리고 재상 메테르니히는 국제여론을 교묘히 이용, 유럽의 새 질서 확립이란 기치하에 빈회의를 소집하여 복고·정통·연대를 기조로 한 반동체제를 구축한다. 하지만

1848년 프랑스의 2월혁명에 고무된 빈 시민들의 봉기로 오스트리아는 혁명과 반동의 갈림길에서 한 차례 홍역을 겪는다. 결국 빈의 3월혁명은 메테르니히의 망명으로 성공을 거두는 듯했으나 상·하 시민들 간의 분열로 인해 빈혁명의 승리로 귀결되었다.

빈의 3월혁명은 실패로 끝났지만 그 여파는 오스트리아 내 여러 민족들의 민족의식을 고취시키는 계기가 되었다. 이 중 특히 슬라브계와 헝가리인들의 민족주의운동은 자본주의의 발달과 함께 노동운동과 맞물려 전개되면서 왕권을 위협하는 지경이었다.

이에 위기감을 느낀 오스트리아의 프란츠요세프 황제는 헝가리의 토지귀족들을 회유, '오스트리아 헝가리 제국'을 탄생시켜 제2의 도약을 꾀하였다. 하지만 국내의 민족분규와 노동자들의 저항을 국외의 제국주의적 진출로 무마하려 했던 오스트리아의 패권정책은 마침내 범슬라브계의 저항에 막혀 제1차 세계대전의 도화선이 된다.

1914년 오스트리아의 황태자 프란츠 페르난데스가 사라예보에서 암살당한 사건을 계기로 폭발한 제1차 세계대전은 1918년 강대국 '오스트리아 헝가리 제국'의 멸망을 낳고 종결된다. 이로써 오스트리아는 전쟁 전의 7분의 1밖에 안 되는 영토에서 사회민주당 주도로 공화국을 출범시킨다. 하지만 전후의 경제혼란과 1929년에 발발한 대공황의 여파로 오스트리아공화국은 출범 초기부터 혼미를 거듭하게 된다.

게다가 이후 독일의 나치스가 제2차 세계대전의 주역으로 등장함에 따라 오스트리아는 독일에 합병되어 또 한 차례 전화의 소용돌이 속에 휩싸였다. 전쟁은 독일의 패배로 끝났다. 그리고 오스트리아는 미국, 영국, 프랑스, 구소련 등 4개국의 분할점령지로 전락했다가 1955년 7월에 가서야 주권을 회복한다. 오스트리아의 좌우연합정권은 주권회복과 동시에 영세중립국을 선포하고 UN에 가입, 지금까지 민주공화국으로서의 새 지평을 열어나가고 있다.

클래식과 왈츠의 나라

클래식과 왈츠의 나라 오스트리아에서는 일 년 내내 크고 작은 음악회와 무도회가 열리므로 전 국민이 축제 속에 파묻혀 산다고도 할 수 있다. 빈에 가면 반드시 거치게 되는 국립오페라극장의 오페라 관람은 그 자체가 축제이다. 모차르트의 고향 잘츠부르크에서는 봄부터 여름까지 수많은 음악회가 열린다. 특히 7월 말에서 8월 말까지 이어지는 여름음악축제는 세계적이다. 이때는 오스트리아인들뿐만 아니라 전 세계로부터 관람객이 모여든다. 반드시 출연하는 팀은 빈 필하모니 오케스트라와 베를린 필, 관람하려면 정장을 입는 것이 좋지만 요즘은 청바지 차림으로도 입장이 가능하다.

오스트리아 남부의 고도 그라츠는 한때 합스부르크왕가의 수도였던 곳으로 우리나라의 경주와 같은 곳이다. 합스부르크왕가의 전성기인 1440년 프리드리히 3세가 왕국의 수도로 삼았다. 이곳에서는 6월부터 8월까지 각종 음악회와 문학, 그래픽아트, 연극 등 다양한 장르의 문화행사가 열린다. 6월이 되면 그라츠 시내 전체가 야외무대로 변한다. 배우와 광대, 곡예사들이 거리를 누비며 30개가 넘는 극단이 거리의 볼거리를 연출한다. 특히 오스트리아 국호제정 1천 년이 되는 해인 1996년에는 대대적인 각종 기념행사가 개최되기도 하였다.

빈

제국의 역사를 간직한 빈에는 약 30개의 궁전과 각각의 사원이 있다. 구시가지 한가운데 있는 성 슈테판대사원은 빈의 상징이다. 13세기 후반부터 300여 년의 세월에 걸쳐 완성된 오스트리아 최대의 고딕양식 건축물이다. 슈테플이라 불리는 첨탑의 높이는 137m, 343개의 계단을 올라 73m까지 오를 수 있다. 지하는 카타콤베로 오스트리아 황제들의 내장을 보관한 항아리와 백골이 산더미처럼 쌓여 있다.

빈의 궁전들은 건축과 정원, 미술품이 완벽한 조화를 이룬다.

구시가지의 호프부르크궁은 합스부르크왕가가 대대로 살았던 궁전인 만큼 내부도 넓고 소장품이 매우 많다. 왕궁의 예배당 부르크카펠레에서는 7월과 8월을 제외한 매주 일요일과 가톨릭의 축일 아침 9시 15분 미사 때 빈 소년합창단이 모차르트나 하이든의 미사곡을 부른다.

합스부르크왕가의 여름 궁전인 쉰브룬궁전은 베르사유궁전보다 더욱 화려하다. 정원이 런던의 하이드파크보다 넓다. 1,441실 중 39실만이 공개되고 있다.

벨베데레궁전은 바로크양식의 대표적인 건축물이다. 윗궁은 오스트리아 국립미술관이며 아랫궁은 바로크미술관이다.

빈 뮤지크페라인잘(황금의 홀)

빈의 고풍스런 중심가인 마리아 테레지아광장에 서 있으면 도대체 이 도시를 어디서부터 보아야 옳을지 혼란스러워진다.

유서 깊은 빈 슈타츠오퍼(빈 국립오페라하우스), 그와 쌍둥이격인 빈 포크스오퍼(빈 민속오페라하우스), 빈 콘체르트하우스, 아니면 음악과 연극을 통틀어 빈의 명소인 테아터 아너 데어 빈(빈 극장), 그중에서 빈 무지크페라인잘이 아닐까 싶다.

빈 무지크페라인잘(여기서 '잘'은 홀을 의미한다)이 빈의 숱한 명소 가운데서도 장자의 지위를 인정받는 것은 그곳이 빈의 자랑거리인 빈 필하모니의 '자택'에 해당되기 때문이다. 베를린 필에 견주어지곤 하는 이 오케스트라의 찬란한 울림은 고스란히 무지크페라인잘의 황금 여신들의 몸에 부딪쳐 조금 보태어 얘기하자면 '금빛이 부서지는' 소리를 냈다고 한다. 황금여신상이라니 … 이것은 또 무슨 이야기일까. 바로 그 여신상이란 천재적인 건축가 테오필 한젠의 아이디어였다. 1812년에 발족한 뿌리 깊은 빈의 음악동우회는 낡은 회관을 완전히 개축하기로 결정한다. 여기에는 오스트리아 황제의 도움이 결정적이었다. 그렇게 해서 1870년 1월 5일 준공식이 치러졌다. 무지크페라인잘은 처음부터 '황금의 홀'이란 거창한 별명을 받아왔는데, 그 별명의 숨은 뜻이 건물의 외양에 있지 않음에 주목해야 한다. 빈의 많은 콘서트홀이 그러하듯 오히려 무지크페라인잘은 단아한 건물이다. 그러나 복잡하게 디자인한 천장의 무늬, 청중석 옆을 쭉 둘러싼 황금여신상의 음향적 기능, 홀의 나무바닥 밑에 공간을 두어 잔향을 만든 점 등은 이 연주회장만이 자랑하는 덕목일 것이다. 적어도 목재는 음향에 관한 한 모든 재질보다 앞선다는 것을 입증한 셈이었다. 1955년, 한 조사에서 저명한 지휘자들은 최고의 음향조건을 가진 홀로 단연 무지크페라인잘을 꼽았던 것이다.

요한 스트라우스 일가는 이 연주회장을 무척이나 아낀 사람들이었다. 물론 이들과는 다른 성향의 인물들도 있었다. 바로 브루크너이다. 그의 교향곡 대부분이 이곳에서 초연되었으며 말러, 리하르트 스트라우스, 안톤 드보르작 등이 마찬가지로 무지크페라인잘의 권위를 지켜냈다. 한때 이곳은 단지 음악회장의 기능만이 아니라 무도회, 음악강의실, 시낭송회 등 주변기능까지 수행했다고 하는데, 이는 '황금의 홀'이 지닌 또 하나의 얼굴인 서민적인 자화상이라고 하겠다.

도나우강

봄이 되면 감미로운 왈츠가 생각나고, 왈츠 하면 도나우강과 빈의 숲이 연상된다. 만약 빈에 빈의 숲과 도나우강이 없었다면 왈츠는 생기지 않았을지도 모른다.

도나우강을 찾는 사람들의 대부분은 얼마나 아름답기에 왈츠와 같은 훌륭한 음악이 나왔는지를 확인하기 위함이다. 그러나 이런 생각을 하고 도나우강을 찾은 사람들은 모두 실망한다.

우선 강이 2개인 것에 대하여 놀란다. 2개 중 하나는 가짜일 텐데 어느 것이 진짜 도나우강인가 어리둥절해질 수밖에 없다. 다음엔 물빛이다. 푸르고 맑고 잔잔한 로맨틱한 분위기의 도나우강이 반드시 있어야 한다. 그런데 실은 물빛은 구정물이고, 물결은 사납고, 유속이 빨라 어지러울 정도다. 도대체 이런 강에서 왈츠가 어떻게 탄생했는지 고개가 갸우뚱 기울어진다.

도나우강은 원래는 하나였다. 전후 정부에서 인공적으로 강줄기를 둘로 갈랐다. 하나는 원래대로 강물이 흐르게 했고, 하나는 앞뒤로 제방을 쌓아 강물을 가두었다. 갇힌 강줄기는 유속이 완만해지고 물속의 진흙도 가라앉아 물빛이 조금은 더 맑고 자세히 보면 푸른색도 보이는 듯하다. 억지로 꾸민 도나우강이 되어버렸다. 모처럼 찾아온 관광객들은 오히려 분개하여 강을 망쳐놓았다고 불만을 터뜨린다. 또 강의 양쪽은 자를 대고 금을 그은 것처럼 직선으로 둑을 쌓았다. 나무 숲속으로 물이 흐르고 새들이 지저귀는 풍경을 기대했던 사람들에겐 너무나 큰 실망을 안겨준 것이다.

그러나 전장 2,860km나 되는 도나우강이 모두 이렇게 험상궂은 강인가.

그렇지는 않다. 빈에서 그라인(Grein)까지 운행하는 도나우 유람선을 타보면 알 수 있다. 특히 유람선이 크렘스(Krems)에서 멜크(Melk) 구간을 지날 때는 짙고 푸른 숲 사이로 배가 지나간다. 물빛은 은빛이 되고 주변 경관은 너무 아름답다. 강 양쪽에는 중세시대의 고성들이 줄지어 있어 더욱 그윽한 분위기를 자아낸다. 이 유람선을 타보지 않고는 섣불리 도나우강을 말해서는 안 된다.

잘츠부르크

'소금의 성'이란 뜻의 잘츠부르크는 이름 그대로 암염의 산지이다. 아름다운 알프스 경치와 화려한 건축물의 독특한 조화로 잘츠부르크는 세계에서 가장 아름다운 도시 중 하나로 꼽힌다. 상주인구가 14만 명에 불과하지만 해마다 이곳을 찾는 관광객은 900만 명에 이른다.

수세기 동안 음악의 중심지였던 잘츠부르크는 모차르트의 출생지로 유명하다.

게트라이데가세 9번지에 있는 그의 집은 박물관으로 보존되고 있으며, 1920년 8월 20일 모차르트 기념음악제를 시작으로 매년 7월과 8월 사이에 잘츠부르크 음악제가 성대하게 개최된다. 잘츠부르크축제는 독주회, 관현악, 실내악연주회, 교회음악, 오페라, 연극 등으로 구성되지만, 모차르트의 음악이 축제를 압도한다. 페스티벌 기간 동안 세계의 유명한 오케스트라와 지휘자, 솔리스트들이 대거 모여든다. 빈필, 베를린필은 물론이고, 그동안 토스카니니, 브루노 발터, 카라얀 등 당대 정상의 지휘자들이 참가했다. 대개 5~6편의 오페라공연과 60여 종의 음악연주회들이 올려진다. 그중의 백미는 '돈조반니', '피가로의 결혼', '마적' 등 모차르트의 오페라공연이다.

잘츠부르크축제가 열리면 시내에 있는 모든 공연장에서 행사가 개최된다.

1925년 궁정 마구간을 공연장으로 개축한 구축제극장, 1960년 묀히스베르크 언덕 아래를 파서 세운 신축제극장 등이 중심지이다. 모차르트 생가와 동상 주변에는 거리의 악사들이 모여들어 모차르트의 음악을 연주한다. 페스티벌 기간 동안은 사실 잘츠부르크 도시 전체가 음악회장이라 해도 과언이 아니다. 축제기간 동안 찾아오는 사람이 매년 20만 명을 넘는다고 하니 음악제로는 가히 세계 최정상급이라

할 만하다. 이외에 부활절 페스티벌과 봄 페스티벌, 그리고 12월에 강림절 음악회 등이 연중 개최된다. 특히 부활절 페스티벌은 잘츠부르크에서 태어난 세계적인 지휘자 카라얀이 창설한 무대로, 그의 생전엔 매년 베를린필과 함께 잘츠부르크를 방문해 아름다운 선율을 들려주곤 했었다. 그래서 뮤지컬 영화 '사운드 오브 뮤직'의 배경이 되기도 했던 잘츠부르크 시민들은 1년 내내 음악에 푹 파묻혀 살고 있다.

그러나 무엇보다도 잘츠부르크가 유명해진 것은 모차르트의 고향이기 때문이다. 그 후에 영화 '사운드 오브 뮤직'으로 더욱 유명해졌다.

비엔나

카페

카페의 원조는 비엔나다. 1863년, 터키와 전쟁 때 큰 활약을 한 롤시키란 사람이 비엔나 시내에 카페를 차린 것이 세계 최초라는 설이 있다. 비엔나에 커피가 들어온 것도 이때다. 지금은 비엔나 시내에만 1,500집이 넘는 카페가 있어, 비엔나는 '카페의 도시'라고 불릴 정도다.

비엔나의 카페에는 커피만 파는 것이 아니다. 케이크도 팔고 아침에는 가벼운 식사도 제공한다.

비엔나 시민이 가장 많이 카페를 찾는 시간은 오후 4시이다. 이 시간을 '야우제'라고 부르는데, 커피와 과자를 함께 먹는다. 이 시간이 되면 카페는 가는 곳마다 만원이 되어 빈자리 찾기가 쉽지 않다. 커피는 10여 종이 있는데, 그중에서도 블랙커피인 모카, 호프크림을 얹은 카푸치니, 밀크를 조금 탄 브라우너, 밀크를 커피 양만큼 듬뿍 섞은 멜랑게, 소위 우리나라에서 '비엔나 커피'로 알려진 아인슈펜너, 커피에 럼주를 넣은 모카 케슈프리츠, 진한 맛의 터킷셔 등이 있다. 한때 한국인들이 비엔나의 카페에 가서 비엔나커피를 달라고 하여 우스갯거리가 되기도 했는데, 어떤 카페에서는 진짜로 비엔나커피를 팔고 있다는 이야기가 들린다. 너무 많은 사람이 찾다보니 우스개가 진실이 된 셈이다.

카페에서 커피를 주문하면 은쟁반에 차를 내온다. 맑은 냉수 한 컵을 동시에 내놓는다. 스푼은 이 물 컵 위에 놓여 있다. 커피도 맛있지만 물맛도 신선하다. 이 물은 알프스의 눈을 녹인 것이라 한다.

비엔나의 카페는 단순한 찻집이 아니다. 때로는 콘서트가 열리기도 하고, 전람회나 시 낭독회가 열리며, 문학토론회 같은 것도 열린다. 말하자면 일종의 문화공간이다. 시민들은 이곳에서 신문이나 책도 보고, 글을 쓰기도 한다.

숲속의 '호이리게'

비엔나 숲속에 가면 '호이리게(Heurige)'란 술집이 있다. 직역하면 '올해의'라는 뜻인데, 이곳에서는 '올해에 담근 와인을 파는 술집'으로 통용되고 있다.

와인은 오래된 것일수록 비싸다. 서양속담에 '친구와 와인은 오래될수록 좋다'는 말이 있을 정도다. 그러나 오래된 와인의 그윽한 맛도 좋아하지만, 그해에 새로 담근 새 포도주의 신선한 맛도 즐기는 서양인이다. 신주(新酒)는 값도 싸다.

비엔나의 호이리게 술집은 그린칭(Grinzing), 레오폴드베르크(Leopoldberg), 하일리겐슈타트(Heiligenstadt)에 몰려 있다. 모두 비엔나 숲속에 있는 작은 마을들이다. 이 마을은 전체가 술집이다. 호이리게 술집은 대문간에 소나무가지를 꽂아놓았다.

이곳에선 술을 유리항아리에 담아 판다. 큰 것은 한 말들이 항아리다. 투명유리라 속이 들여다보인다. 이 술을 마실 때는 숭늉 마시듯 한다. 잘 마시는 사람은 항아리째 입에 대고 꿀꺽꿀꺽 들이켜기도 한다.

술을 마시고 있노라면 악사들이 나타난다. 손님 좌석을 돌며, 악사들은 연주를 해준다.

그린칭에는 베토벤하우스가 많다. 베토벤이 한 번이라도 다녀간 집은 모두 베토벤하우스다. 그런데 베토벤하우스의 악사들은 베토벤의 음악을 연주하지 않고, 엉뚱하게도 왈츠라든가 편곡된 경음악을 연주한다.

이 술집에 안주는 없다. 특별히 주문하지 않는 한 안주는 내놓지 않는다. 그리고 술값이 싸다.

이탈리아 Italy
제국과 르네상스문화의 꽃을 피운 나라

이탈리아는 중세에서 현대로 이어지는 르네상스시대에 예술발전의 전진기지였다. 이탈리아는 일찍부터 세계 국가로 발전해서 오래전부터 민족과 문화의 혼합이 계속되어 왔다. 지금도 북부지방에는 푸른 눈을 가진 사람이 많고 남부에는 검은 눈을 가진 사람이 많다. 국민성은 낙천적이며 잘 떠들고 외향적이다.

주세페 베르디는 문화예술과 수많은 기념물로 잘 알려져 있다. 피사의 사탑과 로마의 콜로세움 등의 역사적 건축물과 이탈리아 음식(피자, 파스타 등), 포도주, 생활양식, 우아함, 디자인, 영화, 연극, 문학, 시, 미술, 음악(특히 오페라), 관광 등은 이탈리아를 세계적인 문화국가로 만들었다.

그래서인지 이탈리아사람들은 노래를 사랑하고 잘 부른다. 도시마다 오페라하우스가 있는가 하면 그림·조각·건축에 있어서도 이탈리아인들은 다른 민족의 추종을 불허한다. 레오나르도 다빈치, 미켈란젤로, 라파엘로, 그리고 그들의 재능을 잇는 무수한 미술가들이 오늘도 왕성한 창작활동을 벌이고 있다. 그뿐만 아니라 순수미술에서 파생된 응용미술 또한 눈부시게 발전하고 있다. 각종 디자인, 산업미술에 있어서도 이탈리아는 언제나 선두를 달리고 있다. 이미 유럽의 르네상스시대는 14세기와 15세기에 이탈리아에서 시작된 것이다.

이탈리아의 작곡가 몬테베르디, 팔레스트리나, 비발디 등은 한 시대를 풍미했고 19세기에는 조아키노 로시니, 주세페 베르디, 자코모 푸치니 등의 작곡가들에 의해 이탈리아의 낭만주의 오페라가 전성기를 구가했다. 현대의 이탈리아 미술가들과 작가, 영화감독, 건축가, 작곡가, 디자이너 등도 오늘날 서양문화에 크게 이바지하고 있다.

이탈리아라 하면 우리는 제일 먼저 그 옛날 화려함의 극치를 자랑했던 로마시대의 번영을 연상하게 된다. 지리적으로 이탈리아는 아프리카대륙과 유럽을 연결하는 지중해의 다리 구실을 하고 있다. 따라서 일찍부터 상업을 중심으로 도시문명이 발달하였다.

　기원전 7세기 무렵부터 도시국가를 토대로 막을 열기 시작한 로마시대는 카르타고와의 3차례에 걸친 포에니전쟁을 통해 지중해의 패권을 완전 장악한다. 그리고 BC 27년 아우구스투스 황제(옥타비아누스)에 이르러 그 영향력을 유럽 전역으로 확대해 이른바 로마에 의한 평화, 즉 '팍스로마나'시대를 풍미한다. 하지만 이후 로마제국은 거대해진 몸집을 감당하지 못해 395년에 동·서로 분열되고 만다. 476년 서로마제국이 몰락한 뒤 이탈리아는 실질적으로 동로마 황제(비잔틴 황제)의 지배하에 놓인다. 그러나 동고트족과 랑고바르드족 등 이민족의 침입이 이어지면서 중앙권력이 사실상 붕괴되고, 프랑크왕국과 신성로마제국의 지배를 받으면서 이탈리아반도는 소도시국가들이 난립하는 사분오열의 지경에 빠진다. 수세기 동안 이어진 분열에도 불구하고 15세기의 이탈리아는 베네치아, 피렌체, 밀라노 등 대 상업도시들 간의 정치적 경쟁의식과 상인을 중심으로 한 시민의식의 성숙으로 르네상스문화를 꽃피운다. 특히 당시 도시국가의 군주들은 정치적 대결의식을 자제하는 한편, 학자와 예술가들을 적극 보호하여 르네상스문화의 발전에 큰 역할을 담당한다. 1789년의 프랑스혁명은 당시 이탈리아의 신흥시민계급에도 커다란 반향을 불러일으킨다. 이들은 1831년 복고체제와 맞서 싸우기 위해 카르보나리당 등 비밀결사를 조직하여 전국 각지에서 이탈리아의 독립과 통일을 향한 운동을 전개한다. 이 운동은 오스트리아의 무력개입으로 일시 진압되지만 이후 마치니가 이끄는 청년 이탈리아당의 모태가 된다. 이후 1870년 이탈리아는 가리발디의 진두지휘하에 보·불전쟁을 승리로 장식하며 마침내 대망의 통일을 달성한다.

그러나 통일 후 이탈리아의 정국은 온건개혁노선의 우파와 급진공화주의자 마치니의 계보를 잇는 좌파 간의 암투로 얼룩진다. 더욱이 제1차 세계대전 이후 오스트리아에 빼앗겼던 옛 영토를 되찾지만 전쟁의 후유증으로 야기된 심각한 경제 불안은 전국을 혼란의 소용돌이에 빠뜨린다. 이 틈을 타고 등장한 것이 바로 무솔리니의 파시스트 정권이었다. 1922년 왕의 명령에 따라 내각을 조직한 무솔리니는 사회당과 공산당을 배제시키고 왕과 대자본가의 지지를 배경으로 독재체제를 구축한다. 그리고 1937년 국제연맹의 탈퇴와 동시에 독일·일본과 방공협정을 맺음으로써 뒤늦게 제2차 세계대전의 주역으로 나선다. 그러나 아직 군비가 갖추어지지 않은 무솔리니의 이탈리아군은 지중해상과 아프리카 등지에서 패전을 거듭하던 끝에 1943년 7월 친정세력의 쿠데타에 의해 붕괴되고 만다.

제2차 세계대전이 끝난 이후 이탈리아는 패전의 멍에를 떨쳐버리고 정치적 안정과 국민적 통일을 달성하기 위한 노력에 박차를 가하여 왔다. 1946년 국민투표를 통해 왕제를 폐지하고, 이어 1947년에 소집된 제헌의회가 신헌법을 채택함으로써 마침내 지금의 이탈리아공화국이 탄생하여 오늘에 이르고 있다.

피자 그리고 파스타

어디서나 지나간 세월의 그 화려한 흔적이 묻어 있게 마련이다. 그중의 하나가 바로 이탈리아다. 한때 전 세계를 지배했던 로마제국의 영광이 역사적인 무게와 더불어 이 나라의 곳곳에 남아 있다. 때문에 지구촌 곳곳에서 이탈리아를 찾는 발길은 끊이질 않는다.

이탈리아를 여행하는 사람들은 오랜 역사로 다원화된 문화와 함께 변화무쌍한 이탈리아 피자와 파스타의 맛에 또 한번 놀라게 된다. 우리나라의 김치

만큼이나 유명한 피자, 그리고 스파게티라고 더 알려진 파스타는 이제 이탈리아의 상징으로까지 자리 잡고 있다.

일례로 밀라노의 번화한 거리가 집중되고 있는 몬테나폴리오네 거리가 있다. 그곳에서는 시내 곳곳에서 금방이라도 패션잡지에서 튀어나올 것 같은 멋쟁이들이 거리를 활보한다. 최상의 것 외에는 만들지 않는다는 자세를 고지식할 만큼 지켜가고 있다. 패션하면 파리를 연상하던 시대는 지났다. 세계적인 유명 브랜드의 제품에서부터 중저가 패션제품까지 개성 있는 상품들로 오늘날 밀라노는 세계 유행의 발생지가 되고 있다.

밀라노는 패션만큼이나 먹는 것에도 단연 두각을 나타내고 있다. 밀라노 도어모광장 쪽에 있는 값싸고 맛있는 파스타 전문 음식점. 요즘은 대체로 가정이나 식당이나 공장에서 나오는 건조된 파스타를 사서 간단하게 요리를 하는 편이다. 하지만 이곳은 참밀가루를 이용해 주방장이 손으로 반죽을 해서 신선한 파스타를 만들고 있다.

빵을 만들 줄 안다면, 파스타를 만드는 것도 비교적 간단하다. 참밀가루의 중심부분을 오목하게 한 다음 사프란 가루나 시금치, 또는 토마토를 묽게 갈아놓은 것을 넣어 포크로 잘 섞이게 젓는다. 아주 탄력적이고 매끄럽게 되도록 손으로 반죽을 한 다음 밀대로 밀거나 파스타 제조기로 투명할 정도로 얇게 민다. 납작하게 펴진 파스타 반죽을 돌돌 말아 칼국수처럼 자르면 우리가 아는 긴 스파게티 모양이 되고, 리본이나 창살, 구름, 달팽이 같은 갖가지 모양의 파스타를 만들 수가 있다. 네모나게 자른 파스타 위에 생치즈인 나코타나 시금치나 저민 고기를 갈아놓은 내용물을 속에 채워 만두같이 빚어놓은 것이 바로 또르뗄로니라는 이름의 파스타이다.

밀라노를 중심으로 하는 롬바르디아주는 특히 면류가 발달했다. 대표적인 파스타 요리 몇 가지를 만들어보면, 먼저 쁘로쇼또끄로도라는 생돼지고기를 잘 달구어진 팬에 볶는다. 신선한 우유를 조금 넣고 연어와 버섯, 샤르비아향을 합한 향료를 넣어 우스터소스라고 하는 부드러운 소스를 조금 만들어놓는다. 버터를 많이 쓰는 북부의 파스타요리에 비해 남부는 올리브유를 많이 쓰는 대신, 버터는 거의 쓰지 않는다. 다만, 향신료로써 마늘과 토마토를 이용한 소스가 많다는 게 특징이다. 소스를 만드는 동안 소금을 친 충분한 양의 끓는 물에서 파스타를 오돌오돌 씹힐 정도로만 삶아 건져낸다. 고소하기도 하고, 샤르비아 향내가 향긋한 파스타요리 하나가 간단하게 완성되는 것이다.

또르뗄로니라는 꽃무늬의 파스타 역시 속이 터지지 않도록 소금물에 조심스레 삶아낸다. 마치 물만두처럼 삶아서 물을 뺀 파스타를 접시에 담고, 그 위에 버터를 끼얹고 파르메산치즈나 하얀 치즈를 얹는다면 더없이 풍부한 파스타요리가 되는 것이다. 성인병을 걱정하는 사람들은 요즘 버터 대신 올리브유로 입맛을 바꾼다고도 한다.

그러면 이탈리아사람들은 파스타를 어떻게 해서 먹게 되었을까? 파스타의 원조는 중국이라고 한다. 기원전 3000년 전부터 중국의 국수요리 같은 밀가루 음식이 유럽에 전해졌다는 것이다. 마르코폴로가 '동방견문록'을 쓰면서 중국의 풍물이 유럽에 열풍을 일으키던 당시 이탈리아에서도 파스타가 크게 인기를 모았다고 전해진다.

이탈리아 내에서도 피자는 실로 다양한 모양으로, 지역마다 독특하게 개발되고 있다. 하지만 한마디로 이탈리아 피자의 특성을 이야기한다면, 우리가 늘상 알고 있는 두텁고 복잡한 피자가 아니라, 얇고 바삭바삭한 빵 위에 고명으로 얹은 토핑재료도 불과 몇 가지밖에 되지 않는다고 한다. 그곳에 벌통 모양의 뜨거운 화덕에서 약 15분가량 구워낸다. 이탈리아에서만 맛볼 수 있는 독특한 피자 맛의 비결은 따로 이 벽돌화덕에서 나온다고 한다. 마지막으로 박하와 향긋하고 쌉싸름한 초록색의 바질은 피자맛을 한층 색다르게 한다. 피자를 만드는 데 중요한 요인은 우선 반죽이 잘된 재료와 화덕이다. 화덕의 적정온도는 대략 섭씨 90도이다. 화덕은 장작을 쓰는 화덕이 좋다고 한다.

피자가 언제 시작되었는지는 정확히 알려져 있지 않지만 대략 2000년에서 3000년 전에 시작되었다는 학설이 있다. 일본이나 이집트에서 시작되었다고 말하는 사람이 있는 반면에 중국이라고 말하는 사람도 있는데, 중국은 증기로 요리를 하기 때문에 아닌 것으로 보인다. 어쨌든 이탈리아 주변 지역에서는 대략 100여 년 전부터 시작되었다고 볼 수 있다. 정확히 말하자면 1889년 나폴리에서 마르게리타 여왕을 기념하여 카포 디 몬테라는 마을에서 처음으로 만들어지기 시작했다고 한다.

우리나라 사람들이 제주도를 동경하듯 이곳 이탈리아사람들은 나폴리를 보고 죽자는 극단적인 표현을 할 정도로 미항 나폴리를 사랑한다. 나폴리의 번화가를 지나 해안선을 따라가다 보면 부둣가를 끼고 많은 선상 횟집이 들어서 있다. 특히 이곳에 가면 나폴리 항구나 산타루치아만에서 갓 잡아 올린 신선한 어패류가 지천이다. 그래서 나폴리에서는 피자나 파스타에도 해물을 이용한 것이 많다.

로마

로마는 이탈리아에서도 특별한 도시다. 로마 하면 고대로마를 연상하지 않을 수 없기 때문이다. 로마의 지중해 지배체제 확립과 함께 로마시는 전 유럽의 정치의 중심지가 되었고, 각국의 사절은 다투어 로마 원로원을 알현하고자 하였으며, 이와 함께 '로마의 여신'은 해외 각지에서 종교예배를 받기에 이르렀다. 해외로부터 온갖 약탈품이 반입되어 로마를 장식한 것은 물론이다.

고대 로마제국은 그렇게 유럽의 어머니로 군림하였기에 유럽의 역사와 문화는 모두 로마와 연결되어 있다고 해도 과언이 아니다. 17세기 프랑스 시인 라 퐁텐은 '모든 길은 로마로 통한다'고 노래했다. 물론 그 속에는 '진리는 하나'라는 의미도 포함되어 있지만, 여행자에게 있어 그 말은 '이탈리아를 보지 않고 유럽을 말할 수 없다'는 격언으로 남는다.

그렇다고 이탈리아를 먼저 가는 것은 좋은 여행방법이 아니다. 로마를 먼저 보면 유럽여행의 흥미는 반감되기 때문이다. 유럽 각지에 흩어져 있는 모든 과거의 유적과 예술품을 모두 합친 것보다 로마는 더 감동적이기 때문이다. 더욱이 이곳에는 관광객을 즐겁게 하는 활발하고 유머 가득한 이탈리아인들이 있고, 연간 1천만 명을 넘는 관광객들이 만들어내는 온갖 유혹과 범죄 및 해프닝의 이야기가 있다.

공자 어록에 '지불여호 호불여요'(知不如好 好不如樂 : 알려고 하는 것보다 좋아하는 것이 낫고, 좋아하는 것보다 즐기는 것이 낫다)라는 말이 있는데, 되도록 복잡하게 생각하지 않고 즐겁게 사는 이탈리아인들이야말로 공자가 말하는 그 대상이요, 일찌감치 인생의 진리와 참 멋을 터득한 현자(賢者)들일 수 있는 것이다. 로마를 '제멋대로 사는 운수 좋은 여자'에 비유하는 시인도 있다. 스스로는 그 무엇 하나 생산해 내지 못하지만 언제나 확실한 패트론(patron)이 있어 2000년 동안 역사와 문화의 안주인 자리를 지키고 있는 여자다. 그녀는 이젠 상당히 나이가 들었는데도 장래를 위해 저축을 한다든가, 노후설계를 고려하는 일이 없다. 도대체 아무런 걱정이 없는 여자, 즉 그런 낙천적이고 자유분방한 여자의 모습이 로마와 같다는 말이다. 그녀가 로마제국에 의해 세상에 그 모습을 드러내기 전에는 7개의 나지막한 언덕에 둘러싸인 구릉지대에 불과했다. 한 언덕에는 라틴인이 살고 있었고, 또 한 언덕에는 사비니인이 모여 살았던 정도였다. 가장 먼저 부락이 형성되었다는 장소는 팔라티노 언덕이었다.

그러던 것이 로마제국의 등장과 함께 북으로는 영국으로부터, 남으로는 북부아프리카, 서쪽으로는 스페인, 동쪽으로는 중근동에까지 그 위세를 떨치고 대제국의 부가 결집되는 중앙으로 화려하게 부상했다. 콜로세움을 비롯하여 여러 황제들의 개선문, 신전, 경마장 등은 이러한 부와 힘의 지배를 대변하기에 부족함이 없다.

여기에 빼놓을 수 없는 것이 분수이다. 로마시의 특징 중 하나가 많은 분수라고 할 수 있다. 고대사회의 분수는 미적 효과보다는 공공시설로서의 역할이 더 컸었다. 그러므로 대부분 분수들은 인파가 모이는 장소에 설치되어 공동우물로 이용되었다. 그러나 시간이 흐름에 따라 도시장식으로서의 의미가 더 커지게 되었다. BC 19년 로마에 공급되는 수로가 끝나는 지점에 설치된 트레비분수를 포함하여 거북이분수, 보트분수, 트리토네분수, 바오르샘의 분수 등이 로마의 대표적인 분수들로 하나같이 조형미의 극치를 보여준다.

제국의 멸망 이후 새로운 패트론으로 등장한 것은 제국을 무너뜨린 가톨릭이었다. 바티칸이 베드로의 후임자이며 예수의 대리인인 교황의 거주지가 되고, 아울러 그리스도교의 수도가 되면서 전 세계 가톨릭 교도들의 순례행렬이 이어지게 되었고, 현금이 쏟아져 들어왔다.

이렇게 세계에서 가장 작은 영토의 나라 바티칸시국이 들어앉은 지역은 기원 초 '아게르 바티카누스'라는 경기장이 있었던 자리이며, 네로 황제가 기독교인들의 처형장으로 사용했던 거대한 정원이 있던 곳이다. 당시 처형당한 순교자들 중에 성 베드로도 있었는데, 그는 예수와 같은 모습으로 최후를 맞이할 자격이 없다면서 십자가에 거꾸로 달려 죽기를 원했다. 3세기에 이르러 그리스도교가 공인을 받게 되자, 성 베드로가 묻혔던 무덤 주위에 그리스도교의 성당 중 가장 거대한 성당이 건축되었다. 이것이 저 유명한 베드로성당이다. 그리고 이 성베드로성당을 시작으로 로마에는 세계 최고의 성당들이 속속 들어서기 시작한다. 그리고 로마는 현대를 맞는다. 현대의 패트론은 단연 관광객들이다. 그들에게는 로마제국이나 가톨릭만큼 그녀를 가꾸어줄 부(富)나 능력은 없지만, 이들이 있어 로마는 아직 유럽의 화려한 중심자리를 훌륭하게 지키고 있는 것이다. 돌이켜보면 로마는 항상 외국인들로 성시를 이뤘다. 홍콩이나 뉴욕보다 더 다양한 인종이 모여 웃고 떠들고 즐기면서 살았다. 로마사람들은 이런 모습까지도 즐겼다. 이런 것이 로마가 타고난 숙명이 아닐까 한다. 로마제국이 유럽의 중심이었을 당시에도 로마인은 로마의 일부분에 지나지 않았다. 해외 각지에서 수송되어 온 노예들의 수가 로마인의 10배나 될 정도로 많았다. 이후 노예들은 속속 해방되면서 로마시민이 되었다. 그럼에도 불구하고 가톨릭시대에 보면 역시 또 세계 각지에서 모여드는 교인들로 인해 이탈리아인의 비중은 많지 않았다.

  지금도 마찬가지인 것이 연간 1,000만 명이 넘는 관광객들이 이 도시를 채우고 있는 것이다. 그들이 평균 2일을 체류한다고 보면 로마에는 어느 날이고 70만 명 내외의 외국인이 있는 셈이 되고, 평균 3일 정도 체류하고 100만 명 이상이 상존한다고 보아야 한다. 로마시 인구를 300만으로 볼 때 이는 결코 작은 숫자가 아닌 것이다.

콜로세움(Colosseum)

기원 1세기 후반의 후라비오시대 고대 로마의 권력과 영광을 상징하는 타원형의 대투기장이다. 기원 75년에 기공하여, 80년에 개장했고, 82년에 완성된 것이다. 시민들이 유혈의 검투기에 열광하고, 그리스도교도를 박해한 곳이다. 주위 527m, 장경 약 186m, 단경 약 155m, 높이 57m, 5만 명의 관객을 수용했다고 하는 거대한 곳으로서, 로마 최대의 건축물이다. 장내의 십자가는 폭군 네로의 박해로 사자 밥이 되어 목숨을 잃은 기독교도의 순교를 기념하여 세운 것이다.

카라칼라(Caracalla) 대욕장(大欲場)터

212년 카라칼라 황제 때에 세운 대욕장터이다. 2,000명 가까운 사람이 동시에 목욕을 할 수 있었다고 한다.

바티칸(Vatican) 시국

법왕을 최고로 하여 전 세계 가톨릭교회에 군림하는 독립국이다. 세계 최소의 독립국으로 면적 0.44km², 약 1,500명의 성직자가 있다. 나라라고는 하나 기껏해야 바티칸궁전, 산 피에트로(San Pietro)대사원과 그 부속지뿐이다. 그러나 종교·문화·예술 면에서는 무한의 가치와 흥미를 가진 보고이다.

로마의 빠르

로마의 거리에서 가장 많이 볼 수 있는 간판은 빠르(bar)이다. 영어식으로는 '바'로 발음해야 하나, 현지인들을 '빠르'로 부르고 있다. 로마의 빠르는 술집이 아니다. 다방에 가까운 업소로 보는 것이 타당할 것 같다. 빠르에서는 커피는 물론, 주스, 아이스크림, 샌드위치, 피자, 술 등 여러 가지를 판다. 어찌 보면 서울의 카페 비슷하기도 하다. 빠르는 여행자들이 잠깐 쉬거나 가벼운 요기를 하고 싶을 때 큰 부담 없이 이용할 수 있는 편의시설이다.

그런데 빠르에는 2가지의 요금이 있다는 사실을 알아야 한다. 메뉴북을 펼쳐 보면 요금이 두 가지씩이다. 가령 똑같은 카푸치노 1잔 값이 3~6천 리라고 적혀 있는 것을 보고 어리둥절해 한다. 로마의 빠르에서는 카운터에 서서 마시는 요금과 의자에 앉아서 마시는 요금이 다르다. 앉아서 마시면 요금이 2배, 심할 때는 5배까지 껑충 뛴다. 주문법도 다르다. 서서 마시는 것은 계산대에 가서 요금을 먼저 지불하고, 주문서를 가지고 카운터에 제시하고 차를 마시게 되어 있다. 앉아서 마실 때는 그냥 의자에서 기다리면 웨이터가 주문을 받으러 온다. 이탈리아사람이 즐겨 마시는 커피는 에스프레소와 카푸치노인데, 에스프레소는 원두를 증기로 뽑아 향기가 좋고, 카푸치노는 카푸치노 수도원의 승려복 빛깔을 닮았다 해서 붙여진 이름이다. 대체로 카푸치노가 에스프레소보다 요금이 갑절 비싸다.

밀라노

이탈리아에는 2개의 수도가 있다. 즉 로마는 행정수도이며, 경제수도는 밀라노라고 한다. 그 이유는 큰 회사, 큰 은행, 큰 공장들이 밀라노를 중심으로 이탈리아 북부 일대에 집결되어 있어 '북부에서 번 돈으로 남부 이탈리아인들을 먹여살린다'라는 말까지 나올 정도다. 경제수도답게 패션은 세계적으로 명성이 높다. 세계 3대 패션도시를 꼽을 때는 으레 밀라노가 끼게 마련이다. 매년 3월과 10월에는 패션쇼가 열리고, 이때는 세계 각국의 저명 디자이너들이 모여 경연을 벌인다. 이와 함께 무역견본시장도 열리며, 피혁제품을 비롯 이탈리아의 유명상품들이 세계에 선보인다. 비토리오 에마누엘레 2세 아케이드 같은 곳은 유명한 쇼핑가다. 이 쇼핑가 구경만을 목적으로 밀라노를 찾는 사람들도 있다. 그런데 실은 밀라노에 세계에서 가장 싼(?) 물건들을 살 수 있는 벼룩시장이 있다는 사실을 아는 사람은 드물다. 파피니아노(Papiniano) 거리에 가면 1주일에 2번 열리는 패션전문 벼룩시장이 있다. 물론 이들 상품들은 대부분 팔다 남은 재고품이다. 그러나 한 철쯤 지난 밀라노의 재고품은 다른 나라에서는 최신유행패션이 될 수 있다. 때로는 유명 브랜드 상품들도 섞여 나온다. 유명상표라면 깜빡 죽는 우리들에게는 기막힌 정보가 아닐 수 없다. 산같이 쌓아놓고 파는 상품 중에는 순모 스커트, 스웨터, 재킷 따위가 있는가 하면, 스카프, 주얼리와 피혁제품이 있다. 가죽구두의 경우 20달러면 한 켤레를 살 수 있다. 이탈리아 구두를 한국에서보다 4분의 1 가격 정도로 살 수 있다면 경탄을 할 일이 아닐 수 없다. 매주 토요일 포르타 티치네스(Porta Ticiness) 부근의 나비글리(Navigli)에 가면 가구, 안티크를 포함한 거대한 프리마켓이 선다. 값비싼 이탈리아제 고급가구를 싼값에 장만하는 기회가 있을지도 모른다. 핸드캐리어가 가능한 작은 가구는 운반에 부담도 적다. 브레라(Brera)라는 미라벨로광장에서 매주 월요일 오전 중 구두, 양복, 일용잡화, 식료품을 파는 시장이 서고, 화요일에는 중앙역 남동쪽 베네데토 말르켈로(Benedetto Marcello) 거리, 일요일에는 중앙우체국 뒤 비아 아모라리(Via Armorari)에서도 싸구려 벼룩시장이 선다.

베네치아

　베네치아는 물의 도시다. 대운하를 곤돌라가 왕래하는 정경은 세계 관광객의 여정을 자극시킨다. 중세부터 동방과의 무역이 성행했었다. 아드리아해의 여왕이라고도 불리어온 해운국 베네치아의 빛나는 역사는 오늘날 산 마르코광장의 사원과 궁전을 비롯하여 시내 여러 곳의 건물이나 화려한 전통행사 중에서 짐작할 수 있다. 또한 당시 화가들의 색감 풍부한 회화는 아카데미미술관 등에 보관되어 있다.
　배와 도보가 교통수단인 베네치아에서는 모든 것이 인간적인 휴먼 스페이스로 움직이고 있다. 쇼윈도를 살펴보면 베네치안 글라스가 아름답게 빛을 발하고, 시내 전체에 넘치는 로맨틱한 무드가 관광객을 매료시킨다. 이렇게 발길 닿는 대로 거리를 산보한 후에는 레스토랑의 편안한 분위기에서 와인 잔을 앞에 놓고 신선한 해물요리를 마음껏 즐겨보고 싶은 충동이 저절로 일어난다.
　대운하(Canal Grande)는 폭 30~70m, 깊이 5m 남짓, 길이 약 4km이다. 당시의 큰 거리라고 할 운하로서 양쪽 기슭에는 200개가 넘는 고딕·르네상스풍의—14~18세기에 지은—대리석조궁전들이 늘어서서 그림자를 물에 던지고 있다.

베네치아의 카니발

　카니발(carnival)은 로마 가톨릭 국가들 사이에서 사순절 직전 수일에 걸쳐 펼쳐지는 축제로 고기를 치우거나 없앤다는 의미의 라틴어인 카르넴 레바레(Carnem Levare)란 단어에서 유래된 것이다. 카니발이 시작되는 날은 국가나 지역의 풍습에 따라 다르며, 지역마다 독특한 축제문화를 지니고 있다.

'물의 도시 베네치아'에서는 세계에서 가장 역사가 깊고 유명한 축제인 베네치아 카니발의 막이 오른다. 주현절축제와 수상축제로 나뉘는데, 주현절축제는 12월 26일이고, 수상축제는 9월 첫째 일요일에 시작된다.

주현절축제의 중심은 단연 산 마르코광장이다. 역사의 숨결이 그대로 배어 있는 광장에서 가면과 현란한 의상으로 몸을 감싼 선남선녀들이 오가는 모습은 신기하다 못해 신비롭기까지 하다. 기이한 형태의 가면을 쓰고, 디자인과 색감이 돋보이는 의상을 걸친 여인들의 맵시는 무척 관능적이다. 뭇 남성들 사이를 휘젓고 다니며 열광적인 춤도 마다하지 않는다. 축제의 폭죽이 터지면 세계 곳곳에서 관광객이 물밀듯이 들어온다. 화려한 폭죽·민속오락·황소사냥·곡예사의 묘기 등 카니발의 떠들썩함과 가장무도회의 익명성에 묻혀 사람들은 영혼의 해방을 경험하게 된다.

베네치아 카니발이 이처럼 인기 있는 축제가 될 수 있었던 것은 평민들의 호응이 컸기 때문이다. 엄격한 신분사회였던 베네치아에서 비록 짧은 기간이지만 평민들은 계급의 굴레를 벗어던지고 모두 함께 어울리면서 축제의 흥분과 기쁨을 만끽할 수 있었던 것이다. 파괴와 죽음, 재생과 부활을 상징하는 이 카니발은 일종의 심리적 해방감을 제공했던 것이다.

118개의 섬, 177개의 운하, 400개의 다리가 놓인 물의 도시 베네치아는 곤돌라를 타고 좁은 수로를 지나면 양쪽에 수백 년이 지난 고색창연한 건물들이 다가온다. 수상축제가 열리면 운하는 곤돌라경주에 참여하려는 색색의 옷을 입은 사람들의 물결로 뒤덮인다. 거리에는 감미로운 춤과 음악이 흐르고, 운하에는 카니발의 낭만이 흐른다. 자기도 모르는 사이에 사람들은 자유와 파격, 무질서 속에서 '삶' 자체를 느끼게 된다. 웅장한 과거와 화려한 현재가 살아 숨쉬는 베네치아 카니발은 뭇사람들에게 인생은 즐기는 것이며, 그 즐기는 방법 중의 하나가 무엇인가를 깨닫게 해준다.

나폴리

'Vedi Napoli e Poi Muori!(나폴리를 보고서 죽어라!)' 하는 말이 있을 만큼 너무나도 유명한 나폴리(Napoli)는 남이탈리아의 풍광명미한 나폴리만의 항구도시이며, 시드니, 리우데자네이루와 더불어 세계 3대 미항의 하나이다.

로마의 동남향 약 200km에 위치한 로마와 밀라노에 다음가는 이탈리아 제3의 도시이다. 그러나 자연의 아름다움에 비기면 거리는 그다지 깨끗하지 못하다. 길이 좁고, 먼지가 많고, 시끄럽고, 하층민들이 사는 곳인 골목에는 '나폴이의 깃발'이라고 하는 세탁물이 겹겹으로 널려 있다.

나폴리시는 산타루치아 해안에 떠 있는 달걀성(Castel dell Ovo)에서 북쪽 카포디몬테(Capodimonte)왕궁으로 향하는 로마대로를 경계로 해서 양분되었다. 동은 이집트 또는 그리스풍으로 복잡한 구시가이고, 역사가 오래됐으며, 기원전 450년경부터 그리스 식민지로서 개발된 곳이다. 서는 보메로구릉에 뻗은 신시가지가 되고 있다. 중앙정차역은 구시가 동편에 있다. 이 항구는 제2차 세계대전 때 거의 파괴된 것이 복구되어 지금은 이탈리아 제2의 항구라 일컫고 있고, 군항도 여기에 있다. 방파제 산 빈켄초(San Vincenzo)가 남쪽 바람을 막아준다. 또 보메로(Vomero)구릉으로 오르는 등산철도(Funicolare)는 남과 동의 양사면에 있다.

봄베이

나폴리 동남동 약 25km 지점의 베수비오화산 동남기슭에 위치해 있다. 66ha에 달하는 유적이다. 맑은 하늘 아래 주피터신전터 저편에 베수비오화산이 우뚝 솟아 있고, 눈부신 햇빛에 비친 갈색 벽돌과 집, 그리고 2000년 전의 차바퀴에 닳은 돌 포장길이 조용히 누워 있다. 그 밖에 대원형경기장, 극장, 욕탕, 저택, 술집들이 남아 있다. 특히 베티(Vetti)의 집 내부나 뜰에서 당시의 호화스럽던 생활양상을 상상할 수 있다.

봄베이는 기원전 6세기에 건설된 도시로서 로마시대에는 풍치가 좋아서 휴양지로서 인구 2만을 헤아렸으나 1979년 8월 베수비오화산 폭발로 묻혀버린 곳이다. 그 후 1768년에 밭 가운데서 나온 대리석상이 유적발견의 계기가 되어 조직적인 발굴을 하여 지금까지 대체로 약 2/3가 발굴·복구되었다.

베수비오(Vesuvio)화산 등산전차가 있으므로 시간이 있으면 올라가 보는 것이 좋다. 나폴리 동남 약 12km 지점에 있는 표준적인 2중식 화산이다. 외륜산 몬테 좀마(Monte Somma) 북부 최고점이 해발 1,120m, 화구 중앙에 솟은 것이 베수비오산인데 그 높이가 1,287m나 된다.

소렌토(Sorrento) 나폴리만을 안은 듯이 뻗어 나온 반도의 끝에 있는 유원지이다. 깎아지른 듯한 절벽 위에 멋진 호텔과 별장들이 늘어서 있고, 토산품점, 레스토랑도 있어 여유 있게 휴양하고 싶은 사람에게 안성맞춤의 휴양지이다.

피렌체

피렌체(Firenze)는 이탈리아 문예부흥의 요람지이다. 세계에서도 가장 고전적인 예술의 향기에 쌓인 역사적 고도이다. 영어명 플로렌스(Florence)로 널리 알려진 도시인데, 플로렌스는 '꽃의 도시'라는 뜻이다. 말하자면, 시 전체가 이탈리아 예술과 문화의 박물관이다.

예부터 독일과 북부 이탈리아 등지로부터 교통의 요충이어서 12세기경에는 이곳을 중심으로 큰 도시국가가 형성되어 유럽 상공업의 중심이 되었고, 예술·과학의 도시로 번영했다. 15세기경부터 토스카나아대공국의 번영을 이룩하고 막대한 부를 모아 특히 예술을 보호·장려하였기 때문에 단테, 미켈란젤로, 레오나르도 다빈치, 보티첼리, 보카치오, 라파엘로 등 훌륭한 예술가가 여기에 모여 일대 르네상스예술, 학술의 꽃이 피었다.

성 소피아사원

비잔틴 건축예술의 극치라는 아야(聖) 소피아사원은 성당인가, 모스크인가.

1층 남쪽 문 위에는 그리스도를 안고 있는 마리아상이 있고, 바닥에는 그리스도와 가톨릭, 그리고 성서의 이야기를 그린 모자이크가 깔려 있다. 그런가 하면 이슬람사원에서만 볼 수 있는 미나렛이 하늘을 찌를 듯 사원의 네모퉁이에 우뚝 서 있다.

소피아사원의 유래를 알려면 먼저 이스탄불의 역사를 살펴보아야 한다. 원래 이스탄불은 그리스인이 세운 도시다. 이름도 비잔티움이었다. 비잔티움은 유럽과 아시아, 지중해와 흑해를 연결하는 매우 중요한 위치에 있었다.

그리스에 이어 유럽을 지배했던 강대국 로마는 처음에는 그리스도교를 부인했다. 그리스도를 처음으로 인정한 황제는 콘스탄티누스 1세였다. 스스로 가톨릭 신자가 된 콘스탄티누스는 로마를 이교(異敎 : 가톨릭 이외의 종교)로부터 해방시키겠다는 뜻으로 수도를 로마에서 비잔티움으로 이전하고, 도시이름을 콘스탄티노플로 고쳤다. 이때 세운 사원이 지금의 아야 소피아사원이다.

원래는 이 자리에 그리스의 신전이 있었다. 황제는 이 신전을 허물고 성당을 지은 것이다. 그로부터 200년이 지난 후 유스티니아누스 황제에 이르러 어떤 신전, 어떤 성당보다도 큰 사원을 짓도록 명령하여 온 국력을 기울여 공사를 독려했다. 국고가 바닥이 나자 관리들에게 주던 봉급을 중지하고, 학교도 폐쇄했으며, 군대를 총동원, 이 사원 이외의 모든 공사를 중단시키고 가장 우수한 건축자재를 구하기 위해 아시아와 유럽 전역에 배를 보내는 등 광적인 극성을 떨었다. 사원의 제단 하나를 장식하는 데만 1만 8천kg의 은과 50만 개의 진주가 투입되었다고 한다. 아무튼 당시로선 최대 최고의 초호화사원이었다. 그러나 15세기 이슬람군대가 점령하면서 소피아사원은 모스크로 개조되었다. 성화가 그려진 천장과 벽은 코란의 교전이 그려지고, 십자가 대신 이슬람 심벌이 게시되었다.

포르투갈 Portugal
동방항로 발견의 선구자

스페인 지배의 시기를 제외하면 지난 500년간 두 나라 사이에 전쟁은 없었다. 공개적으로 양국 간에 평화가 유지되어 왔으나 스페인에 대한 국민의 감정은 좋지 않다. 그럼에도 불구하고 포르투갈 정부나 언론, 심지어 그 국민마저도 일체 이러한 반 스페인 감정을 겉으로 나타내지 않는다. 매우 슬기로운 처세라 아니할 수 없다.

포르투갈에 이런 피지배의 역사만 있는 것은 아니다. '바스코 다가마'의 인도항로 발견을 시작으로 인도, 중국 등 동양과의 교역으로 부를 쌓아 한때 부강을 누린 시기가 있었다. 무어족의 지배하에서 포르투갈사람들은 그들로부터 기술을 습득하고 그들을 퇴치하면서도 그들을 일부 수용하는 아량을 보였다. 따라서 포르투갈의 역사는 부정적인 면보다 긍정적인 면이 더 크다.

원래 포르투갈사람들의 특징은 가톨릭 전통 아래 보수적이고 종교적인 기질이 강하다. 그리하여 어두운 색깔의 옷을 즐겨 입는 편이며, 공식적인 호칭을 즐겨 사용한다.

한편, 이러한 국민성 이면에는 우리나라의 恨과 비슷한 국민적인 정서(포르투갈인들은 saudade라 함)가 깊게 깔려 있다. 이는 잃어버린 또는 이룰 수 없는 무언가를 그리워하는 가슴 저미는 melancholy와도 같은 것이다.

　　포르투갈은 이베리아반도 서쪽 끝에 정방형으로 자리 잡은 나라이다. 본토 이외에 대서양상의 아조레스와 마데이라제도를 비롯, 중국 남부의 마카오를 해외 식민지로 두고 있다.

　　대서양 해안지역은 포근한 겨울과 청량한 여름으로 인해 유럽인들이 즐겨 찾는 휴양지이기도 하다.

원래 이곳의 원주민은 이베로족이었으나 기원전 7세기 무렵 반도 북쪽으로부터 이주한 켈트족이 정착하면서 오늘날 포르투갈 민족의 기원을 이룬다. 이후 포르투갈은 기원전 3세기 말부터 로마의 지배하에 들어가 라틴어와 기독교를 받아들이게 되며, 남북을 관통하는 도로가 건설되어 그때까지의 고립지역들이 하나로 연결되기도 한다.

로마가 몰락한 후 북방 게르만족이 들어와 지금의 브라가 지역에 수에비왕국을 건설하지만, 6세기 중엽에 이르러 서고트왕국에 합병되고 만다. 하지만 711년, 이슬람교도인 북아프리카의 무어족이 침입해 이베리아반도 전역을 지배하기에 이른다. 무어족은 이후 이 지역을 400여 년간 통치하며 이슬람식 문화를 강요한다.

포르투갈에서 무어족에 대항한 '국토회복운동(레콘키스타)'의 바람이 일기 시작한 때는 11세기 초에 이르러서이다. 당시 이베리아반도 북부에서 비롯된 이 운동은 알폰소 헨리케왕의 지휘하에 무어족 축출에 성공, 마침내 1139년에 코암브라를 중심으로 포르투갈왕국을 건설한다. 그리고 포르투갈 왕들은 이후에도 국토회복운동을 계속 전개하여 13세기 중엽에 지금의 국경을 확정지었으며, 이는 이웃 나라인 스페인보다 250년이나 앞서 완료된 것이었다.

왕국 건설 이후 영토회복에 바빴던 포르투갈의 내정은 14세기 중엽, 페스트와 대 카스티야전쟁으로 인해 극심한 사회·경제적 위기에 직면한다. 하지만 1385년 독립파가 친 카스티야파를 평정하고 아비스왕조를 옹립함으로써 포르투갈 내정은 차츰 진정 국면을 맞이한다. 그리고 해상 부르주아지의 지원을 받은 아비스왕조는 이때부터 본격적인 해외 진출정책을 전개하여 1488년에 희망봉을 발견하는가 하면, 1498년엔 바스코 다가마가 인도항로를 개척하였고 1500년에는 브라질을 손에 넣어 이들로부터 나오는 금은보화나 향료, 비단 등의 수입을 통해 막대한 경제적 번영을 구가하게 된다.

그러나 이러한 포르투갈의 번영도 국내정국의 불안으로 16세기 말부터 점차 사양화의 길을 걷기 시작, 1580년에 스페인에 합병되어 이후 1640년까지 60년 동안 스페인 식민통치시대를 경험한다.

독립 후 이미 인도의 향료 교역권을 상실한 포르투갈은 17, 18세기 동안 브라질에서 설탕과 금 생산에 주력함으로써 브라질의 골드 러시에 편승, 제2의 황금기를 맞이하는 듯했다. 하지만 귀족들의 부정부패와 영국에 대한 경제적 종속, 그리고 1807년에 빚어진 나폴레옹의 침입으로 포르투갈의 운명은 다시금 나락의 길을 걷게 된다.

이러한 와중에서도 포르투갈은 19세기 중반 쇄신당과 진보당의 양당체제를 중심으로 근대화를 추진한다. 그러나 브라질의 독립으로 경제적 난국이 초래되고 왕당정부는 다시 국민의 신망을 잃어, 결국 1910년 10월 리스본에서 공화혁명이 발발한 20세기 초 공화국이 된 뒤에도 포르투갈의 내부사정은 경제위기와 정세불안이 거듭되어 오다가 1974년 40년 동안의 독재정치에 종지부를 찍고 리스본의 봄이 도래한 후 오늘에 이르고 있다.

리스본

국토를 남북으로 가르며 흐르는 테주강이 대서양과 만나는 하구에 수도 리스본이 있다. 리스본(Lisbon)은 영어식 이름이고, 포르투갈어로는 리스보아(Lisboa)이다. BC 12세기에 페니키아인들이 건설했다지만 포르투갈의 수도가 된 것은 1243년이다. 알폰소 3세가 등장해 국토회복을 완료하고 중심을 코르도바에서 리스본으로 옮겼다.

대항해시대에는 이 리스본을 중심으로 포르투갈문화가 화려한 꽃을 피웠다. 그러나 1755년 대지진으로 폐허가 되다시피 했다. 현재의 리스본은 지진에서 살아남은 구시가지와 새로 조성된 신시가지가 공존하는 차분하고 소박한 도시이다.

리베르다 데 거리는 포르투갈의 샹젤리제라고 부르는 리스본의 메인스트리트다. 대지진 후에 만들어진 이 거리는 폼발후작광장에서 테주강을 향하여 일직선으로 뻗어 있는 폭 90m, 길이 1.5km의 대로이다. 가로수가 우거진 양쪽 인도는 백색과 녹색의 무늬 돌로 포장되어 보도 자체가 하나의 미술품을 연상케 한다. 이 거리 양쪽에는 호텔, 각국 항공회사, 은행, 쇼핑센터, 영화관 등이 늘어서 있고 거리 중간쯤부터 남쪽은 번화가로서 고급 레스토랑, 뮤직홀, 카페 테라스가 많아 관광에는 필수 코스이다.

리스본에도 광장이 많다. 신시가지 건설의 주역이었던 폼발 후작의 동상이 있는 폼발후작광장, 스페인의 지배에 대항해 포르투갈의 독립을 위해 싸운 지사들을 기념하여 만들어진 레스타우라도레스광장, 리스본의 옛 중심이었던 로시우광장, 대항해시대의 주무대였던 임페리어광장, 그리고 리스본의 현관이자 최대의 광장으로 한쪽은 강에 면하고 3면은 고풍스러운 건물에 둘러싸여 있는 코메르시우광장이 있다. 대지진 이전 이 자리에는 퍽 아름다운 마누엘 1세의 리베이라궁전이 있었다.

신트라

포르투갈의 매력은 때묻지 않은 자연이다. 리스본에서 조금만 벗어나도 그런 자연 속에 묻힐 수 있다. 리스본에서 북서쪽으로 28km 거리에 있는 신트라는 영국 시인 바이런이 '에덴동산'이라고 불렀을 정도로 아름다운 명승지이다. 산과 산 사이로 굽이치는 언덕길에 관광마차가 경쾌하게 달리고 식물원으로 착각할 정도로 청결하고 짙은 녹음 사이로 보이는 왕궁과 저택들이 있다. 동화 속에나 나옴직한 산 위의 예쁜 성채와 탁 트인 전망이 있는 신트라는 자연과 인공이 조화를 이룬 포르투갈의 일급 관광지라고 할 수 있다.

프랑스 France
예술과 와인의 나라

프랑스가 정치·행정 면에서 빠르게 중앙집권체제를 확립한 것은 주변국가들과의 접촉이 쉬워 다른 문명과 제도의 영향을 많이 받아들일 수 있었기 때문이다. 또한 지역적 차이가 컸기 때문에 이를 통일하기 위해서는 강력한 중앙집권이 필요하였다.
프랑스인의 본질적인 기질로 알려진 주지주의(主知主義)와 법률주의의 2대 흐름이 이와 같은 체제 확립의 밑바탕을 이루고 있는 것도 부정할 수 없다. 더욱이 주지주의야말로 프랑스문화의 근본모습이다.
한편 드넓은 국토와 천혜의 기후 아래, 프랑스인들은 조화와 아름다움에 대한 감수성을 북돋아 문화와 예술에 대한 감각을 키워 오늘날 프랑스를 세계적 문화국가로 성장시킬 수 있었다.
이와 같은 결과로 미술관, 박물관에 전시된 많은 문화재, 궁전, 옛 성, 사원 등 예술의 향취, 그윽하며 크고 장엄한 건축물, 그리고 역사적 유산, 알프스의 흰 눈, 피레네산맥에 잇달은 산들, 리비에라 해변의 백사장 등 셀 수 없는 자연풍치, 프랑스 요리와 포도주, 휘황찬란한 파리시가의 네온, 이것들은 많은 여행자의 뇌리에서 떠나지 않는 프랑스의 인상이다.
그러나 프랑스인은 문화적인 자부심이 대단하여 문화적인 우월성으로 아시아인을 과소평가하고 무시하는 경향이 있다. 한국의 문화가 잘 소개되지 않아 자존심 상하는 경우가 있으므로 인내해야 한다.

옛날부터 '꽃의 도시 파리'라고도 하고, '파리의 하늘 아래 센은 흐른다'라는 노래도 있는 만큼, 아름다움의 대명사처럼 되어온 도시를 가진 나라가 프랑스이다.

프랑스는 많은 사람들이 동경하는 나라인데, 그만한 것을 충분히 간직한 나라이다. 풍광이 수려한 코트다쥐르의 해안지대, 흰 눈에 덮인 몽블랑의 산들, 고호를 매혹케 하여 그들이 그려낸 프로방스의 전원풍경, 파리의 루브르박물관, 베르사유궁전, 에펠탑과 개선문 등등, 거기에다 패션과 요리, 이처럼 여행객을 흥미로 가득 채우는 나라가 프랑스인 것이다.

프랑스 젊은이의 꿈

'고미오', '미슐랭', '샹페라르' 등의 프랑스 잡지들은 매년 전국 주요 레스토랑의 등급을 평가, 순위를 매겨 발표한다. 수백 명의 통신원들이 손님으로 가장해 요리와 와인, 분위기, 서비스 등 4가지 항목에 대한 점수를 매긴다.

매년 5월 파리 리옹, 툴루즈, 니스 등 프랑스 주요 도시에서는 카페종업원 달리기대회가 열린다. 카페와 레스토랑, 호텔 등에서 일하는 웨이터 또는 웨이트리스들이 출전, 쟁반을 손에 들고 8킬로미터를 달린다. 주행코스 곳곳에서는 예술학교 취주단, 재즈밴드, 민속무용단들이 화려한 공연을 벌인다. 입상자는 메달 대신 금, 은, 동 쟁반을 상으로 받고 부상으로 해외여행권을 받는다. 이 행사는 그날 신문, 방송의 머리 뉴스다. 이름난 레스토랑이나 호텔의 종업원, 요리사로 들어가 그 분야의 베테랑이 되는 것은 프랑스 젊은이들의 꿈이다. 상공회의소 등에서 운영하는 호텔학교가 그 젊은이들을 도와준다. 제과, 제빵, 정육, 생선, 요리, 웨이터, 칵테일 등 순수기능 코스에서부터 관광호텔 경영에 이르기까지 철저한 훈련을 시킨다. 단순히 음식 접시를 배열하거나 고기를 잘 써는 기술에 그치지 않고 일반교양, 외국어 회화, 미학, 경제학 등 전문가에게 필요한 모든 것을 가르쳐준다. 웨이터 자리에 권리금까지 붙어 있는 유명 레스토랑 취직에 이곳의 자격증은 보증수표이다.

맛의 고향이라는 프랑스의 국제적 명성은 이처럼 주인이건 종업원이건 내가 이 분야 최고라는 직업인으로서의 긍지, 그리고 손님에게 최대한 만족을 주는 것이 나의 의무라는 철저한 프로의식이 빚어낸 결과라고 할 수 있다.

프랑스는 원래 기후가 온화하고 국토의 2/3가 평야와 구릉으로 이루어져 농산물이 풍부하다. 지중해와 대서양에 접하고 있어 해산물도 풍부하며 국토의 23%는 목초지로 소, 말, 양 등이 사육돼 육류는 물론 우유, 버터의 생산량도 많다. 이런 양질의 식재료를 바탕으로 구성된 프랑스요리와 특징은 소재의 맛을 충분히 살리며 화려한 데커레이션과 고도의 기술에 포도주, 향신료, 소스 등이 어우러져 섬세한 맛을 창출해 내고 있다.

파리

파리에는 할 것과 볼 것이 무궁무진하다. 또한 세계적인 미식을 다양하게 즐길 수 있는 곳이다. 파리의 화려함과 각양각색의 즐거움으로 여행의 참된 멋을 느끼게 될 것이다.

에펠탑

1889년 엔지니어 구스타브 에펠(Gustave Eiffel)의 설계로 만국박람회를 위해 건축되었다. 3개의 층으로 되어 있는 이 탑의 높이는 317m이다. 레스토랑, 기념품가게, 영화관 시설이 있고 리셉션, 세미나를 개최할 수 있는 구스타브 에펠 홀도 있다.

라 데팡스 대형 아치

건축가 요한 오토 본 스프레켈슨(Jonhan Otto Von Spreckelson)의 설계로 세워졌다. 전 세계 국가의 수상들이 모인 자리에서 개막행사를 열었던 곳이니만큼 이 안에는 세계적인 행사와 모든 종류의 비즈니스를 행할 수 있는 첨단시설이 갖추어져 있다. 프랑스인들의 21C 포부를 느낄 수 있는 곳이다.

빵떼옹

그리스어로 만신전이라는 뜻의 빵떼옹은 지금은 지하묘소에 미라보, 루소, 위고, 졸라 등의 프랑스에 공헌했던 위대한 인물들이 안치되어 있다. 유명한 '파리를 지키는 성녀 준비에브'의 벽화가 이곳의 명물이다.

개선문

이름 그대로 승리한 장군이나 군대가 개선했던 문이다. 나폴레옹의 명령으로 건축되기 시작했으나 완성을 보지 못한 채 그는 유배지 세인트헬레나섬에서 숨을 거둔다. 문에는 나폴레옹 군대의 승전도가 부조로 새겨져 있고, 안쪽 벽에는 각 대전에 참가했던 600여 장군의 이름이 새겨져 있다. 개선문이 있는 별모양의 에뚜왈광장으로부터 파리시내 12개의 대로가 방사선형으로 뻗어 있다.

파리의 예술과 삶

화려한 예술의 세계를 연출하는 음악, 영화, 오페라, 그리고 연극에 이르기까지 무한히 펼쳐지는 파리에서의 공연 관람은 잊을 수 없는 감동이 될 것이다.

또한 세계적으로 인정받는 초일류 스타일, 고품질의 패션에서부터 향수, 액세서리, 그리고 골동품, 고가구와 그림, 진기한 수집품까지 이루 다 헤아릴 수 없는 쇼핑거리들, 그리고 무엇보다 음식 그 자체가 예술인 파리의 외식문화를 소개하고 있다.

꼬메디 프랑세즈는 300년 된 극장으로 몰리에르의 고전 같은 프랑스 희곡을 공연하는 곳이며 요즘은 다양한 현대극의 레퍼토리를 여러

나라 언어로 번안하여 공연하기도 한다.

바스티유 오페라극장은 혁명 200주년을 기념하기 위해 만든 극장으로 공연 2주 전부터 표를 구입할 수 있다.

오페라는 1875년 샤를르 가르니에 의해 만들어졌다. 객석은 전형적인 제정시대 양식으로 둥근 천장에 샤갈의 '꿈의 꽃다발'이 그려져 있다. 클래식 발레의 전당이며 그 외 댄스공연도 한다.

쇼핑

유명 부티크는 대부분이 에뚜왈광장을 중심으로 하여 주변거리에 몰려 있다.

갤러리 라파예트는 아주 다양하게 구성된 가장 인기 있는 백화점이다. 특히 한국인 관광객을 위해 한국인으로 편성된 전문부서를 두고 있어 언어문제를 해결해 준다.

쁘렝땅은 레쀠블릭, 나싸옹, 이탈리아 광장에 각 1개소 역시 한국인 직원이 쇼핑 편의를 제공하는 대형 백화점이다.

면세점 쇼핑은 유명한 향수, 화장품, 넥타이 등을 25~30% 싸게 구입할 수 있는 곳으로 루브르박물관에서 오페라까지 이어지는 오페라대로 및 그 주변 길가에 몰려 있다.

레스토랑

파리에만 약 450여 개 이상의 레스토랑이 있다. 전통적인 레스토랑부터 식당까지 그 종류가 다양하다.

후께는 최근 프랑스 정부에서 문화유산으로 지정한 곳이다. 그런만큼 가격도 비싸다. 1층은 카페, 2층은 레스토랑인데 저녁식사 시간에 종종 유명한 불란서 배우들을 볼 수 있다.

브라스리는 우리나라 호프집과 비슷한 형태로 간단한 프랑스요리를 맛볼 수 있는 곳이다.

살롱드떼는 우아한 찻집 분위기로 간단한 음식과 함께 담소를 즐길 수 있다.

카페는 파리 거리에서 가장 눈에 많이 띄는 것이다. 간단한 식사도 할 수 있고, 밖의 풍경을 바라보며 생각에 잠길 수도 있고, 조용히 독서를 할 수 있는 테라스가 있다.

Cafe에는 테라스(Terrasse), 실내 테이블(Salle), 또는 스텐드바가 있어 이 위치에 따라 가격이 다르다. 물론 서비스하기에 가장 가까운 거리인 스텐드바가 제일 싸다.

센강과 아름다운 다리들

프랑스 4대 하천 중의 하나가 센강이다. 예전에는 파리시민의 식수 공급원이기도 했다. 이 강을 오가는 세탁선을 타고 빨래와 목욕을 하기도 했지만, 지금은 파리관광의 중심지가 되었다. 센강에는 다른 이름을 가진 32개의 다리가 있다. 그중 가장 아름답고 유명한 다리를 소개하면 가장 오래된 다리 퐁뇌프, 아폴리네르의 시와 샹송으로 불리어 유명해진 미라보다리, 앵발리드와 그랑빨레를 연결한 다리로 1900년 파리만국박람회 때 지었으며 파리 야경이 아주 멋있는 알렉상드르 3세교 등이 있다.

일 드 프랑스

일 드 프랑스의 자연경관과 거리풍경, 그리고 그곳에서 만나는 프랑스 역사의 발자취는 분명 파리와는 다르다. 지역적으로는 파리와 가깝다 해도 파리 교외에서 느끼는 여행의 묘미는 광활한 산림, 부드럽게 파도치는 대지 속에서 베르사유, 몽생미셸과 같은 역사적인 인간예술의 위대함을 감동적으로 느껴보는 데 있다.

베르사유궁전

일 드 프랑스의 태양과 루이 14세의 '유사 이래 가장 크고 화려한' 궁전 건축이라는 목표 아래 50년(1662~1710)에 걸쳐 지어진 베르사유궁전, 유럽 황금시대의 절정을 느끼게 하는 화려함과 역사의 생생함이 느껴진다.

샤르트르 대성당

로마네스크의 그림자가 남아 있는 성당으로 샤를마뉴가 대관식을 이곳에서 치렀다. 샤르트르 대성당은 고딕풍으로 섬세함이 완벽한 조화를 이룬 유명한 스테인드글라스의 장미창은 타오르는 불꽃이 어두운 음영 속에 신비하게 빛난다.

노트르담 대성당

성모 마리아에게 봉헌하기 위해 세워진 이 성당은 성지순례가 끊이지 않는 곳이다. 1만 명을 수용할 수 있는 규모와 인간예술의 극치를 보여주는 스테인드글라스 창으로 유명한 이 성당은 12~13세기에 만들어진 것으로 프랑스에서 가장 오래된 것이라 한다. 종탑에 올라가면 시내가 한눈에 들어온다.

쌩 땅드레 성당

14세기 고딕양식의 이 성당은 당시 스테인드글라스의 본고장이라는 사실을 잘 나타내준다.

바르비종

밀레의 '이삭줍기'에 나오는 아름다운 전원풍경으로 잘 알려져 있다. 퐁텐블로궁전에서 북서쪽으로 10km 떨어진 곳에 위치하고 있다. 밀레의 '이삭줍기'와 '만종'의 무대가 되었던 곳이다. 루소, 밀레, 코로 등 바르비종파 화가들이 살던 집들이 관광명소로 되어 있어 '화가들의 마을'이라는 표지가 눈에 가장 먼저 들어온다.

루소의 집

루소가 살던 집으로 현재는 바르비종파 미술관(Museed Ecole de Barbison)이다. 1층에는 마을의 역사물들이 전시되어 있고, 2층에는 루소의 작품들이 전시되어 있다.

밀레의 집

밀레가 가족과 함께 지내던 곳으로 마을 중심에 위치한 전형적인 농가형태를 보여준다. 주변의 경관이 바로 밀레 그림 속에서 만나보았던 풍경들이라 친숙하게 느껴질 것이다.

루아르

'프랑스의 마당'이라 불리는 중부지방에 위치한 1,012m의 프랑스에서 가장 긴 루아르강 유역 일대는 가장 프랑스적인 지방이다. 강변을 따라 대서양에서 불어오는 바람은 이 지방을 온화한 기후지역으로 만들고 있다. 거기에 야트막한 언덕, 아름다운 샛강, 숲 저편으로 보이는 교회의 종루, 고성(古城) 등 실로 '프랑스적'인 것들로 가득 차 있다. 또 이 지방은 와인의 산지로 유명하다. 강가의 벼랑에는 동굴같이 움푹 파인 곳이 여기저기 있다. 술을 저장하여 놓았다가 필요하면 손쉽게 내다팔기도 한다.

낙천적인 사람들이 많은 이 지방은 모파상 소설의 배경이 된 곳이기도 하다. 근대화 물결도 이곳까지는 아직 밀어닥치지 않아서 이 지방 특유의 붉은 소가 유유히 풀을 뜯고 있으며, 지금까지도 농업이 주요산업인 채로 역사의 수레바퀴에서 한 걸음 물러서 있다.

루아르 지방에는 고성들이 몰려 있는데, 중세 때 군사목적으로 세운 성과 르네상스 이후 왕후·귀족들의 주거지였던 성체들이 혼재되어 사방에 널려 있다.

프로방스

여름에는 건조하고 겨울에는 습기가 많은 지중해성 기후이며, 때때로 거칠게 불어오는 미스트랄 때문에 특유의 지방색을 간직한 지역으로 프랑스라기보다는 열대무드로 가득 찬 남국이다. 프랑스사람들이 남프랑스를 의미하는 '미디'라는 말을 할 때 거기에는 파리에서는 결코 찾아볼 수 없는 귀중한 태양의 혜택을 받은 지중해 연안에 대한 부러움이 담겨 있다. 빨간 슬레이트 차양을 댄 지붕, 작은 창의 집들에는 이탈리아와 아랍계의 영향이 진하게 나타나 있다. 프로방스란 이름은 고대 로마의 속주 프로빈키아에서 유래한다. 이것으로도 알 수 있듯이 로마시대에는 이 일대가 라틴영향권이었다. 지금도 아를(Arles)을 비롯한 각지에 당시의 유적이 많이 남아 있다.

코트다쥐르

프랑스 해군함대의 기지인 툴롱군항에서 동쪽으로 올라가 모나코를 경유하여 이탈리아로 이어지는 지중해 연안이 코트다쥐르이다. 쪽빛 바닷물의 해안이라는 이름처럼 검푸른 해안선의 연속이다. 맑게 갠 하늘, 내리쬐는 햇볕, 봄에 미스트랄이 부는 것 이외에는 알프스산맥이 북풍을 가로막아 겨울에도 따뜻한 기후, 해안거리를 겨울에도 반소매차림으로 거니는 사람들, 이곳은 실로 별천지이다. 한 발짝 내륙쪽으로 들어가면 향수원료로 쓰이는 장미나 카네이션이 만발해 있는데, 정제되어 병에 담기면 그윽한 향수가 된다. 요리도 생선요리의 대표적인 부이야베스를 비롯하여 니스에서는 올리브나 앤초비를 사용한 신선한 요리를 즐길 수 있다.

코트다쥐르에서는 서쪽에 위치한 생 트로페나 생 라파엘은 숙박료 등도 싸서 젊은이들이 모여드는 곳이다. 포르 크로는 작은 코르시카라고 불리는 낙원으로 여름이면 가톨릭 학생의 여름캠프가 열린다. 칸, 니스 역시 부자들의 피서·피한지이다.

아비뇽

아비뇽은 프랑스 남동부 프로방스 지방의 고도(古都)이다. 이곳에는 현존하는 최대의 성 가운데 하나인 교황궁이 있다. 바티칸에 있어야 할 교황청이 아비뇽에 있는 것은 14세기 초 교권이 왕권에 굴복하면서 1305년부터 아비뇽에서 집무를 봤기 때문이다. 1377년까지 프랑스교황 7명이 이곳에 살았다. 4대 교황 클레망스 6세는 1348년 아비뇽을 사들여 론강이 내려다보이는 높이 58m의 암반에 거대한 교황궁을 세웠다. 교황들은 자신의 신변을 보호하기 위해 5km에 걸쳐 도시 주변에 방벽을 세웠다. 그 안에 자리 잡은 16~17세기 마을을 산책하다 보면 마치 중세를 무대로 하는 거대한 연극세트 속을 거니는 느낌이 든다.

해마다 여름이 되면 이 마을은 실제로 연극의 무대로 변신한다. 유럽 최대의 연극축제인 '아비뇽연극제'가 한 달 동안 이곳에서 벌어지기 때문이다. 헛된 권력다툼의 부산물인 이 아비뇽 교황궁 일대는 세계 각국에서 몰려온 6만여 연극 마니아들로 대혼잡을 이루게 되며, 인구 8만 명의 작은 마을은 매일 펼쳐지는 문화예술의 진수에 흠뻑 빠지게 된다.

축제분위기는 아비뇽에서부터 시작된다. 마을 입구에는 개막을 알리는 현수막이 날리고, 가로등과 휴지통 겉면까지 연극 포스터가 붙어 있다. 만나는 사람마다 연극을 얘기한다. 아비뇽 주민들은 아비뇽이 '세계 연극의 메카'라는 자부심으로 가득하다. 거리는 연극인들의 공연장으로 탈바꿈한다. 탱고를 선보이는 남녀가 있는가 하면, 다른 쪽에서는 유장한 음악 속에서 우주복을 입고 퍼포먼스를 벌이는 전위 예술가도 있다.

전통적으로 연극제 개막식은 교황궁의 중정(中庭)에서 열리고, 성 곳곳에서 참가극단의 작품이 공연된다. 아비뇽축제는 1947년 '연극을 민중 속으로'라는 구호를 내건 민중연극 주창자 장 빌라드가 교황청 중정에서 셰익스피어 작품 등 연극 3편을 무대에 올리면서 시작된다. 지금은 관람객 12만 명, 참가작품 200여 편을 헤아리는 대규모 예술축제로 발전했다. 1989년과 1991년에는 극단 산울림의 '고도를 기다리며'와 서울여대 불문과의 '나누어진 도시이야기'가 자유참가작으로 공연을 가진 바 있다.

90여 개의 공연장과 교황청 중정을 비롯하여 학교, 체육관 등 임시극장과 아비뇽 시내와 외곽의 크고 작은 무대가 온통 공연장이 된다.

핀란드 Finland
호수의 나라

> 핀란드인의 정체성은 외유내강, 무쇠, 불굴의 정신력을 지니고 있는 것으로 잘 알려져 있다.
> 이미 오래전부터 국가차원의 중장기 비전에 있어서도 100년 뒤를 내다보는 전략을 수립·시행하고 있다. 아울러 국민성이 개방적이고, 공개적이며 합리적인 민주적 정치시스템을 구축하였다. 근면·성실한 국민성과 도덕적인 지도자를 많이 배출하였다.
> 핀란드의 농민들은 역사적으로 농노(農奴)상태를 겪은 일이 없는데다가 농지는 자작농(自作農)의 소유였기 때문에 예로부터 자유의 전통이 이어져 내려왔다. 농가의 방은 손으로 짠 천이나 손으로 만든 가구로 장식되고, 칸텔레(kantele : 현악기의 일종) 반주로 불리는 구전(口傳)가요가 대대로 전해오고 있다. 19세기에 뢴로트는 이 구전가요를 수집·편찬하여 민족 서사시 '칼레발라(Kalevala, 1835)'를 발표하였다. 해마다 그날이 되면 거국적인 기념축제가 벌어진다. 고전(古典)으로서의 '칼레발라'는 이 나라의 민족주의 정신을 일깨운 계기가 되었다.

스칸디나비아반도 북동쪽 끝에 위치한 핀란드는 면적의 1/3이 북극권에 속하는 빙하의 나라이다. 정식명칭은 핀란드공화국이다. 지구촌에서 아이슬란드 다음으로 가장 북쪽에 위치한 이 나라는 육지의 71%가 울창한 냉대림으로 뒤덮여 있으며 그 사이사이로 6만여 개의 크고 작은 호수가 산재해 있다. '핀란드'란 국명도 원래 '호수의 나라'란 의미를 띠고 있다.

핀란드인의 기원은 우랄어족의 피노우그리아어계 집단에서 찾을 수 있다. 이들은 원래 우랄산맥 서쪽의 볼가강 유역이 고향이었는데 기원전 5백년경에 서진하기 시작, 슬라브족 및 북부 게르만족과 차례로 조우하면서 유럽문화와 생활양식을 습득하여 지금의 핀란드 땅에 정착하게 된 것이다.

백야와 오로라

백야의 신기함과 오로라의 신비스러움 - 핀란드에서는 하루 종일 해가 지지 않는 백야를 볼 수 있고 차가운 밤하늘을 수놓는 아름다운 오로라를 볼 수도 있다. 백야란 북극에 가까운 고위도지방에서 태양이 지평선 아래로 내려가지 않아 하루 내내 낮이 계속되는 현상을 말한다. 길고 짧음의 차이는 있어도 낮과 밤이 정확히 찾아오는 나라에 사는 우리로서는 여간 신기한 일이 아니다.

한여름에는 국토의 남단에 자리한 수도 헬싱키에서도 백야가 계속되며, 북쪽 지방에서는 70여 일간 태양이 지지 않는다. 5월 중순부터 7월 말까지 한밤중에도 태양이 빛난다. 백야가 계속되는 기간은 기온도 일 년 중 가장 높은 때이므로 모두들 들뜬 기분으로 휴가를 떠나거나, 여름 별장이라고 할 호숫가나 숲속의 통나무집으로 가서 여름을 즐긴다.

반대로 한겨울 남부지방의 일조시간은 5~6시간밖에 되지 않으며, 북부에서는 50여 일간 태양이 보이지 않는 밤이 계속된다. 오로라 역시 고위도지방의 밤하늘에 때때로 나타나는 아름다운 빛의 띠로 극광이라고도 불린다. 담황색에 백색 혹은 녹색을 띤 띠가 밤하늘에 걸리면 사람들은 마치 밤하늘에서 금가루가 쏟아질 것만 같은 환상에 사로잡힌다.

헬싱키

'발트해의 딸', '북유럽의 하얀 도시'라 불리는 항구도시 헬싱키는 마치 시가지 전체가 물에 떠 있는 듯한 인상을 준다. 상주인구 50만의 이 도시는 제정러시아시대의 네오클래식한 건축물과 수준 높은 현대 건축이 조화를 이루어 일반적인 유럽의 도시들과는 다른 인상을 준다. 헬싱키의 관광명소는 시 중심지에 모여 있다. 헬싱키에는 50개가 넘는 박물관과 기념관, 60여 개의 교회가 있다.

독일의 건축가 칼 루드비히 엥겔이 설계했다는 대성당의 큰 계단 아래로는 약 40만 개의 화강암을 깔아놓은 원로원 광장이 있다. 이곳에서 버스로 10분 거리에는 시벨리우스 기념공원이 있다. 공원 안에는 스테인리스 파이프 기념비와 시벨리우스의 초상화가 있다. 헬싱키에서 지나칠 수 없는 곳은 록(Rock)교회라 불리는 템펠리아 우키오 교회이다. 1969년에 완공된 이 교회는 자연 그대로의 바위를 깎아 지은 것으로 유명하다. 커다란 자연석의 윗부분을 파내고 천장을 둥그렇게 유리로 덮어 지었으므로 안으로 들어가면 비행접시 안에 들어선 듯한 느낌을 준다.

투르크

헬싱키에서 2백km쯤 떨어져 있는 투르크는 핀란드 제2의 도시다. 1812년 제정러시아가 스웨덴에 승리해 수도를 헬싱키로 옮기기 전까지 핀란드의 수도였다. 투르크 시민들은 '헬싱키는 러시아인들이 만든 수도일 뿐 핀란드의 수도는 어디까지나 투르크'라고 할 만큼 자존심이 대단하다.

투르크성과 대성당, 나안타리 지역의 전원적 풍경과 목조건물 마을, 그리고 남쪽의 다도해역인 아키펠라고가 꼭 보아야 할 곳이다. 13세기에 건설된 투르크성은 크기는 작지만 둥근 돌로 쌓아올린 성벽의 소박함이 일품이다. 투오미오키르코토리대성당은 14세기에 착공하여 무려 200여 년에 걸쳐 완성되었으며 이곳의 파이프오르간은 숨은 명기로 이름이 높다. 운이 좋으면 일요일 아침에 오르간 연주를 들을 수 있다. 성당 뒤편에는 현대식 건물인 시벨리우스박물관이 있다. 투르크 앞바다에 41,000여 개의 섬으로 이루어진 아키펠라고에서 선상관광을 할 때, 자그마한 섬 사이를 빠져나오면서 바라다보는 절경은 이루 형용할 수 없는 한 폭의 그림이다.

산타클로스

백야 관광을 위해 핀란드의 로바니에미를 방문하면 꼭 들르게 되는 코스가 있다.

로바니에미에서 북쪽으로 8km 더 가면 코르바투툴리산이 있고, 이 산에 산타클로스 마을이 있다. 마을이라지만 산타클로스의 집과 장난감공장, 세계 각국의 크리스마스장식이 달린 '1백 명의 요정들의 집' 등 5~6채의 집이 있을 뿐이다. 산타클로스의 집 입구에는 빨간색 모자와 외투를 입고, 흰 수염을 기른 산타클로스 인형이 서 있고, 문을 열고 들어서면 진짜 산타클로스 할아버지와 시중을 드는 난쟁이 요정들이 바쁘게 움직이고 있다.

이 집이 이른바 세계 산타클로스 본부다. 산타클로스는 실제 있는가, 아니면 어디에 살고 있는가, 이것은 세계 무수한 어린이들의 의문이며 꿈이다. 주소도 모르고 산타클로스 할아버지에게 편지를 띄우는 어린이들도 부지기수이다. 해마다 산타클로스에게 보내는 편지는 350만 통이나 된다. 이 편지들이 모두 이곳 산타클로스의 집으로 배달된다. 난쟁이들은 이 편지의 답장 쓰기에도 보통 바쁜 것이 아니다. 그러나 답장을 받으려면 반드시 반송 우표를 동봉해야 한다.

산타클로스의 집은 바로 북극권 선상에 있다. 그 두렵다는 툰드라가 이곳에서 시작된다. 하필이면 왜 산타 할아버지는 이곳에 본부를 두게 되었을까? 그것은 전설 때문이다. 산타클로스의 고향이 바로 이 마을이 있는 산의 숲속이었다 한다. 산타클로스의 역사를 보면 일찍이 3세기부터 시작한다. 터키의 성 니콜라스란 성인이 가난으로 세 딸을 팔아야 하는 사정이 있는 어떤 집의 굴뚝으로 금화 세 닢을 떨구어 구해주었다는 이야기가 있는데 이 산타 니콜라스가 산타클로스란 것이다. 그러나 빨간 옷을 입고 썰매를 타고 선물을 나르는 산타클로스는 19세기 미국의 어떤 시인의 시 속에서 처음 발견되고 있다. 산타 마을은 노르웨이에도 있고 스웨덴에도 있다. 그러나 세계 어린이들이 동경하는 진짜 산타 마을은 이곳뿐이다. 너무 많은 편지가 답지하다 보니 10년 전 로바니에미시에 '산타클로스 우체국'을 세웠다.

    산타클로스 마을을 가려면 헬싱키에서 비행기를 타고, 먼저 로바니에미 까지 가야 한다. 비행기로 약 1시간 거리다. 로바니에미에서 산타클로스 마을은 자동차로 20분 거리다. 헬싱키에 가면 매년 6월 1일부터 9월 15일 사이, 산타클로스 마을 방문 여행상품이 판매되고 있다.

동유럽
East Europe

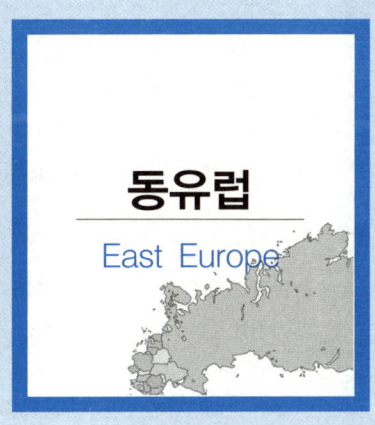

러시아 Russia 보드카의 나라
루마니아 Rumania 슬라브족의 라틴국가
불가리아 Bulgaria 동구권 낙농의 나라
세르비아 Serbia 발칸의 메소포타미아
우크라이나 Ukraina 유럽국가 중 영토가 가장 넓은 나라
체코 Czech 동구권 경제의 선두주자
폴란드 Poland 동유럽의 파리
헝가리 Hungary 유럽시장의 전초기지

동유럽국가 중 알바니아를 뺀 다른 나라와는 이미 한국과 수교관계가 수립되어 누구든 마음대로 여행할 수 있게 되었다. 몇 년 전까지만 해도 이들 나라를 여행하려면 당국의 미수교 국가 여행승인을 받아야 했고, 이 수속절차가 워낙 까다로워 특별한 이유와 명분이 없는 사람은 아예 여행할 생각조차 할 수 없었다.

그러나 갑자기 불어온 개방화 물결에 따라 동유럽은 대부분 자유여행지역이 되었고, 여행사에서는 동유럽일주여행 패키지상품까지 내놓고 모객을 하고 있을 정도다.

동유럽은 오랫동안 감추어졌던 세계이고, 중세시대의 유산이 거의 원형대로 보존되어 있는 것도 많고, 색다른 풍습과 문화, 예술적 분의기로 인해 여행가의 호기심을 자극하고 있음은 틀림없다. 그러나 이 지역 여행은 많은 문제점을 가지고 있다.

우선 가장 기본적인 숙박시설이 태부족이고 빈약하다. 개방 후 갑자기 불어난 유럽 관광객으로 피크시즌인 6~9월 중에는 호텔방 잡기가 하늘의 별따기다.

환전도 관광객이 주의해야 할 문제 중 하나다. 동유럽국가의 인플레는 대단하다. 따라서 이 나라 여행자는 입국 시 환전부터 하는 것은 생각해 볼 일이다. 되도록 달러나 마르크화를 그냥 사용하는 것이 좋고, 잔돈을 미리 준비해 가는 것이 좋다. 큰돈을 내면 현지 화폐로 거스름돈을 주기 때문이다.

러시아 Russia
보드카의 나라

러시아인들은 오랫동안 가혹한 풍토와 엄격한 정치적 통제 속에서 살아왔기 때문에 웬만한 일에는 동요되지 않는다. 자신에게 이익이 되지 않는 일은 무엇이나 거부한다. 사회주의가 붕괴됐다고는 하나 아직도 러시아에서는 대부분이 국영이며, 근로자는 공무원이기 때문에 빨리 움직이지 않는 것을 조급해 하면 안 된다. 레스토랑에서 테이블이 비어 있는데도 앉을 수 없다거나, 좌석에 앉아 있어도 언제까지나 주문을 받으러 오지 않는다든가 하는 것이 드문 일이 아니다. 하지만 이것도 이질적인 문화의 체험이라고 할 수밖에 없다.

사람의 성품은 본래 온순하기에 음식을 나누거나 말을 하면 쉽게 친해질 수 있을 것이다. 하지만 그것을 깊이 있는 것으로 여겨서는 안 된다. 80년 이상을 사회주의하에서 살아온 사람들이기에 마음을 열기까지는 많은 사건과 시간과 우여곡절을 경험해야 한다. 워낙 넓은 땅에 인구도 많은 만큼 세계적 명성의 인물도 많다. 대문호 톨스토이나 도스토예프스키, 푸시킨, 고리키, 체호프도 우리에게 익숙한 이름이다. 또 음악에서는 루빈스타인 형제와 차이코프스키, 스트라빈스키 등 일일이 거명하자면 한이 없다.

이렇듯 러시아인들의 경우 원래 친절하고 예술을 좋아하는 사람들로서, 외국인들에 대해서는 쉽게 자기 마음을 주지 않지만, 일단 관계를 맺고 나면 상대방을 위해 자기가 할 수 있는 모든 것을 다하는 특성이 있다.

유럽과 아시아대륙에 걸쳐 동서로 약 9,000km, 남북으로 약 4,000km에 달하는 방대한 영역에 자리 잡은 세계 최대면적의 나라이다. 우랄산맥을 분수령으로 유라시아와 시베리아로 크게 나뉘며, 면적이 넓은 만큼 지형도 각양각색이다. 러시아연방의 고대사는 신천지를 향한 끊임없는 개척과 식민의 역사였다. 그리고 이 척식(拓植)은 하천을 따라 이루어졌으며, 따라서 이미 대부분의 하구들을 차지하고 있던 당시의 여타 민족들과 '바다로의 출구'를 확보하기 위한 계속된 투쟁을 전개해야만 했다. 또한 러시아사의 주무대인 유라시아대평원은 방어지형이 전혀 형성되어 있지 않은 탓에 남쪽으로부터는 사나운 유목민족들이, 그리고 북쪽과 서쪽으로는 유럽의 강대국들이 끊임없이 침입해 왔다.

따라서 러시아연방은 13세기 몽골의 내습에서부터 제2차 세계대전 나치독일의 침공에 이르기까지 수많은 전쟁을 치르면서도 끝내는 이를 물리치고 극복해 왔다. 현 러시아연방의 핵심민족인 동슬라브족이 '루시'란 이름으로 역사의 전면에 등장한 시기는 9세기 후반경이었다. 이미 스키타이시대부터 남부와 중부 러시아 일대에 널리 퍼져 하자르인 등 여러 다른 민족들의 지배를 받으며 살았던 슬라브족은 9세기 말 노르만인들의 침입에 직면하자 바란지아 출신의 수장후예인 올레그를 중심으로 '키예프공국'을 건설한다. 그리고 이 키예프공국시대는 이후 350여 년간 지속되면서 11세기 한때 비잔틴문화를 꽃피우기도 하였으나, 13세기에 거듭된 재분열과 몽골의 침입으로 종말을 고한다. 이때부터 러시아는 15세기까지 타타르인, 즉 몽골의 지배 아래 놓이게 되는데, 사가들은 이를 '타타르의 멍에'라 부르고 있다.

한편 모스크바를 중심으로 슬라브인들의 힘을 결집시켜 온 이반 3세는 15세기 중반 무렵 반 몽골의 기치를 내걸고 스스로 대공의 지위에 오른다. 이어 그는 두 차례에 걸친 몽골의 정벌군을 패퇴시키고, 1480년에는 마침내 완전독립을 선언한다. 그리고 그의 손자인 이반 4세는 1547년에 러시아사상 최초로 '차르(황제)'에 올라 광활한 영토확장과 더불어 강력한 중앙집권화에 반발한 귀족들의 소요와 이를 진압하려는 차르의 공포정치로 러시아의 역사는 다시금 동란의 시대를 맞이한다. 거듭되는 차르의 교체와 농민반란, 더욱이 폴란드의 침공으로 모스크바는 일순간에 함락위기에 봉착한다. 이러한 위기상황에서 포자르스키가 이끄는 국민군의 활약으로 모스크바는 가까스로 사지에서 구출되며, 이어 소집된 전국회의를 통해 새 왕조인 로마노프 차르체제가 성립한다.

러시아의 근대화는 17세기 후반 표트르대제 치세하에서 비롯된다. 제정러시아시대의 막을 연 장본인인 표트르대제는 대내적으로 유럽의 선진문물을 적극적으로 수용하여 과감한 개혁정책을 추진하는 한편, 크고 작은 전쟁에 모두 승리, 발트해로의 출구를 확보하고, 이곳에 유럽의 창문격인 상트페테르부르크를 건설하여 위용을 과시하게 된다. 그러나 표트르대제 사후 제정러시아는 프랑스혁명의 여파로 밀어닥친 자유주의사상과 차르의 반종정치가 맞물리면서 심각한 동요기를 맞이한다. 더욱이 제정하에서 받아들인 산업자본주의체제가 공황으로 귀결되고, 러·일전쟁을 비롯한 잇달은 대외전쟁에서의 패배로 차르의 권위가 땅에 떨어지자 레닌을 중심으로 한 혁명주의자들의 활동이 표면화된다. 그리고 1917년 11월 레닌의 볼셰비키당은 제1차 세계대전의 와중에서 차르체제를 마감하고 마침내 인류 최초의 사회주의혁명을 승리로 이끈다. 이어 레닌은 1922년 주변지역과 연방조약을 체결하여 '소비에트사회주의연방공화국'을 발족한다.

이후 구소련은 70여 년 동안 미국과 함께 지구촌을 양분하는 양대산맥으로 군림한다. 하지만 거대했던 '소련'도 지난 1980년대 말에 밀어닥친 자유화의 물결에 편승하여 1991년 12월에 연방을 구성하고 있던 15개의 공화국이 각각 분리·독립함으로써 역사의 뒤안길로 물러나고 만다. 그리고 지금은 그 적자라 할 수 있는 '러시아연방'의 역사 속에서 재기의 발걸음을 내딛고 있다.

러시아의 철도

모스크바에 모스크바역이 없다. 시내에 9개나 되는 역이 있는데, 모두 모스크바역이 아니다. 모스크바의 역들은 가는 행선지의 이름을 모두 붙였다.

즉, 레닌그라드행 열차의 역이름은 레닌그라드역, 키예프행 열차의 역 이름은 키예프역이다. 만약에 멋모르고 모스크바역에서 누구를 만나기로 약속했다가는 낭패다. 진짜 모스크바역은 엉뚱하게도 레닌그라드에 있다. 러시아는 철도왕국이다. 워낙 광대한 국토를 가진 나라라 철도도 길다. 구소련철도의 총연장은 자그마치 14만km나 된다. 이것은 지구를 3바퀴 반이나 도는 길이와 같다. 한번 탔다 하면 며칠씩 가는 것은 보통이다. 모스크바에서 극동의 동해안에 있는 나호토카까지 가는 열차는 165시간이 소요된다. 그러니까 약 1주일 걸리는 셈이다. 모스크바-나호토카 간 열차가 바로 유명한 시베리아철도다.

러시아에서 기차를 타면 조급한 마음은 버려야 한다. 며칠씩 가는 것도 지루한데, 정거장에서 한번 섰다 하면 좀처럼 얼른 뜨지도 않는다. 큰 도시 정거장에서는 보통 20분씩 정차한다. 연·발착도 잦다. 정시에 운행하는 것이 없다고 하는 편이 오히려 맞을 것이다. 러시아의 철도는 화물 우선주의다. 가령 화물차와 여객열차가 동시에 홈에 들어오면, 먼저 화물차부터 보내고, 어떤 정거장에서는 뒤에 오는 화물차를 앞서 보내기 위해 여객열차가 오랜 시간 대기하는 일이 비일비재다. 그래도 아무런 불평을 하지 않는 것이 러시아시민이다. 설치지도 않고, 조급해 하지도 않고, 부처님처럼 조용히 참고 기다린다.

러시아는 기차 안에서 술을 팔지 않는다. 트럼프나 게임도 할 수가 없다. 시간 보낼 만한 일거리는 아무것도 없다. 그저 옆사람과 떠들고, 책 보고, 망연히 먼 곳을 쳐다보는 것이 오락의 전부다.

보드카의 원산지

음식과 반대로 주류는 더운 지방일수록 알코올 도수가 낮아 물 대신 마실 정도며 추운 지방일수록 독해진다.

그중에도 러시아의 보드카는 세계적으로 유명한 술로, 알코올 도수가 40%를 넘는 것이 대부분이며 러시아 전역에 걸쳐 가장 대중적인 술로, 러시아인 한 명이 1년에 60병 이상의 보드카를 소비한다고 한다. 예부터 러시아 남성들은 점심식사 전에 작은 잔에 따라 한 잔씩 마시는 습관이 있었는데 식욕을 돋우고 소화촉진에도 좋다고 하여 세계적으로도 가장 많이 마시는 술 가운데 하나인 보드카는 카테일의 주원료로도 사용된다.

러시아에서는 요즘 보드카뿐만 아니라 다양한 술을 취향에 맞게 마시는 추세로 맥주와 비슷한 크바스가 대표적이며, 그 밖에 코냑과 와인 등이 있다.

크바스는 러시아 특유의 갈색음료로 호밀이나 보리의 맥아를 원료로 발효시킨 호밀빵이나 효모를 넣어 만든다. 제조법이 비교적 간단해 가정에서도 손쉽게 만들어 마시는데 최근 도시에서는 전문 공장을 통해 대량 생산해 내고 있다.

한편, 러시아는 물이 귀한 국가로 물 대신 차문화가 발달했다. 커피보다는 홍차가 유명한데 차를 마시는 방법이 독특하다.

세계 3대 명차 중의 하나인 그루지아차(홍차)를 즐겨 마시는데 정식으로 차를 즐기는 방법은 잼이나 각설탕을 차에 타지 않고 적셔서 조금씩 갉아 먹으며 차를 마시는 것이다. 단맛과 쓴맛의 조화를 혀로 느낄 수 있다. 한편, 러시아인들은 커피를 진한 블랙에 각설탕과 함께 큰 잔에 타서 마시는 것을 즐기는데 90년대 초반까지만 해도 설탕은 귀한 품목이어서 설탕 없이 완전 블랙으로 커피를 마셨다고 한다.

모스크바

톨스토이는 '러시아사람이라면 누구나 모스크바를 어머니처럼 느낀다'고 했다. 모스크바는 이방인의 마음까지도 강하게 끌어당긴다. 오랜 사회주의 덕분에 도시 전체가 침울하게 느껴지지만, 찬찬히 보면 깊은 역사에서 우러나오는 향취가 있다. 천지가 온통 하얀 눈에 덮이는 겨울은 겨울대로의 정취가 있고, 짧은 '황금의 가을'은 가을대로 아름답지만, 우리가 여행하기에는 아무래도 여름이 좋다.

모스크바에는 볼거리가 많다. 크렘린을 그냥 지나칠 수 없고, 붉은광장, 10월혁명광장, 푸시킨광장도 봐야 한다. 광장을 둘러싸고 있는 것은 의미 있는 건물들이다. 바실리성당이나 볼쇼이극장도 들어가봐야 하고, 레닌언덕에 올라 모스크바를 내려다보는 것도 좋다.

9개의 기차역과 5개의 공항이 있는 모스크바는 크렘린을 중심으로 과녁판처럼 잘 계획된 도시이다. 마르크스대로, 크렘린 강변도로, 붉은광장 등이 크렘린을 둘러싸고 다시 그 둘레를 세 개의 환상도로인 불리바르, 사드바야, 모스크바 환상 자동차도로가 둘러싸고 있다.

붉은광장에서 북쪽으로 뚫린 6차선의 대로(평화대로)를 곧바로 달리다 보면 러시아가 자랑하는 '뵈덴하', 우리말로 직역하면 '국민경제성과박람회'가 있다. 구소련의 민주화개혁으로 퇴색해 버린 느낌을 주지만, 1세기 가까이 지구의 절반을 지배해 온 공산주의정권 소비에트연방의 국력을 상징하는 전시장이다. 우선 13km²나 되는 넓은 터에 80여 개의 건물들이 들어서 있는 규모에 놀라게 된다. 이 안에는 우주관, 원자력관, 전기관, 화학공업관, 경공업관, 의학관, 생물학관, 축산관, 수의학관 등 여러 종류의 과학·경제 분야의 전문관이 있다. 그중에서도 가장 눈길을 끄는 것은 우주관이다. '뵈덴하' 입구에 높이 25m의 거대한 오베리스크가 서 있는데, 그 끝에는 우주를 향해 비상하는 로켓이 있다. 1957년에 발사된 스푸드니크 1호의 성공을 기념하는 건조물이다.

우주관 안에는 인공위성의 실물모형은 물론, 로켓, 우주복, 우주식량 및 각종 장비들이 전시되어 있고, 화성탐험·금성탐험 등 미래에의 개발계획이 상세하게 전시되어 있다. 지금은 실패해 버린 사회주의국가의 가난하고 시들고 병든 모습이지만, 첨단우주과학기술 분야에서는 선두주자임을 실감케 한다.

원자력관에는 세계 최초의 원자력해빙선 레닌호의 모형을 비롯하여 원자력잠수함, 원자력발전소 모형 등이 전시되어 있다. 체르노빌 원자력발전소의 사고로 망신은 당했지만, 원자력 선진국의 모습을 여실히 보여준다.

너무 커서 '뵈덴하'를 걸어다니며 구경하기에는 힘겹다. 구내에는 열차형의 미니버스가 운행되고 있고, 겨울철에는 시베리아에서만 볼 수 있는 3두마차 트로이카가 다닌다. 관광회사들은 크렘린보다 이것을 보여주려고 더 애쓴다.

페테르부르크

페테르부르크는 러시아 제2의 도시로 흔히 모스크바와 비교되지만 모스크바와는 다른 독특한 매력과 분위기로 여행자의 마음을 사로잡는다. 도시의 역사는 300년 남짓하지만, 중심부에는 18~19세기 바로크양식의 아름다운 건축물이 격동의 시대를 무사히 넘기고 남아 있다. 표트르대제에 의해 로마노프왕조가 이 지역으로 옮겨지면서 현대 러시아의 발전을 이끄는 수도가 되었으며, 러시아의 역사를 바꾼 혁명의 발상지로 유명하다.

푸시킨이 '유럽을 향해 열린 창'이라고 했듯이 실제로 이 도시는 유럽의 건축양식은 물론, 문화와 사상까지 받아들인 도시였고, 이것이 나중에 제정러시아를 붕괴시킨 동란의 진원지가 되고, 결국에는 혁명을 일으킨 땅이 된 것이다. 그래서 혁명 후에는 레닌그라드로 불렸다.

에르미타주미술관

얼마 전 우리나라에서 '에르미타주'미술전이 개최되었지만, 우리에게는 생소한 이름이다. 러시아와 국교가 없었고, 오랫동안 폐쇄되었던 사회라 가볼 기회가 없었던 데 그 원인이 있을 것 같다. 레닌그라드에 있는 에르미타주미술관은 규모로서 세계 최대다. 흔히 프랑스의 루브르, 로마의 바티칸, 스페인의 프라도미술관을 세계 3대 미술관으로 치지만, 에르미타주미술관도 그 속에 끼어야 한다.

에르미타주미술관은 원래 제정러시아의 겨울궁전이다. 4개의 부속건물이 이 궁전과 복도로 연결되어 거대한 미술관을 만들고 있다. 우선 미술관의 규모부터 보면, 1,050개의 방과 120개의 계단이 있으며, 방의 총면적은 4만 6천km, 그리고 이 방들을 한 줄로 늘였을 때 전장 27km에 이른다. 소장품은 회화·조상·발굴품 등을 합쳐 250만 점에 이른다. 이것을 다 보자면 한 작품에 1분씩 걸린다고 볼 때, 1,736일(약 4년 9개월)이 걸린다.

에르미타주미술품의 컬렉션을 표트르 황제의 딸 엘리자벳 파브로프나 황제(18세기)가 시작했다. 그 후 역대 황제들이 계승·수집한 것을 모아 이루어진 것이다.

엘리자벳으로부터 2대 후에 황제가 된 예카테리나 2세는 미술품 수집에 더욱 정렬적이어서 각국에 주재하는 대사들을 동원, 명작들을 매수했다 한다. 예카테리나 혼자서 모은 회화만 4천 점이 넘는다고 한다.

돈을 아끼지 않는 미술품 수집의 열기는 결국 농노(農奴)의 반발을 일으켜 '푸가체프의 난'을 일으킨 동기가 되었는데, 나중에 공산주의 혁명으로 연결되는 맥이 되기도 했다. 그러나 어쨌든 지금은 에르미타주를 보려는 세계인의 인파가 줄을 잇고 있으니 역사의 아이러니는 알 수 없는 것이다.

이르쿠츠크

모스크바나 페테르부르크에서 키예프나 무르만스크로 가기는 쉽지만, 바이칼호로 발길을 돌리는 것은 마음먹지 않으면 안 된다. 하지만 바이칼호와 이르쿠츠크는 러시아를 이해하는 데 매우 중요한 곳이다.

러시아사람들에게는 바이칼호가 시베리아의 끝이다. 10월혁명으로 쫓겨난 귀족들이 이르쿠츠크에 이르러서 바이칼호를 넘을 수는 없다며 최후항전을 벌인 이유도 바이칼호를 넘어 동으로 가면 러시아적인 (혹은 유럽적인) 분위기를 찾아볼 수 없기 때문이었다. 러시아에서 바이칼호 너머는 극동이라 부른다. 군사도시 하바로프스크와 블라디보스토크를 제외하면 극동은 아시아적인 분위기다. 시베리아 원주민도 아시아계다. 이런 면에서 이르쿠츠크는 러시아인의 향취를 진하게 느낄 수 있는 제일 동쪽에 있는 도시이다. 쫓겨난 귀족들의 한과 눈물이 섞여 발전한 도시여서 매력적인 분위기가 모스크바나 페테르부르크 못지않다. 게다가 이르쿠츠크는 바이칼호 옆에 있어 관광객이 많이 찾는 도시가 되었다.

시베리아철도

기차여행의 최고 백미는 아마 시베리아철도일 것이다. 시베리아철도는 모스크바에서 블라디보스토크까지 장장 9,297km에 이르는 세계에서 가장 긴 철도다. 7박 8일이 걸린다. (블라디보스토크에서 출발하면 6박 7일) 양쪽에서 하루 한 편씩 뜨고 있기 때문에 14개 열차가 이 선로상에서 매일 달리고 있는 셈이 된다.

러시아호는 17~20량으로 편성되어 있다. 우리나라의 열차가 10량으로 편성된 것에 비하면 거의 2배 가까운 장대(長大)열차다. 이 중에는 2인용 침대차, 4인용 침대차가 있고, 주로 외국인들이 이용한다. 침대차와 일반 차 사이에는 식당차와 비디오차가 있다. 비디오차에는 50여 편의 영화필름을 비치해 두고 매일 수편씩 상영한다. 열차 내 설비는 비교적 우수하다. 우리나라 새마을호에 비해 별로 손색이 없다. 겨울철에는 스팀이 나와 차내에서는 와이셔츠만 입고 지낼 수도 있고, 세면실에는 더운물과 찬물이 나오고, 화장실도 수세식이며 청결하여 냄새가 거의 없다. 침대 쿠션도 쓸 만하고, 2명의 승무원이 손님의 요구에 따라 충실하게 서비스해 준다. 차창 밖으로 보이는 풍경은 더욱 장관이다. 끝도 없이 펼쳐진 초원과 숲, 겨울철에는 빙원과 자작나무 숲에 쏟아지는 장엄한 설경도 볼 수 있다. 바이칼호변을 지날 때는 가장 극적인 풍경화를 보게 된다. 물감칠을 한 것 같은 짙푸른 호면과 그 주변의 도시들, 시베리아의 진주라는 이르쿠츠크, 라마교의 성지 울란우데 등이 관광지로 꼽히는 곳들이다.

그런데 재미있는 것은 시간이다. 러시아호 차내와 철로선상에서는 모스크바시간만이 통용된다. 가령 러시아호의 블라디보스토크 도착시간은 열차시각표상에서는 16시 05분이다. 그러나 실제 블라디보스토크 시간은 밤 23시 05분이다. 모스크바와 블라디보스토크 간에는 7

시간의 시차가 있기 때문이다. 이것을 모르고 블라디보스토크역으로 누구를 마중하러 나간다면 엉뚱한 시간에 가서 기다리다 헛일을 치르게 된다. 러시아호를 탈 때는 시계 2개를 가지고 타는 것이 편리하다.

하바로프스크

1857년 미국인으로서 최초로 시베리아를 탐험했던 코린스는 이렇게 말했다. '시베리아의 개발은 바로 신시대의 개막을 알리는 것이다. 누구든 그 부를 얻는 자가 세계를 재패한다.' 그 후 100년 뒤 미국의 케네디 대통령도 '세계 지하자원의 절반이 시베리아에 있다'고 말했다. 그러나 오랫동안 시베리아는 버려진 땅이었다. 정치범이나 극악한 죄수들의 유배지, 미개척의 황무지, 사람들이 살지 않는 툰드라로 인식되어 왔다.

시베리아는 워낙 큰 땅이다. 총면적은 1,250km²로 미국보다 크고, 아시아대륙 전체의 3분의 1 크기에 맞먹는다. 시베리아를 개발해야 살 수 있다고 믿으면서도 손을 못 대고 있는 것은 너무 커서 엄두를 내지 못하기 때문이다.

이 시베리아의 관문은 하바로프스크다. 하바로프스크는 모스크바에서 8,531km, 비행기로 8시간 소요되는 먼 거리에 있다. 하지만 중국·한국과는 지척에 있다. 일본과는 동해바다를 사이에 두고 가까이 맞서 있다. 앞으로 시베리아에 진출하려는 한국인들이 첫발을 딛게 될 곳은 하바로프스크가 될 것이다.

하바로프스크는 아무르강과 우수리강의 합류점에 있다. 아무르강은 우리에게 흑룡강으로 더 잘 알려졌는데 중국과 러시아의 국경을 대신하고 있다. 하바로프스크의 역사는 16세기부터 시작된다. 1649년 이곳을 방문했던 탐험가 에러페이 하바로프란 사람의 이름을 따 도시 이름을 정했다. 지금도 역전에는 그의 동상이 서 있고, 이 동상은 이 도시의 심벌이기도 하다. 인구는 60만 명 정도다. 하바로프스크는 시베리아관광의 중심지가 될 전망이다. 시베리아에는 바이칼호수 등 많은 천연의 관광지가 있다. 하바로프스크 시내에는 매력 있는 큰 관광지가 없다. 시베리아의 역사와 풍속·자연에 관계되는 자료를 전시하고 있는 향토박물관과 극동미술관, 문학박물관들이 있을 따름이다. 그러나 도심을 지나는 아무르강의 신비로운 대자연과 풍물은 다른 곳에서는 볼 수 없는 것들이다. 황금어장 오츠크해를 곁에 둔 때문인가 '오케안'이란 이름의 어시장풍물은 이색적이다.

하바로프스크에는 현재 약 4천여 명의 한국교포가 살고 있으며, 주로 농업·상업에 종사하지만 생활력이 강해 다른 소수민족에 비해 부유한 편이다.

바이칼호

시베리아의 한복판에 있는 바이칼호는 전 세계가 보유하고 있는 신선한 수자원의 22%를 갖고 있다. 넓이는 3만 1,500km²이며, 수심은 1,742m로 세계에서 가장 깊은 호수다. 이름만 호수지 바다나 다름없다. 바이칼호로 흘르드는 강은 모두 336개, 동부시베리아의 하천들이 모두 바이칼호로 집결되는데, 다만 앙가라강 하나만 바이칼호의 물을 빼내 시베리아대륙을 북으로 거슬러 오르며 북극해로 흘러 보낸다.

바이칼호는 물이 맑기로 유명하다. 그 투명도는 40.5m로 세계에서 두 번째다. 그래서인가 물빛은 짙푸른 남색이다. 호변은 절벽으로 둘러싸여 2,200km나 뻗어 있어 바이칼호의 신비감을 더해준다. 이 바이칼호 주변은 산림으로 둘러싸여 겨울철 눈이 올 때 자작나무숲은 환상적인 은빛세상이 된다. 이것을 보기 위해 추위를 무릅쓰고 찾아오는 관광객이 많다. 또 숲속에서 법적으로 겨울수렵이 허용되어 곰과 사슴사냥이 가능하다. 울란우데에서 별로 멀지 않은 북방에 있는 발부진국립공원은 겨울철수렵장이다. 발부진국립공원 부근에는 온천휴양지 고리아진스크가 있다. 섭씨 54도의 유황온천이 쏟아지는 고리아진스크는 전체가 요양원이다. 질병치료를 목적으로 찾아오는 사람들로 연중 붐빈다. 경내에는 많은 통나무집(호텔)들이 있는데, 한국인이 경영하는 곳도 있다. 이곳에서 온천욕을 즐기며 사냥하는 즐거움은 필설로는 형언할 수 없는 극치의 도락이다.

또 주변에는 관광지도 많다. 라마교의 본산 닷신을 비롯 부랴티야공화국의 수도 울란우데와 '시베리아의 파리'라는 이르쿠츠크가 있다. 울란우데와 이르쿠츠크는 시베리아철도의 중간기착지들이다. 모스크바에서 하바로프스크까지 운행되는 시베리아철도는 하바로프스크 출발일 때 5박 6일 걸리는 세계에서 가장 긴 철로다.

이 구간 중에서도 하이라이트는 울란우데와 이르쿠츠크 구간이다. 이 구간은 8시간 반밖에 안 걸려 바쁜 사람들이 약식으로 타보는 데 편리하다.

루마니아 Rumania
슬라브족의 라틴국가

루마니아는 서유럽문화와 라틴문화, 그리고 고대 다치아문화에 그 기원을 두고 있다. 서유럽과 동유럽을 연결하는 문화의 경유지로서 동서유럽의 다양하고 경이로운 문화유산이 역사와 함께 보존되어 있다. 수세기를 걸쳐 오는 동안 루마니아 민속예술, 전통음악과 춤, 목공예, 도자기공예, 건축, 뜨개질, 자수, 보석가공 등 여러 문화유산들이 발전을 거듭하면서도 그 원형을 잃어버리지는 않았다.
루마니아의 웅장한 창조정신은 전통문화에서 영감을 얻고 그것을 현재 문화에 반영해 나가는 과정을 통해 자국 안에서 또는 전 세계에서 인정받는 지대한 문화물을 수없이 창조해 나갔다. 그러므로 현대 루마니아의 문화를 한마디로 정의한다면 전통문화와 현대 유럽문화가 조화를 이루어 완성해 낸 결과라고 하겠다.
루마니아가 무엇보다도 자랑하는 예술품은 바로 중세교회와 수도원 같은 건축물이다.

루마니아인들의 선조는 기원전 1세기경 트란실바니아, 왈라키아, 몰다비아 등을 통일하고 강대한 노예제국을 건설했던 다키아인들이었다. 하지만 2세기 무렵 로마제국의 트라야누스 황제에게 정복당하여 일거에 속주(屬州)로 전락하며, 이때부터 다키아인과 로마인 사이의 혼혈이 이루어진다. '루마니아'란 명칭도 이때 붙여진 것으로 로마인들이 다키아인들과 공존하면서 로마화시켰다 해서 '로마인이 사는 땅'이란 의미를 지니고 있다. 이후 로마제국의 붕괴와 함께 '다키아 로마'로 불렸던 고대 루마니아의 역사는 종말을 고하고, 루마니아민족은 오랜 역사적 공백기를 맞이한다.

14세기 초엽 한때 현 루마니아의 동부와 남부지역에 해당하는 몰다비아와 바사라비아 등지에서 루마니아인에 의한 봉건국가가 건설되기도 했으나, 당시 오스만투르크제국의 막강한 군사력 앞에 국가적 기틀을 마련하기도 전에 붕괴되고 만다. 그리고 16세기 말에는 왈라키아의 미하이가 투르크군을 몰아내고 몰다비아, 트란실바니아, 바사라비아 등지를 통합, '대(大)루마니아'를 이루었으나 이 역시 얼마 못가 오스만투르크제국의 강압에 의해 해체된다.

이후 19세기에 접어들어 투르크제국이 점차 쇠퇴의 기미를 보이자 오스트리아와 러시아세력이 발칸반도 진출을 시도하여 현 루마니아 영토는 위 3개국에 의해 분할 통치되는 수난을 겪는다. 그러나 루마니아인들은 1821년에 발발한 그리스 독립혁명에 영향을 받아 농민군을 조직하여 독립전쟁을 일으킨다. 비록 전쟁은 실패로 돌아갔지만 이를 계기로 왈라키아 민족당이 결성되어 독립운동의 구심체 역할을 한다.

1856년 크리미아전쟁 후 파리조약을 통해 일정 정도의 자치권을 확보한 루마니아는 1877년에 발발한 터키와 러시아 간의 전쟁에서 터키가 패함으로써 그동안의 식민통치를 종식하고 완전 독립한다. 그리고 제1차 세계대전 중에는 연합국 측에 가담하여 그동안 헝가리의 영역이었던 트란실바니아, 바나트 등지를 획득하게 된다. 또한 러시아 혁명기에는 바사라비아를 병합하여 '대루마니아왕국'의 재현에 성공한다. 그러나 왕권과 파시스트단체인 '철위단(鐵衛團)' 사이에 유혈충돌이 발생하면서 왕조정권은 무너지고, 이 여파로 구소련과 헝가리에게 재차 영토를 할양하게 된다.

왕권붕괴 이후 들어선 아트네스쿠파시스트 정권은 제2차 세계대전 중 고토회복을 꿈꾸며 독일 측에 가담, 대소전선에 참전한다. 그러나 구소련군의 반공(反攻)과 국내의 공산당을 비롯한 4당 연합의 쿠데타로 루마니아는 급거 연합국 측으로 방향을 전환한다. 이어 1945년 3월에 구소련의 통제하에서 공산당 주도의 정권이 탄생하게 되며, 2년 후인 1947년 12월에 인민공화국을 선포한다.

이후 1965년에는 데지 전서기장의 사망으로 집권한 차우시스쿠는 신헌법을 제정하여 국호를 사회주의공화국으로 개칭하고, 공산당조직을 정비하여 자신의 권력기반을 공고히 한다. 또한 그는 1989년 민주혁명을 통해 처형될 때까지 무려 24년간 1일 독재체제를 유지하며 사상 유례없는 우상화정책 및 사상통제로 악명을 떨쳤다. 1989년 12월에 헝가리계 주민의 강제이주문제를 계기로 폭발한 루마니아 국민들의 민주화요구시위는 순식간에 혁명적 상황을 빚어내고, 군부가 시민들을 지지하고 나섬으로써 마침내 루마니아 민주혁명은 성공을 거두었다. 혁명 후 '구국전선'은 공산당 1당체제를 폐지하고 3권 분립에 기초한 민주공화제를 선포하는 한편, 국명도 '루마니아'로 변경하여 오늘에 이르고 있다.

복받은 나라, 그러나…

그들의 자랑대로 루마니아의 자연은 애초부터 축복을 받았다. 산과 바다, 계곡, 평야, 강을 모두 가지고 있는 것이다. 산지와 고원과 평야가 국토를 알맞게 3등분하고 있는 가운데, 토지는 비옥하여 버릴 땅이 한 뼘도 없다는 사실도 다른 나라엔 드문 자랑이다.

로마인의 후예라고 스스로를 소개하는 국민들은 천성적으로 낙천적이며 친절하고 부지런하다. 포도 재배도 이곳만큼 조건 좋은 곳이 드물다. 로마신화에 나오는 와인과 포도 재배의 신 바쿠스의 고향이 여기 카르파티아산맥으로 루마니아 와인은 세계의 사랑을 받고 있다. 자연과 고풍스러운 역사적 분위기를 자원으로 한다면 동유럽에서 가장 관광객이 붐비는 나라 중 하나이다. 어느 도시를 가든 그 주위를 감싼 아름다운 성곽과 요새들이 있다.

드라큘라의 전설을 간직한 브랜성과 흑해 연안의 휴양지나 프라호바의 경승지 시나이아도 부럽기 한이 없는 1급 리조트 지역이다. 차창에 보이는 지평선, 끝없이 펼쳐진 들판에서 풀을 뜯는 양들의 모습은 여행자를 시인으로 만드는 서정적 풍경이 아닐 수 없다.

이렇게 축복받은 땅 루마니아, 그런데 사람들은 그렇게 행복해 보이지 않는다. 남루한 옷차림, 잿빛의 우중충한 건물들, 불협화음을 내며 달리는 전차, 온통 실패한 사회주의의 음산한 분위기에 덮여 있다. 전력이 부족해 추위에 떨고 물가는 싸지만 환율이 불안정해 멋대로 춤춘다. 보려고만 하면 웃음 속에서도 얼마든지 그늘을 볼 수 있다.

문득 지도를 눕혀서 보니 루마니아의 생긴 모양이 꼭 복주머니와 같다. 카르파티아산맥이 국토의 한가운데 솟아 있으니 복주머니치고 꽤 볼록한 모양이다. 그래서 축복받은 땅인가? 그러나 지도를 바로 놓고 보면 흑해를 향해 엎질러진 복주머니가 된다. 독일에서 발원하여 중부유럽 여러 나라를 굽이굽이 휘돌아 흐르는 도나우강(다뉴브강)이 루마니아 국토 안에서 흑해로 흘러드는데, 부챗살 모양으로 꼭 복주머니가 넘어져 내용물이 흑해로 흐르는 형국이다.

부쿠레슈티

수도 부쿠레슈티를 눈요기로 한 바퀴 도는 데는 하루면 된다. 그러나 박물관, 미술관, 오페라하우스, 콘서트홀 등을 다 돌아보려면 하루로는 안 된다.

16세기 왕궁터와 부쿠레슈티의 모든 것이 담긴 역사박물관, 시 북쪽 해러스트러우공원에 있는 농촌박물관 등이 관광의 하이라이트다.

역사박물관에는 시의 창건에서부터 오늘날에 이르기까지의 고고학적 유물, 각종 도구, 지도, 의상, 무기 등이 전시되어 있다. 농촌박물관에는 루마니아 각지에서 옮겨 온 200채 가까운 민가, 교회, 물레방아 등이 있다. 유럽의 민속박물관 중 규모가 크고 보존상태가 좋다는 면에서 손꼽힌다. 해러스트러우공원으로 통하는 키셀래프 거리 중간 로터리에 있는 개선문은 제1차 세계대전의 승리를 기념하여 세운 것으로 처음에는 목조에 회반죽을 칠한 것이었으나 1930년 석조로 개축했다. 시내관광은 지하철을 이용하거나 걷는 것으로 충분하다.

볼거리는 많지 않지만 부쿠레슈티는 '정원도시'라는 이명이 있을 만큼 공원이나 가로수가 많고, 숲에 둘러싸인 아름다운 도시이다. 정적 사이로 짐마차가 덜컹거리며 지나가는 모습은 우리나라 1950~60년대의 지방도시를 떠올리게 한다.

불가리아 Bulgaria
동구권 낙농의 나라

불가리아사람들의 장수 비결은 요구르트보다는 마음의 풍요에 있지 않나 생각된다. 이 나라는 동유럽 여러 나라 중 알바니아 다음으로 국민소득이 낮은 나라에 속하지만 표정에 가난이라든가 불만을 나타내지 않는다. 참는 것이 아니라 그런 생각을 애초에 하지 않는 것 같다. 독립 후 과중한 조세에 시달린 농민들이 봉기한 일도 있었지만 오스만 제국의 지배하에 있을 때보다 낫다는 식의 사고가 국민에게 있었다. 두 차례의 발칸전쟁, 또 두 차례의 세계대전을 치른 국민들은 지금의 가난이 전쟁보다는 훨씬 낫다는 식의 긍정적인 사고방식을 가지고 있다. 어쩌면 그것은 농산물이 풍부해서 먹거리 걱정이 없기 때문일지 모른다. 사회주의 시절에도 불가리아는 풍부한 농산물로 다른 국가들의 부러움을 샀다. 그 위에 이들에겐 옛날에는 발칸의 지배자였다는 역사적 자부심과 마음에 평화를 가져다줄 만한 아름다운 자연이 있다.

농업국인 불가리아 국민은 근면하고 검소하다. 현실적인 사고방식을 가져 종교에 대한 관심은 비교적 적은 편이다. 발칸반도의 다른 나라와 마찬가지로 고대나 중세에 번영한 불가리아는 터키의 500년 지배하에서는 문화적 발전을 이루지 못했다. 19세기 후반 독립을 찾은 후 예술활동도 활발해졌다. 일반적으로 노래를 좋아하며 오페라나 합창의 수준이 높아 N. 갸우로프, N. 니콜로프 등의 세계적인 오페라 가수를 배출하였고, '구스라', '카발' 등의 합창단이 국제무대에 알려졌다. 또한 바르나의 국제발레 콩쿠르, 태양의 해안에서의 국제음악축제 등이 유명하다.

소피아 노천카페

하얀 눈을 이고 있는 발칸의 산들, 장미의 향기가 넘치는 카잔루크의 계곡, 흰 모래와 쪽빛 바닷물의 흑해 연안 등 천혜의 자연을 간직하고 있다. 이 가운데 장미꽃 재배와 그 꽃으로 만들어지는 향유는 독특한 불가리아의 특산품이라고 할 수 있다.

이러한 생활의 여유와 마음의 풍요는 도시의 밤을 온통 음악적 분위기로 채운다. 소피아의 거리도 밤이면 꽃처럼 피어난다. 극장에선 오페라가, 콘서트홀에선 합창이 울려 퍼진다. 특히 매년 5월 하순부터 6월 하순까지는 국제적이라고 할 수 있는 음악제가 일종의 축제처럼 계속되는데, 세계적으로 유명한 심포니와 챔버 오케스트라, 오페라 가수들의 공연이 줄을 잇는다.

공연은 실로 다양하여 국립오페라극장에서 불가리아 오페라를, 불가리아 홀에서는 오르간 연주와 성가 칸타타를 감상할 수 있고, 슬라베이코브홀에서는 챔보뮤직과 리사이틀 공연이 이어진다. 또 루드밀라지브코바 문화궁전에서도 콘서트와 연극 공연, 패션쇼 등 다양한 행사가 열린다.

만약 이러한 공연이 없을 때 방문했더라도 나이트클럽이나 바, 카페 등에서 생동감 넘치는 소피아의 밤을 경험할 수 있다. 적어도 음악과 더불어 즐기는 데 있어서만은 이 나라가 언제 사회주의를 했었는지 믿어지지 않을 정도이다.

의식하지 않으려 해도 곳곳에 터키문화의 영향이 상당히 남아 있어 외형적으로는 동방의 분위기를 느끼게 하지만, 이 나라 사람들이 면면히 이어온 기질과 취향은 예술의 도시 페테르부르크에서 느끼던 러시아인의 그것과 여러 면에서 상통하고 있다.

소피아

인구는 서부 산간지역 소피아분지 남부의 해발고도 550m 정도에 있다. 유럽에서 가장 오래된 도시의 하나로 시내 도처에 지난날의 번영을 말해주는 유적과 돌로 포장된 도로가 남아 있다. 고래로부터 발칸반도 교통의 중심지였기 때문에 이민족의 침략을 많이 받았다. BC

29년의 로마 기록에 이곳은 세르디카였었다.

재미있는 것은 이 도시가 불가리아인에 의해서는 번영하였지만 침략자들로부터는 외면당하는 운명을 반복한 사실이다. 5세기에 훈족의 공격으로 황폐화되었다가 9세기에 불가리아가 되찾아 발전시켰으나 비잔틴(동로마)령이 되면서 다시 주춤했고, 12세기 말에 불가리아령이 되면서 수공업 중심지로 번영하였다. 그러나 수공업의 지배하에 있는 동안 소피아는 다시 발칸의 작은 도시로 쇠퇴하고 말았다.

불가리아 독립 후 지금은 다시 정치·경제·문화의 중심지요 대공업도시가 되었다. 왕궁이었던 건물에 국립미술관이 들어섰고, 옛 이슬람사원이 국립고고학박물관으로 꾸며졌으며 법원이었던 건물은 국립역사박물관이 되었는데 고대부터 근대까지 불가리아의 역사적 문물을 알기 쉽게 시대적으로 전시해 놓았다. 특히 발칸사와 동유럽사를 다시 알아보는 데 좋은 기회가 될 것이다.

소피아는 숲의 도시라 할 정도로 공원이 많고 시 남쪽에는 해발 2,290m의 비토샤산을 중심으로 경관이 뛰어난 자연보호국립공원이 펼쳐진다. 중턱의 코피토토(Kopitoto)전망대에 오르면 소피아 시가지가 한눈에 들어온다. 시내에는 온천도 있어 온천욕만을 즐기려는 단순 여행자도 많이 찾아온다.

기타 지역

소피아 외에 가볼 만한 곳은 첫째, 불가리아인들의 '영혼의 고향'이라고 할 수 있는 릴라의 사원이다. 소피아 남쪽 130km 지점, 릴라산맥 깊은 산간(표고 1,147m)에 그 웅장한 모습을 감추고 있다.

이슬람의 가르침을 따르는 터키인은 불가리아정교를 억압했다. 불가리아인은 자국어로 기도하는 것조차 금지당했다. 다만 여기 릴라의 사원에서만 불가리아어에 의한 기도가 인정되었다. 자연히 이곳은 불가리아 전통문화 계승의 유일한 터가 되었다. 사원박물관에는 12년이나 걸려 세공했다는 작은 십자가를 포함, 4,000여 점에 달하는 역사적 물건과 1,200여 점의 이콘(성화), 프레스코화 등이 보존되어 있다. 가히 불가리아 최고의 사적이자 발칸반도 정교의 총본산이다.

다음은 기차로 이스탄불이나 아테네를 향할 때 반드시 경유하는 제2의 도시 플로보디프(Plovdiv)로 소피아와 더불어 역사가 오랜 도시 중 하나이다. 중세 이전에만 비잔틴제국에 3회, 로마제국에 2회, 불가리아왕국에 5회로 모두 10회나 그 귀속(歸屬)이 바뀌어 다양한 문화의 잔재가 섞여 있는 곳이다. 중세 이후 오스만제국의 지배 아래 놓였다가 독립 후 불가리아 제2의 도시로 발전하였다. 이곳에서 느낄 수 있는 것은 지배국의 오랜 탄압에도 불구하고 민족적인 풍습과 신앙을 지켜온 흔적이다.

빼놓을 수 없는 곳으로 제2차 불가리아왕국(1185~1396)의 수도였던 벨리코 타르노브가 있다. 도나우강의 지류인 안트라강이 사행하는 지점에 있는 이 도시는 흥미롭게도 험한 산과 깊은 계곡과 높은 성벽으로 둘러싸여 있다. 지금도 성벽 파수대 성문의 일부가 남아 있다. 사원과 왕국의 육중한 벽과 탑들은 벽화로 장식되어 있다. 트라키아, 로마, 비잔틴 이래의 우물을 다수 소장한 1급 역사박물관이 있으며 십여 개의 교회유적지, 전통예술과 수예품으로 유명한 거리 등이 있다.

한편 흑해 연안은 온난한 기후와 뛰어난 풍경으로 불가리아가 자랑하는 리조트지대이다. 특히 이 지역은 해수의 염분농도가 지중해의 절반밖에 안 되는 이상적인 곳이며 일조시간이 길어 여름 시즌에는 유럽 전 지역에서 피서객이 몰려든다. 도처에 호텔, 별장, 방갈로가 있으며 조금 큰 도시에는 나이트클럽과 카지노도 있어 자유세계의 유명 피서지를 방불케 한다.

세르비아 Serbia
발칸의 메소포타미아

'아름다운 거리'라는 뜻의 베오그라드는 세르비아의 수도이며, 동시에 신유고연방의 수도이자 구유고슬라비아의 수도였다. 다뉴브강과 사바강이 합류하는 곳에 위치하여 칼레메그단이라는 성채가 있는 석회암 대지를 중심으로 펼쳐져 있다. 하항으로 상공업이 발달한 발칸반도의 중심적인 도시로서 과학아카데미, 옛 궁정, 박물관 등과 로마풍의 우물이 있는 칼레메그단 성터, 네포이사성, 다마두타시의 묘지 등이 관광자원이다. 지금까지 유럽을 여행하면서 무수한 실례를 보았듯이 유럽에는 A라는 나라에 살면서 B라는 나라의 언어와 풍습을 고집하는 대·소의 민족집단이 너무나 많다. 일정지역에 집단으로 거주하며, 신문이나 방송에서까지 자기네 언어를 고집한다. 더욱 놀라운 것은 독립국가를 가져본 역사가 없는 민족집단까지 자기 언어와 문화를 고집하며, 기회가 있을 때마다 분리를 주장한다는 사실이다.

나라마다 이렇게 골치 아픈 다민족(多民族)을 포함하게 된 것은 강력한 제국의 지배 때문이었다. 영향을 미쳤다기보다 아예 유럽을 밟아버린 칭기즈칸은 차치하고라도 신성로마제국이나 합스부르크, 오스만제국 등은 이에 대항하는 여러 민족을 지역별로 뭉치게 했고, 독립으로 이어지게 했다. 중부유럽에서 특히 심하게 나타나는 이러한 현상은 규모가 작은 경우는 다민족 국가가 되었고, 세력이 큰 경우는 자치주·자치공화국·공화국의 순으로 구비되면서 일부는 연방국가를 만들어 국제무대에 등장하게 되었다.

일찍이 이곳은 동서문명이 만나는 지점에 위치한 관계로 여러 민족들의 왕래가 잦았으며, 그만큼 지배세력의 부침도 심한 편이었다. 원래 '유고슬라비아'란 말은 '남슬라브계 민족들의 국가'를 의미한다. 이는 7세기 전반 남슬라브족이 발칸반도에 정착하면서 비롯되었다. 처음에는 프랑크왕국의 영향하에 놓여 있다가 10세기경부터 왕국을 형성하기 시작, 이 지역 최초의 왕국인 크로아티아왕국의 흥망에 이어 1168년에는 세르비아계의 네마니치왕조가 일어나 이후 200여 년간 존속하기도 한다. 그러나 이 세르비아왕조는 14세기 후반 당시 막강한 세력을 자랑하던 오스만투르크의 발칸진출을 막아내기에는 역부족이었다. 1389년 코소보전투의 패배 이후 400여 년간 오스만투르크의 식민통치를 받게 된다.

18세기에 접어들자 발칸반도는 오스만제국과 오스트리아의 합스부르크왕조 간의 각축장이 된다. 그리고 이 와중에서 세르비아는 1804년에 발칸반도에서 처음으로 오스만에 대한 봉기를 기도하게 된다. 2차례에 걸친 처절한 투쟁 끝에 1830년 공국으로서의 자치권을 확보한다. 이 세르비아자치공국은 러시아와 투르크 간의 전쟁 후인 1878년 베를린조약을 계기로 인근 몬테네그로와 함께 근대국가로 발전한다. 1908년 오스트리아 · 헝가리제국은 일방적으로 보스니아 · 헤르체코비나를 합병, 발칸의 위기를 고조시킨다. 이에 평소부터 오스트리아에 대해 감정이 좋지 않았던 세르비아는 즉각 발칸전쟁에 돌입할 태세를 갖춘다. 이때 세르비아의 한 청년에 의해 합스부르크가의 황태자가 암살되는 '사라예보사건'이 발발하는데, 이를 계기로 전 유럽은 제1차 세계대전에 돌입한다.

1918년에 전쟁의 결과는 합스부르크가의 붕괴로 귀결되었다. 이와 더불어 발칸반도 내에서는 남슬라브족의 통일운동이 본격화되기 시작하더니 마침내 '세르비아, 크로아티아, 슬로베니아통일왕국'(1929년에 '유고슬라비아왕국'으로 명칭이 바뀜)의 성립을 보게 된다. 그러나 이 통일국가는 세르비아중심의 중앙집권적 국가였기 때문에 분권화와 연방주의를 제창했던 크로아티아의 강력한 반발을 안고 출범하게 된다. 제2차 세계대전이 발발하자 유고정부는 중립입장을 천명한다.

그러나 독일 등 추축국들의 일방적인 공격 앞에 속수무책으로 항복하고 만다. 이 결과 유고는 다시 추축국들에 의해 분할 점령된다. 이러한 상황하에서 티토를 중심으로 한 공산당의 파르티잔 투쟁이 불붙는다. 전쟁은 연합국 측의 승리로 종결되고, 티토의 유고공산당은 독자적인 힘으로 1945년 11월 연방인민공화국을 수립한다. 공화국 초기 티토정권은 구소련식 사회주의의 건설에 매진한다. 그러나 1948년 코민포름에서 축출당한 다음부터 사회주의이론에 대한 재검토에 착수하더니 노동자 자주관리형의 분권주의적 사회주의, 일명 '유고식 사회주의'를 탄생시킨다.

원래 다민족국가였던 유고는 연방 내의 민족문제가 항상 국정운영의 걸림돌이었다. 1980년 유고연방은 집단지도체제를 형성한 후 민족 간의 갈등을 조율해 나간다. 하지만 1990년에 실시된 자유총선거에서 각 공화국의 민족주의자들이 대거 득세, 세르비아의 패권정책에 대해 반기를 듦으로써 민족 간의 갈등이 폭발한다.

1991년 6월에 슬로베니아와 크로아티아의 독립선언으로 연방해체의 서막이 오른 이래 1992년 4월 세르비아와 몬테네그로 두 공화국은 과거 유고연방의 법통을 계승한다는 내용의 신헌법을 채택하고 '신유고연방'을 선포한다. 이로써 과거의 유고연방은 신유고연방, 슬로베니아, 크로아티아 등 5개 국가로 완전 분리되어 오다가 2003년 국명을 세르비아-몬테네그로로 바꿨다. 구(舊)유고슬라비아 사회주의연방공화국의 6개 공화국 중 세르비아와 몬테네그로 2개 공화국을 합쳐 1992년 4월 새롭게 태어났다. 2006년 6월 5일 두 국가로 분리 독립하였다. 북쪽으로 헝가리, 북동쪽으로 루마니아, 동쪽으로 불가리아, 남쪽으로 마케도니아 · 알바니아 · 보스니아-헤르체고비나와 국경을 접하고 있다.

민속춤 콜로, 해외에서도 인기

왜 여행을 하는가? 단순히 그곳에만 있는 것을 보러 간다면 모험을 감수하면서까지 분쟁이 심한 나라에 갈 것인가? 유고슬라비아의 경우라면 보고 싶은 것이 과연 무엇인가?

사람마다 의견이 다르겠지만 보다 중요한 것은 그곳 사람들이 살아가는 모습일 것이다. 우리와 다른 환경, 다른 역사 속에서 그곳 사람들은 어떤 가치관을 가지고 어떤 모습으로 살아왔고 또 살아가고 있는가?

그래서 여행자의 일정에는 가는 곳마다 박물관, 특히 민속박물관이나 자연사박물관이 약방의 감초처럼 들어 있는 것이다.

보스니아를 제외한 유고슬라비아는 서구의 어느 나라보다 여행하기 자유로운 나라가 되었다. 거리의 분위기도 밝고 치안상태도 양호하다. 공업분야는 조업중단 등으로 어려움을 겪고 있지만, 식료품도 풍부하고 질도 좋다.

사회주의의 흔적은 어디에도 없다. 미국 영화나 포르노 잡지도 거리에서 볼 수 있고, 맥도날드 햄버거 가게도 있다. 슬라브족이 대개 그렇듯 이 나라 국민들도 음악과 춤을 좋아하며 낙천적이다. 이 지역의 독특한 민속춤 콜로(圓舞)는 해외에서도 인기가 높다.

베오그라드

베오그라드는 예나 지금이나 유고슬라비아의 수도이자 세르비아공화국의 수도로 정치·문화·교통의 중심지이다. 도나우강(다뉴브강)과 사바강이 두 팔로 도시를 감싸듯 합류하는 지점에 있다. 일찍이 로마인에 의해 만들어진 이 도시는 '신기두눔'이라 불리었고, 흰 벽돌의 성벽이 둘러쳐져 있었는데, 동로마제국 말기 이곳에 침입한 남슬라브족이 강의 대안에서 하얀 성곽에 둘러싸인 이 도시를 바라보며 '하얀 도시'라고 부른 것이 새 이름이 되었다. '베오그라드'는 세르비아어로 '하얀 도시'이다. 하얀 도시라면 중동의 이슬람도시가 생각날 것이다.

실제 베오그라드의 인상이 그렇다. 오랜 역사를 지니고 있으나 몇 차례 전화로 인하여 고대나 중세의 유적은 별로 없고, 가볼 만한 곳이라면 칼레메그단 옛 성터와 티토기념센터, 거리의 중심인 테라지예광장, 17세기 이슬람사원인 바이라클리 모스크, 그리고 국빈을 포함해서 이 나라를 방문하는 점잖은(?) 사람들이 모두 참배하는 무명용사의 묘이다. 칼레메그단은 사바강과 도나우강이 합류하는 지점의 제방 위에 있는 공원이다. 2,000년 역사를 가진 옛 요새를 중심으로 산책로와 동물원, 무기박물관, 승리의 탑, 이슬람사원 등이 있다. 티토 대통령은 유고슬라비아의 국부(國父)이다. 유고슬라비아의 오늘은 그 때문에 존재한다 해도 과언이 아니다. 티토기념센터는 구시가 남쪽 동산에 있는데, 베오그라드시가 한눈에 들어오는 곳이다. 구대통령 관저 안의 온실이 묘소이다. 사전에 예약해야 하며, 여행자에게 관대하지만 할 수 있다면 정장을 갖추는 것이 예의이다. 티토 생애에 대한 영화도 보여주고, 그의 유품, 수집품, 서재도 볼 수 있다.

박물관으로는 국립박물관, 민속박물관, 시립박물관, 군사박물관 등이 있는데, 공화국광장에 면하여 서 있는 국립박물관이 가장 오래된 곳이다. 1844년 건립된 이 박물관에는 카르파티아와 마케도니아, 세르비아의 역사와 고고학에 관한 자료가 전시되어 있으며, 비잔틴시대의 프레스코화를 비롯하여 수많은 그림이 소장되어 있다. 2층에는 르누아르, 피카소, 고흐 등의 작품도 있다.

우크라이나 Ukraina
유럽국가 중 영토가 가장 넓은 나라

우크라이나소비에트 사회주의공화국은 1991년 독립하였다. 구소련을 구성했던 15개 공화국 중 인구와 경제적 중요성에서 러시아 다음가는 위치에 있었고, 문화적으로도 오랜 전통의 나라이다. 서쪽으로 폴란드, 슬로바키아, 헝가리, 루마니아, 몰도바, 북쪽으로 벨로루시, 동북, 동쪽으로 러시아연방에 접하고, 남쪽으로 흑해에 면한다.
우크라이나는 동유럽에서 인구가 가장 많고, 유럽 전체에서 영토가 가장 넓은 국가이다. 우크라이나인(人)은 러시아인·벨로루시인과 마찬가지로 동슬라브족(族)에 속하지만, 다른 동슬라브족에 비해 키가 크고 어깨가 넓다. '우크라이나'는 '변방지대' 혹은 '경계지방'이라는 뜻인 'krai'에서 나온 이름이다. 이는 러시아의 차르들(tsars)이 수세기 동안 우크라이나에서 폴란드인, 리투아니아인, 터키인 등을 비롯한 초원의 여러 유목족들에 대항하여 투쟁한 데서 비롯된 것이다.

유럽의 동남부에 위치한 이 나라는 독립국가연합(CIS)의 일원으로서 인구나 경제규모 면에서 러시아연방 다음으로 큰 규모를 자랑하고 있다. 12세기 무렵부터 사용된 '우크라이나'라는 명칭은 원래 '변경(邊境)'을 의미하는 '크라이'라는 말에서 유래되었다고 한다. 한때는 '소(小)러시아'란 이름으로 불리기도 하였으나 지금은 사용하지 않는다.
구소련 당시 '빵바구니'로 불릴 만큼 풍요로운 지방으로 알려져 있으며, 남부 흑해 연안의 크림반도 일대는 세계적인 휴양지로도 유명하다.
이 지역은 대륙 간의 이동통로였기 때문에 일찍부터 스키타이, 사르마트, 커트훈, 아바르족 등의 지배를 거치는 한편, 고대 그리스시대에는 흑해를 통하여 지중해문명의 혜택을 받기도 하였다. 그러나 오늘날의 우크라이나인, 즉 동슬라브족이 이곳에 정착하기 시작한 시기는 이보다 훨씬 뒤인 6세기 무렵이다. 이른바 '루시'로 알려진 이들은 9세기에서 12세기에 걸쳐 이곳에 키예프공국을 건설하게 되었으며, 최초의 정치적 통일을 이룩한다. 그러나 13세기 초 몽골족의 침입으로 키예프공국이 붕괴되자, 동슬라브족은 러시아인, 우크라이나인, 백러시아인 등으로 분화된다. 그리고 14세기에는 리투아니아대공국과 폴란드에 합병되는 일을 계기로 우크라이나 역시 폴란드의 단일식민지로 전락한다. 한편 폴란드의 식민지수탈과 착취가 갈수록 극심해지자 우크라이나인들 내부에서는 차츰 이민족의 지배체제에 대한 불만이 싹트기 시작한다. 그리고 이는 곧 농민층을 중심으로 하는 집단적 저항운동을 낳기에 이르며, 나아가 17세기 중반에는 본격적인 독립전쟁으로까지 발전한다. 그러나 전쟁의 양상은 러시아의 개입으로 또다시 강대국 간의 이권다툼으로 변질된다. 전쟁 결과 폴란드와 러시아는 드네프르를 기점으로 한 우크라이나 분할통치에 합의한다. 그러나 러시아는 표트르대제와 예카테리나 2세의 치세를 거치면서 세력을 더욱 확대시켜 18세기 중엽에 우크라이나 전역을 수중에 넣는다. 그리고 이곳을 '소러시아'라 명명하고, 농노제를 골자로 한 강력한 러시아화정책을 추진해 나간다.

19세기에 접어들어 시인이었던 셰프첸코를 중심으로 우크라이나 민족운동이 활발히 전개되기도 하였으나 러시아의 강력한 탄압에 봉착, 수포로 돌아간다. 1917년 러시아혁명 이후 우크라이나는 독립을 선언하면서 탈러시아를 꾀했으나 국내의 좌우대립으로 내전까지 치르는 우여곡절을 겪은 끝에 결국 1922년 소연방에 가입하게 된다. 레닌의 민족정책에 편승하여 소비에트체제하에서 독자적인 자치정부와

당을 갖게 된 우크라이나는 1920년대 이후 '우크라이나화정책'을 공식 채용한다. 이로써 그동안 무수한 이민족으로부터의 침략과 식민을 경험한 우크라이나인들은 과학아카데미를 중심으로 역사와 민족문화에 대한 연구와 창달에 매진하더니 이른바 르네상스시대를 방불케 했다. 그러나 1930년대 스탈린 집권 이후 이 '우크라이나화정책'은 정반대의 양상을 띠기 시작한다. 우선 농업집단화와 가혹한 곡물징발로 내부경제가 혼란에 빠지기 시작한데다 민족주의에 대한 숙청과 탄압이 가해져 500여만 명 이상이 희생되는 참담한 결과를 초래한다. 더욱이 제2차 세계대전 후에는 우크라이나 민족주의자들과 소비에트군의 충돌로 50여만 명이 시베리아 유형에 처해진다.

하지만 이러한 역사에도 불구하고 우크라이나인들은 1960~70년대의 냉전시대를 거치면서 탈러시아화와 민족의식의 탈환을 위한 노력을 계속 경주한다. 그리고 이는 1980년대 후반 페레스트로이카의 등장으로 빛을 발하기 시작한다. 마침내 1991년 8월에 독립을 선포하고, 12월 국민투표를 거쳐 국민들의 열화와 같은 성원하에서 '우크라이나공화국'으로 새롭게 탄생한 후 오늘에 이르고 있다.

키예프

키예프는 우크라이나의 수도이다. 모스크바, 페테르부르크와 함께 구소련을 대표하는 3대 도시의 하나로 지하철까지 갖춘 현대적 도시이다. '키예프의 우크라이나'로 부르는 것처럼 이 나라 역사는 키예프에 모두 모여 있다. 하지만 그리스도교를 받아들인 988년 이후 11세기에 건설된 유적이다. 이것이 13세기 몽골의 침입으로 파괴되었다가 이후 복구된 것들이다. 그 이전의 것은 거의 흔적이 없다.

키예프시를 한눈에 볼 수 있는 곳이 블라지미르 언덕이다. 높이는 100m에 불과하지만 드네프르강은 물론 강 건너에 펼쳐진 신시가지가 한눈에 들어온다. 전망대 옆에 1853년에 세운 20m 높이의 블라지미르 공 기념상이 있다.

대표적인 사원은 성 소피아사원과 페체르스카야 대수도원이다.

성 소피아사원의 돔은 키예프의 상징이다. 이 사원을 유명하게 만든 것은 원래의 상태대로 남아 있는 프레스코화(벽화의 일종)이다. 중앙의 가장 큰 돔 안에 양손을 들어 기도하는 성모 마리아상이 있고, 그 밑에 성찬 그림이 있다. 그리고 벽 한쪽에 빈틈이 없을 정도로 프렌스코화가 그려져 있다. 경내에는 박물관이 있어 이 사원과 키예프의 역사에 관한 자료를 전시하고 있다. 사원에서 도보로 10분쯤 되는 거리에 옛날 황금빛으로 빛났던 사원의 문이 있다.

페체르스카야 대수도원은 드네프르강가의 언덕 위 공원 안에 있다. 남슬라브지방에서 가장 큰 러시아정교 수도원으로 키예프 최대의 관광명소이다. 이 수도원은 1051년 동굴에서 수도하던 안토니와 데오도시스가 동굴 위에 사원을 지은 데서 시작되었다. 페체르는 동굴을 뜻한다. 이 시기는 키예프공국이 세력을 크게 넓히던 때로 정교문화도 이곳을 중심으로 퍼져 나갔다. 정교의 중심이 키예프와 모스크바로 갈라진 것은 훨씬 후의 일이다. 슬라브민족의 성립에서부터 키예프공국의 건국과 12세기 초엽에 이르기까지의 역사를 담은 슬라브족 최초의 역사책 '원초연대기(原初年代記)'는 이곳에서 만들어졌다. 16세기에 이 수도원은 대수도원으로 격상되고, 경내에는 수도생활에 필요한 80여 채의 건물이 들어섰다.

페체르스카야 북쪽 일대에 '영광공원'이 넓게 조성되어 있고, 한쪽에 제2차 세계대전 때 전몰한 '무명전사의 묘'가 있는데, 높이 28m의 위령탑이 솟아 있다. 그 밑에는 영원히 꺼지지 않는 불꽃이 타오르고 있다.

키예프에도 박물관은 많다. 귀중품박물관, 서적·인쇄박물관, 영화·연극박물관, 민예박물관, 청소년을 위한 레닌박물관, 제2차 세계대전의 경위를 전시한 대조국전쟁박물관 등이다. 대표적인 것은 우크라이나 역사박물관과 미술관, 그리고 민족건축과 풍속박물관을 들 수 있다. 블라지미르 거리의 나직한 언덕에 있는 우크라이나 박물관에는 고대로부터 현대에 이르기까지의 역사를 알 수 있는 자료 약 50만 점을 시대 순으로 배열해 놓았다. 키로프 거리에 있는 우크라이나미술관은 이 지방의 회화와 조각을 전시하고 있다.

신화(神話)에 흥미가 있다면 잃어버린 신화를 찾아볼 수 있다. 그리스도교를 받아들이기 이전의 슬라브민족에게는 신화가 있었고, 키예프는 그 신화의 중심지였다. 신화의 전체상을 전하는 문헌이나 자료는 어디에도 없지만 전사(戰士)의 신 페룬(雷神)과 자연을 지배하는 신 벨레스를 최고의 신으로 신격화하여 불의 신 스바로그, 태양신 다지보그 등이 알려져 있다. 그러나 이들 상급의 신들은 988년 블라지미르공이 그리스도교를 받아들이면서 그 신상을 드네프르강에 던져버리는 것을 시작으로 교회에 의해 하나하나 사라져버렸다.

지금까지 살아 있는 것은 민화나 민요 등 민속학 자료에 남아 있는 하급의 신인 정령(精靈)이다. 집의 정령 도모보이, 곡창의 정령 오빈니크, 숲의 정령 레시이, 들의 정령 폴례보이 등인데, 이들은 인간에게서 어떤 의례를 받으며 인간을 돕는 정령들이다. 반대로 인간에 위해를 가하는 정령으로는 물의 정령 보다노이, 젊은 아가씨가 물에 빠져 되었다고 하는 물의 정령 루살카 등이 알려져 있다.

이 정령들은 박물관·미술관 외에 민속무용이나 발레작품 속에 확실히 살아 있다. 민속무용제는 키예프에서 주 2~3회 개최되는데, 여러 가지 빛깔의 민속의상이 매우 아름다우며, 정령들과 함께하는 2시간이 매우 즐겁다.

기타 지역

여행자에게 권할 만한 도시는 흑해 연안의 오데사와 크림반도 남단의 얄타 등이다. 오데사는 '흑해의 진주'로 불리는 세계적 휴양지이다. 구소련시절 서쪽 관문이었다는 것이 실감날 정도로 루마니아, 불가리아, 프랑스, 이탈리아, 보스포로스, 그리스, 터키 등으로 가는 배가 정기적으로 드나들고, 수많은 관광객이 찾아든다. 겨울에도 평균기온이 3도 내외일 정도로 온난한데다 옛날부터 국제무역도시로 번영해 왔기 때문에 자유로운 분위기가 흐른다. 여름이면 비키니가 넘실대는 것이 우크라이나의 현실과는 전연 다른 별천지라고 할 만하다. 오데사가 중산층의 휴양지라면, 얄타는 러시아혁명 전까지 황제나 귀족들의 휴양지였다. 다시 말하면 크림반도 동해안에 있는 흑해 연안 최고의 휴양지이다. 황제나 귀족의 호화로운 별장은 혁명 후 노동자를 위한 새너토리엄(휴양소)으로 변했다. 이곳을 찾는 여행자는 1년에 200만 명 정도인데, 그중 절반 정도가 외국인이다.

체코 Czech
동구권 경제의 선두주자

9세기 말부터 14세기 초까지 프르셰미슬왕조가 다스렸다. 이후 룩셈부르크왕조가 다스리는 중에 카렐 1세가 신성로마 황제 카렐 4세로 즉위하였다. 15세기 이후 후스파의 종교개혁이 격렬하게 전개되어 1618년 30년전쟁(1618~1648)이 일어났다. 전쟁 이후 신성로마제국의 로마 가톨릭 지배가 강화되었고 그대로 신성로마제국의 제위(帝位)를 독점한 오스트리아-헝가리가 체코를 1918년까지 지배하였다. 이후 체코슬로바키아로 독립하였으나 1938년 나치 독일에 합병되어 제2차 세계대전이 끝날 때까지 점령되었다. 전쟁이 끝난 1945년에 구소련의 위성국이 되었다. 1993년에 평화적으로 슬로바키아와 분리하였다.

체코는 이렇게 유럽의 변화 한가운데 있었지만 19세기 민족적 각성운동이 일기 전까지는 독일화의 파도에 휩쓸려 지내왔다. 그래서인지 대부분이 가톨릭교도인 체코인은 예술을 사랑하며 낙천적이라고 하지만, 현재의 체코에서는 그런 본래의 기질을 느낄 수 없다. 오랫동안 다른 민족의 지배와 그에 대한 저항의 역사 속에서 국민성까지 냉정하고 신중하게 변화한 것이다.

그래도 이 나라 여행이 즐거운 것은 프라하를 가득 채우고 있는 옛 건물들에서 현재보다 훨씬 예술적이고 낭만적이었던 옛 모습을 손질하지 않은 그대로를 엿볼 수 있기 때문일 것이다.

중앙 유럽에 위치한 이 나라는 독일, 폴란드, 오스트리아, 슬로바키아 등 4개국과 국경을 맞대고 있는 내륙국이다. 원래 이곳은 기원전 게르만족의 일파인 보이이족이 정착하였던 곳이다. 따라서 '보헤미야'란 지명도 '보이이족의 땅'이란 의미를 지니고 있다.

이후 6세기경 슬라브계의 체히인들이 터를 잡기 시작, 9세기 무렵에 체코와 슬로바키아민족에 의한 '대(大)모라비아제국'이 건설된다. 하지만 한때 번영을 구가했던 이 모라비아제국도 10세기 초 헝가리제국의 침입으로 슬로바키아 지방이 점령당하면서 쇠퇴의 길로 접어들고, 남아 있던 체코 지역도 16세기 초에 당시 일세를 풍미했던 합스부르크 왕가의 오스트리아·헝가리제국에 완전 편입된다. 이로써 체코는 20세기 초엽 제1차 세계대전이 끝날 때까지 장장 390여 년(1526~1918)에 걸쳐 강대국의 식민지 통치하에 놓인다.

1918년 10월, 제1차 세계대전의 종결과 함께 오스트리아·헝가리 제국이 붕괴되자 체코와 슬로바키아 민족은 힘을 한데 합쳐 '체코슬로바키아공화국'을 수립하고, 동구권에서는 유일하게 의회민주주의를 실시한다. 그러나 이 체코슬로바키아공화국은 민주주의가 채 뿌리를 내리기도 전에 인근 독일의 나치정권이 2차 대전을 일으킴으로 말미암아 해체의 시련과 함께 또다시 외세의 점령지로 전락한다. 1945년 5월, 이미 패색이 짙어진 나치독일이 이곳에서 철수하자 이번에는 연합국 일원의 자격으로 구소련군이 진주한다. 그리고 이듬해인 1945년 5월에 구소련 군정하에서 치러진 총선거에서 체코슬로바키아 공산당이 제1당으로 부상, 2년 동안의 전후 수습기간을 가진 다음해인 1948년 6월에 '체코슬로바키아인민공화국'을 정식 수립, 선포하게 된다.

한편 1968년 1월, 당시 동구권에 불어닥친 민족·민주운동에 편승, 체코슬로바키아 공산당 중앙위원회는 그때까지 보수정책으로 일관하고 있던 노보트니정권을 밀어내고 개혁파의 중심인물이었던 두브체크를 당서기장에 추대한다. 두브체크 서기장은 '인간의 얼굴을 가진 사회주의'를 표방하며 사회제도 및 정치제도 전반에 걸친 민주개혁운동을 추진하게 된다.

하지만 이 체코슬로바키아의 자유화 운동에 대해 구소련을 비롯한 동유럽 사회주의국가들은 마르크스·레닌주의로부터의 이탈이란 명분을 내세워 불법적인 무력침공을 감행한다. 1968년 8월, 20여 만에 달하는 바르샤바조약군에 의해 두브체크를 비롯한 개혁파들이 모두 체포되고, 따라서 체코슬로바키아의 저 유명한 '프라하의 봄'도 세계 여론의 안타까움 속에 막을 내리고 만다. 비록 실패로 끝나긴 했지만 이 사건은 70년대 이후 소련과 동구권 사회주의 국가 간의 관계를 새롭게 정립하는 계기로 작용하였으며, 나아가 동구권 민주화운동의 디딤돌로 자리매김된다.

1969년 4월, 두브체크 축출 후에 들어선 후사크 정권은 체코와 슬로바키아 각각에 독자적인 정부와 의회를 인정하는 연방제를 채택한다. 그러나 이후 50여만 명에 달하는 개혁파 당원들이 제명 또는 숙청당하는 등 인권탄압의 사례가 속출하였다. 이에 1977년 1월에 체코슬로바키아 지식인들은 전 국민의 이름으로 정부의 인권탄압에 항의, '헬싱키조약'의 준수를 촉구하는 '77헌장'을 공표한다. 그리고 이 여세를 몰아 1989년에는 공산통치 종식과 자유화를 요구하는 '벨벳혁명'을 성공리에 완수, 1990년 자유총선거를 거쳐 혁명 주도세력이었던 '시민포럼'을 중심으로 비공산 연립정권을 출범시킨다. 또한 민주화 단행 이후 강하게 제기되기 시작한 슬로바키아 내의 분리독립운동을 적극 수용, 체코와 슬로바키아 연방공화국 대표 간의 합의로 1993년 1월을 기해 평화적 분리, 독립을 달성한 후 오늘에 이르고 있다.

百塔의 도시 프라하 '건축박물관'

블타바강을 젖줄로 1천 년의 역사를 간직한 체코의 수도 프라하는 더도 덜도 아닌 '북쪽의 로마'이다. 13~15세기 로마네스크양식, 13~15세기 고딕양식, 16세기 르네상스양식, 17~18세기 바로크양식의 건축물이 모두 시내에 남아 있어 백탑(白塔)의 도시라는 이명(異名)을 갖고 있다.

도시 전체가 구경거리지만 특히 시선을 모으는 2곳이 있다. 하나는 블타바강 동쪽으로 옛날부터 시민의 생활터전이었던 구시가이고, 또 하나는 강 건너 소지구 광장에서 프라하성에 이르는 구간이다.

블타바강에 건설된 다리 중 가장 역사도 깊고 아름다운 것이 카를교이다. 1357년에 건설되었으니 중부 유럽에서는 가장 오래된 다리이다. 총길이가 500m쯤인 이 돌다리 양쪽의 난간에는 15개씩 모두 30개의 성자상이 늘어서 있다. 다리 한가운데 난간에 십자가가 묻혀 있는데 그 위에 손을 얹고 기도하면 소원이 이루어진다고 한다. 그리고 프라하성은 이 다리 위에서 보는 것이 가장 아름답다.

카를교에서 화약탑(Power Tower)까지의 블타바강 오른쪽 지구를 구시가라고 한다. 예나 지금이나 소탈한 분위기지만 프라하의 심장부 역할을 해온 곳이다. 특히 구청사 광장 주변에는 르네상스양식의 유서 깊은 건물이 많이 남아 있는데, 그 보존을 위해 전차노선이 폐지되었을 정도이다.

구청사는 나치에 의해 파괴되었지만 그 일부였던 시계탑은 용케도 난을 면했다. 시계탑에 있는 천문시계는 매시 정각에 작은 창이 열리고, 땡땡 하는 종소리와 함께 그리스도의 12제자 인형이 하나씩 나타났다가는 사라진다. 시간이 되면 이 시계를 구경하려고 많은 사람들이 모일 정도로 프라하의 명물이 되어 있다. 광장 중앙에 종교개혁을 주도한 '얀 후스'의 상이 있다. 대좌에 '진실을 사랑하고, 말하고, 지켜라'라고 새겨져 있다.

블타바강 서쪽 약간 높은 흐라차니 언덕에 있는 프라하성에 오르면 도시를 가르며 조용히 흐르는 블타바강과 백탑의 도시 프라하를 한눈에 볼 수 있다. 프라하성의 일부는 지금 대통령 관저로 사용되고 있다.

신시가지 국립박물관 정면 발코니에 서면 바츨라프광장이 한눈에 들어온다. 역사의 전환기마다 주무대가 됐던 광장이다.

프라하

1968년 '프라하의 봄' 때 체코 젊은이들이 소련 탱크에 맞선 곳도 이곳이며 1990년 전후 대규모 민주화시위도 이 광장에서 일어났다. 더욱이 프라하는 전쟁의 화가 번번이 비껴간 덕으로 유서 깊은 옛 성이나 수도원, 교회 건물들이 만들어진 그대로 보존되어 있어 신비롭다.

이색적인 곳으로는 체코를 빛낸 문화인들이 잠들어 있는 비셰흐라트 묘지와 나치가 만들었던 테레진 강제수용소가 있다. 블타바강의 하류, 깎아지른 듯한 절벽에 비셰흐라트 성터가 있는데, 여기 조성된 묘원에 체코를 대표하는 문화인들은 모두 잠들어 있다.

테레진은 프라하에서 한 시간 정도 북쪽으로 가야 한다. 나치는 이곳에 거대한 수용소를 만들어 15만 명이나 되는 유대인을 수용했다. 14세 미만의 어린이도 1만 5천 명이나 있었는데 살아 돌아온 어린이는 고작 100명에 불과했다고 한다. 테레진수용소가 소련군에 의해 해방되었을 때(1945년 5월) 나치가 다 태우지 못하고 남긴 종이 꾸러미 속에서 4천 점의 어린이 그림이 발견되었는데, 그림의 내용은 죽음에 대한 공포, 행복했던 시절의 추억, 자유에 대한 동경 등이었다고 한다.

폴란드 Poland
동유럽의 파리

중세 무렵 유럽 최대 왕국이기도 했던 폴란드는 근대 이후 주변 강대국들 사이에서 외침을 겪으며 주권을 상실했던 적도 있을 만큼 슬픈 역사를 가진 나라이다.
일례로 2차 대전 당시 평소 국민들 사이에 인기가 없었던 외무장관 벡(J. Beck)이 의회연설을 통해서 폴란드민족에게는 명예가 평화보다 더 중요하다고 역설하면서 독일의 요구를 단호히 거절했을 때 그는 하루아침에 폴란드민족의 영웅이 되었고 국민들의 전폭적인 지지를 받았다. 명예를 위한 선택 때문에 폴란드는 멸망했고, 300만 이상의 국민이 희생되었다.
물론 이것은 극단적인 역사상의 예이지만 폴란드인들의 사고와 의식의 저변에는 이처럼 실리나 타산보다는 자존심과 명예에 대한 강한 집착이 있다는 점을 이해할 필요가 있다. 자기의 명예가 귀중한 만큼 상대방의 명예를 존중하는 것은 당연한 일이다.
그러나 폴란드 국민 특유의 낙천성광 예술적인 기질로 세계사에 큰 획을 그은 인물을 다수 배출한 나라이기도 하다. 중세 인물로 코페르니쿠스를 들 수 있으며 노벨상을 수상한 과학자 퀴리부인과 천재 피아니스트 쇼팽, 폴란드 자유노조의 바웬사 등이 우리가 알고 있는 대표적인 폴란드인이다.
더욱이 가톨릭 교황에 대해 농담을 하면 실례를 범하는 것이 된다. 3국 분할과 공산주의 시대에 국민통합이 가톨릭에 바탕을 두었고 고 바오로 2세 교황을 배출한 나라이기 때문이다. 가톨릭의 영향력이 역사적·사회적으로 강한 나라이므로 종교적 논쟁은 피하는 것이 좋다.

발트해 남쪽에 자리 잡은 폴란드는 비스툴라강이 국토의 대동맥을 이루고 있는 가운데 카르파티아산맥 부근을 제외하고는 전체면적의 90% 이상이 평지로 구성되어 있다. 국명인 '폴란드' 역시 '폴(Pole = Field)', 즉 '경지' 또는 '농지'란 뜻에서 유래되었다고 한다.

이미 기원전 10세기부터 사람들이 살았던 흔적이 남아 있는 이곳에 슬라브족이 정착한 시기는 4세기 후반 훈족의 침략으로 민족의 대이동이 시작되면서부터이다. 이후 10세기 중반, 슬라브계의 폴리안(Polian)인들이 언어와 관습 및 종교가 유사한 여타의 슬라브계 부족들을 통합하며 통일국가의 초석을 마련한다. 폴란드 최초의 왕인 피아스트왕조의 미에쉬코는 포모제, 슐레지엔, 말로폴스카 등의 땅을 합병하여 독일로부터의 독립을 위한 투쟁을 전개하는 한편 로마교황청과 제휴하여 996년에 기독교를 받아들이고 봉건사회를 형성하기에 이른다. 하지만 폴란드왕국의 봉건시대는 왕위계승문제로 인한 내부갈등과 몽골의 침입 및 독일, 키예프, 러시아와의 전쟁 등으로 분열과 혼란을 거듭하게 된다.

이후 14세기 초, 폴란드왕국은 지난 30여 년 동안의 봉건적 혼란기를 극복하고 이른바 의회군주국가시대(1320~1455)의 장을 열게 된다. 이때 등장한 카시미르(Kasimir)대제는 강력한 중앙집권적 왕권을 토대로 제도의 개혁과 문화 창달을 통해 국가의 면모를 일신한다. 세계 최초의 대학인 크라쿠프대학('야기엘로대학'의 전신)이 바로 이 시기에 설립되었으며, 뒤이어 카지미에슈법전이 완성되기도 하였다.

태어나기 전부터 정해진 이름

　가톨릭국가이므로 이름을 지을 때는 몇 가지 예외로 허용되는 이름 이외에는 반드시 가톨릭 성인들의 이름을 따라 짓는다. 동사무소에 가면 사용할 수 있는 성인들의 이름이 정해져 있기 때문에 그들의 이름을 써야 하며 그렇지 않으면 이름을 신고할 수 없다.

　폴란드에서도 가장 성스러운 의식이 결혼이다. 요즈음 약 90% 이상의 신혼부부가 성당에서 결혼식을 올리기 전에 우리의 주민센터 같은 곳에서 부모와 사무소 담당직원 앞에서 부부가 된다는 사인을 한다. 이때 반지를 교환하는데 의식이 끝나자마자 반지를 빼 버린다. 그 이유는 가톨릭 사제가 생수를 뿌리지 않은 반지는 의미가 없다고 생각하기 때문이다. 성당에서의 결혼식 순서는 한국의 천주교식 결혼식과 흡사하다.

　결혼식 후 피로연을 여는데 초대받은 사람만 참석할 수 있으며, 이때 부모와 하객들은 신랑, 신부보다 먼저 피로연장에 들어간다. 한국 결혼에서 폐백을 드릴 때 시부모가 신랑 신부에게 대추나 밤을 던져주듯 부모는 입구에서 둥근 빵과 소금을 신랑 신부에게 주는데, 신혼부부는 행복을 뜻하는 이 빵과 소금을 반드시 먹어봐야 한다.

　신혼여행은 우리처럼 당일에 가는 것이 아니라 시간에 구애받지 않고 떠난다.

　부부가 잠자리에 들기 전에 신부가 머리에 올렸던 장식을 친구들에게 던지는데 이것은 우리 결혼식에 신부가 '부케'를 던지는 것과 같다. 결혼 날짜를 선택할 때는 폴란드말에 'R'자가 나오는 날이나 부활절 6주 전부터 부활절 때까지, 크리스마스 한 달 전부터 크리스마스까지는 피한다. 이 역시 길일을 택하는 우리의 풍습과 대비시켜 볼 수 있다.

바르샤바

'북유럽의 파리'라는 말에 걸맞은 문화·예술의 도시이다. 제2차 세계대전 때 나치의 침략에 의해 시내의 80% 이상이 파괴되었으나 전쟁이 끝난 다음 예전의 모습을 그대로 살리며 훌륭히 복원하였다. 과거 갈라져 있던 틈까지 재현하는 완벽한 복원을 이루려고 노력했다. 도시는 비수아강을 사이에 끼고 동서로 갈라진다.

도시의 중심은 서안의 데필라트광장이다. 광장에는 문화과학궁전이 있다. 37층 건물로 높이가 234m이다. 방 수만도 3,288개에 달한다. 엘리베이터로 전망대에 오르면 시내를 한눈에 볼 수 있다.

와지엔키공원은 바르샤바에서 가장 아름다운 공원이다. 18세기 폴란드 최후의 왕 포니아토프스키에 의해 만들어졌다. 공원 내에 있는 와지엔키궁전은 1795년 포니아토프스키왕의 여름 별궁으로 건축되었다. 수면에 비치는 모습이 아름답다.

현재는 국립박물관의 일부로서 17~19세기의 회화와 조각이 전시되고 있다. 우야즈도프스키대로의 남쪽에는 수양버들 사이에 쇼팽의 상이 서 있다.

빅토리아광장에서 남쪽으로 뻗은 크라코브교외 거리에는 폴란드 최고의 종합대학인 바르샤바대학, 코페르니쿠스의 상, 쇼팽의 심장이 묻혀 있는 성십자가교회 등이 있다.

15~16세기에 축조된 말굽형의 벽돌 성벽, 바르바카에 의해 구시가와 신시가가 나누어진다. 쌓아 올린 돌 위에 인어상 하나가 앉아 있다. 구시가의 거리에는 16~17세기 무렵의 바로크식 집 틀과 고딕식 건물이 늘어서 있어 고풍스럽다. 그러나 사실은 2차 대전 후 복원해 놓은 것이다.

아우슈비츠

　인간의 광기는 어디까지 뻗칠 수 있는 것일까. 인간은 얼마만큼 잔인해질 수 있는 것인가. 인간이 인간을 부끄러워해야 하는 곳, 아우슈비츠, 나치 독일에 의해 400만 명(정확한 수는 알 수 없음) 이상의 유대인이 학살된 곳이다. 어느 날 어떤 이는 조준선에 정렬되었고, 어느 날 어떤 이는 생체실험용으로 눕혀졌다. 한번에 수백 명, 아니 천여 명이 넘는 사람들이 바크론 B라는 독가스가 분사되는 지하실에서 죽어갔다. 수용동 막사, 가스실, 소각실, 총살 현장 등과 함께 전시되어 있는 학살당한 유대인들의 유물을 보노라면 지옥을 경험하는 느낌이 든다. 크라코브에서 약 60km 떨어져 있다.

헝가리 Hungary
유럽시장의 전초기지

> 헝가리는 지리적 조건 때문에 예로부터 아시아와 유럽의 연결고리로 인식되고 있는데 헝가리인들은 이 점에 대해 자부심을 가지고 있다. 따라서 헝가리인과의 상담 시 이런 주제로 대화를 시작하면 비즈니스 관계를 보다 부드럽게 풀어갈 수 있을 것이다. 또 헝가리가 다른 동유럽국가에 비해 우리나라에 보다 우호적인 이유도 이러한 역사적·지리적인 요인이 상당부분 작용하고 있다.
> 헝가리인의 국민성은 타인에게 매우 호의적이며 행동은 다소 소극적이고 수동적인 편이다. 그러나 성격은 다혈질적인 성향이 있어 운전이나 상거래 시 그러한 모습이 종종 나타난다. 문화수준은 국민소득에 비해 매우 높은 편으로 콘서트 및 문화공연이 1년 내내 여러 장소에서 개최된다. 특히 음악에 대한 관심이 매우 높아 음악공연 관람이 생활화되어 있고 오페라는 대중문화로 자리 잡고 있다. 또 헝가리는 사회주의의 영향으로 사회보장제도가 매우 잘 정비되어 있다.

중부 유럽에 위치한 이 나라는 오스트리아, 루마니아 등 주변 7개국과 국경을 맞대고 있는 내륙국가이다.

우리 민족과 같은 어족(語族)인 우랄알타이어계의 마자르족이 우랄 지역을 벗어난 시점은 기원전 10세기 즈음으로 추정된다. 이후 그들은 오랜 세월을 두고 터키계의 여러 민족과 접촉하면서 남하를 거듭, 마침내 9세기 말 고대 로마제국의 일부였던 이곳 헝가리 분지(카르파티아분지)에 정착하게 된 것이다.

마자르족의 초기 국가형태는 부족연합체(7부족)의 이중수장제(二重首長制)였다. 그러다가 농경사회가 차츰 발달하자 씨족지배체제가 급격히 해체되기 시작하였으며, 여기에 아르파드가(家)의 게자와 이스트만 1세 부자가 등장, 국가통일을 이룸과 동시에 헝가리왕국을 탄생시킨다. 그리고 초대 국왕에 등극한 이스트만 1세는 토지사유제를 골자로 한 법률을 제정하고 봉건영주제도를 실시하여 헝가리왕조의 기반을 굳건히 하는 한편 기독교를 적극 수용, 로마 교황으로부터 정식 국왕의 칭호를 수여받기도 한다.

그러나 이스트만 1세가 죽자 국내에서는 이교도들의 반란과 지방영주들의 득세가 본격화되고, 대외적으로는 발칸반도를 둘러싼 로마 비잔틴제국과의 첨예한 대립 등으로 왕권이 동요하기 시작한다. 13세기 중엽 몽골의 침입으로 왕권은 더욱 쇠퇴해져 지방 호족들에 의한 국토 분열의 위기까지 초래하였으나 국왕과 귀족들 간의 동맹으로 왕국 해체의 상황을 가까스로 모면한다.

1458년 중소귀족들의 지지를 얻어 국왕에 등극한 마티아스 1세는 왕권회복의 기치를 내걸고 지방호족들의 세력을 잠재우는 데 성공, 강력한 중앙집권화를 추진한다. 그리고 이 기간 동안 헝가리는 비록 짧긴 했지만 국론 통일과 함께 대외정책에서도 성공을 거두어 중부유럽의 강국으로 군림, 르네상스문화가 번창하기도 한다. 그러나 마티아스 1세가 죽은 후 국내는 다시 분열의 양상을 띠기 시작, 급기야는 대오스만 십자군 모병을 계기로 농민전쟁이 발발한다. 게다가 급조된 헝가리군은 1526년 모하치(Mohacs)전투에서 오스만 터키군에게 참패, 이로써 헝가리는 이후 1세기반 동안 터키의 식민지로 전락하기도 했었다.

17세기 말, 오스트리아의 합스부르크왕가는 터키군에 일격을 가하고 전체 유럽의 주도권을 거머쥔다. 이에 따라 헝가리 역시 1699년의 카를로비쯔조약에 의해 오스트리아의 휘하에 들어간다. 그러나 18세기에 접어들면서부터 헝가리 국내에선 독립에 대한 열망이 하나둘 모아지기 시작한다. 특히 1848년에 코슈트의 지휘로 발달한 대오스트리아 독립운동은 비록 실패로 끝났으나 합스부르크왕가에 치명타를 입혀 이후 농노해방과 더불어 오스트리아·헝가리 2중왕국을 성립(1867년)시키는 계기로 작용한다.

1918년, 제1차 세계대전의 패배로 이중왕국의 붕괴와 함께 헝가리 내부에서 혁명이 발발, 왕정을 폐지하고 인민공화국을 선포한다. 그러나 당시의 사회주의 정권은 국내 정책의 실패와 국제적 반혁명 기류에 휩쓸려 호르티(M. Horthy) 제독의 파시즘체제에 의해 붕괴되고 만다. 이어 헝가리는 2차 대전에서 추축국(樞軸國)편에 가담, 대소전선에 참전하지만 1944년 소련군에 의해 오히려 점령당한다. 이후 헝가리는 소련 군정하에서 여러 가지 개혁을 단행하였으며, 1949년 5월의 총선거를 거쳐 노동당 주도의 사회주의 인민공화국이 성립된다.

한편, 50년대 이후 헝가리는 부다페스트 민중봉기 등의 정치적 격동을 겪으면서도 여러 차례에 걸친 경제개혁을 통해 안정된 사회발전의 길을 걷는다. 그리고 1989년 동구권의 자유화물결에 편승, 서유럽식 사회민주주의를 표방하는 공화국으로 탈바꿈하여 오늘에 이르고 있다.

집시음악의 발달

집시음악이란 서민들의 애환을 담고 있는 '민중음악'이다. 16세기를 전후하여 유럽에 진출한 이 음악은 집시의 생활양식과 마찬가지로 거주하는 나라의 영향을 받으면서 지방마다 조금씩 다른 형태로 발전하였는데, 이것이 에스파니아, 헝가리에서는 독자적인 개성을 나타낸다.

다소 폐쇄적이고 전통적인 생활양식을 고집하는 집시들에 의해 발전되어 온 노래 중심의 집시음악이 부다페스트에 와서는 기악연주 중심으로 바뀌었다.

시골 음악을 도시형으로 발전시켜 집시음악가들이 가수가 아닌 연주자로서 활약을 시작한 새출발의 본고장이 된 셈이다.

기악중심의 이 음악이 유명해진 것은 18세기 말에서 19세기 초에 걸쳐 유럽의 대중음악을 이끌었던 바이올린 등의 현악기와 민족악기 침발로의 앙상블을 만들어낸 집시악단의 활동 덕분이었다. 이 악단은 당시 유행하고 있던 대중음악이면 어느 것이나 다 연주했는데, 완급의 자유로운 조절이나 지극히 정열적이고 즉흥적인 연주형태는 도시뿐만 아니라 전 국민의 사랑을 받았다.

J. 브람스의 '헝가리무곡'은 헝가리 집시음악을 피아노 연탄곡으로 편곡한 것으로 집시 특유의 선율과 리듬을 담고 있고, K. 리스트의 '헝가리광시곡' 역시 독특하지만 완만한 도입부와 빠른 템포의 주부로 이루어지는 차르다시 무곡 형식에서 볼 수 있듯이 집시음악에 그 뿌리를 두고 있다.

이 집시음악은 헝가리인들의 생활 속에 깊이 배어, 고난을 극복하는 데 지대한 공헌을 했다. 나라 잃은 슬픔이며 정치·이념적 혼란의 아픔을 노래로써 이겨내려 했던 것이다. 음악 속에 슬픔과 기쁨을 예리하게 대조시키면서 자연에 순응하는 인생의 애환을 숙명으로 예술화한 것이다.

따라서 헝가리 국민들의 음악 사랑은 즐긴다는 개념보다 살아 있다는 확인이요, 살아가는 수단이 아니었나 싶다.

부다페스트

헝가리 하면 물론 부다페스트다. 프라하를 중부 유럽의 로마라고 한다면 부다페스트는 중부 유럽의 파리다. 부다페스트는 그 외에도 빈(비엔나)과 쌍둥이 도시, 다뉴브의 진주, 도나우의 장미 등 별명이 많다.

부다와 페스트는 두나(다뉴브)강을 사이에 두고 서로 마주보는 별개의 도시였다. 두나강 서안 산지에 조성된 부다는 아르파드왕조가 번영했던 13세기 이래 왕궁이 있던 곳으로 헝가리 역사의 중심이며 한때는 중부 유럽 최대의 도시였다. 강 건너 페스트 역시 왕국 특권도시로 그 기초가 세워진 것은 오래전의 일이나, 강물이 범람할 정도로 지대가 낮아 본격적인 개발이 늦어진 곳이다. 1873년 두 도시는 서로의 필요에 의해 합병되었고 페스트는 이른바 현대적인 번화가로 조성되기 시작했다.

이러한 역사적 배경이 말해주듯 역사적인 건물은 대개 부다에 있다. 두나강 연안에 가장 오래된 요새의 하나이자 뾰족지붕이 인상적인 어부의 요새, 13세기 벨라 4세가 건립한 네오고딕양식의 마챠시교회, 장엄한 왕궁과 낭만적인 왕궁의 언덕, 부다페스트를 한눈에 조망할 수 있는 겔라르트 언덕이 부다에 있는 반면, 런던 빅벤에 필적하는 국회의사당, 파리 샹젤리제에 해당하는 인민공화국 거리, 헝가리 건국을 기념하여 만들어진 영웅광장, 시민공원 등은 페스트에 있다.

여의도처럼 강 가운데 있는 마르키트섬은 전체가 공원이다. 각종 스포츠시설이며, 야외극장, 교회, 부다페스트 제일의 온천이 딸린 호텔 등이 주말이면 여가를 즐기는 젊은이들로 가득 찬다.

국제열차의 기착지

헝가리는 오스트리아와 국경을 맞대고 있다. 육로로도 헝가리로 갈 수 있는 길이 많다. 빈(비엔나)에서 부다페스트까지 기차를 타고 가면 겨우 4시간 30분 걸린다. 유럽의 국제열차는 여러 개가 부다페스트까지 연결되고 있다. 런던에서 시발하는 오스틴드빈급행, 취리히에서 떠나는 '비엔나 왈쓰아급행', 로마에서 떠나는 '리사급행' 등이 모두 부다페스트를 거친다. 부다페스트는 동유럽 다른 나라 여행의 현관이기도 하다. 가령 세르비아의 베오그라드, 체코의 프라하, 폴란드의 바르샤바, 루마니아의 부쿠레슈티를 갈 때, 이곳을 경유한다.

버스노선도 있다. 유럽의 각 도시에서 정기노선 버스가 부다페스트를 매일 왕복하고 있다. 빈에선 배도 있다. 빈과 부다페스트는 같은 도나우강으로 연결되고 있다.

헝가리엔 국내선 항공이 없으므로, 국내여행 시에는 철도나 버스를 이용해야 한다.

유레일패스는 통용되지 않으나, 10일, 20일, 30일 통용의 패스가 발매되고 있다. 철도요금이 매우 싸고 편리하므로 국내여행 시에는 활용해 봄직하다.

부다페스트 시내에는 전차, 버스, 트롤리버스, 지하철, 택시 등이 운행되고 있다. 지하철은 유럽대륙에서 가장 먼저 개통되었다(1894년). 시내에는 지하철 박물관이 있는데, 지하철 전문 박물관은 유럽에선 오직 이곳에만 있을 뿐이다. 택시는 모두 콜택시이며 전화로 부르든가 택시정거장에 가서 탄다.

특별한 사실은 부다페스트가 온천도시라는 점이다. 헝가리 국내에는 국제기준에 달하는 온천이 자그만치 450곳 이상 있다. 부다페스트 시내에만도 100개소가 넘으며 하루 용출량이 7만 톤에 이른다고 한다. 헝가리인의 혈색이 좋은 것도 이 온천과 무관하지 않다고 말하는 사람들이 많다.

시내 온천은 16세기 터키 점령시대에 개발된 둥근 돔의 것, 호텔의 부속시설, 공원 안에 있는 것 등으로 다양하며 요금은 한국의 대중사우나 이용료보다 싼데 터키탕 외에는 수영복, 수영모를 반드시 착용해야 한다. 수질은 놀랍게도 미네랄온천으로 여러 질병의 치료에 탁월한 효과를 보이는데 류머티즘, 심장병, 노이로제 등에 특히 좋다고 한다.

헝가리 국회의사당

세계에서 가장 아름다운 국회의사당이 어디냐고 묻는다면 헝가리 국회의사당을 가장 먼저 꼽을 것이다. 부다페스트 도나우강변에 있는 헝가리 국회의사당은 건물이라기보다 하나의 거대한 예술작품이라고 해야 옳을 것 같다.

이 의사당 건물은 유명한 건축가 임레 슈타인들의 설계를 기초로 1855년에 착공 17년 만에 완공된 역작이다. 우선 그 규모부터가 세계 최대급이다. 길이는 268m, 폭은 가장 넓은 곳이 118m, 중앙 돔의 높이는 96m나 되며, 건평은 47만 3천 입방미터로 6층짜리 아파트 50채가 들어갈 수 있는 크기다. 이 건물 안에 방만 200여 개가 있다.

건축미의 예술성은 더욱 뛰어나다. 외부의 건축양식은 19세기 말에 유행하던 절충주의 형식을 채택했고 섬세한 부분은 고딕식, 네오고딕식, 르네상스식을 혼합했다. 기둥, 창틀, 문틀과 온 벽을 조각으로 장식했고 하늘을 찌를 듯이 솟아오른 수십 개의 뾰족탑들이 콘트라스트를 이루어 기가 막힌 조형미를 완성했다. 건물 벽에는 역사적 인물, 역대 국왕 등의 동상이 서 있어 운치를 더해준다.

건물 내부는 더욱 황홀하다. 네오바로크식, 네오고딕식, 네오르네상스식과 비잔틴식을 묘하게 합성, 극치의 조형미를 창출했다. 그러나 무엇보다도 돋보이는 것은 그림이다.

화가 브라사이가 그린 그림을 30명의 여성 직공이 직물에 수를 놓아 걸어놓은 작품을 비롯, 화가 뭉카치 미하일의 벽화, 초상 등이 가득히 방 안 공간을 메웠다. 의사당이 아니라 흡사 박물관 같은 인상을 준다.

한 가지 흠은 연질석회암을 사용, 비바람에 외벽이 자꾸 손상되어 간다는 것이다. 게다가 2차 대전 때는 포탄을 맞아 곳곳에 상처를 입었다.

건축물 박물관

헝가리의 수도 부다페스트는 도시 전체가 건축물 박물관이다. 바로크, 고딕, 로마네스크, 르네상스, 네오바로크, 네오고딕식 건축물로 온 도시가 꽉 찼다. 이처럼 클래식한 건축물 도시는 다른 데서는 찾아보기 힘들다.

헝가리 건국 1천 년을 기념하여 만든 거대한 영웅광장 뒷면에 시립공원이 있다. 이 시립공원 안에는 3개의 명소가 있는데, 그중 하나는 농업박물관이다. 바다훈아드성(城) 전체를 농업박물관으로 개조, 옛날 농경기구와 농경풍습을 전시하고 있는데, 이곳을 방문하는 사람은 농업박물관을 보러 가는 것이 아니라 바다훈아드 성내의 건축물을 보기 위해 찾는다. 작은 성이라 면적이나 규모는 크지 않으나, 성내의 건축물이 묘하게도 가지가지 건축양식으로 지은 것들이다.

이곳 사람들은 농업박물관이라 부르지 않고, '아키텍처 뮤지엄(건축물 박물관)'으로 부르고 있다. 건축학을 공부하는 사람들은 이곳을 실습장으로 활용하고 있다.

19세기 말에는 헝가리 민족양식을 중시한 시세션양식의 건축물들이 등장했다. 그중 대표적인 것은 공예(工藝)박물관이다. 헝가리 모티브에, 힌두, 이슬람모티브의 타일로 장식된 건물이다. 지리학연구소 건물도 헝가리의 민족문화를 진하게 느낄 수 있는 건축물이다.

헝가리 음식

헝가리 음식은 매운 것이 특징이다. 이곳에선 파프리카(고추의 일종)를 수프나 요리에 넣어 조리하는데, 앵두파프리카는 가장 맵다. 노랗거나 빨갛고 가늘고 긴 것(토마토파프리카)도 있는데, 이런 것은 맵지 않고 단맛이 난다.

도나우강변에 있는 선상 레스토랑에 가면 민물고기 매운탕(굴라슈)을 판다. 쇠고기, 야채·파프리카를 넣고 끓여 국물은 빨갛고 제법 맵다.

우리나라에서 먹을 수 있는 매운탕과 맛도 비슷하다. 한 가지 아쉬운 것은 밥이 없고 빵과 샐러드를 반찬으로 해야 한다는 것이다. 잉어튀김(Rantott ponly), 송어요리(Pisztrang)도 이 식당의 특급 메뉴다.

절인 파프리카를 반찬으로 주는데, 맵고 새콤하고 감칠맛이 있다. 식사시간 중에는 악사들이 집시 바이올린 연주까지 해준다.

닭갈비에 파프리카를 넣고 찐 요리(Paprikas Csirke), 돼지고기에 파프리카를 넣고 찐 요리(Sertes Porkolt), 쇠고기에 파프리카를 넣고 찐 요리(Marha Porkolt) 등이 모두 헝가리 대표요리인데, 파프리카를 넣어선지 한국사람 비위에도 잘 맞는다.

헝가리의 최고급 요리는 거위의 간으로 만든 요리다. 값이 400퍼린트나 되는데, 너무 비싸서 현지인들은 일생에 한번 먹으면 행운으로 생각한다.

헝가리는 토질이 좋아 질 좋은 와인이 많이 생산된다. 가장 유명한 술은 토카이(Tokaj bor)다.

'황소의 피'라는 별명을 가진 에그리 비카버(Egri Bikaver), 바라른 호반이 원산지인 바다소니 술케바라트(Bada csonyi Szurkebarat) 등이 대표적인 헝가리 와인들이다.

북미주
North America

미국 United States of America 세계무대의 중심국가
캐나다 Canada 바다에서 바다로 이어진 큰 나라

북미는 지리적 · 경제적 규모나 위력이 제일 큰 나라들이지만, 캐나다와 미국 2개국뿐이다.

캐나다의 매력은 자연경관의 아름다움에 있다. 장엄한 로키산맥, 거울과 같은 호수, 무서운 급류, 푸른 잔디와 아름다운 꽃밭으로 둘러싸인 호텔, 대평원 속을 끝없이 달리는 평탄한 도로, 발달된 교통기관 등 관광설비와 자연의 아름다움의 조화가 스위스에 견줄 만하여 이상적 휴양지가 되고 있다. 캐나다는 북미대륙의 약 1/3을 점하는 본토와 북방에 산재하는 여러 섬으로 이루어졌으며, 남쪽으로 미국과 국경을 접하고 있다. 북부는 극한 불모지대이므로, 주민의 약 90%가 미국과의 국경에서 350km 이내에 모여 살고 있다.

아메리카합중국은 정치 · 경제 · 과학 등 모든 방면에서 세계를 리드하는 대국으로 성장하였다. 현재 미국은 본토 48개주에 알래스카와 하와이를 합친 50개주로 이루어진 연방공화국을 구성하고 있다.

본토는 북아메리카대륙의 중앙부를 차지하고, 북은 캐나다, 동은 대서양, 남은 멕시코와 멕시코만에 접하여 있고, 태평양을 사이에 두고 아시아대륙과 마주보고 있다. 알래스카는 캐나다의 서북부에 연속되는 반도로서 북극권을 포함하고, 서로 베링해를 사이에 두고 시베리아와 대하고 있다. 하와이는 태평양상에 대소 20개의 섬으로 이루어진 군도이다. 이들 외에 외령(外領)으로는 푸에르토리코, 버진군도, 미국령 사모아, 괌, 웨이크 미드웨이 등의 태평양제도, 파나마운하지대가 있다.

미국 United States of America
세계무대의 중심국가

미국은 이민자 국가로 인종 구성은 유럽 백인이 다수를 차지하며, 그중에서도 출신국가별로는 영국계, 독일계, 아일랜드계 등이 가장 많다. 비백인 중 가장 많은 인구를 가진 소수민족은 히스패닉으로, 라틴아메리카로부터의 이민유입 및 높은 출산율 등으로 오랫동안 최다 소수집단이었던 아프리카계 미국인을 넘어섰다. 또한 서부지역에 살고 있는 상당수 히스패닉계 주민은 원래 멕시코 영토였던 그들의 거주지가 미국에 병합됨으로써 자동적으로 미국인이 되기도 하였다.

이 같은 연유로 미국의 문화는 초기의 인디언문화와 콜럼버스 항해 이후 유럽문화가 대립하였으나 그 후 계속해서 유럽문화가 크게 활성화되어 왔다. 그래서 현재는 뉴욕을 중심으로 독특한 미국문화가 형성되었다. 뉴욕은 문화, 패션 등의 세계적 중심지로서의 지위를 부동의 것으로 만들었다. 1920년대에는 흑인의 문화가 할렘을 중심으로 활발해진 소위 '할렘 르네상스'가 일어나 재즈를 중심으로 한 흑인문화는 상류사회에서도 유행하게 되었다.

미국 산업발전의 기틀을 마련한 것은 미국의 분열을 조장했던 1860년에 발발한 남북전쟁이었다. 이 전쟁에서 공업국가를 지향하던 북부의 자본주의세력이 농업국가를 지향하던 남부의 지주세력을 격파함으로써, 남북전쟁 이후의 미국 산업은 공업 중심으로 움직이게 된 것이다. 만약 이 전쟁에서 남부가 승리하였다면, 오늘날의 미국은 지구상에서 중진국에 불과했을지도 모른다. 또한 이 전쟁은 그 당시까지도 뿌리깊었던 지역감정을 해소하는 데 큰 도움이 되기도 하였다.

미국 본토는 대서양에서 태평양에 이르기까지 4,800km의 폭을 가지고 있고, 면적은 7,827,979km^{2}이며, 우리나라의 약 80배에 달하는 넓이다. 그러나 인구밀도는 적어, 평균 1km^{2}당 약 22명이다. 동부는 대부분이 평야인데, 서부로 갈수록 산악, 고원, 대평원이 전개된다. 이 사이를 미국 최장의 미시시피강을 비롯하여 8개의 큰 강이 흐르고 있다.

콜럼버스의 미대륙 발견이 1492년이고, 영국영토로부터 독립을 선언한 것이 1776년인데, 유럽 각지로부터 봉건적 압박을 피해 신천지를 찾아온 이주민에 의해 건설된 나라이므로 신분계급제도라든가 낡은 전통이 없이 자라난 국가이다. 한편, '인종의 전시장'이라고 불릴 만큼 각종 인종·민족이 섞여 있어서 문화·종교는 각양각색이다. 광대한 국토에서 생긴 프런티어정신과 건국 초부터 발생한 청교도정신이 투철한 애국정신을 기르고 자유를 존중하는 의식구조가 이어져 내려오고 있다.

미국문화의 정신적 배경

미국문화의 정신적 배경을 정확하게 구분하기는 쉽지 않다. 그 대표적인 정신으로는 세계주의, 청교도정신, 개척정신, 신비주의를 들 수 있다. 이 네 가지 요소가 미국인의 사상과 감정에 깊게 자리 잡고 있으며 그 영향이 지금까지 계속되고 있다.

1) 세계주의

미국에서 세계주의는 외래사상의 영향을 말한다. 특히 유럽과의 밀접한 관계에서 생긴 세계주의는 미국의 종교, 정치, 경제, 예술, 문학 등 모든 분야에 영향을 주었다. 그 결과 자연신교, 박애주의, 초월주의, 사회주의, 생물학적 귀족주의, 사실주의, 자연주의 등 여러 사조와 주의가 생겨났다. 미국인은 유럽의 사상을 자신의 환경에 맞추어 발전시켜 나간 것이다. 유럽의 사상은 유럽에서 이주한 이민자들이 가지고 온 문화적 유산, 유럽을 여행한 미국인이 가져온 서적과 예술품, 유럽에 유학한 미국인들을 통하여 미국으로 수입되었다. 유럽의 사상이 지리적·시간적 경계를 넘어 미국으로 들어올 때 인종이나 국적 또는 언어는 문제되지 않았다. 전통적인 미국의 기질상 유럽의 사상을 받아들이기가 쉽지는 않았지만, 외래사상을 받아들여 자신의 것으로 발전시킴으로써 미국문화는 지방색을 벗어날 수 있었던 것이다.

2) 청교도정신

미국에서의 청교도정신이란 1620년부터 19세기 초까지 뉴잉글랜드의 교회를 중심으로 발전된 극단적인 칼뱅주의(Calvinism)의 종교와 여기에서 발생한 도덕규범을 가리킨다. 세계는 신의 조화이며 인간의 생존목적은 신앙과 신에 대한 복종으로써 신을 찬양하는 것이라고 하는 청교도적 도덕관의 관점에서는 이 세상의 모든 일에 대한 유일하고 최종적인 판단의 근거는 도덕적 선이다. 그러므로 모든 행동은 도덕적 목적을 가져야 하며, 모든 서적이나 예술은 독자에게 도덕적인 교훈을 주는 것을 목적으로 삼아야 한다. 청교도는 인생의 의의를 도덕적 관심이라고 생각한다.

18세기 말 뉴잉글랜드의 주민들이 서부로 진출하여 변경의 자연환경 및 사회적 조건에 접하였을 때 청교도정신은 크게 변화하였다. 개척민의 웅대한 포부와 쾌활한 낙천주의 앞에서 청교도의 비관적인 색채가 소멸되고 변경의 평등주의 앞에서 청교도의 귀족적이고 독선적인 경향이 사라지게 되었다. 청교도의 철학 전체가 변모하였으나, 모든 일을 선악을 기준으로 판단하는 도덕적 습관은 변하지 않았다. 종교적 신앙으로서의 청교도정신은 뉴잉글랜드에서도 거의 사라졌지만, 이 도덕적 개념은 미국인들 모두의 마음속에 잠재해 있다.

3) 개척정신

미국은 동쪽 해안에서 개척되기 시작하여 서쪽으로 뻗어나갔다. 개척지와 미개척지의 경계선인 변경도 서쪽으로 이동하여 태평양연안에까지 이르렀고, 19세기 말이 되어서야 비로소 변경이 없어졌다. 개척정신은 이러한 변경이 지나가고 난 후에도 오랫동안 그 지방의 사상과 풍습에 영향을 주었다.

미국인의 생활에 영향을 준 개척정신은 여러 방면에서 뚜렷하게 나타난다. 경제적·정치적으로 자수성가한 사람이 등장하고, 정치운동과 종교운동에서의 과격한 감정이 표현되고, 국민사상과 생활양식의 균일성이 확보된 것은 개척정신에 뿌리를 두고 있다. 서부가 미국정치에서 중요한 위치를 차지하고 칼뱅주의의 침울한 결정론이 서부의 낙천적 무계급주의에 무력하게 깨어졌다. 경계적인 면에 있어서도 서부의 활동가들이 동부의 귀족적인 방법을 압도하게 되었다.

4) 신비주의

신비주의는 본래 종교적 경험 즉 신을 알고 자기 자신에게 신의 존재를 느끼는 것을 의미하였다. 그러므로 양심이 생활의 척도가 되고 직관이 이성보다 중요하게 생각된다. 넓은 의미로 신비주의는 개인보다 조작이 크고 신비적인 존재와 개인을 동일시하는 것을 말한다. 본래의 신비주의는 종교적 신비주의라고 할 수 있는데, 특히 퀘이커교도들의 방법이었다. 퀘이커교도는 원래 기도서나 성경 또는 목사나 교회의 도움을 받지 않고 신과 직접 교섭하여 인간 내면의 빛을 지도자로 삼는 순수한 신비주의자였다. 종교적 신비주의자들에게 예배는 신과의 직접적인 교섭이기 때문에 교회나 목사는 오히려 방해물이라고 생각하였다. 그들은 순간순간이 예배시간이고 모든 행동에 있어서 개인은 신과 더불어 행한다고 생각한다. 따라서 신비주의자는 자신과 신을 동일체로 본다. 이는 극단적인 개인중심주의이지만, 모두가 자신의 정신적 길을 가며 다른 사람들도 그러한 길을 가도록 용인하기 때문에 공동생활에 오히려 적합하다. 완전한 신앙의 자유를 처음 인정한 로드아일랜드(Rhode Island)와 펜실베이니아가 퀘이커교도들의 식민지 내지는 그들이 많이 거주한 지역이라는 것을 보아도 인간은 누구나 자기방식대로 정신적인 행복을 추구할 권리가 있다고 하는 이들의 신념이 폐쇄적이지 않다는 것을 알 수 있다.

신비주의자들이 미국인의 생활에 끼친 공헌은 무시할 수 없다. 특히 1830년에서 1860년 사이에 문학과 정치에서 개인적 권리를 주장하는 것이 뚜렷하게 된 것은 이들의 영향이다. 신비주의가 파악하기 힘든 관념이고 신비주의자들의 생활태도도 이해하기 쉽지 않지만, 이들이 끼친 영향은 미국의 문화적 발전에 대단히 중요하다. 이들의 사상은 숭고하여 우리로 하여금 인생의 기쁨, 개인의 가치, 인간의 자유, 생명의 신성을 깨닫게 한다.

신비주의는 직관을 중시하는 나머지 이성을 경시하는 경향이 있다. 이 경향은 교육을 경시하고 교육받은 사람을 불신하는 결과를 가져오기 쉽다. 왜냐하면 교육이 인간의 내적인 빛의 발현 내지는 계시를 방해한다고 생각되기 때문이다.

하와이(Hawaii)

하와이군도(Hawaiian Islands)는 하와이섬, 마우이섬, 오아후섬, 모로카이섬, 콰나이섬, 카호오라우에섬, 리이하우섬, 라나이섬 8개의 큰 섬과 136개의 수많은 작은 섬으로 이루어져 있다.

총면적은 16,700km²로 우리나라 충청남북도를 합친 크기만큼 된다. 이곳의 인구는 약 1백만 명으로 그중 80% 이상이 오아후섬에 산다.

하와이군도에는 화산이 많은데, 그 가운데서도 하와이도의 키라웨아화산과 마우나로아화산, 마우나케아화산, 마우이도의 하데아카라화산은 각기 하와이국립공원, 하데아카라국립공원으로 지정되고 있다.

하와이는 이상한 섬이다. 뱀과 모기가 없고, 잡충이 없다. 잔디밭에 누워 있어도 개미 한 마리 안 덤빈다.

기후는 여름(7~9월)이 평균 섭씨 26도, 겨울(1~3월)이 22도다. 4도의 차이가 있다고 하나 실제로는 느낄 수가 없다. 상하(常夏)의 나라라고 하는 것은 그 때문이다. 폭풍의 제조공장인 태평양의 한복판에 있으면서도 이 섬에는 폭풍이 불어오는 일이 없다. 폭풍 걱정을 하지 않는 섬은 태평양에서 오직 이곳뿐이다. 비도 없다. 사막처럼 비가 전연 오지 않는다는 뜻이 아니다. 비는 비교적 자주 내린다. 그러나 남태평양 특유의 소나기성 비다. 잠깐 쏟아지다간 금방 청천백일의 맑은 하늘이 된다. 그래서 하와이에는 우산을 가진 집이 없다.

하와이는 부자 섬이다. 파인애플은 전 세계 생산량의 절반을 하와이에서 공급하는데, 특히 라이나섬은 돌파인애플회사의 소유로 주민 대부분이 파인애플농장에서 근무한다. 설탕은 전 미국 소비량의 25%를 생산하고 있다. 하와이의 사탕수수밭은 관광명소가 될 정도다. 관광산업도 하와이를 부자 섬으로 만드는 데 한몫하고 있다.

매년 500만 명이 넘는 관광객이 찾아와 뿌리고 가는 돈도 엄청나다. 기후와 풍토관계로 1년 내내 관광객이 끊이지 않는다.

세계의 관광객을 끌어모으는 데는 와이키키 비치의 공로가 크다. 그런데 이 와이키키 비치는 인공비치다. 옛날에는 습지대였던 것을 1920년 와이키키 개발사업단이 설립되면서 모래를 운반, 해변에 쏟아 부어 세계에서 가장 유명한 비치를 만든 것이다. 지금도 해마다 수천 톤의 모래를 실어다 붓고 있다.

알래스카(Alaska)

미합중국의 49번째 주이다. 알래스카라 하면 북극 땅으로 생각되기 쉬우나, 위치는 북위 51~71도로, 유럽 같으면 영국 남단에서 스칸디나비아반도 북단에 걸친 위도와 같다.

면적은 약 150만km², 인구 약 40여만 명, 그중 약 20%가 인디언과 에스키모이다.

관광여행으로는 밤이 4시간밖에 없는 백야(白夜)의 삼림이다. 진귀한 에스키오 민속, 모티, 공예품, 빙하구경, 등산, 헌팅, 낚시, 스키 등의 레저액션을 즐길 수 있다.

역사적으로는 18세기 전반 덴마크인 베링(Vitus Berling)이 발견하였고, 이후 제정러시아의 식민지가 되었다가, 1867년에 720만 달러로 미국에 팔렸다. 1890년대에는 골드러시가 인 결과 인구도 불어나고 경제적으로 발전, 1959년에 주로 승격했다.

백야제

미국의 마지막 미개척지는 알래스카이다. 미국의 50개 주 중 면적은 제일 크나 인구는 가장 적은 주다. 순록·이리·불곰 등 야생동물과 해달·바다표범·고래 등 다양한 해양동물들이 살고 있으며, 빙하, 호수 등 인간의 손길이 미치지 않은 신비스러운 자연을 간직한 땅이다.

알래스카의 여름은 7, 8월로 짧지만 대신 태양이 지지 않는 백야현상이 계속돼 그 아쉬움을 달래준다. 이때가 되면 야생화가 공존하는 툰드라지역의 백야를 찾아 많은 관광객들이 몰려든다. 태양은 새벽 2시까지 높이 떠 밤을 밝혀주는데, 하지를 전후하여 알래스카에서는 이를 기념하는 백야제와 함께 마라톤경주, 연어낚시대회 등 다양한 행사가 열린다.

1860년대 미국이 러시아로부터 단돈 720만 달러에 사들인 놈(Nome)은 당시만 해도 쓸모없는 얼어붙은 땅이었으나, 1898년 금광이 발견되면서 사람들이 몰리기 시작해 도시가 형성됐다. 놈에서 시작된 백야제는 50여 년의 역사를 자랑한다. 래프팅(Rafting, 뗏목으로 강의 급류타기) 경주가 놈(Nome)강의 빠른 물살 위에서 펼쳐지고, 마을 사람들은 가든파티를 열며, 저녁 무렵에는 거리에서 벌어지는 즉석 댄스파티를 흥겹게 즐긴다.

알래스카 인구의 13%를 차지하는 에스키모인들이 모여 사는 코체부(Kotzebue), 배로(Barrow) 등지에서는 블랭킷 토스(Blanket Toss)라는 재미있는 게임이 벌어진다. 넓은 동물가죽 위에서 사람들이 높이 뛰며 갖가지 묘기를 선보이는 놀이다. 만년빙 위에서는 개썰매 경주가 벌어진다. 특히 개썰매 경주는 알래스카의 겨울인 1월과 3월 사이에 성행한다. 앵커리지(Anchorage)에서 놈까지 1,688km의 구간에서 펼쳐지는 세계 최대의 개썰매 경주는 북미의 10대 축제 중 하나다.

극동아시아권 항로의 정기기착지이자 알래스카주의 최대 도시인 앵커리지에서는 마라톤 경주가 펼쳐진다. 앵커리지 백야마라톤대회는 누가 잘 뛰는가보다는 가족단위로 많은 사람들이 함께 뛰는 데 의미를 두고 있어 이채롭다. 게다가 참가자들은 참가비를 내고 마라톤에 참여한다.

백야 무렵이면 연어의 무리가 바다에서 강으로 올라오기 시작하는 시기다. 앵커리지에서 남쪽으로 200km 떨어진 수어드(Seward)에서는 8월 하순까지 연어낚시대회가 개최되는데, 전국의 낚시꾼들이 몰려들어 시내와 해변가 등 도시 전체가 축제 분위기로 흥청거린다.

샌프란시스코

미 대륙의 태평양안 거의 중앙부에 해당되는 샌프란시스코만의 남부에서 돌출한 반도상에 개발된 도시이다. 시가는 반도의 북단에 있고, 만의 입구에 길이 약 1.6km의 금문해협(Golden Channel)을 사이에 두고 북방에 또 하나의 반도와 마주보고 있다.

동쪽의 오클랜드(Oakland), 북의 버클리(Berkeley), 남의 앨러미다(Alameda) 등 위성도시군을 포함하여 통칭 베이 에리어(Bay Area)라 불리는 메갈로폴리스(Megalopolis)를 형성하여 대샌프란시스코이다.

금문교(Golden Gate Bridge)

샌프란시스코에는 2개의 큰 다리가 있다. 금문교와 베이브리지다. 둘 다 조교(弔橋)다. 규모는 금문교가 더 크다. 길이만 비교하면 금문교는 2,926m, 베이브리지는 1,330m로 금문교가 두 배 이상이다. 그러나 금문교는 단층 6차선인 데 반해 베이브리지는 상하 2단으로 각기 6차선씩이다. 통행량도 베이브리지 쪽이 두 배 이상 많다. 탄생시기는 비슷하다. 베이브리지는 1936년, 금문교는 1937년으로 한 살 터울이다.

그런데 웬일인지 금문교는 세상에 널리 알려져 있지만 베이브리지는 그렇지 못하다. 금문교는 샌프란시스코의 관광명소 1호로 꼽혀 아무리 바쁜 사람도 샌프란시스코에 오면 금문교는 꼭 보고 간다. 금문교는 샌프란시스코의 심벌이기도 하다.

금문교에는 항상 안개가 끼어 있다. 어떤 때는 낮은 구름이 끼어 아랫부분은 안 보이고, 조교의 윗부분만 노출될 때도 있다. 금문교 부근은 언제나 바람이 세다. 여름에도 이곳에 올 때는 스웨터나 점퍼를 걸쳐야 한다. 안개와 구름은 분위기를 로맨틱하게 하는 효과가 있다. 어쩌면 이것이 금문교를 더욱 신비롭게 보이도록 하는지 모르겠다. 밤에는 더욱 아름답다. 시가지의 불빛과 네온이 바다에 비치어 자못 환상적이다. 샌프란시스코를 세계 3대 미항이 되도록 하는 데 한 역할을 했을 것 같다. 금문교는 자살자들이 선택하는 가장 이상적인 거사지다. 일부러 비행기를 타고 자살하러 오는 사람들도 있다고 한다. 환상적인 분위기가 자살자에게 행복감을 준다는 말을 하는 사람도 있다. 금문교 다리에는 서성거리는 사람이 있는데 이것은 자살 음모를 방지하기 위한 것이다.

다리 위에서 바다를 내려다보면 현기증을 느끼게 된다. 수면까지는 66m로 19층의 빌딩 높이이다. 대형 선박들이 왕래하기에 조금도 불편이 없다. 작은 배들은 성냥갑만해 보인다. 이 바다에는 상어들이 많다. 수없이 많은 사람이 투신자살을 했지만 생존자가 없었다.

지형이 험하고 항상 강풍이 불어 설립할 때 반대여론이 많았다. 이 다리를 설계했던 스트라우스는 다리 완공 후 '가능성을 설득하기 위해 20년간, 2억 마디가 필요했다. 불과 4개년, 3천5백만 달러의 다리공사에…'라고 소감을 말했다.

이 다리를 지탱하고 있는 케이블선의 굵기는 90cm다. 그리고 그 무게는 2만 2천 톤에 이른다. 다리 전체에 8만 5천 톤의 철이 투입됐다. 이 쇳덩어리 다리가 바람이 불면 항상 흔들린다. 센 바람이 불 때 7~8m나 흔들린다고 한다. 그러나 개통 후 55년이 지난 지금까지 공법상의 결함은 한번도 발견되지 않았다고 한다.

샌프란시스코의 차이나타운

차이나타운은 세계 도처에 있다. 집단생활, 전통문화의 고수를 자랑으로 하는 중국인은 어디에 가거나 그들만의 부락을 형성한다. 그러나 샌프란시스코의 중국인촌은 그중에서도 발군이다.

우선 규모다. 이 집단 거주지역에 살고 있는 중국인 수는 8만 명인데, 이것은 샌프란시스코 전 인구의 10%에 해당되는 규모다. 미국 내에서도 규모가 가장 크고, 아시아 전역을 빼면 세계에서 가장 큰 차이나타운이다. 역사도 오래되었다. 1864년 중국인의 미국이민이 시작되면서 차이나타운은 형성되기 시작했다. 이 지역에 있는 올드 성 마리 교회(Old St. Mary Church)는 1854년 중국인의 손에 의해 지어진 가장 오래된 성당이다. 미국에서 가장 크다는 불교사원 붓다스 유니버셜사원(Buddhas Universal Church)도 이곳에 있다.

샌프란시스코의 차이나타운은 도심의 가장 중요한 위치를 차지하고 있다. 처음에 포모스(Portmouth)광장이 마을을 형성했으나 지금은 24개 블록을 점유하는 광대한 지역으로 번졌고, 샌프란시스코의 최고 번화가인 그랜드로(路), 브로드웨이가(街), 콜럼버스로(路)가 차이나타운의 한복판을 가로, 세로로 지나가고 있다. 또 바로 남쪽은 초고층 빌딩지구인 유니온스퀘어, 북쪽은 피셔맨스워프, 동쪽은 워터프런트가 둘러싸고 있고, 샌프란시스코의 명물 케이블카도 차이나타운 한복판을 지나고 있다.

한 가지 특이한 것은 거리의 인파가 중국인뿐만 아니라, 세계 각국의 인종이 고루 섞여 있다는 사실이다. 이들은 모두 대부분 관광객들이다. 샌프란시스코의 차이나타운은 이 도시의 최고 명소로 꼽히고 있다. 세계에서 가장 아름답다는 다리 금문교, 일종의 연안부두인 피셔맨스워프와 함께 이곳은 3대 관광 하이라이트코스 중에 끼어 있다.

주로 광동성(廣東省)사람을 중심으로 이루어져 광동어를 쓰며, 광동식 중화요리를 먹기 위해 이곳을 찾기도 한다. 그중에는 한국에만 있는 짜장면을 파는 집도 있다. 물론 손님들은 거의 모두 한국인이다.

로스앤젤레스(Los Angeles)

샌프란시스코의 남남동 약 640km 지점, 북에는 산 가브리엘산(San Gabriel Mountain)을 등진 로스앤젤레스는 인구, 산업, 교통 등 모든 면에서 서부 제1의 대도시다.

근교 위성도시를 합해 대로스앤젤레스도시권(Great Los Angeles Metropolitan Area)을 형성하여 뉴욕도시권에 버금가는 미국 제2의 대도시다. 로스앤젤레스 카운티(Los Angeles county)는 대소 합해 76개나 되는 시군으로 이루어져 있고, 시와 교외를 연결하는 고속도로망 프리웨이시스템(Freeway System)의 발달은 미국에서도 으뜸이며, 4~8차선으로 완비된 프리웨이가 시내를 종횡으로 달리고 있다.

교외의 디즈니랜드 개설과 더불어 전 세계의 관광객이 모여들고 있고, 할리우드의 영화스타가 여전히 주목을 끌고 있다.

1769년에 최초의 개척자들이 이 땅에 들어왔다. 1781년에는 그때까지 인디언이 살고 있는 땅에 스페인인이 최초로 거류지를 건설하여, '천사의 여왕의 마을(El Pueblo de Nuestra Senola la Reina de Los Angeles de Porciuncula)'이라 불렀다. 이 긴 스페인말의 끝부분 'Los Angeles'를 따라서 도시명으로 했다.

1846년의 멕시코전쟁 결과 로스앤젤레스는 미국 영토가 되었다.

LA는 미국에서 두 번째로 큰 도시로 한국 교포가 가장 많이 사는 도시다.

몇 해 전 큰 산불로 엄청난 피해를 입어 세계인의 화제가 되기도 했다. 원래 사막 위에 세운 도시라 비도 별로 오지 않고 물이 없는 도시다. 여름에는 한 방울의 비도 오지 않고 겨울에는 약간의 비가 뿌리지만, 대도시의 수분수요를 이것으로 충당할 수 없어 멀리 350km 떨어진 콜로라도강의 후버댐에서 공급, 푸른 초원을 만들었다. 미국의 엄청난 자본력과 위대함을 실감케 하는 실물의 현장이다.

이 LA가 최근에 갑자기 금연령을 내렸다. 시에서 제정한 금연조례에 따라 레스토랑에선 담배를 피울 수 없게 했다. 만약 담배를 피우다 적발되면 이유를 불문하고 벌금을 물어야 한다. 이 벌금이 엄청나다.

초범일 때는 $50(약 4만 원)지만, 두 번째 적발되면 $100, 세 번째가 되면 $250(약 20만 원)로 껑충 뛴다. 식당주인에 대한 처벌은 더욱 가혹하다. 담배 피우는 손님을 묵인했을 때는 6개월의 금고형과 1,000달러의 벌금을 물어야 한다.

이것은 미국인에게만 적용되는 것이 아니다. 일시 여행 중인 외국인 관광객에게도 예외가 없다.

이런 금연조례가 있는 줄 모르는 외국인들은 무심코 담배를 피울 수 있다. 잠깐 한눈을 팔다 이를 제지하지 못하면 레스토랑 주인은 교도소엘 가야 한다.

LA 시내에는 7,000여 개의 레스토랑이 있다. 레스토랑이나 호텔 등 여행관련 업체들은 질겁을 하면서 결사반대 서명운동을 펴기도 했으나 시 당국은 강경일변도, 한 치의 용납도 않고 있다.

금연조례는 미국 내에서 버클리시티를 비롯 중소도시 몇 곳에서 이미 시행하고 있었지만, 대도시에서 시행하기는 처음이다. 또 이곳은 40만 명의 한국 교포들이 살고 있고, 한국인 여행자들이 가장 많이 찾는 도시다. 행여라도 이곳에서 한국인이 망신당하는 일이 없어야겠다.

LA에선 이미 오래전부터 오피스빌딩 거의 대부분이 금연을 실시하고 있고 항공기 내, 공항 내를 비롯 공공시설 상당수가 금연을 실시하고 있다. 담배를 피울 수 있는 곳은 술집이나 개인주택 정도만 허용된다고 생각하면 된다.

샌디에이고

샌디에이고는 미국 캘리포니아주 남쪽에 있는 인구 100만의 큰 도시다. 그러나 같은 캘리포니아에 있으면서 로스앤젤레스나 샌프란시스코의 명성에 눌려 샌디에이고란 도시가 있는지조차 모르는 사람이 많다.

샌디에이고는 멕시코 국경에 바짝 붙어 있다. 그래서 도시 곳곳에서 멕시코 냄새가 물씬 난다. 미국이 아니라 멕시코의 한 도시에 와 있는 것 같은 착각을 할 때도 많다. 어떤 의미에선 샌디에이고가 캘리포니아의 발상지다.

일찍이 1542년 포르투갈의 탐험가 카브리료가 황금을 찾아 헤매던 중 조용한 바닷마을을 발견하여 산미겔이라는 이름을 지었다. 이 산미겔이 샌디에이고이다. 그로부터 이곳에 캘리포니아 최초의 전도소가 생기고 유럽문명의 유입창구가 되었다. 지금도 도심 한복판의 올드타운에 가면 당시의 모습이 보존되어 있다. 19세기 스페인풍의 집들을 거리에서 구경할 수 있다.

흰색의 교회건물을 비롯 샌디에이고의 역사적인 유물과 자료가 전시되어 있는 세라박물관이 있고 관광객을 상대로 한 각종 기념품가게, 화랑, 레스토랑을 구경할 수 있다.

그러나 진짜 샌디에이고의 구경거리는 동물원과 해양공원이다.

우선 규모 면에서 둘 다 세계 최대다. 샌디에이고 동물원은 50ha나 되는 넓은 터에 800종, 3,200마리가 넘는 동물을 수용하고 있다. 이 동물원의 특징은 새 우리 외에는 철책이 없이 자연스럽게 동물을 수용하고 있다는 것이다.

동물과 구경꾼 사이엔 도랑을 파 동물들이 나올 수 없도록 했다. 원내가 너무 넓어 걸어다니며 구경하기는 힘들다. 2층의 관광버스가 다니며 운전수 겸 안내원이 마이크를 통해 일일이 설명을 해준다. 어린이들을 위한 '어린이 동물원(Children's Zoo)'이 있어, 코끼리나 기린 같은 순한 동물들을 가까이서 보면서 먹이를 직접 주기도 한다.

또 동물원이 있는 발보아공원 안에 사진박물관, 미술관, 항공우주박물관, 인류박물관, 극장 같은 문화·과학 설비가 함께 있어 하나의 거대한 교육적 레저타운 구실을 한다.

해양공원은 올드타운의 바로 북쪽, 미션베이공원 안에 있다. 흰고래 같은 희귀한 동물을 이곳에서 볼 수 있다. 이 공원의 해양동물쇼는 그 규모나 종류나 내용에 있어 확실히 세계 최고다. 물개, 돌고래, 바다사자 등 동물들의 묘기는 대단히 매력적이다. 원내에 있는 스카이타워에 올라가면 바다와 도시가 한눈에 보인다.

라스베이거스(Las Vegas)

　로스앤젤레스 동부 약 467km, 네바다주 동부의 사막 가운데 있는, 도박과 이혼소송으로 알려진 불야성의 환락도시이다.
　이곳 기후는 세계에서 가장 낮은 습도가 특징이다. 여름 낮기온이 40도 가까워 관광객은 낮잠을 자든가 호텔의 디너를 즐기면서 일류 쇼를 보거나 도박을 한다.
　라스베이거스시는 더 스트립(The Strip)이라고 부르는 큰 거리를 중심으로 양편에 카지노, 쇼홀 등 오락시설을 완비한 초딜럭스호텔이 들어차 있다.
　더 스트립 거리가 성 프레몬트(Fremont St.)와 마주치는 곳이 다운타운인데, 속칭 카지노센터이다. 카지노와 호텔이 밀집하고 서민적인 분위기와 호화스런 네온사인이 장관을 이루고 있다.

도박의 도시 '리노'

　라스베이거스가 세계 제일의 도박도시임을 모르는 사람은 없다. 그러나 같은 네바다주에 리노라는 또 하나의 유명한 도박도시가 있음은 외국인에게 널리 알려지지 않았다.
　리노는 샌프란시스코의 동쪽 380km, 자동차로 5시간 걸리는 시에라네바다의 산속 깊은 곳에 있다. 부근에 레이크 라호라는 미국에서 가장 높은 곳에 위치한 산상호수(해발 1,890m)가 있어 아름다운 휴양지 중 하나라고 보고 있지만, 실은 라스베이거스보다도 역사가 오래된 미국에서 손꼽는 카지노도시다. 해마다 이곳에서만 5억 5천만 달러를 벌어들이고, 24시간 영업하는 호텔과 카지노로 가득 차 밤새도록 슬롯머신 소리가 요란하다.

미국에서 가장 오래된 카지노가 이곳에 있는가 하면, 세계 최대의 카지노도 리노에 있다. '발리스(Bally's)'란 카지노는 도박장의 크기가 9천m^2로, 축구장 2개의 크기에 맞먹는 규모다. 너무 넓어 끝에서 끝이 안 보이고, 멋모르고 안으로 깊숙이 들어가면 출입구가 어딘지 찾아 나올 수가 없다. 이곳에 1,000대가 넘는 슬롯머신이 작동하고 있다.

카지노가 있는 곳엔 반드시 극장식당이 있다. 라스베이거스의 리도 쇼는 극장식당 중에서 최고다. 그러나 세계에서 가장 큰 극장식당 '젝펠드'가 리노에 있다는 사실은 모르는 사람이 더 많다. 이 극장식당은 자그마치 2천 명을 수용하는 엄청나게 큰 쇼 레스토랑이다.

이렇게 따져보면 도시는 작지만 리노가 라스베이거스보다 도박도시로서의 위상이 한 수 더 높은 것이 아닌가 하는 생각을 하게 된다. 리노도 이 사실을 인지하고 있음인지, 도심 한복판에 'The Biggest Little City in the World'라는 캐치프레이즈가 걸려 있다.

라스베이거스의 역사는 짧다. 1930년 경제대공황 당시 라스베이거스는 인구 5,000명의 이름 없는 시골 마을이었다. 라스베이거스에서 50km 떨어진 콜로라도강에 미국 역사상 최대의 토목공사라는 후버댐을 착공하면서 갑자기 번성하여 불과 50~60년 사이에 세계 최대의 도박도시로 발돋움했다.

그 때문인지 최근 라스베이거스엔 40km^2 크기의 객실 5천5백 개와 3천5백 대의 슬롯머신을 갖춘 초대형 호텔과 카지노가 몇 년 전에 개관했다. MGM그랜드호텔이란 이름의 이 괴물 도박장은 겉모습이 거대한 사자를 닮았다. 다음엔 리노에 더 큰 도박장이 생기지 않을는지?

그랜드캐니언

애리조나주의 도시 피닉스(Phoenix) 북방 약 390km 지점에 위치하고 있다.

이 공원은 연중 오픈되고 있어, 기후에 따라 특색을 살려 관광을 즐길 수 있다. 특히 협곡의 일몰은 웅대·장엄하다. 골짜기에 자색빛 황혼이 깃들기 시작하면 하늘은 빨갛게 타오르지만, 해가 지면서 점점 어둠이 삼켜버린다. 태양이 고원 저편에 지면 노을은 골짜기에 가득하고, 마침내 협곡이 밤의 정적에 싸이면 달빛은 신비의 베일로 이 대협곡을 덮는다.

미국의 3대 명소라면 그랜드캐니언과 나이아가라폭포, 엠파이어스테이트빌딩을 꼽는다. 미국에 갔을 때 그랜드캐니언을 보지 못하면 미국 구경 절반은 헛것이 된다.

지구상에 계곡은 많지만 그랜드캐니언은 좀 다르다. 우선 그 규모가 엄청나게 큰 것에 놀라게 된다. 대륙을 갈라놓은 것 같은 계곡이 347km나 뻗쳐 있다. 걸어서 간다면 사흘은 꼬박 걸릴 거리다. 폭은 6~30km. 눈으로는 끝이 안 보이는 넓이다. 더욱 놀라운 것은 깊이로 가장 깊은 곳은 1.6km다. 위에서 내려다보면 정신이 아찔해질 지경이다.

그랜드캐니언은 콜로라도강이 만든 계곡이다. 1천만 년 동안 흐르는 강물에 씻겨 일어난 침식작용의 결과다. 마치 지구를 톱으로 썬 것 같은 지층에는 변성암, 수성암, 사암, 석회암 등이 차곡차곡 쌓여 각기 다른 색깔을 보여주고 있다. 흰색, 갈색, 녹색, 흑색 등 지층에 따라 색깔이 다르다. 이곳에 태양이 내리쪼이면 묘한 반사광을 낸다. 태양이 이동함에 따라 색깔도 변하고 경관도 달라진다. '아아!' 소리가 절로 나온다.

그랜드캐니언을 찾아오는 관광객은 매년 50여만 명에 이른다. 그러나 숙박시설이 많지 않다. 호텔이 몇 곳 있지만 모두 작다. 관광객 대부분은 라스베이거스나 로스앤젤레스에 숙소를 정하고 당일치기 구경을 하게 된다.

그랜드캐니언을 보는 방법에는 두 가지가 있다. 경비행기를 타고 공중에서 내려다보는 스카이투어와 버스를 타고 지나면서 땅에서 보는 코치투어다. 경비행기를 타고 저공비행하며 아슬아슬하게 누비고 다니는 스릴이 있다. 일단 그랜드캐니언 공항에 내려 버스를 갈아타고 야바파이, 그랜드, 마샤포인트 등 중요한 계곡을 지상에서 보여준다. 코치투어는 그랜드캐니언뿐 아니라, 콜로라도강, 후버댐, 사막을 한꺼번에 구경할 수 있는 장점이 있다.

대부분의 관광객은 경비행기나 버스를 타고 가볍게 구경한 후 떠나지만, 정말 실감나게 구경하려면 노새투어에 참가해야 한다. 서쪽 입구 부근의 호피 포인트 근처 브라이트 엔젤 로지에 가면 노새투어 시발지가 있다. 참가신청하면 길잡이를 해준다. 사우스 립보다 300m나 더 높은 노스 립으로 가려면 노새를 타지 않고는 협곡에 갈 수 없다. 계곡의 바닥에서 웅장한 절벽 꼭대기를 쳐다보는 감흥은 공중이나 각 포인트에선 느낄 수 없다.

옐로스톤 국립공원

총면적 약 8,900km²로, 합중국에서 최대이자 최고인 국립공원이다. 평균 고도 2,300m여서 여름에도 시원하다.

옐로스톤(Yellowstone)호에 물줄기를 제공하는 옐로스톤강이 남에서 북으로 흘러, 그랜드캐니언(Grand Canyon)협곡을 이루거나 크고 작은 많은 폭포가 있다.

공원 전체가 화산지대이므로 간헐천, 온천이 3,000개 이상이고 화산의 수나 그 활동상태의 변화무쌍함은 세계 제일이라 한다.

이 공원은 1894년 이래로 금렵구가 되어, 물소, 들소, 뿔사슴, 곰, 펠리컨, 오리, 독수리 등 많은 동물이 사는 야생동물왕국이다.

옐로스톤공원은 굉장히 넓다. 관광명소를 한 바퀴 도는 도로만도 230km나 되고 원내 자동차도로의 총길이는 480km이다. 공원입구도 동서남북 네 군데나 되고, 각 입구에는 항공기, 철도, 버스 편이 있다. 따라서 자기 차나 렌터카 이외에 가장 효과적으로 구경하는 방법은 여행사의 투어에 참가하는 것이다. 여행자는 먼저 이 투어의 개시지점까지 비행기, 버스, 철도로 가서 투어에 참가하는 것이 좋다. 투어에 참가하더라도 공원 내에서 최저 며칠 이상의 체재일정을 세워둘 필요가 있을 것이다.

뉴올리언스

미국 남부 루이지애나주의 남동쪽 미시시피강 하구 삼각주에 위치한 뉴올리언스는 1699년 프랑스인에 의해 개척되기 시작했다. 그 후 그 고장은 프랑스, 스페인, 영국의 식민지가 되는 기구한 운명을 겪었으며 1803년에 이르러 정식으로 미국에 편입되었다. 나폴레옹이 유럽에서의 전쟁비용을 충당하기 위해 루이지애나 전역을 미합중국에 미화 1,500달러에 매도한 결과였다.

이 같은 역사적 배경 때문에 뉴올리언스는 프로테스탄트적인 북부의 문화와는 다른 독특한 문화가 형성되었고 주민 중에도 프랑스계와 스페인계가 많다. 흑인 뮤지션의 색소폰에서 흘러나오는 감미로운 재즈음악의 본고장 또한 뉴올리언스다. 거리 자체가 하나의 거대한 재즈카페를 연상시킨다.

　볼거리도 풍부해 어딜 가나 흥밋거리를 찾을 수 있다. 우선 식민지 시대의 상처를 그들만의 색깔로 이채롭게 정착시킨 프렌치 쿼터가 볼 만하다. 프렌치 쿼터는 미시시피강변에 위치해 있으며 건물과 거리는 프랑스 식민지시대의 고풍스런 분위기를 그대로 보존하고 있다.

　프렌치 쿼터는 걸어서 구경하기에 적당하며 그 심장부에는 잭슨광장이 자리 잡고 있다. 이 광장은 공원으로 주위에는 프랑스인 이주자와 인디언의 교역으로 시작되었다는 역사 깊은 시장 '프렌치 마켓'이 있다. 처형장이기도 했던 잭슨광장 철책 주위에는 현재 거리의 화가들이 그림을 그려놓고 손님을 기다리는 평화로운 곳이다.

　프렌치 쿼터의 중심가는 버번스트리트로서 거리 양쪽에는 유명한 재즈클럽과 카페레스토랑이 즐비하게 늘어서 있다. 버번스트리트는 밤새도록 많은 사람들이 흥겹게 술렁이는데 특히 주말 밤이면 발 디딜 틈조차 없을 정도로 많은 인파가 모여든다. 재즈카페들은 작은 공간과 소박한 실내장식으로 꾸며져 있고 이곳에서는 쟁쟁한 현역 재즈 뮤지션의 연주를 감상할 수 있는 등 독특한 분위기를 자랑한다.

　미국의 대동맥인 미시시피강을 보고 싶은 사람은 유람선을 타면 된다. 잭슨광장 근처의 강변에는 2~5시간 소요되는 여러 가지 유형의 유람선투어가 마련되어 있다. 이들 유람선은 옛 증기선 모습을 그대로 재현하여 관광객들이 멋진 낭만과 추억을 만들 수 있게 해준다.

　또한 뉴올리언스의 명물인 마차투어도 권하고 싶다. 버번스트리트, 프렌치 마켓을 지나면서 마차에서 내려다보는 프랑스식 거리는 큰 기쁨을 안겨준다. 3마일, 30분 코스의 마차투어는 운전사의 설명이 곁들여져 편안하게 명소를 감상할 수 있다.

　뉴올리언스에는 세계에서 제일 긴 '코스웨이브리지'가 있다. 자동차로 건너는 데만도 40분이 소요되는 이 다리는 길이가 38km로 한번 들어서면 다시는 빠져나갈 수 없는 미로 속에 들어선 것 같은 착각을 일으킬 정도로 엄청나게 길다. 뉴올리언스에서 절대 빼놓을 수 없는 것이 요리다. 프랑스 식민지였기 때문에 음식문화가 발달해 이곳을 더욱 풍성하고 인기 있는 명소로 만들어주는 요인이 되기도 한다. 미시시피강에서 잡은 어패류를 재료로 한 메뉴가 이곳의 자랑으로 '활어요리'라고 불린다. 활어요리집에 가더라도 제일 먼저 먹을 것이 생굴이다. 레몬이나 케첩 소스로 맛을 내서 먹는데 최고의 맛이다. 거대한 관광도시 뉴올리언스는 이같이 수많은 매력으로 여행자를 유혹한다.

이 시는 1718년 프랑스인 비엔빌레(Sieun de Bienville)가 건설하여 그때의 프랑스 섭정 올리언스(Duke of Orleans)의 이름을 따서 명명한 것인데, 1803년 미국이 매수했을 당시의 인구는 만 명 정도였다. 지금도 시내 곳곳에 프랑스통치시대의 잔영이 남아 있으며, 매년 사순절 전에 행해지는 사육제(Carnival of Mardi Gras)는 구경꾼이 각지에서 모여드는 합중국 명물의 한 가지가 되었다.

멕시코만 주변 제일의 무역항으로서 면화·곡물·석유·목재 등을 수출, 커피·사탕·바나나·보키사이드 등을 수입하는 미국 제2의 대항만도시로 성장하였고, 1847년 이래로 자유무역지대가 되었다.

나이아가라폭포

에리호에서 흐르는 나이아가라강물이 온타리오호를 향하여 북류하는 도중 절벽을 이룬 것이 이 폭포이다. 폭포의 약간 상류에서 강이 거품을 이루며 급류가 되어 흐른다.

폭포 직전에서 강이 고트(Goat)섬을 사이에 두고 좌우로 나누어져, 그 대부분은 좌로 흘러 본류가 되고, 일부가 우로 흘러 미국 측 급류가 된다. 고트섬은 아름다운 초록으로 뒤덮인 섬이다. 이 섬이 국경선 상에 있으므로, 좌측 본류를 캐나다폭포, 우측을 미국폭포라 부른다.

전자는 그 중앙부가 심히 침식당해 상류부로 파고들어, 말발굽모양을 하고 있어서, '말발굽폭포(Horseshoe Falls)'라고도 하고, 높이 48m, 폭은 826m에 달한다.

후자, 즉 미국폭포는 폭이 323m, 높이 50.9m. 미국폭포를 향해 바로 오른쪽, 고트섬과의 사이에 작은 폭포가 하나 있다. 이 폭포는 '브리달 베일(Bridal Veil)'이라는 예쁜 이름이 붙여져 있다.

이들 폭포에서 떨어지는 수량은 매초 $8,500m^3$이고, 그 대부분이 캐나다폭포에서 떨어진다. 그 무서운, 물 떨어지는 소리는 온 사방에 진동하며, 물 연기는 몇 km 멀리서도 바라다 보이고, 비처럼 쏟아지는 물방울이 캐나다폭포 기슭을 촉촉이 적셔주고 있다.

캐나다폭포는 물 떨어지는 소리의 깊이가 약 45.7m나 된다. 하류는 61~101m의 깊은 골짜기를 이루고, 1.5km를 흘러, 휠풀(Great Whirlpool)의 장관을 이룬다.

이 폭포는 약 48m의 낙차가 있고, 수량도 풍부하므로, 폭포의 풍치를 해치지 않고, 그 일부를 이용해서 강력한 전력을 얻고 있다. 이 전기로 나이아가라폭포시는 전기화학·전기야금공업이 발달했다.

밤에는 캐나다 측 발전소에서 폭포를 향해 7색 탐조등을 비추어주므로, 무지갯빛 아름다운 광경이 나타난다.

보스턴

보스턴은 미국에서 가장 흥미 있는 도시라고 하며, 뉴욕 북방 약 300km, 찰스강(Charles River)과 미스틱강(Mystic River)이 매사추세츠만으로 들어가는 하구에 위치하고 있다. 이 하구 주변의 지형은 몹시 복잡하여 굴곡이 심하다. 그 일대에 당시 보스턴을 비롯해, 케임브리지(Cambridge), 찰스타운(Charlestown), 첼시(Chelsea), 소머빌(Somerville), 이스트 보스턴(East Boston), 사우스 보스턴(South Boston), 록스베리(Roxbury) 등 시가가 연이어 발달하고 있다.

시가는 보스턴항을 중심으로 불규칙한 방사상을 이루어 사방으로 발달하고 있으나, 다른 대도시에 비해 도로가 좁고 고색이 짙다. 그러나 이것은 이 도시의 역사가 오래됐음을 증명하는 자랑거리인 것이다.

1630년 존 웬드롭(John Wenthrop)이 소수의 이민과 함께 도착한 것이 시초이며, 2년 후 매사추세츠만 식민지의 수부가 된 다음 급속히 발전했다. 1770년에는 영국 주류군과 시민폭도 사이에 분쟁이 있었고, 6명이 죽은, 소위 보스턴학살사건이 일어났다. 또 3년 후 보스턴 차 파티(Boston Tea Party)사건이 일어나, 영국군이 이곳을 봉쇄해 버렸다. 1775년 4월 19일에 영국군이 콩코드의 식민군 창고를 습격하려 하자, 애국시민 폴 레버(Paul Revere)의 급보로 좌절됐다. 그해에 일어난 독립전쟁으로 근교까지 발전했고, 1776년 워싱턴이 남보스턴으로 대포를 끌어올리는 것에 성공하여 영국군을 보스턴에서 추방했다. 그 뒤로 착실한 발전을 거듭하여 오늘날과 같은 대도시가 되었다.

이 도시출신으로 유명한 사람이 많은 것은, 보스턴이 오랫동안 미국문화의 중심지 노릇을 했기 때문이다.

뉴욕

세계 경제의 중심지이다. UN을 무대로 한 외교중심지이기도 한 뉴욕은 미국 중에서도 가장 미국다운 분위기가 있는 대도회지이다. 샌프란시스코의 동쪽 약 4,100km, 뉴욕주의 동남부, 허드슨강(Hudson River)의 하구에 위치하며, 뉴욕 베이(New York Bay)를 바라다본다.

뉴욕은 이 나라의 경제, 문화, 패션의 중심지이기도 하다. 우뚝우뚝 솟은 수많은 마천루가 미국의 명성과 부를 하늘 높이 자랑한다고 하겠다.

뉴욕은 중심인 맨해튼을 비롯하여, 브루클린(Brooklyn), 퀸스(Queens), 리치몬드(Richmond), 브롱스(Bronx) 등 다섯 구(Borough)로 되어 있다.

당시의 중심인 맨해튼섬은 길이 약 20km, 폭은 가장 넓은 데가 4km이다. 시가지는 이 섬을 세로로, 거의 남북방향으로 달리는 12애비뉴(Avenue)와 이것에 직교하여 동서로 달리는 242의 스트리트(Street)로 규칙적인, 바둑판 형상으로 구획되었다. 그 밖에, 이들 거리를 비껴서 남북으로 달리는 브로드웨이(Broadway)와 번호가 없는 몇몇 Street와 Avenue도 있다. 한가운데로 5애비뉴(Fifth Avenue)가 등줄기처럼 달리고 있는데, 그 동쪽이 이스트 사이드(East Side), 서쪽이 웨스트 사이드(West Side)이다.

보통 다운타운(Downtown)이라 하면, 14스트리트 이남의 남부, 업타운(Uptown)은 72스트리트 이북의 북부를 가리키고, 그 중간은 미드타운(Midtown)이라 부르고 있다.

맨해튼의 남단은 마천루로 유명한데, 그 일부 월스트리트(Wall St.)는 합중국뿐 아니라 세계 금융의 중심지로서 주식거래소를 비롯해서 많은 은행, 어음교환소 등의 금융기관이 집중되어 있고, 또 부근에는 시청사, 중앙우체국, 재판소 등이 있다.

번화한 상점가인 5애비뉴를 중심으로 34번 스트리트에서 센트럴파크(Central Park)에 이르는 지역이 뉴욕의 중심가인데, 여기도 마천루가 즐비하고, 뉴욕을 대표하는 관광명소인 102층, 높이 381m의 엠파이어스테이트빌딩(Empire State Bldg)이 여기 있고, 그랜드 센트럴 스테이션(Grand Central Station), 도서관, 박물관, 록펠러센터(Rockfeller Center) 등이 있다.

당시의 발달은 맨해튼섬에서 시작됐다. 1524년 최초의 백인탐험대 베라자노(Verrazano)가 온 것에서 시작되었고, 1609년 화란서인도회사의 사원 허드슨(Henry Hudson)이 허드슨강을 거슬러 올버니(Albany)에 다다랐고, 5년 후인 1614년, 이 회사가 무역거점으로 이 섬을 점령하고, 상업연락소를 세웠다. 그리고 이곳을 뉴암스텔담(New Armsteldam)이라 불렀다. 1626년에 피터 미닛(Peter Minnit)이 총독으로 부임하고, 이 섬을 24달러에 해당하는 염주알, 단추 등의 복식품으로 토인 추장에게서 사서, 정식으로 식민지화했다.

1664년에 영군이 쉽게 이곳을 점령하여, 그때의 국왕 찰스 2세의 동생 듀크 오브 요크(Duke of York)의 이름을 따서 New York이라 불렀다.

독립전쟁 당시에는 인구 2만 정도로 발전했고, 1791년에 합중국 정부가 설치됐다.

1807년에는 풀턴(Robert Fulton)이 발명한 최초의 기선이 Hudson강을 시운전 항해했고, 1825년 에리운하가 개통하여 오대호 지방을 중심으로 한 중부의 풍부한 자원과 결부되고, 나아가 유럽과 미국 내륙을 연결하는 중계점이 되는 등 차차 발전을 거듭했다.

1898년, 당시는 근접지역을 병합하여 다섯 구로 이루어진 대뉴욕을 형성했다.

1946년에 국제연합 본부가 이곳에 설치되어 명실공히 세계의 중심 도시가 되었고, 위성도시 저지시티(Jersey City), 뉴어크(Newark), 패터슨(Paterson) 등을 합하면 인구 1,500만 이상이라는 세계 최대의 인구 밀집지대를 형성하고 있다.

뉴욕의 빌딩

뉴욕의 관광명소 제1호는 역시 맨해튼의 빌딩숲이다. 빌딩 구경을 하기 위해 뉴욕에 간다 해도 과언이 아닐 정도다.

그중에서도 엠파이어스테이트빌딩(381m, 102층)이 가장 인기 있는 관광명소로 꼽히고 있다. 여행사의 공식일정 중에 이 빌딩 구경은 꼭 들어간다.

이 빌딩은 1931년 5월 1일에 준공됐다. 공사기간은 불과 19개월이었다. 1차 대전 후 불어닥친 경제대공황으로 미국의 경제계가 마비상태에 있었을 때 매일매일 하늘로 치솟는 공사현장을 보고 미국인으로 하여금 내일에의 꿈을 꾸도록 해준 역사적 공헌을 하기도 했다. 당시의 대통령 후버는 워싱턴에서 버튼을 눌러 이 빌딩의 전등 개점식 테이프를 끊었다. 86층과 102층에 유료 전망대가 있고, 정상에 오르면 날씨가 좋은 날은 1km 떨어진 뉴저지와 퀸스가 시야에 들어온다. 계단 수는 1,860개다. 걸어서 오르면 1시간 걸린다. 일부러 걸어서 오르는 사람들을 간간이 볼 수 있다.

그러나 엠파이어가 제일 높은 빌딩은 아니다. 1973년 세계무역센터빌딩(442.8m, 110층)이 완성된 후 2위로 밀려났다. 이 빌딩은 컴퓨터화된 근대식 건축물로 소위 인텔리전트 빌딩의 전형이다. 107층 전망대에 오르면 맨해튼의 마천루들이 모두 발 아래로 보인다. 그런데 어쩐 일인지 더 높고 더 현대적인 무역센터빌딩보다 고전적인 엠파이어스테이트빌딩을 찾는 사람이 많다.

맨해튼에는 50~60층 이상의 고층빌딩들이 수를 셀 수 없을 정도로 많다.

5번가의 한복판에 있는 록펠러센터는 하나의 소도시를 이루고 있다. 70층짜리 RCA빌딩을 비롯 모두 19개의 고층빌딩들이 단지를 조성했다. NBC스튜디오도 이곳에 있다. 지붕은 45도 각도로 벽은 알루미늄으로 처리한 시티코프센터(59층), 지붕과 외벽 전체를 크리스탈 유리로 덧씌운 컨벤션센터 등은 모두 한번쯤 볼 만한 빌딩들이다.

최근 맨해튼섬 남쪽에 새로운 빌딩촌이 조성되고 있다. 배터리 파크시티로 불리는 이 빌딩촌은 37만km²의 터에 25개의 빌딩군이 들어선 뉴욕 최대의 개발 프로젝트다. 제2의 월스트리트로도 불리는 이 빌딩촌의 핵은 월드파이낸셜센터다.

애틀랜틱시티

뉴욕에서 버스로 2시간 15분쯤 남쪽으로 내려오다 보면 애틀랜틱시티라는 작은 도시가 있다. 지도에도 잘 보이지 않는 생소한 도시다. 그러나 최근 갑자기 유명해지기 시작, 미국 내에선 널리 알려진 도시가 되었다.

애틀랜틱시티는 '동부의 라스베이거스'로 불리기도 한다. 카지노라면 라스베이거스나 리노를 생각하게 되는데 실은 애틀랜틱시티가 이들에게 뒤지지 않는 도박도시로 발돋움하고 있다. 이 도시를 찾아오는 관광객 수는 1년에 1,400만 명으로 라스베이거스를 앞질렀고 세계 제일의 카지노(골덴 나깃)가 이곳에 있다.

애틀랜틱시티는 원래 해수욕장이었다. 19세기에는 동부 최고의 비치 리조트로서 명성을 드높인 적도 있다. 그러나 비행기가 등장하면서 카리브해 등의 더 좋은 조건을 갖춘 비치들이 한두 시간 권내에 들어오게 되어 애틀랜틱시티는 사양길에 접어든다. 도시 중흥을 위하여 창출해 낸 아이디어가 카지노다. 공식으로 인정받게 된 것은 1978년, 불과 30여 년 전이다.

애틀랜틱시티의 재건기획은 대성공이었다. 특히 중산층의 애호를 받아 큰 돈보다는 작은 돈으로도 도박의 기쁨을 만끽할 수 있게 되었다. 도박도시로서 성공하자 덩달아 비치에도 사람이 다시 몰려들기 시작했다. 여름 한철에는 하루 40여만 명이 바다를 메운다.

애틀랜틱시티의 성가(聲價)를 높여준 또 하나의 이벤트는 미스 아메리카 콘테스트이다. 1921년부터 시작된 이 미인선발대회는 미국에서 최고의 권위를 자랑하는 큰 행사다.

애틀랜틱시티는 온 도시가 거대한 레저센터가 되어버렸다. 관광객을 즐겁게 하는 온갖 설비가 빠짐없이 갖추어져 있다. 18세기 때의 마을을 그대로 재현한 살아 있는 민속촌 스미스빌을 비롯, 유서 있는 교회당, 옛날 등대, 그리고 미술관, 조각공원 등 관광명소가 온 도시에 가득하다.

워싱턴

메릴랜드(Marlyland)주와 버지니아(Virginia)주 사이에 낀, 합중국의 수도다. 미국의 수도라 하면 세계 정치의 중심도시이고, 워싱턴의 동향이 세계의 이목을 집중시키는 것은 당연하고, 세계의 매스컴도 이 도시에 특별한 관심을 기울이고 있다.

워싱턴은 주로 포토맥강(Potomac River)과 그 지류 아나코스티아강(Anacostia River)의 합류점이다. 북방에 발달한, 면적 177km²의 도시로, 디스트릭트 오브 컬럼비아(District of Columbia)라고 부르는 특별행정구이다.

시가는 의사당(Capital)을 중심으로 동서남북을 바둑판모양으로 달리면서, 동서로 달리는 것은 알파벳, 남북의 거리는 숫자 순으로 불린다.

또, 의사당이나 백악관(White House)을 중심으로 하여 합중국의 주 이름이 붙은 가로가 방사선상으로 달리고 있다.

워싱턴은 수도로서의 인기뿐 아니라, 철저한 도시계획과 초록의 아름다움, 좋은 기후 등으로 사계절 관광객이 끊이지 않는다.

이 도시는 1790년 워싱턴 대통령에 의해 수도로 선정되어, 프랑스인 기사 르팡(Pierre C. L'Enfant)이 세운 도시계획에 따라 건설되었다.

합중국 의사당(The Capital)

대리석조 대전당으로 방이 540개이고, 공사비는 1,400만 달러가 들었다고 한다. 건물은 중앙부와 남북의 두 날개부분으로 이루어져 있고, 북쪽 날개는 상원, 남쪽 날개는 하원이다. 중앙에 높이 솟은 철제 대 돔은 높이 약 94m, 그 정상에 있는 자유의 신상은 높이 5.98m의 청동제 동상이며, 돔 아래 큰 홀은 대통령 취임식장이다.

의회도서관(Library of Congress)

세계 최대의 도서관이며, 6,000여만 권의 장서를 자랑하고 있다.

국립예술갤러리(National Gallery of Art)

세계에서 가장 아름다운 미술관의 하나다. 후버 대통령시대에 재무장관을 지낸 멜론(Andrew Mellon)이 기증한 것으로, 미국의 루브르박물관이라 불리며, 13~19세기 유럽의 저명한 작품이 많이 소장되었다.

스미스소니언 박물관(Smithsonian Institution)

영국의 화학자 스미스슨(James Smithson)이 1846년에 창립한 종합박물관이다. 자연사박물관, 역사·기술 박물관, 미술관, 항공·우주관, 미술·산업관, 국립동물원 등의 건물이 모여 있다.

워싱턴 모뉴멘트(Washington Monument)

석조탑으로는 세계에서 가장 높은 것으로, 높이 182m, 898단의 계단이나 엘리베이터로 정상에 오른다. 정상에서 시가지를 바라보면 더 없이 아름답다. 워싱턴의 랜드마크가 되고 있는 건물이다.

인쇄국(Bureau of Engraving and Printing)

워싱턴기념탑의 남쪽에 있다. 지폐, 공채, 우표 등의 도안에서 시작하여 제판·인쇄까지를 일관하여 행하고 있고, 견학자에게는 안내원이 따라다니며 인쇄과정을 보여준다.

링컨기념관(Lincoln Memorial)

포토맥공원의 서쪽에 강을 등지고 서 있는 백 대리석 전당으로 주위를 36개의 둥근 기둥이 두르고 있다. 이것은 링컨 사망 당시 미국의 주 36개를 나타낸다.

토마스 제퍼슨기념관(Thomas Jefferson Memorial)

이스트 포토맥공원 내의 티달바신(Tidal Basin)을 바라보는 위치에서 있는 아름다운 건물이다. 3대 대통령 제퍼슨의 동상이 서 있다.

백악관(The White House)

대통령관저이다. 일·월요일을 제외하고 매일 10시~12시 45분까지 일반 견학이 허락되는 곳은 동쪽 날개부분이다.

국립묘지(Arlington National Cemetery)

여러 전쟁에 참전하여 전사한 자의 영혼을 모신 묘역이다. 무명용사의 묘가 유명하다. 이 무명용사의 묘에서 30분마다 위병교대의식이 행하여진다. 고 케네디 대통령의 묘소도 여기 있다.

국방성(Pentagon Building)

약 18만m²를 차지한 오각형 5층 건물이다. 관청빌딩으로는 세계 최대라 하며, 총건평 34만 3천m², 10개의 낭하로 연결되는데, 낭하의 총 연장이 28km에 달한다. 이 안에서 사무를 보는 인원이 2만 6천 명이나 된다고 한다.

마운트 버넌(Mount Vernon)

워싱턴시 남방 약 16km, 버지니아주에 있는 워싱턴 장군의 거주지와 그의 묘가 있어서 유명하다. 검소한 서재에는 가재도구, 숨을 거둔 침대 등이 그대로 보존되어 있고, 부인이 베를 짠 방, 밥을 지은 부엌 등도 있다.

마이애미

플로리다반도 동남부 비스케인 베이(Biscayne Bay)에 임한 해안도시로서 아열대성 기후이며, 야자수가 무성하고 감귤류가 열려 남국적 정취를 풍기고 겨울의 휴양지로 널리 알려진 곳이다. 연중 즐길 수 있는 바캉스 천국으로서 많은 관광객을 불러들이고 있다.

마이애미 비치(Miami Beach)는 '태양이 낳은 자매도시(Sister City of the Sun)'라 불리는 피한지로서, 호화찬란한 호텔, 쇼핑가가 즐비하다.

올랜도(Orlando)시가 마이애미시의 북방 350km 지점에 있다. 1971년, 이 도시의 교외에 월트 디즈니 월드(Walt Disney World)가 열림과 동시에 크게 주목을 끌게 됐다.

월트 디즈니 월드는 로스앤젤레스 교외에 디즈니랜드를 건설하여 성공을 거둔 월트 디즈니(Walt Disney)가, 더욱 큰 관광개발을 목표로, 1967년에 시작하여 4년의 세월과 4억 달러의 거금을 투자하여, 뉴욕 맨해튼지구의 2배에 달하는 독립지를 형성한 것이다.

올랜도시의 동쪽 100km 지점에 케네디스페이스센터(Kennedy Space Center)가 있다.

캐나다 Canada
바다에서 바다로 이어진 큰 나라

캐나다의 문화예술은 지리적 특성과 문화적 패턴뿐만 아니라 빠른 속도로 도시화하는 캐나다의 사회적 변화를 반영한다. 캐나다에는 영국계와 프랑스계 문화전통이 공존할 뿐만 아니라, 다른 여러 나라 출신도 많고, 넓은 영토에 인구가 산재해 있어서 문화적 다양성이 유지되고 있다.

캐나다는 인구의 대부분이 미국에 가까운 남부에 집중되어 있으므로 미국문화가 깊이 침투되었으며 개척시대 이래 전통과 끈기가 토착화되었다. 영국계 주민들에게는 영국의 종교와 습관이 계승되어 있다. 또 프랑스 식민지시대에 이주하여 영국령이 된 후에도 종교·법률적 특권이 인정되어 온 프랑스계 주민은 나름대로 프랑스의 전통을 유지하고 있다.

영어와 프랑스어가 공용어인 캐나다는 이 두 계통의 주민 간 대립이 오늘날까지 계속되고 있어 캐나다인으로서의 단일화된 국민성이 형성되지 않았다는 점이 이 나라 인구 구성의 특징이라 할 수 있다.

캐나다인들의 기질은 영국인과 미국인의 중간 정도라고 할 수 있다. 그들은 모임이나 식당 등에서의 에티켓이 영국인들처럼 약간 보수적이기는 하지만 그렇게 까다롭고 형식적이지는 않으며, 엘리베이터 안에서 처음 만나는 사람과 대화를 나누는 일도 드물다. 그러나 길을 묻거나 도움을 청하면 기꺼이, 그것도 아주 친절하게 호응해 준다.

북아메리카대륙의 북부에 위치한 캐나다는 '바다에서 바다로'라는 말이 문장(紋章)에까지 새겨질 정도로 러시아연방 다음으로 면적이 넓은 나라이다. 인구의 대부분은 미국과의 국경지대인 오대호 지역에 띠 모양으로 거주하고 있다. 15세기 말 유럽의 탐험가들이 북미대륙을 찾아들었을 때 이곳의 주인은 '이누이트'란 에스키모인과 인디언들이었다. 이들은 혹독한 기후조건 속에서 수렵생활로 연명하고 있었다. 초기 유럽의 탐험가들 중 가장 유명한 이는 프랑스인인 J. 카르티에이다. 16세기 초 지금의 몬트리올 근방에서 활동을 펼친 카르티에 일행은 원주민들과 대체로 협조관계를 유지하고 있었다.

17세기에 접어들자 프랑스는 이곳의 세인트로렌스강 유역을 중심으로 본격적인 식민지 경영에 착수한다. 한편 비슷한 시기에 영국도 북미대륙에 대한 식민지 확대에 박차를 가한다. 이미 미국 동부지역에 거점을 확립한 영국은 점차 그 세력을 북쪽으로 확대함에 따라 필연적으로 프랑스 세력과 충돌할 수밖에 없었다.

1754년, 두 나라가 이곳의 식민지 경영권을 놓고 결정적으로 맞붙은 프렌치·인디언전쟁은 결국 영국의 승리로 종결되고, 1763년 파리 강화조약을 통해 캐나다는 영국의 지배권하에 놓인다.

영국은 프랑스와의 항쟁을 통해 캐나다를 수중에 넣었지만 곧이어 미국의 독립전쟁에 부딪힌다. 1774년 미국의 독립은 여러 면에서 인근 캐나다에 많은 영향을 미친다. 특히 미국에서 건너온 4만에 달하는 중산계층은 캐나다의 정치무대에서 중심세력으로 부상, 영국에 대해 강력히 민주화 요구를 하고 나선다. 이에 대해 영국 본국은 식민지의 연방화란 대안으로 사태를 무마하기 시작, 그 결과로 1867년 7월 1일 노바스코샤, 뉴브런즈윅, 온타리오, 퀘벡의 4개 주로 구성된 캐나다 자치령이 탄생하게 된다.

다른 선진국에 비해 뒤늦게 자본주의적 발전의 길에 들어선 캐나다에게 제2차 세계대전은 인근 미국과 마찬가지로 국제무대에서 국가의 위상을 확립하는 데 하나의 호기로 작용한다. 그러나 이러한 외부적 번영에도 불구하고 60년대 이후의 캐나다는 프랑스계 캐나다인이 80%를 차지하고 있는 '퀘벡주 문제'를 둘러싸고 심각한 정치적 갈등을 빚는다. 결국 이 문제는 '1982년 신헌법' 제정으로까지 이어지는데, 이 헌법은 프랑스어를 공용어로 정식 규정하고 각 주의 이익 평등화와 정치적 독립성 보장을 주요 골자로 하고 있다.

인생을 철저하게 즐기는 민족

정치적 불안도 없고, 입시지옥·교통지옥도 없으므로 철저히 인생을 즐긴다. 캐나다인들은 놀기 위한 준비로 일하며 살고 있는 듯하다. 요람에서 무덤까지 무엇을 먹을까, 무엇을 입을까 걱정할 필요가 전혀 없는 듯 살고 있다. 태어나면 우유값이 지급되는데, 이 돈은 18세가 될 때까지 계속 나온다. 여권존중과 자녀보호에 관한 법이 제정되어 있을 정도로 여성과 어린이를 보호한다.

모범적인 복지국가로 불릴 만큼 의료, 교육, 실직, 노후생활에 대해 완벽한 사회보장제도가 이루어져 있다. 매월 의료보험료를 내면 병원에 입원하더라도 모든 게 무료이며, 환자가 푸대접을 받는다는 건 상상조차 할 수 없다. 좋은 의료환경에 훌륭한 시설을 갖춘 병원이 항상 문을 활짝 열어놓고 대기하고 있다. 어떤 대수술도 무료이다.

1년 52주 중 10~14주 이상을 근로자로 일한 사람은 해고나 계약종료, 임신, 질병으로 실직한 경우에 평균 주급의 80%를 받는다. 만 65세를 넘기면 국가가 지급하는 노인연금으로 누구나 안락하고 여유 있는 노년생활을 즐길 수 있다. 국가에서 마련해 준 시니어(Senior)아파트에 거주하면서 정기적으로 건강진단을 받아가며 높은 영양가의 음식도 제공받는다.

1941년에는 결혼한 캐나다 여성의 5%만이 가정 밖에서 일했으나 현재는 60% 이상이 일하고 있으며, 18세 미만의 자녀를 둔 65세 미만의 여성 중 가정 밖에서 일하는 사람은 71%일 정도로 많은 여성들이 직업을 갖고 있다.

미국보다 물가가 비싸므로 상대적으로 물가가 싼 미국으로 당일치기 쇼핑을 하러 가는 것이 대유행이다. 그 예로 온타리오주 주민들은 자동차를 몰고 미국 뉴욕주의 버펄로에 가서 물건을 사며, 인구 1백만의 밴쿠버 시민들은 미국 워싱턴주의 벨링햄으로 쇼핑을 다녀온다. 벨링햄은 인구 5천 명의 소읍이지만 캐나다인 쇼핑객들을 위해 쇼핑센터가 있을 정도이다. 캐나다인의 미국행 당일치기 쇼핑객 수는 연간 5천2백만 명으로, 캐나다 국민 전체가 1년에 두 번씩 다녀오는 셈이다.

서부 캐나다

광대한 서부 캐나다는 브리티시컬럼비아, 앨버타로 이루어져 모험과 풍요의 세계를 제공하고 있다. 하늘에 닿는 로키의 정상으로부터 광활한 평원에 이르기까지 선진화된 지역별 도시들이 있는가 하면 놀랍도록 다양한 여가를 보낼 곳들로 되어 있다.

브리티시컬럼비아

전 국토의 약 10%를 차지하며 약 100만km^2의 브리티시컬럼비아는 빼어난 자연경관과 다양한 지형으로 이루어져 있다.

밴쿠버 국제공항은 태평양의 관문으로뿐만 아니라 다른 도시들과 쉽게 연결되는 고도의 항공망을 제공하고 있다.

밴쿠버는 이곳의 주요도시로서 노스쇼어산맥과 조지아해협으로 둘러쳐져 있고 장관을 이룬 프레이저강 주변의 해변과 울창한 산림공원들이 꽉 차 있어 도시와 자연이 공존하는 모습으로, 공원 안의 오솔길을 따라가는 자전거 행렬과 바다로 향하는 해변의 윈드서핑, 산에는 행글라이더와 등산객 등 매우 다채롭다.

쾌적하고 안전한 곳이란 평판과 함께 밴쿠버는 최고급 호텔과 많은 볼거리 및 쇼핑, 재미있고 다양한 여가선용의 장소가 있다. 가볼 만한 곳 몇 군데를 소개하자면, 시를 한눈에 볼 수 있는 그라우즈마운틴의 케이블카와 그랜빌섬에 위치한 예술상점 및 염가의 공공시장 등이 있다.

많은 관광객이 찾고 있는 북미에서 두 번째로 큰 중국인촌은 중국 밖에 세운 최고의 명나라풍 정원인 선야손 박사 정원과 재미있는 가게 및 음식점 등이 즐비하다.

밴쿠버로부터 해안을 따라 올라가면 북미에서 최고로 여겨지는 스키장인 위슬러가 있다. 급경사로 깨끗하게 펼쳐진 두 개의 언덕은 천혜의 장관과 근처의 특급호텔들로 어우러져 그로부터 기막힌 체험을 가능케 하고 있다.

겨울을 위한 위락단지이기도 하지만 위슬러의 여름 또한 대단하여, 짙푸른 호수, 수정같이 맑은 공기, 장엄한 경관 위에서 이루어지는 골프, 낚시, 등산 등은 참다운 휴식이 될 것이다.

항공관광도 가능하여, 승객들을 산 정상으로 모셔서 계곡, 초원, 그리고 산림을 새가 바라보듯 감상하는 기회도 주고 있다. 빅토리아는 브리티시컬럼비아주의 주도로서 BC, 즉 브리티시컬럼비아주의 축소판같이 산, 호수, 해변, 농장, 유적지, 그리고 공단에 이르기까지 모든 것을 갖춘 밴쿠버 아일랜드에 위치하고 있으며, 그 자체가 19세기 영국의 영향을 많이 받은 고풍의 도시로써 여행자를 반기고 있다.

주의 안쪽은 약간 건조하여 중부 오카나간 지역을 이루는 캘로나, 버넌, 그리고 펜틱턴은 사막으로 싸여 있으며 건조한 기후는 대단위 포도원을 형성케 하여 현재 생산되는 포도로 담은 와인이 세계 수준에 달하고 있다.

오카나간 역시 여름과 겨울 스포츠의 천국으로 다양한 코스와 고속리프트, 그리고 일류 숙박시설을 갖춘 3곳의 세계적인 스키촌을 갖고 있다.

앨버타

앨버타의 대부분은 짙푸른 빛깔의 호수와 빙산, 그리고 크고 작은 구릉지대의 미개척지로 남아 있다.

배드랜드에 있는 신비한 후두(빙하시대 흙과 진흙으로 이루어진 버섯모양의 기둥)는 탐험가를 손짓하여 부르고 있으며, 자전거나 말 또는 걸어서 갈 수 있는 가까운 거리에 위치한 로키산은 관광객을 기다리고 있다.

밴프, 자스퍼, 그리고 서로 비슷하지만 전혀 다른 특성의 두 도시가 그 심장부에 있다. 남부 앨버타 중심부로 인구 오십만 정도의 캘거리가 있는데, 매년 7월 중 카우보이와 마차가 출현하여 서부 개척정신을 축하하는 캘거리 스탬피드라는 유명한 행사가 열리는 곳으로, 보강과 엘보강이 모아지는 곳에 위치하며, 주에서 생산되는 석유와 가스 수익에 힘입어 예술적인 박물관과 각종 문화행사로 발전했다.

밴프는 빼어난 자연경관뿐 아니라 주위로 특급호텔, 우아한 레스토랑, 화랑, 토산품점, 스키장, 그리고 오락시설들로 이루어진 종합위락단지이다.

자스퍼 역시 관광객들이 자연에 좀 더 가까이 접할 수 있는 곳인데, 사실 자스퍼는 산양, 엘크, 카리브, 무스 등의 큰 수렵동물을 볼 수 있는 캐나다 최고의 장소 중 하나이며 다양한 숙박시설과 레스토랑 등을 갖추고 있다. 앨버타의 또 다른 심장부로 캘거리 북부에 이와 비슷한 인구의 에드먼튼 주도가 위치해 있다.

에드먼튼은 가끔 축제의 도시로 불리기도 하는데, 짧은 여름에 모두가 참여하는 행사 중 19세기 금이 노다지로 쏟아지던 때를 회상하여 그에 맞는 복장으로 참가하는 론 다니크 데이즈를 비롯하여, 해리티지 데이즈, 더 후린지 초보자 연극공연, 더 웍스, 재즈시티, 그리고 원주민의 예술과 문화에 관심을 끄는 특별한 행사인 드림스피커 등이 있다.

세계 최대의 쇼핑센터로 불리는 웨스트 에드먼튼 몰의 실내경관은 실로 놀랍다. 48개의 도시블록(건축비 약 10억 불 소요)과 맞먹는 크기에 번쩍이는 크롬과 유리로 내부를 장식하였고, 58개의 출입구가 있으며 캐나다 해군보다 더 해저에 위치하였다.

몰은 세계 최대의 실내오락공원을 자랑하는데, 컴퓨터로 만들어낸 바다파도, 컬럼버스 배와 같은 크기의 모형배 산타마리아호, 골프코스, 국제규격의 스케이트장, 그리고 돌고래 쇼 공연장 등은 상상을 초월한다.

앨버타 역시 브리티시컬럼비아와 마찬가지로 시외에 많은 것을 갖춘 곳으로, 큰 농장과 관광객을 환영하는 수많은 평원이 있어 방문객들은 열린 평야를 가로질러 말을 타고 달릴 수도 있고 심지어는 가끔씩 소떼들과 같이 뛰면서 가까이서 그들의 삶을 배울 수도 있다.

중부 캐나다

서스캐처원

서스캐처원주는 본격적인 대평원의 고장이 아닌가 싶다.

캐나다에서 6번째로 큰 면적이며 전체 밀 생산량의 54%를 차지하고 크고 넓고 맑은 하늘로 유명하다. 동남쪽에 위치한 에스테반시의 일조량은 2,540시간이나 된다.

거친 광야의 주 중앙에 위치한 프린스 앨버트 국립공원이 호수와 23종의 어종으로 넘치는 강 위에 안락하고 정돈된 위락지로 보이는가 하면 수천 개의 호수와 수백만ha의 산림을 지닌 북부는 대어낚시와 큼직한 사냥거리를 제공하고 있다.

여왕의 도시로도 알려진 리자이나는 서스캐처원주의 수도이다. 사막의 오아시스 같은, 대평원의 대양 같은, 이 빛나는 도시는 인구 18만 정도로 많은 관광명소를 갖고 있다. 이 중 북미 최대의 도시공원인 930ha의 와스차나센터는 서스캐처원 국회가 있을 뿐 아니라 수많은 정원과 인공호수를 갖추고 있다.

그러나 방문객에게 리자이나는 '그들을 위하라'로 명성 있는 국립캐나다 경찰본부가 있는 곳으로 가장 유명하여 주중엔 경찰의 광장에서 후보생이 공개훈련을 하며, 한여름엔 매주 화요일 국립경찰 훈련행사 때 많은 사람이 모이기도 한다.

리자이나 북방으로 서스캐처원강과 인접하여 주에서 가장 큰 도시(인구 188,000명)인 서스캐처원은 1882년 보통의 준주로 생성된 이후 서스캐처원대학 등의 문화와 격동의 도시로 발전하여 왔다. 서스캐처원강변을 따라 즐비하게 늘어선 공원, 산책길, 그리고 강변도로는 정말 일품이다.

서부개척박물관의 1910년대로 구성된 시조성촌은 옛날을 회상하는 멋진 여행이 되며, 현재는 30여 개의 빌딩과 전통농기구, 토산품점, 그리고 레스토랑 등으로 재구성되어 있다.

서스캐처원시 외곽의 새로운 명소 중 하나로 이미 국제적인 찬사를 받고 있는 와주스케윈 자연공원(토착크리어로 '마음의 평강을 찾아서'란 뜻)이 6000년 북방 평원의 문화를 120ha의 대지에 재연하였다.

또 다른 역사적인 곳으로 가볼 만한 곳은 국립반도체역사공원인데 이곳은 영토분쟁의 전적지이기도 하다. 또한 초기 개척자 중 무스조, 욕턴, 그리고 조스 배틀포드의 삶을 묘사하며 서스캐처원에 위치한 서부개척박물관 등이 있다. 주 전체를 통하여 오래된 집과 상점들이 잘 관리·보존되어 있다.

매니토바

캐나다에서 5번째로 큰 주로서 지형적으로 한복판에 위치한 매니토바는 '키스톤'이라 불리는 중요한 돌로서의 의미뿐 아니라 용솟음치는 호수들과 미지의 북녘 대지, 인적 없는 광야와 끝없는 평야에 영글어가는 밀 등으로 유명한 곳이다.

　주의 수도이며 가장 큰 도시로는 레드와 아시니봉강이 만나는 곳에 위치한 부요하고 편리한 도시 위니펙이 있다.

　잘 지어진 위니펙 국회의사당이 도시를 대표하지만 도심의 모습과 정서는 매우 빠르게 폭스 국립공원지로 변하고 있다. 두 강이 만나는 곳인 만큼, 풍류가 가득한 레스토랑과 시장의 상점들이 즐비하게 늘어서 있다.

　위니펙을 여행할 때 빼놓을 수 없는 곳으로 세인트 보니 화스가 있다. 이곳은 퀘벡 서쪽에 자리한, 프랑스계 주민이 가장 많이 사는 프랑스촌으로, 1846년 그레이넌스가 최초로 건립한 가장 오래된 건물인 세인트 보니 화스박물관이 있다. 역시 가볼 만한 곳으로 예술전시회, 토속상품, 그리고 연극 및 각종 행사를 볼 수 있는 Franco-Maintobains 문화센터가 있다.

　전통적인 물소가죽업에 특별한 관심을 갖는 로웨 포트게리가 있는데 그 옛날 장인들이 현재는 신식건물에서 작품활동을 하지만 아직까지 북미 최대 모피산지인 국립토산품산지로 알려져 있다.

　캐나다 한복판에 위치한 매니토바가 해변으로 유명다면 믿기 어려운 일이지만 여름엔 많은 주민들이 수천 개의 호수에서 수영과 보트를 즐기며, 호수마다 대어가 가득하고 가을엔 야생동물과 창공의 조류사냥을 위해 사냥꾼이 몰려든다.

　온타리오주를 경계로 한 주의 동남부는 계속 펼쳐져 온 평원이 기암괴석의 화이트 셀 주립공원으로 바뀌는 곳으로 수십 년간 많은 작가와 예술가들에게 영감을 주는 거친 아름다움이 있는 곳이며 멋진 카누코스로도 알려져 있다.

　허드슨만의 북쪽 해안에 세계적인 북극곰 서식지인 처칠이 있는데 이곳은 수백 년간 북극곰이 허드슨만의 얼음을 깨고 고기잡이를 나가던 길 바로 우측에 세워져서 생긴 이름으로, 이제는 관광객을 위하여 특수제작된 썰매로 이 멋진 동물들의 세계로 나가는 것이 가능해졌고, 처칠강을 따라 큰 고래를 보며 그들의 소리도 들을 수 있도록 보트와 잠수장비도 준비되어 있다. 9월부터 이듬해 4월의 밤하늘에 보이는 오로라 광채와 북녘 빛은 관광객을 매혹한다.

또 가볼 만한 곳으로 총 한 방 쏘지 않고 프랑스 침략자들에게 항복한 프린스 웨일스 포트가 있는데 이곳은 18세기에 북극 최초로 인간의 생활을 그린, 큰 돌로 만든 에스키모박물관이 있다.

동부 캐나다

동부 캐나다는 온타리오와 퀘벡으로 이루어져 있다. 역사적으로 이 두 주는 캐나다연방을 대표하여 현재 가볼 만한 사적지가 여러 곳 있으며, 끝없는 호수가 제공하는 천혜의 수자원과 삶에 위로와 희망을 안겨주는 자연자원의 보고가 있다.

온타리오

많은 소수민족과 발달된 도시생활과 가슴 가득한 절경의 아름다움이 넘치는 온타리오는 캐나다의 최대주이다. 남으로 나이아가라반도의 비옥한 농장으로부터 북으로 빙산의 혹독한 추위에 이르기까지 기후와 지형 면에서 크게 대조를 이루는 곳이기도 하다.

다른 황무지들이 자원개발에도 불구하고 그 천연의 모습을 유지하는 가운데 주의 중앙도시는 캐나다 최대를 자랑한다. 모피교역시대 이래로 지금까지 최고의 오락으로 자리 잡아 온 카누는 주 국립공원의 관리자들이 주 전체를 통하여 멋진 카누코스를 조심스럽게 표시할 정도이다. 수만 개에 이르는 호수와 강, **빽빽**한 산림, 그리고 부드러운 옥초가 펼쳐진 농장으로 이루어진 온타리오는 정작 자연주의자의 천국이다. 도시호텔, 일급 위락지, 그리고 잘 조성된 캠프장은 가족이나 여행자에게 다양한 휴식공간을 제공하고 있다.

박동하는 토론토는 200만이 넘는 인구에 주의 수도로서 가장 큰 도시이며, 독립 건축물로 세계 최대의 높이인 533m에 달하는 CN타워를 위시하여 하늘을 찌르며 운집한 빌딩들은 토론토를 상업의 중심지로 만들었고 동시에 공원과 정원으로 가득 찬 도시는 각기 특색을 발하는 '단지화'의 기수가 되었다.

토론토는 다국적 문화의 도시로서 검소한 사회로 알려진 중국인촌은 음식점, 식품점, 그리고 선물점이 가득하고, 포르투갈 활어점과 군침나게 하는 그리스제과점도 있다.

멋진 연극공연, 맛있는 요리, 특히 요크빌의 호화양품점과 시내 이튼센터로 이어지는 쇼핑거리, 그리고 가족 전체가 즐길 수 있는 오락시설들은 도시의 성격을 대변한다.

캐나다의 수도 오타와는 토론토와 그리 멀지 않은 곳에 있고, 크지는 않지만 매혹적인 장소임에 틀림없다.

수도의 한복판에 92m의 평화탑에 열린 듯 보이는 녹색 구리지붕을 한 세 개의 고딕식 석조건물인 의사당 언덕이 나타난다. 연중 개방하지만 회기 중에만 의원들의 활동을 볼 수 있는데 특히 여름엔 매일 아침 10시에 총독의 의장대와 캐나다 국립의장대가 30분 정도의 예식을 선보인다.

토론토처럼 오타와도 다양한 도시로서 국립과학기술박물관, 국립자연박물관, 국립전쟁박물관, 캐나다문화박물관, 그리고 국립예술관 등 각종 박물관이 있다.

다행스럽게 도시의 명소들이 가까이에 있어 즐비한 상점을 따라가면 스팍스가의 상가가 나오는데 천천히 걸어 내려가면 더욱 근사하다.

또 한 군데 좋은 곳으로는 리도운하가 있는데 애초 군사용으로 지어졌다지만 현재는 상업용 수로로 사용되며 여름엔 수상스키, 또한 겨울엔 스케이트장으로 훌륭하다.

토론토와 오타와의 도심 밖으로 온타리오는 많은 것을 제공하고 있다. 관광명소의 대열에서 최고로 알려진 나이아가라폭포는 매분마다 거의 1억 5천 리터의 물이 떨어지며 장관을 이루고 있다.

나이아가라공원은 밀월을 즐기고자 하는 분들께 더없이 푸르고 재미있는 공간을 마련해 준다. 대표적인 곳으로는 포틀에리와 기막힌 정원을 갖춘 로리컬쳐학교가 있다.

온타리오의 정원으로 알려진 남서부 온타리오는 목가적인 풍경과 평화스런 촌락들로 명성 있는 곳이다.

원저, 런던, 그리고 스트레트포드 등은 세익스피어풍의 자연을 만끽할 수 있는 곳이다. 캐나다 최남단(캘리포니아 북부와 같은 위도상)에 위치한 에밍톤에 있는 포인트 페리국립공원은 4,000에이커의 면적에 자연히 조성된 오솔길과 23km에 달하는 해변이 있어 가히 새들의 천국이다.

해변으로 말하자면 대양과 접하지 않은 온타리오지만 오대호 중 네 개와 접하므로 해변과 물놀이로 많은 사람들이 여가를 보내고 있고 수백 곳에서 수영이 가능할 뿐 아니라 재미있는 호반의 시설들은 마치 도시생활 같은 편리함으로 여행자를 맞이하고 있다.

오타와 주위의 동부 온타리오는 녹색 침엽수 초원지대로 오타와계곡을 원목산지로 만들었으며, 그 남부에 경계한 세인트로렌스강은 세계 최대의 수로 중 하나로 캐나다와 미국의 경계 구실도 한다.

운하는 대서양과 오대호를 상업적으로 연결할 뿐 아니라 멋진 공원 등이 있어 가볼 만한 곳으로 1860년대 광산촌 세 곳의 삶을 조명하여 35개의 빌딩으로 보존된 역사적인 포트헨리와 캐나다 빌리지 등이 즐비하다.

대부분의 캐나다가 그렇듯 온타리오도 남쪽은 도시화되어 있고 북쪽으로 갈수록 덜 개발되었거나 시골의 모습이 더욱 역력하다. 북쪽의 주요 도시 중 니피싱 연안에 자리한 노스베이는 낚시와 사냥을 즐기는 사람들로 붐비는 곳이다.

지역의 보물로 알려진 알곤 퀸주립공원은 캐나다의 유명한 새 룬의 서식지인 여러 호수와 7,600km²의 면적에 무스, 사슴, 곰, 그리고 여우의 천국이다. 캐나다 최고의 예술계 7인의 많은 작품이 있는 곳이다.

퀘벡

뿌리 깊은 역사와 독특한 프랑스어 문화권의 퀘벡주를 방문하면 많은 문화를 경험하게 될 것이다.

뚜렷한 사계절과 아름다운 자연, 그리고 엄청난 문화유산으로 이루어진 이처럼 흥미로운 고장을 한마디로 표현하기는 쉽지 않을 것이다. 퀘벡은 또한 자연경관 속에 자리하며 7,000여 이누이트(에스키모)가 살고 있을 뿐 아니라 10개의 다른 나라에 속했던 55,000여 국민의 고향이기도 하다.

매년 9월에 시작되는 낙엽잔치와 퀘벡의 다양한 겨울휴가는 다양한 즐거움을 더해준다.

퀘벡시는 주에서 두 번째로 큰 도시로서 1698년 모피 교역지로 최초로 건립되어 고전적인 건물과 풍부한 역사적 유물들에 의하여 유네스코가 정한 세계보존지구의 하나가 되었다. 강변을 따라 자리한 오래된 지역엔 꾸불꾸불 좁은 길을 따라 화려한 의상실, 고급 레스토랑들로 꽉 메워져 있으며 완전히 새로운 도시의 모습을 볼 수 있도록 연중무휴 유람선이 다니고 있다.

퀘벡시는 박물관과 많은 문화공간, 특히 겨울 카니발 등 연중 열리는 각종 행사로 유명하며, 북미 유일의 고도로서 4세기를 보관한 박물관, 기념비, 건축물 등을 한껏 지니고 있는데, 유럽을 연상케 하는 좁고 복잡한 길을 걸어서 보는 게 가장 좋다.

특별한 관광지로 신 프랑스의 종말을 기한 1759년 영불전쟁의 전적지인 아브라함평원과 로엔지안과 일레 올리언즈를 굽어보는 60m의 전망대가 있으며 여름엔 시 전체가 온통 축제무드로 물들어 예술가, 장인, 음악가들로 붐비는 곳이다.

퀘벡시에서 약 6시간 남짓 가면 세인트로렌스강 남부의 가스피반도가 나오는데 이곳은 울창한 산림, 연어로 가득한 강, 그리고 바다에 의해 다듬어진 인상적인 바위의 세계로서 여름엔 수영, 윈드서핑, 그리고 스킨스쿠버다이빙, 겨울엔 썰매차를 지치는 아름다운 곳이다.

몬트리올은 1642년 프랑스인에 의해 최초 건립되어 옛 전통과 현대를 융합한 주 최대 도시로서 구 몬트리올의 오랜 지역을 보노라면 마치 옛날로 돌아간 듯한 인상을 주는 북미에서 가장 오래된 몇몇 건물들이 있다.

말이 끄는 마차를 타고 거리를 관광하며, 1829년 사이에 세워진 신고딕풍의 노트르담사원을 방문하거나 1683년 로마 승려가 건립한 가장 오래된 건물인 성 술피수도원 등을 방문하는 것은 결코 다른 곳에서 할 수 없는 일이다.

물론 역사 외에 많은 것을 간직한 몬트리올은 북미 최초로 불·영 문화가 용해한 만큼 대륙 최고의 멋과 유행을 낳고 있으며 다양한 분야에 걸쳐 멋진 세계를 이루고 있다.

특별한 곳으로는 몬트리올 엑스포야구단의 홈구장이기도 한 1976

년 하계올림픽 개최지인 올림픽공원, 1931년에 건립되어 26,000여 그루의 수종을 갖춘 식물원, 그리고 특이한 박물관 환경에 철 따라 수천 종의 동식물을 보이는 바이오돔 등이 있다.

몬트리올은 멋과 즐거움으로 가득하여 빽빽이 들어선 레스토랑, 나이트클럽과 선술집, 그리고 여흥을 돋우는 예술공연과 문화행사 등은 연중무휴로 이어지며, 재즈, 연극, 영화, 그리고 각종 축제로 넘친다.

퀘벡의 주요도시는 캐나다의 다른 도시와 거의 다른 독특한 분위기를 갖고 있다. 예를 들어 퀘벡시로부터 동쪽으로 가스피반도를 따라 여행하다 보면 몇몇 현대식 건물이 눈에 들어오긴 하지만 17세기 선조들의 삶을 재현한 듯한 시골의 정서가 물씬 풍긴다.

도로를 따라가면 여행자를 반기는 퀘벡의 목각 토산품 산지로 유명한 세인트 진포졸이 있고 아름다운 옛 주거지인 카무라스카가 있다.

반도의 끝에 있는 빠델라 가스페지는 산양과 무스, 그리고 사슴의 주거지이다.

다른 주와 마찬가지로 퀘벡은 여름뿐 아니라 겨울에도 매년 열리는 세계적인 겨울축제의 고향으로, 썰매 차와 대중적인 스키의 명소이다.

늦은 겨울 단풍나무로부터 메이플시럽을 빼내는 시럽내기행사에 참여하지 않고는 퀘벡 여행을 마칠 수 없으며 산악스키는 완고한 퀘벡 주민들의 또 다른 스포츠로 자리 잡고 있다.

중남미
Middle/Southern America

멕시코 Mexico 중남미 고대문명의 발원지
베네수엘라 Venezuela 남미 제일의 산유국
브라질 Brazil 아마존―지구의 마지막 에덴동산
아르헨티나 Argentina 탱고의 고향
칠레 Chile 지구상에서 가장 좁고 긴 나라
페루 Peru 잉카문명을 꽃피웠던 나라

중남미는 중세 이후 스페인, 포르투갈이 이 지역을 식민화하여, 라틴계 지배의 나라들이란 색이 짙다.

지역적으로 볼 때, 북은 멕시코로부터 시작되는 중앙아메리카와 남아메리카대륙, 그리고 카리브해상의 많은 섬들의 세분으로 나눌 수 있다. 이 남아메리카대륙은 우리나라와 가장 먼 거리, 지구의 뒤편에 있는 땅이다.

캐나다, 아메리카의 서부를 종단하는 로키산맥이 멕시코로 뻗어 있고, 여기서 상당한 고도를 가진 화산대와 연결된다. 이것이 또다시 남쪽으로 뻗어 남아메리카대륙의 서해안에 이르는 안데스산맥이 된다. 안데스산맥은 최고봉 칠레의 아구아(6,959m)를 비롯해서, 평균 4,000m 높이를 가진 고봉들이 있어, 열대에 속하면서도 연중 눈을 이고 있는 봉우리가 보인다.

남아메리카대륙의 평야는 광활하고, 브라질의 아마존강 등 강 유역에 발달되어 있다.

인디오라 불리는 원주민이 살고 있으나, 그 종족은 여럿이다. 유럽인이 건너온 후 각국에서 이주자가 잇달았고, 노동력 보충을 위해 아프리카 흑인을 수입하였기 때문에, 이들이 서로 혼혈하여 복잡한 인종구성을 이루고 있다. 인종구성도 나라에 따라 다소 다르다. 대체로 스페인인, 포르투갈인, 물라토(흑인과 백인 혼혈), 메스티소(백인과 인디오의 혼혈)의 순이다. 대개 아르헨티나, 우루과이, 칠레에는 백인이 많고, 중앙아메리카 여러 나라에는 유색인이 많다. 때문에 혼합사회 라틴아메리카(남미의 별칭)를 이민천국이라 부르는 것이다.

멕시코 Mexico
중남미 고대문명의 발원지

멕시코 전체 인구 가운데 최소 3/5이 유럽인과 인디언 혈통이 섞인 혼혈(mestizo)이다. 그 밖에 1/3은 아메리카 인디언이고, 나머지는 코카서스인이다.
이렇듯 멕시코는 인디오문화와 메스티소(혼혈)문화가 복잡하게 얽히며 지방마다 독특한 색깔을 가지게 되었다. 세계 제일의 투우장 '플라사 데 멕시코'에서 울리는 함성소리는 스페인 통치의 메아리지만, 마리아치는 인디오 음악과 서양 현악기의 앙상블이며, 원주민 마을에 가면 한층 본래적인 인디오문화를 경험할 수 있다.
멕시코의 31개 주는 이렇게 각각 독자적인 문화를 가지고 있어 실제 여행하면 현기증을 느낄 정도이다. 그런 다양성은 무엇보다 춤, 음악, 민속의상 등에서 적나라하게 나타난다. 멕시코시티 국립예술원과 시우다드극장에서 공연되는 멕시코 주요지방의 민속음악과 민속무용을 보면 한자리에서 짧은 시간 동안 그 놀라운 다양성을 피부로 느껴볼 수 있다.
미국의 영향 때문인지 멕시코인들의 전반적인 기질은 상당히 실용적이며 타산적이라고 할 수 있다. 중소도시나 시골에 거주하는 멕시코인들은 아직도 순수하고 정이 많은 전통적인 인디오 기질을 가진 사람들이 많으나 멕시코시티 사람들은 지나치게 셈이 밝고 평소에 친분관계를 잘 유지하다가도 금전적인 문제가 대두되면 등을 돌리는 경우가 많으므로 주의가 요망된다. 미국과 국경을 접하고 있으므로 미국과 비교하는 말은 삼가야 한다. 미국으로부터의 독립을 자랑스럽게 생각하며, 미국인을 American이라 부르면 싫어한다. 내일(마나마)이라고 말하면 거절의 완곡한 표현으로 이해해야 한다. 동양인에 대한 감정은 멕시코 원주민의 조상이 동양인이라는 이유에서 좋은 편이다.

멕시코란 국명은 스페인어 발음으로 '메히코'라 하는데, 이는 아즈텍제국의 태양과 전쟁의 신인 메스트리가 관장했던 땅 '메시코'에서 유래한다.

원래 이곳의 원주민은 BC 3만 년경 시베리아로부터 베링해협을 건너온 아메리카 인디오의 조상들이다. 이들은 BC 3500년경에 농업사회를 형성하게 되며, 나아가 BC 2세기부터 남부 일대를 중심으로 대신전도시(大神澱都市)로 유명한 '마야문명'을 꽃피운다. 또한 10세기경부터는 북방 수렵민족의 문화가 유입되면서 주로 중앙고원 일대를 주무대로 하여 군사를 동원한 부족 간의 정복시대를 맞이하는데, 10세기 중엽부터 12세기 중엽까지는 톨텍왕국이, 14세기부터는 아즈텍족이 세력을 확장하여 인구 수백만에 달하는 정복국가를 건설, 일세를 풍미한다.

그러나 1519년 스페인의 H. 코르테스가 함선 11척과 500여 명의 군사를 이끌고 멕시코만의 베라크루스에 상륙, 3년 동안의 침략전을 전개한 끝에 1521년 아즈텍왕국을 정복하고 만다. 이로써 멕시코는 이후 300년에 걸쳐 스페인의 식민지통치를 받게 되는데, 이 기간 동안 은을 비롯한 대량의 국가자원이 수탈당하는가 하면, 원주민인 인디오가 대거 감소하고 혼혈인 메스티소가 급속히 증가, 오늘날과 같은 인구분포구조를 띠게 된다.

멕시코는 테오티와칸문화나 16세기 초엽까지 계속된 아즈텍 인디오들의 독자적인 문명을 가지고 있다. 1521년 스페인의 코르테스에 의해 정복된 후 인디오문명이 파괴되면서 그 자리에 유럽식 건물이 들어서기 시작했지만 스페인에 의해 파괴되고 새로 들어선 것은 식민통치에 필요한 정도였다. 외진 지역의 인디오문화는 그대로 지켜졌고 중간지역에서는 파괴, 건설보다 융합이 이루어졌다. 융합의 정도는 지역마다 달랐다.

베라크루스는 멕시코만 연안의 항구도시로 스페인 이주민들이 최초로 밟은 땅이다. 쥐어짜는 듯한 슬픔이나 정열의 멜로디를 동반하는 플라멩코는 없지만 스페인 특유의 짧고 빠른 스텝무용이 전승되고 있다. 베라크루스의 음악은 경쾌한 마림바와 하프, 레킨토 기타가 중심이다. 여기에 맞추어 춤을 추는 것인데 스텝 역시 대단히 빨라, 보는 것만으로도 흥이 돋는다.

미초아칸과 오악사카, 소노라의 춤은 종족마다 다르지만 순수한 인디오풍의 민속이라는 점에서는 같다. 오악사카 지방의, 여성들만 추는 춤에 등장하는 의상은 검은 빌로드 전체에 자수가 놓인 것으로 멕시코 지방민속의상 중 가장 정성을 들인 것이다. 또 남성이 화려한 날개장식을 달고 춤을 추는 단사 데 라 푸르마도 볼 수 있다. 북과 피리소리에 맞추어 사슴가면을 쓴 남자가 스테이지 안을 돌아다니는 춤은 소노라 지방에 전해지는 것이다.

음악은 춤 이상으로 더욱 다양하다. 인디오 소리가락에 서양의 현악기가 얹혀진 것이 멕시코의 혼혈음악인데 인디오 소리가락이 본래 다양했던 까닭이다. 스페인식 민요가 멕시코에 퍼져 지방별로 개조되기도 하고 원래의 인디오 음악에 가미되기도 하였다.

크게 북부와 중앙, 남부의 소리로 나눌 수 있는데 북부의 음악으로 유명한 것은 코리도이다. 코리도란 고전소설이나 역사를 이야기조로 노래하는 것으로 독립이나 혁명에 관한 것들이 많다. 우리에게 익숙한 '라쿠카라차'도 이 중 하나이다. 중앙의 할리스코는 마리아치의 본고장, 멕시코의 분위기를 물씬 느낄 수 있는 음악인데 그 옆의 미초아칸에 가면 좀 더 토속적인 것을 느낄 수 있다. 이와는 달리 남부의 소리는 명랑하고 쾌활한 뱃노래와 함께 애수가 깃든 음악이 공존하며 주류를 이루고 있다.

마리아치(멕시코 민족음악), 솜브레로(모자), 테킬라(술)로 대표되는 멕시코 풍속은 세계에서도 가장 매력적인 관광지를 이루고 있다.

각지에 남아 있는 1만여 곳의 고대 마야, 아스테카 등의 장대한 유적이라든가, 스페인 식민시대에 세워진 호화찬란한 가톨릭사원 등 라틴아메리카의 본질인 선주민 인디오와 스페인 혼혈문화의 결정이 그 어느 곳보다도 짙은 빛깔을 나타내고 있다. 활달한 사나이들이 연주하는 멕시코음악, 본고장 스페인 이상으로 성한 투우, 전통의상을 입은 남녀가 펼치는 각종 축제 등, 어느 것을 보아도 '태양의 나라' 멕시코가 아니면 맛볼 수 없는 명랑한 분위기이다.

그중에서도 수도 멕시코시티는 인구 2,000만을 헤아리는 중남미 최대의 도시로 대단히 넓다. 그러나 계획도시이므로 길은 바둑판처럼 정비되어 있고, 작은 골목길까지도 모퉁이마다 이름이 표시되어 있어 지도만 있으면 쉽게 목적지를 찾을 수 있다.

신시가지는 레포르마거리를 따라 조성되어 연도에 현대적인 빌딩들이 늘어서 있어 선진국 유명 도시에 못지않은 격조를 지니고 있다. 이 거리의 특징은 커다란 교차점이나 로터리에 반드시 역사적인 기념물이 있다는 것이다. 물론 지도에도 표시되어 있다. 레포르마 거리 서쪽 끝에 차플테벡공원이 있다. 옛 아즈텍시대에 왕의 휴양지였던 이곳에 들어서면 국립인류학박물관을 비롯하여 6개의 박물관, 3개의 호수, 3개의 야외 스테이지, 동물원, 식물원 등 볼거리가 많다. 공원 내 작은 언덕에 차플테벡성이 있어 시내를 나와 동쪽으로 가면서 번화가도 만나고, 아름다운 독립기념탑도 만나고 콜럼버스 기념비도 만난다. 그리고 알라메다공원을 보고 중세풍의 구시가를 빠져나가면 관청가가 있는 헌법광장에 이른다.

멕시코에는 멕시코시티와 과달라하라, 몬테레이, 푸에블라를 빼고는 도시라 할 만한 곳이 없다. 인구 350만의 과달라하라는 고도(古都)로 마리아치의 본고장이다. 멕시코 남성상을 대표하는 차로(카우보이)를 떠받드는 전통을 잇고 있으며 주변에 볼거리도 많다. 몬테레이나 푸에블라는 여행자에게 인기가 적다. 멕시코시티 다음 방문지로 이상적인 곳은 쿠에르나바카, 타스코, 산미겔데이옌데, 베라크루스, 모렐리아 순이다.

옛날 아즈텍족이 누볐던 중앙고원에는 아즈텍유적이 가득하다. 이와 함께 식민지시대의 역사를 간직한 곳도 많아 아즈텍&콜로니얼이라고도 불린다. 중앙고원의 서쪽에 있는 미초아칸도 매력 있는 지방의 하나이다. 타라스코족을 자칭하는 인디오들의 독특한 생활과 훌륭한 민예품을 만날 수 있다.

아카폴코에서 마사들란에 이르는 태평양 연안에는 바다의 매력을 즐길 수 있는 유명한 리조트 비치가 많은 반면 멕시코만 연안은 분위기가 정반대이다. 항구도시 베라크루스를 중심으로 이색적인 토토나카 문화유적 탐방이 주요 관광상품이며 남서부의 오악사카나 치아파스에 가면 사포테카와 미슈테카 문화의 대 피라미드를 만날 수 있다. 이곳 주민들은 아직도 옛 생활풍습을 보존하고 있다.

유카탄반도로 가면 정글에 점재한 수많은 마야유적과 카리브해의 투명한 바다를 동시에 만날 수 있다. 에메랄드빛의 카리브해가 신성하게 여겨지는 것만큼이나 마야유적도 여행자를 경건하게 만든다. 최근에는 바하칼리포르니아반도의 바다도 화제가 되고 있는데 엄숙한 자연의 해안선이 인기를 모으고 있다.

고대와 현대, 미개와 개화가 공존하는 나라

도시는 산업화와 물질문명으로 하루가 다르게 변신을 거듭하고 있지만, 아직도 멕시코의 곳곳에는 마야문명의 후예인 50여 인디언 종족들이 현대의 문명을 등진 채 자신들만의 언어와 전통, 그리고 문화를 고수하며 살아가고 있다.

멕시코의 역사는 기원을 전후로 하여 마야족을 위시한 톨텍, 아즈텍, 자포텍, 후아스텍, 타라스칸, 테오티후이칸 등 중미 인디언 여러 종족들이 마야문명을 일으킨 2,100년 전으로 거슬러 올라간다. 주로 농경생활을 기초로 한 마야문명은 독특한 태양력을 비롯하여 천문, 건축, 미술, 수학, 요업공학 등의 많은 분야에서 아메리카대륙 최고의 원주민문화를 일으켰다.

현재 이들 문명은 완전히 종적을 감추고 있으나 마야인이 설립한 수백 개의 도시가 발굴됨에 따라 성루 등이 출현하게 되었으며, 회화・스케치・조각 그리고 최근에 발견된 성서의 사본 등을 통한 마야문명의 발굴작업이 활발히 진행되고 있다.

그러나 1519년 에르난 코르테스가 이끄는 스페인군의 침공으로 인해 멕시코는 피와 눈물로 얼룩진 역사를 갖게 되었다. 1821년 독립하기까지 스페인의 혹독한 식민통치를 받아오면서 멕시코는 거센 항거와 잇따른 유혈혁명으로 많은 사람들이 목숨을 잃었는가 하면, 경제는 파괴되고 국토는 황폐화되는 등 온통 메마르고 고갈된 땅이 되었다.

이 같은 파란을 겪어 오는 동안에도 멕시코인들은 경이로울 만큼 훌륭한 민속예술을 발달시키고 제2의 마야문명이라 할 새로운 현대 멕시코문화의 꽃을 찬란하게 피워왔다. 특히 멕시코의 벽화는 현대미술에 위대한 공헌을 하였다. 혁명의 산물인 벽화는 공공건축물의 벽에 강렬한 색채와 구도, 선을 이용하여 이 나라의 독립전쟁이나 사회혁명 등의 역사적인 소재를 다룬 것이 주종을 이룬다. 벽화는 1950년까지 크게 번성하였으며, 디에고 라베라, 다비드 알파로, 시쿠르 에이로스, 그리고 호세 클레멘커 오로즈코의 작품들은 세계적인 명성을 얻고 있다.

베네수엘라 Venezuela
남미 제일의 산유국

> 베네수엘라사람들은 자존심이 대단히 강하므로 베네수엘라를 무시하는 발언은 삼가는 것이 좋다. 특히 이웃 국가인 콜롬비아사람들이 베네수엘라에 들어와 하류생활(술집의 여급, 하층노동 등)을 하는 일이 많아 콜롬비아사람들을 무시하는 경향이 강하기 때문에 베네수엘라를 콜롬비아와 비교하거나, 콜롬비아사람 같다는 등의 발언은 삼가는 것이 좋다.
> 남미제국 중 가장 부유하며 근대화되었으나, 최근 고인플레로 무역거래가 중단되는 중남미병을 앓고 있는 국가 중 하나이다. 종교적 성향은 다른 남미국가에 비해 느슨하나 가족중심적 성향이 강하다.

베네수엘라는 남미 제일의 산유국이며, 국토의 태반이 오리노코(Orinoco)강과 그 지류의 유역에 속한 비옥한 토지이다. 이 나라는 완전한 열대권에 속하며, 그 남단은 적도 직하 근처까지 뻗어 있고, 북단은 북위 12도까지의 사이에 걸친 땅이다.

주민의 과반수는 스페인인과 원주민 인디언과의 혼혈이고, 순수한 인디언은 대부분 기아나고원이라든가, 마라카이보호의 서쪽 숲에 살고 있다. 제2차 세계대전 후에는 석유경기를 목표로 유럽에서 80만 명이나 되는 이민이 있었다고 한다. 대부분이 로마가톨릭교이나 신앙의 자유가 보장되고 있다. 언어는 스페인어가 공용어이고, 영어를 사용하기도 한다. 1567년에 건설된 이 나라의 수도는 카라카스(Caracas)이다.

해발 900m의 고지에 있는 분지에 시가가 발달되었다. 근대에 카라카스(Caracas)를 중심으로 한 하이웨이가 눈부시게 발달하였으며, 아우트피스터라고 하는 자동차전용 포장도로의 넓은 모양에 놀라게 된다. 이 도로 덕분에 시내에서 마이케티아 비행장 및 외항 라가이라를 연결하여 종래 1시간 30분 걸렸던 것이 겨우 20분이면 달리게 되었다고 한다. 이 도로 건설에 든 경비가 세계에서도 그 유례를 찾기 어려울 만큼 높았다고 하는데, 1km당 약 5억 원이 든 셈이라 한다.

카라카스

카라카스는 동서로 약 20km나 뻗친 표고 950m의 고지에 세워진 현대도시이다.

수풀 속에 거대한 고층빌딩이 줄지어 서 있다. 빌딩 사이를 누비듯 몇 층이나 겹쳐진 고속도로가 복잡하게 교차되어 있다. 급격히 진보된 어메리커나이즈의 상징은 역시 자동차이다. 이 도시의 중요한 교통수단은 모두 자동차고, 미국제 대형 자동차가 길을 메우고 있다. 주민들은 마치 가솔린엔진의 탈것에 도취라도 된 듯 밤새도록 차를 몰고 다닌다. 보다 높고, 보다 새로운 건물을 추구해 온 카라카스의 거리에서 역사적 유물을 찾는다는 것이 헛수고일지 모른다. 식민지시대의 건물이라고 하면, 하얀 정문에, 지붕에 둥근 타일을 얹은 안달루시아식 집이 서쪽 변두리에 조금 남아 있을 뿐이다. 1755년과 1812년의 대지진이 오랜 건물을 궤멸시켰을 뿐만 아니라, 새로운 것을 좋아하는 카라케뇨스(카라카스시민)가 낡은 건물을 거의 파괴해 버렸기 때문이다. 거리의 중심에는 볼리바르의 생가가 소중하게 보존되어 있다.

볼리바르광장 근처의 식민지시대식 생가에는 그가 어릴 때 사용한 노트 같은 것도 남아 있다.

빈부의 차가 심한 베네수엘라에서는 가난에서 벗어나기 위하여 시골거리나 마을을 떠나 카라카스로 온 사람들이 많다. 그런 사람들은 우선 주변 언덕의 중턱에 작은 집을 짓고 정착했다. 하지만 가난한 사람도, 부유한 사람도 하양이나 파랑을 기초로 한 밝은 느낌의 집에 산다. 그리고 어느 집에서든지 멀리서 온 손님을 따뜻하게 대접해 준다. 그것은 남미다운 분위기라고 할 수 있다. 그러나 미국화(Americanize)가 진척되고 있는 카라카스 전체의 색채는 북미에 가까운지, 남미에 가까운지 모호하다. 결국 카라카스는 카라카스라고밖에는 말할 수 없다. 열대식물이 무성한 식물원과 초고층빌딩이 이웃해 있는 광경은 카라카스 특유의 맛이다.

수도로서의 카라카스의 커다란 문제는 외항 라구아이라와의 연결이었다. 해발 950m의 고지가 카리브해안으로 급경사를 이루고 있기 때문에 철도나 도로도 꾸불꾸불한 길을 지나 직선거리의 약 4배나 되는 길로 돌아가지 않으면 안 되었다. 이것이 1953년 12월의 새 고속도로 완성으로 불과 15분의 거리로 단축되었다.

중앙고원의 북쪽 야라쿠이, 토구요 두 강에 낀 저지대 건너에 세고비아 고지가 있다. 구릉성의 낮은 고지인데도 일반적으로 건조한 사바나가 대부분을 차지한다. 따라서 이 지역은 중앙고원과 비교가 안 될 만큼 가난하다. 파라구아나반도의 코로는 16세기에 창건된 역사 깊은 도시이지만 정체되어 활기가 없다. 부근에는 옥수수 등 자급자족식 영농만을 하는 농촌이 있을 뿐이다.

마라카이보

카라카스에서 서쪽으로 500km 떨어진 남미 최대의 마라카이보호는 13,000km²의 넓이로 베네수엘라 북서부의 저지대에 위치하고 있다. 이 거대한 호수는 좁은 협만으로 카리브해와 연결되어 있기 때문에 호수라기보다는 오히려 커다란 협만이라고 하는 것이 옳다.

1499년 이곳에 온 콜럼버스의 부하 알론소 데 오헤다는 물 위에 말뚝을 박아서 만든 오두막집을 보고 '작은 베네치아', 곧 스페인어로 베네수엘라라고 명명했다. 호수 위의 집들이 당시의 베네치아와 흡사했기 때문이다. 지금도 구아히로 인디언들이 그런 생활을 하고 있다.

연평균기온이 30°C를 넘고, 습도도 높은 마라카이보호 일대가 이 나라의 경제를 지탱하는 석유의 보고이다. 호수 속에 솟은 유정(油井)의 숲이 이 나라 현대화의 상징이다. 호수 주변에 사는 인디오들 사이에 옛날부터 '부족의 구세주는 산타아나산에서 온다'라는 전설이 있었다. 1922년 10월 21일 바로 그 산타아나산 근처의 시굴(試掘)유정에서 '검은 황금의 액체'가 분출했다. 석유를 찾아 국내는 물론 미국 등지에서도 많은 사람들이 몰려왔다.

마라카이보호 북서쪽 연안에 있는 마라카이보시는 석유와 함께 비약적으로 발전했다. 호수 북동연안의 카비마스와 시우다오헤다 거리도 몇 해 만에 근대도시로 탈바꿈했다. 정유소가 세워진 아무아이와 엘카르돈도 크게 발전하여 이 저지대가 석유산출로 인하여 인구밀집지대가 되었다.

마라카이보시를 향하여 동쪽으로부터 들어가면 우선 우르다네타의 아치형 대교가 나타난다. 길이 9km나 되는 이 다리는 카리브해와 마라카이보호를 잇는 좁은 협곡에 걸친 콘크리트 예술품으로 베네수엘라의 명물이다. 이 다리만 건너면 마라카이보시다. 여기서는 식민지시대에 번창했던 시장이 볼 만하다.

  망고, 구아바, 아보카도, 파인애플, 오렌지, 바나나 등 열대성 과일의 향기로운 냄새가 풍기는 가운데 구아히로 인디오가 짠 원색의 직물이 눈길을 끈다. 카라카스 서쪽 100km 지점에 있는 마라카이는 식민지시대의 수도이다. 당시의 건물이 거의 다 남아 있고, 시의 중심에 있는 샌프란시스코사원은 스페인 건축의 전형적인 건물이다.

  마라카이 근교의 메다노스 사구에서는 아프리카에서 온 단봉낙타가 관광객을 태우고 구경을 시켜준다. 마라카이에서 북쪽 일대는 이 나라 유수의 관광지인 헨리 피티에르 국립공원이 펼쳐진다.

브라질 Brazil
아마존-지구의 마지막 에덴동산

남아메리카대륙 전체의 절반 정도를 차지하는 브라질은 에콰도르와 칠레를 제외한 남아메리카의 모든 국가와 국경을 접하고 있다.

또한 브라질은 거대한 영토만큼이나 무한한 자원보유국으로 '21C의 거인국'으로 일컬어지는 데 손색이 없는 나라이다. 또한 포르투갈의 식민통치기간 중 적극적인 혼혈정책과 오래된 이민의 역사로 인하여 100여 개국의 다양한 인종이 혼합되어 가히 인종시장을 연상케 하는 인적 구성은 브라질이 인종차별이 전무한 국가임과 더불어 모두에게 기회가 보장된 나라임을 알게 해준다.

이러한 특성 때문에 브라질사람들은 대륙성 기질에다 매사에 느긋한 낙천적인 국민성을 지니고 있으며, 생활 면면이 다분히 개방적이고 또 다혈질적이다. 한때 외채문제와 고질적인 인플레로 경제적 어려움을 겪으면서도 대국적인 자신감과 낙관적인 자세로 국민 대다수가 위기의식을 느끼지 않는 면을 보더라도 브라질은 진정 걱정이 없는 희망의 나라임에 틀림없다.

일찍이 브라질의 한 사회학자는 브라질문화와 브라질 국민의 특징 중 하나가 바로 식민 본국인 포르투갈의 비교적 온건하며 유화적인 식민정책과 오랜 세월 동안 거대한 대륙에서 큰 전쟁 없이 태평성대를 누려온 탓에 자연을 사랑하고 사람을 사랑하는 순박한 사랑의 성품에서 비롯되고 있다고 설파했다. 이 때문에 브라질사람들은 도시인이든 시골사람이든 순박하다는 인상을 받으며 내면이 유순하고 온화하여 그지없이 친절하다. 브라질 여성들은 특히 개방적이며, 이 나라의 축구열기는 유별나서 영화배우나 정치가보다 축구선수가 훨씬 우대를 받는다.

남미대륙 중앙부에 위치한 브라질은 세계 제5위의 총면적을 자랑하는 대국이다. 브라질이란 이름은 이 땅의 특산물로서 적색염료로 사용했던 '파우 브라질'에서 따온 말인데 포르투갈어로 '불꽃처럼 빨간 나무'라는 뜻을 지니고 있다.

이곳은 1500년 포르투갈인 P.A. 카브랄이 이끄는 함대가 제2차 인도파견 항해도중 우연히 발견한 이래, 307년 동안 포르투갈 식민지가 된다. 발견 당시에는 여러 부족의 인디오가 수렵, 어로, 채취 등 원시생활을 하고 있을 정도로 미개지역인데다 자원도 파우 브라질 외에는 특별한 것이 없어 포르투갈은 식민 경영에 별다른 흥미를 나타내지 않는다.

1807년, 프랑스의 나폴레옹이 포르투갈의 리스본을 공략하자 포르투갈 왕실은 영국 함대의 보호를 받으며 브라질로 탈출하게 된다. 이 사건은 결국 브라질 독립의 실마리를 제공하게 되는데, 1821년 포르투갈 국왕이 본국으로 귀환하자, 브라질에 잔류한 황태자 페드루는 이듬해 본국의 식민지정책에 반발, 일방적으로 독립을 선언하고, 스스로 브라질 국왕에 즉위한다.

페드루 1세는 1824년에 새 헌법을 공포하며 입헌군주제를 표방하였으나 실상은 절대왕권의 확립을 위해 노력한다. 이에 공화주의자들의 반란이 끊이질 않고, 게다가 1888년에 발표된 노예제 폐지를 기화로 농장지주층마저 왕정에 대해 등을 돌리게 되자, 이 틈을 타 1889년에 군부세력이 왕권을 타도하는 혁명을 일으킴으로써 마침내 브라질은 공화국제로 이행하게 된다.

20세기에 접어들자 브라질 정국은 상파울루와 미나스제라이스 등 2개 주의 과두세력이 권력을 독점한다. 하지만 1930년, 리오그란데두술州의 지사인 G.D. 바르가스가 무장봉기를 감행, 정권을 탈취하고 중앙집권적 독재체제를 기도한다. 하지만 그의 독재체제는 경제불안이 가중되면서 한계를 드러내고 만다.

1940년 군부의 압력에 굴복, 권좌에서 물러난 바르가스는 이후 50년 선거에서 권토중래를 꿈꾸지만 결국 군부의 위협을 이겨내지 못하고 54년 8월 자살로써 종말을 고한다. 이어 등장한 J.O. 쿠비체크는 수도를 리우데자네이루에서 브라질리아로 옮기고 브라질 내륙 개발에 주력한다. 그 결과 외국자본의 진출이 활기를 띠고, 자동차, 화학, 철강 등 공업이 급속도로 발전하였으며, 상파울루는 남미의 산업중심지로 자리 잡는다.

하지만 1961년 선거에서 당시 전 세계적으로 불어닥친 좌파 열풍에 힘입어 외자규제와 사회개혁을 주창한 좌파성향의 J. 콰드루스가 집권하였으나 출범 7개월 만에 돌연 사퇴하고 만다. 그의 뒤를 이어 J. 굴라르가 대통령직을 승계하였으나, 1964년 평소 좌파정권에 불만을 가지고 있던 군부세력이 궐기, 정권을 강탈함으로써 이후 브라질 정국은 '군사정권시대'를 맞이하게 된다.

H.C. 브랑쿠를 중심으로 한 군부는 쿠데타 성공과 함께 정적들을 일소하고 정당해산 및 의회폐쇄를 통해 친정체제를 구축한다. 그리고 외자를 이용한 경제건설에 박차를 가한 이른바 '브라질의 기적'이라 불리는 눈부신 고도성장을 이루어낸다. 그러나 군부정권의 성장드라이브정책은 원조와 차관에 지나치게 의존한 결과, 과중한 외채부담과 격심한 빈부격차의 확대를 초래한다. 게다가 이러한 상황에서 70년대 초반에 밀어닥친 석유파동으로 극심한 인플레이션까지 유발하자 브라질 정국은 동요하기 시작한다.

장기간에 걸친 불황과 국민들의 민주화 요구 투쟁으로 궁지에 몰린 군부정국은 결국 1979년 피게이레두 정권 아래서 정치범 사면법을 제정하고 정당결성 자유를 인정하는 등 자유화조치를 취하는 한편, 이후 민정이양을 위한 준비작업을 해나간다. 이어 1985년 대통령 선거

후 지난 21년 군부정권은 막을 내리고 민주화 및 경제개발에 힘을 쏟고 있다.

잊을 수 없는 삼바의 물결

인구 500만 명이 넘는 리우데자네이루는 화려한 리우 카니발과 해변휴양지로 유명한 국제적 관광도시이다. 원시의 모습으로 삼바리듬에 광란하는 리우 카니발의 축제기간 동안 리우에서 호텔방을 얻기란 하늘의 별따기다. 개인적으로 예약 없이 리우를 찾는다면 적어도 2주 전에는 도착해야 한다.

1920년 리우데자네이루에서 시작된 리우 카니발은 부활절 40일 전의 토요일부터 다음주 화요일까지 4일간 열린다. 해에 따라 변동이 있는데 2월 초부터 3월 초 사이다. 이때는 브라질이 한여름으로 리우는 섭씨 38~45도로 몹시 뜨겁다.

100만여 명의 관중이 운집한 가운데 펼쳐지는 리우 카니발에서 시장은 왕으로 선발된 '모모킹'에게 시의 열쇠를 건네준다. 축제기간 동안은 모모킹이 시장인 셈이다. 시의 열쇠를 넘겨받은 모모킹은 함께 뽑힌 여왕, 공주, 그리고 삼바학교 학생 3,000여 명과 함께 광란의 춤을 시작한다. 바로 이 순간부터 리우축제에 참가한 모든 사람은 춤추고 마시며 즐기기를 멈춰서는 안 된다. 이것은 시장인 모모킹이 '모든 사람은 삼바를 추며 즐거움을 만끽하라'고 명령하기 때문이다. 도시 전체에서 정상업무가 마비된다. 화려한 의상을 몸에 걸치고 관중의 시선을 받으며 퍼레이드의 일원으로 춤추고 노래하고 환호하는 사람들. 카니발을 가장 잘 즐기는 것은 그들 자신이 틀림없지만, 그 즐거움을 조금이라도 더 만끽하려면 우선, 티켓을 구입하여 관람석에서 퍼레이드를 보고 즐기는 방법이 있다. 또 가도에서의 시민 퍼레이드에 참가하는 방법도 있다. 좀 더 적극적인 여행자라면 나이트클럽 등에서 열리는 카니발에 참가하여 같이 즐길 수도 있다. 대부분의 관광객은 미화 100달러를 내고 티켓을 구입하여 카니발을 구경한다. 암거래도 많아 값은 천차만별이다.

3박 4일간 쉬지 않고 계속되는 축제에 지쳐 목숨을 잃는 사람이 해마다 200~300명이나 된다는 리우 카니발. 해외토픽의 가십기사에서 만나면 어처구니없는 난장판으로 여겨진다. 1년치 월급을 모두 써서 만드는 화려한 의상은 주로 슬럼가에서 만들어지며 그 외의 무대며 장치도 그들 손에 의해 만들어진다. 축제기간 동안 관공서와 상점, 은행은 모두 문을 닫는다. 오로지

카니발만을 즐기기 위한 듯이 보이는 시민들이다. 그러나 삼바의 리듬에 맞춰 춤을 춰보자. 마음속에 숨겨진 본능과 욕망이 꿈틀거리며 솟아오르는 흥분을 느낀다. 원시시대의 자유로움을 실컷 즐기는 곳, 열정의 도시 리우에서 열리는 리우 카니발은 지구 반대편의 우리에겐 상큼한 충격이다.

카니발에 가려 도시의 아름다움이 감추어지는데 옥색을 띤 바다와 이채로움을 내뿜는 원뿔모양의 산들, 또 이들을 이어주는 모래벌판을 가진 리우데자네이루는 아름다운 곳이다. 전 세계에서 찾아온 관광객과 현지인들의 사교장인 리우의 해변은 언제나 크게 붐빈다. 코파카바나해변, 이파네마해변은 너무도 유명하여 여행자의 발길이 끊이지 않고, 레스토랑, 부티크, 선물점, 유명호텔 등이 즐비하게 늘어서 있어 불편함이 조금도 없다. 여유 있게 일광욕을 즐기는 현지인이 많은 곳으로는 플라멩코해안이 있다. 해변 가까이에 중급호텔과 싼 호텔이 밀집되어 있다. 크고 작은 곳을 합치면 10여 군데의 해변이 있다.

또 하나 빼놓을 수 없는 리우의 매력이라면 세계 3대 미항의 하나로 꼽히게 된 과나바라만의 경관이다.

리우데자네이루

브라질 제1의 도시는 상파울루이지만 세계의 관광객들은 리우데자네이루를 첫손에 꼽는다. 세계인의 이목이 집중되는 화려한 리우 카니발, 젊음이 피어나는 매력적인 해변휴양지들, 세계 3대 미항의 하나라는 수식어가 이를 뒷받침한다. 잠시 스쳐가는 무심한 여행자일지라도 리우데자네이루 거리를 걷다 보면 어렵지 않게 브라질리아인들의 기백을 만나게 되며 눈을 반짝이게 된다.

리우의 비치는 전 세계 관광객과 카리오카(리우 태생의 사람들)들의 사교장이다. 일 년 내내 외국인들로 붐비는 곳은 코파카바나비치와 이파네마해변이다. 코파카바나는 일명 코파비치로 통하는데 해안선에 고층빌딩이 병풍을 펼쳐놓은 듯하고 모자이크 무늬의 산책로에는 카페테리아의 테이블이 보기 좋게 널려 있다. 이파네마해안을 가본 사람들은 서슴없이 '리우의 생활을 즐기려면 이것밖에 없다'는 말을 한다. 호텔 대신 고급 아파트가 해변을 둘러싸고 있는 가운데 멋진 레스토랑이 많다. 무엇보다 여행자의 호기심을 자극하는 것은 대담한 수영복 차림의 카리오카 아가씨들이 많다는 사실이다.

코르코바도 언덕

브라질의 아름다운 항구, 리우데자네이루에는 2개의 유명한 언덕이 있다. 아스카르 언덕과 코르코바도 언덕이다. 둘 다 리우 관광코스 중엔 꼭 낀다.

아스카르 언덕은 세워놓은 보리빵처럼 생겼다. 아스카르란 포르투갈어로 '설탕 바른 빵'이란 뜻이다. 이름을 그대로 닮은 바윗덩이다. 나무 한 그루 없는 394m 높이의 언덕 정상까지 케이블카가 다닌다. 정상에는 레스토랑도 있어 식사를 하면서 리우의 앞바다를 내려다볼 수 있다.

코르코바도 언덕은 코파카바나만을 사이에 두고 마주보고 서 있다. 아스카르 언덕보다는 2배쯤 더 높고(710m), 수목도 울창할뿐더러 세계에서 가장 크다는 그리스도상이 있다. 정상까지는 길이 있어 택시도 올라가고 빨간색 등산전차도 다닌다. 등산전차는 숲속을 누비며, 20분간에 걸쳐 천천히 산을 오르면서 도시와 항구와 바다를 두루 구경시켜 준다. 산꼭대기에 오르면 천하가 눈에 들어온다.

코르코바도 언덕의 그리스도상은 높이가 30m나 된다. 한 일자(一) 모양으로 벌리고 있는 양팔의 길이는 28m, 손바닥 하나의 크기만도

3m에 이르는 큰 조각으로 전신에 브라질 미나스산의 납석을 발라 무게는 1,145톤이나 된다. 브라질 독립 100주년을 기념하여 1931년에 완공된 기념물이다. 너무 커서 정상 부근의 카메라에서는 그리스도상의 전신이 들어오지 않는다.

이 그리스도상엔 재미있는 설화가 있다. 즉 '코르코바도의 그리스도상은 왜 양팔을 벌리고 있는가?'라는 것이다. 이 질문에 답을 얻으려면 먼저 이 그리스도상이 향하고 있는 방향이 미국 뉴욕의 자유의 여신상 쪽이라는 사실부터 인지해야 한다. 즉 자유의 여신상이 '내 배 속에 들어 있는 아기에 대해 책임지라'고 윽박지르자, 코르코바도의 그리스도상이 '나는 모르는 일이다'라고 잡아떼는 시늉을 하고 있다는 것이다.

이런 설화와는 다르게 실지로는 동쪽, 아프리카를 향해 서 있다. 관광객들이 되도록이면 아침에 이곳을 찾으려는 이유는 오전이라야 사진 찍기가 좋기 때문이다.

그리스도상은 햇빛이 비치는 방향에 따라 하루에 여러 번 색깔이 변한다. 해가 지는 저녁, 노을의 반사를 받은 그리스도상은 황홀경을 이루고, 한밤중 조명을 받으면 새까만 하늘을 배경으로 그 콘트라스트가 묘한 분위기를 자아낸다. 또한 코르코바도 언덕에서 과나바라만을 보면 세계 3대 미항의 하나이며, 세계적인 관광도시 리우의 실체를 새삼 확인하게 된다.

이구아수폭포

　이구아수폭포는 브라질과 아르헨티나, 파라과이 3개국의 국경지대에 있다. 더 정확하게는 '악마의 목구멍'으로 불리기도 하는 이구아수의 메인 폭포가 위치한 곳은 3국 국경점에서 이구아수강을 거슬러 30km쯤 올라간 곳에 있다. 파라과이에선 상당히 떨어진 곳이다. 이구아수市에서 보면 다리(우정의 다리) 하나 건너가 파라과이이기에 광의의 폭포지대 안에 파라과이가 포함되지만, 정작 폭포가 있는 곳은 브라질과 아르헨티나만이 서로 마주보고 있다.

　이구아수는 원주민의 언어로 크고도 놀라운 물이란 뜻이다. 엄청나게 많은 물이 하늘에서 쏟아지는 것을 보고 놀란 나머지 붙인 이름 같다. 이구아수폭포는 대소 3백 개가량의 폭포가 모여서 이루어진 세계 최대 규모의 폭포다. 폭포의 폭은 4km나 된다. 나이아가라폭포(968km)보다 4배나 큰 규모다.

　물빛은 황토색이다. 바위와 돌무더기가 많아 나이아가라보다 더 거칠고 사납다. 폭포의 높이는 최고가 85m, 나이아가라의 55m보다 더 높다. 나이아가라폭포는 주변이 바로 도시지만, 이구아수는 상당히 먼 곳에 도시가 형성되어 있다. 너무 사납고 무서워, 감히 바로 부근에 도시를 세울 수 없었음인가. 다만 다른 것은 나이아가라폭포는 미국 폭포와 캐나다 폭포, 2개의 거대 폭포로 되어 있지만 이구아수는 크고 작은 수백 개의 폭포들이 모여 이루어졌기에 낱개 비교로는 나이아가라 쪽보다 작다. 이구아수폭포는 하루 3번 국경을 건너다니며 보아야 한다. 오전 10시에는 아르헨티나 쪽에서, 10시 이후부터 오후 3시 이전에는 전망교 아래서, 오후 3시 이후는 브라질 쪽에서 봐야 한다. 이 시간대에 7색의 황홀한 무지개가 뜬다.

　이구아수폭포는 공중에서도 볼 수 있다. 3인승의 작은 헬리콥터(요금 1인당 $25)가 폭포 상공을 낮게 떠다니며 구경시켜 준다. 이구아수에는 우정의 다리가 2개 있다. 브라질의 이구아수시에서 파라과이로 파라니江을 건너 파라과이와 연결되는 다리(552m)와 이구아수폭포에서 20km 하류에 있는 브라질과 아르헨티나를 연결하는 다리(480m)다. 그러나 이구아수강에 걸린 이 다리는 안타깝게도 취임식 직전에 쓰러진 민선 대통령, 브라질 네베스의 이름을 따서 지금은 네베스 다리로 불리고 있다.

마나우스

마나우스는 아마존강의 한복판에 있다. 지구 산소의 5분의 1을 생산한다는 아마존 정글의 오지를 보려면 마나우스를 꼭 찾아야 한다.

아마존강은 길이가 6,300km로 세계에서 두 번째로 긴 강이며, 그 유역면적은 705만km²로 세계에서 가장 크다. 우리나라 32배 크기만 하다. 정글의 규모가 너무 방대하고 험준하여 아직 인간의 발길이 닿지 않은 곳이 많다. 주먹만한 딱정벌레, 사람을 잡아먹는 물고기 등 별 희한한 동물들이 수천 종 이곳에서 살고, 듣도 보도 못했던 요상한 식물들도 이곳에서 살고 있다. 그런가 하면 이 유역에는 아직 문명세계와 전혀 교통이 없는 주민들이 원시 모습 그대로 살고 있다.

아마존강은 배를 타고 구경한다. 중앙시장 앞 부두에는 수없이 많은 배들이 관광객을 기다리고 있다. 등록된 배만 2만 8천여 척이라 한다. 아마존을 제대로 보려면 '아마존 익스플로스(Amazon Explores)'의 8시간짜리 크루즈투어에 참가하는 것이 가장 좋다.

마나우스 시내에도 볼 것이 많다. 마나우스는 1699년, 포르투갈이 이곳에 요새를 구축하면서 역사가 시작된다. 예부터 이곳에는 '마나우족'이 살고 있었는데, 그 이름을 따 도시이름을 지었다 한다. 그러나 마나우스가 세계인의 주목을 받게 된 것은 19세기 말, 이곳에서 야생고무가 채취되면서다. 갑자기 마나우스는 황금알을 낳는 도시로 발전하게 되고, 유럽의 부자들이 모여들어, 화려한 도시로 변모한다. 브라질 최고의 오페라하우스(아마조나스극장)가 생긴 것도 마나우스의 영화를 상징하는 유산 중 하나다. 시내에는 당시 만들어진 유산물이 곳곳에 남아 있다.

20세기로 접어들면서 야생고무의 생산성 저하로 마나우스는 다시 쇠락의 길을 걷지만, 이번에는 다시 아마존 관광의 거점도시로 각광받고 있다.

아르헨티나 Argentina
탱고의 고향

아르헨티나의 인종은 원주민과 흑인 및 백인과의 혼혈이 다수를 차지하는 다른 중남미 여러 나라와는 달리, 칠레·볼리비아·파라과이와의 국경지역에 혼혈이 많은 것을 제외하고는 백인이 인구의 대부분을 차지한다. 이것은 1870년대 이후의 이민정착으로 인한 것인데, 그 수는 1940년까지 350만 명에 달했다. 이들은 출신지별로 보면, 이탈리아인·에스파냐인이 가장 많고, 그 밖에 폴란드인·프랑스인·독일인 등이며, 중남미 최대인 약 30만 명의 유대인이 살고 있다.

그 결과 아르헨티나는 문화적으로 에스파냐문화를 주로 계승했으나 이탈리아, 독일, 프랑스의 생활양식이 섞여 있다. 이처럼 아르헨티나의 독자적 문화의 기초가 확립되지 않았기 때문에 최근에는 미국의 영향도 크게 받고 있다.

지리적 여건상 국민성에도 대륙성 기질이 나타나 모든 일에 스케일이 크다. 그러므로 일의 추진속도는 매우 느린 편이나 반면에 완벽하게 한다. 성격은 온순한 편이나 이해관계를 따질 때에는 과거의 친분에 관계없이 치밀하게 계산한다. 자연조건의 혜택으로 낙천적이며 축구 및 탱고 등 놀기를 좋아하고, 복권과 축구 승부내기 등이 일반화되어 있다. 국교가 가톨릭으로 가톨릭 신자가 전체 인구의 90% 이상을 차지하고 있어 국민의 문화적 관습도 상당히 보수적이다. 부에노스아이레스는 '남미의 파리'라고 할 만큼 남미에서는 가장 문화수준이 높은 곳이며, 유럽지향적인 문화라고 할 수 있다.

라틴아메리카의 대국들 중에서 아르헨티나만큼 이해하기 어려운 나라는 없는 것 같다. 브라질, 멕시코, 페루, 볼리비아, 칠레 등의 대표적인 이미지는 분명하게 드러나 있다. 물론 아르헨티나에도 팜파(남미 남동부의 온대초원)와 가우초 등이 대표적인 이미지가 될 수 없는 것은 아니다. 그러나 아르헨티나의 단조로운 팜파 안쪽에는 남미 굴지의 다채로운 풍물이 있다. 이 나라를 이해함에 장애가 되는 이러한 다양성이 아르헨티나의 매력이기도 하다.

남미대륙에서 브라질 다음으로 큰 면적을 자랑하는 아르헨티나는 안데스산맥을 경계로 칠레와 국경을 접하고 있으며, 동쪽 및 북쪽으로는 라플라타강과 그 하천을 경계로 브라질, 우루과이, 파라과이, 볼리비아 등 주변 4개국과 인접해 있다.

탱고의 나라

아르헨티나는 탱고(Tango)의 나라다. 우루과이사람들이 이 말을 들으면 탱고의 대명사 라쿰파르시타를 작곡한 게 누구냐고 물으면서 반발한다. 라쿰파르시타의 작자 마토스 로드리게스는 진짜 우루과이인이며, 몬테비데오에서 이 노래를 작곡했기 때문이다. 그러나 쿠바의 음악 하바넬라가 선원들에 의해 아르헨티나에 전해져서 이곳의 풍토에 맞게 변화·발생한 것이 탱고라는 설을 의심하는 사람은 없다.

탱고의 발상지는 부에노스아이레스 보카지구에 있는 라보카이다. 탱고의 편안한 요람 같은 분위기가 지금도 남아 있으며, 명곡 카미니토(Caminito)의 가사가 적힌 패널도 여행자를 위해 벽에 붙어 있다. 이 곡의 작곡자 필리베르토는 이곳의 주인이었다. 그가 남긴 공적으로 골목길 이름은 카미니토로 명명되었고, 광장의 야외무대에서는 필리베르토를 기념한 무료 탱고 콘서트가 열리고 있다.

탱고를 들으려면 탱고 술집, 즉 레스토랑이나 바로 가야 한다. 탱고를 듣고 먹고 마시고 춤출 수 있는 곳이다. 무대에서 보여주는 탱고춤은 곡예를 하는 듯하지만 그런 것에 구애받지 않고 자연스럽게 춤을 추면 그것으로 족한 것이 바로 탱고이다. 극장에서도 탱고를 하지만 옛날 같은 정취는 없다. 알베아르극장이나 산마르틴극장에서 공연되는데, 콘서트 형식이 되어버려 기회가 있어야 볼 수 있게 되었다. 물론 질은 높아졌다. 남미에서 가장 물가가 비싼 아르헨티나이지만 탱고를 즐기는 데 드는 비용은 그리 많지 않다.

부에노스아이레스

수도란 어느 나라에서나 평범하고 따분하여 별로 매력이 없는 것이 공통적이다. 부에노스아이레스도 라플라타강의 진흙물에서 피어오르는 안개가 시야를 가리고 항구도 살풍경하다. 강기슭에는 상식적인 레스토랑, 술집 등이 줄지어 서 있다. 그런 데다가 이 도시에는 식민지시대 이전의 유적 하나 없고, 바로크식의 호화로운 사원 하나 없다. 시에서 가장 오랜 건물은 5월광장에 있는 백아의 시의회당이다.

이 시골티 나는 건물 발코니에서 1810년 스페인에 대한 독립선언을 했다. 광대한 길이 이 도시를 바둑판처럼 갈라놓고 있다. 볼 만한 것이라고는 워싱턴의 국회의사당과 파리의 사크레쿠르교회당을 본떠서 지은 국회의사당, 키사 로사다(장밋빛의 집)란 별명이 붙은 대통령 관저, 거대한 기념탑, 코롱극장, 5월 거리, 7월 9일 거리, 리바다비아 거리(세계 최대의 거리), 코리엔테스 거리 등이다. 폭주하는 차량 속에서 눈길을 끄는 것은 버스이다. 싸구려 장식을 한 버스는 유럽식 일색인 이 도시에서 제3세계적인 정경이다.

남부지역에는 음울한 교회의 분위기가 감돈다. 이 지역은 편입지구인데, 지금은 인구밀집지구가 되어 공장, 곡물창고, 거대한 도살장 등이 있다. 이 나라의 심장부이기는 하지만 여행자가 들어가볼 만한 곳은 아니다. 그런 점에서는 변두리의 빈민가 비자스미세리아스도 마찬가지다. 도시의 마력에 이끌려 무작정 몰려든 가난뱅이들의 서글픈 집결지인 것이다.

향수와 착잡한 기분의 거리

일종의 향수와 착잡한 기분, 이것이야말로 부에노스아이레스를 푸는 열쇠이다. 이런 기분은 오래된 거리인 산테르모지구에도 깃들어 있다. 이곳은 작가나 예술가 입에 오르내리다가 일시 몰락을 맛보았으나 다시 부흥한 지역이다. 이곳 래사마공원 나무그늘에는 헌 책방과 장색들이 노점을 내고 있고, 도래고광장 주변에는 헌 연장과 골동품가게가 늘어서 있는데, 일찍이 이주자들이 이 신천지에 발을 붙였을 무렵의 그 불안했던 추억이 모두 이곳에 집결되어 있다.

이주자의 자손들은 이 고물시장에서 자신들의 뿌리를 찾기 위하여 찾아온다. 그런 뜻에서 이 고물시장은 사람들에게 감명을 준다. 번쩍번쩍 빛나는 가구와 레이스 달린 커튼이 드리워진 레스토랑, 영원한 탱고에 대한 신앙이 살아 있는 카바레까지 포함하여 이곳에는 부드럽고 소박하게 재현된 유럽이 있다.

산마르틴 장군 광장의 숲에서 팔레르모공원의 숲 사이에 펼쳐지는 북부지구에는 쇠고기와 양념, 곡물 등으로 벼락부자가 된 사람들을 위하여 프랑스나 아르헨티나의 건축가들이 세운 석조저택이 들어서 있다. 마치 파리의 한 모퉁이를 그대로 옮겨놓은 것 같은 느낌이 든다.

팔레르모지구에는 경마장과 아르헨티나 농업협회의 광대한 원형전시장이 있다. 이 농업협회의 잔디 그라운드에서는 해마다 7월에 전국 가축의 대표종을 모아 경연을 벌인다. 이런 시설을 보고 있으면, 부에노스아이레스의 번영이 새삼 소와 말에 의하여 지탱되고 있다는 생각을 하게 된다.

코즈모폴리턴적인 도시

팔레르모지구에서 티그레지구의 운하지대를 향해 비센테로페스지구, 대통령이 살고 있는 오리보스 거리, 풍요한 북부 교외의 산이시드로지구로 이어지는데, 이 부근은 영국 냄새가 물씬 풍긴다. 이런 영국

풍조는 부에노스아이레스의 중심가에서 정점을 이룬다. 레틸로역을 내려다보는 벽돌조의 시계탑 같은 것은 '빅벤'을 닮았다. 그것도 그럴 것이 이것은 빅토리아 여왕이 부에노스아이레스시에 기증한 것이다.

물론 이상과 같은 런던과 파리의 모습은 거리의 모퉁이를 돌아가거나 광장의 한 구석만 가도 사라지고 만다. 대신 밀라노와 마드리드가 불쑥 나타나기도 한다. 시의 중심부 산타페 거리와 코리엔테 거리 사이에는 플로리다 거리와 라바제 거리가 교차되고, 영화관, 극장, 술집, 레스토랑, 고급품점 등이 빽빽이 들어서 있어 그 활기는 이탈리아나 스페인을 연상시킨다. 한 블록에서 다른 블록으로 옮기는 것만으로도 이베리아반도에서 이탈리아반도로 뛰어넘는 기분을 맛볼 수 있다.

부에노스아이레스는 코즈모폴리턴적인 요소가 너무 많아서 독자적인 것이 없는 듯 보이기도 한다. 그러나 차분히 둘러보는 가운데서 이상한 매력에 사로잡히게 된다. 이 도시의 개성은 바로 온갖 요소가 혼합되어 있는 점에 있다고 할 수 있을 것이다.

팜파

팜파는 그 자체만으로도 아르헨티나 신화의 샘이다. 남북 약 1,600km, 동서가 대서양 연안에서 안데스산록까지 약 800km^{2}의 넓이인데, 그곳을 지니는 바람을 막는 것은 아무것도 없다. 그리하여 팜파는 아르헨티나 사상(思想)의 양식이기도 했다. 이미 19세기에 아르헨티나 문학의 창시자인 사르미엔토는 '파쿤드, 문명인가 야만인가', 호세 에르난데스의 '마르틴 피에로'에서 각각 팜파를 가우초들의 낙원으로 묘사했다.

가우초들은 옛날 팜파 중앙 부근의 주위에는 나무가 하나도 없어서 자기 말을 매기 위해 소를 한 마리 죽여서 그 시체에 말을 맸다고 한다. 지금은 몇 그루의 나무와 가시철망으로 막은 목장 안에 가축을 넣어두게 되었으나, 팜파가 지닌 소박한 사정은 뿌리 깊이 남아 있다. 근대화라는 잔물결도 이 대양과 같은 팜파에는 별로 큰 영향을 끼치지 못한다. 대양이라고 해서 말이지만, 팜파는 원래 바다였던 충적토로 형성된 것이라고 한다. 그런데 문자 그대로 풀의 대양이라고 해도 좋을 것이다. 대륙부에 있는 축축한 팜파에서는 풀이 밀생하고, 변두리의 메마른 팜파에서는 풀이 드문드문 나 있다. 그리고 군데군데 소금물의 늪이 흩어져 있다. 그 수면에 미끄러지는 구름의 그림자나 옮겨 다니는 소와 양 떼는 꼼짝하지 않는 광대한 대지와 날카로운 대조를 이룬다.

이 대초원은 아르헨티나 국토의 4분의 1을 차지하고, 고기와 곡물이라는 두 가지 부를 만들어낸다. 그것만이 아니다. 야성적이고 자유로운 사나이 가우초의 전설도 여기서 생겨났다. 자신의 뿌리를 추구하여 헤매는 아르헨티나인들이 금세기에 들어오자, 이곳에서 그들 조상의 자취를 찾으려 하는 것도 무리는 아니다.

어떤 목장은 크기가 몇 천 헥타르나 되므로, 옛날 정도는 아니더라도 역시 주위에서 동떨어진 생활양식을 계속하고 있다. 그곳에서는 거의 부재 중이기 일쑤인 주인의 집, 공동식당, 그리고 페오네스(목축노동자)가 사는 부속지 등을 중심으로 생활하고 있다. 팜파의 장대하고 단조로운 풍토는 대서양 연안의 해수욕장 마르델플라타와 밀을 실어내는 항구 마이아블랑카 사이의 지대에서도 별로 다를 것이 없다. 토지의 기복을 보려면 조금 내륙부로 들어간 탄딜 지방의 자갈로 뒤덮인 언덕까지 가지 않으면 안 된다. 이 구릉지대는 부에노스아이레스 남서쪽 300km 지점에 있는데, 1879년까지는 인디오들의 땅과 경계를 이루고 있었다. 이해에 로카 장군이 인솔하는 아르헨티나군이 인디오지구를 정복했는데, 당시의 격전은 미국의 서부개척사와 맞먹을 정도였다.

칠레 Chile
지구상에서 가장 좁고 긴 나라

칠레는 국민의 인종구성상 백인계가 압도적으로 많고, 풍속·관습·전통은 스페인에서 계승하여 칠레 특유의 풍토적 개성을 형성하고 있다. 국민성은 낙천적이고 온화하며, 특히 외국인에 대해서는 친절하다. 자국에 대한 자부심이 강하며, 경치·기후·국민들에 대해 칭찬해 주는 것을 좋아한다. 그러나 미국식 물질문명에 반발, 경시하는 경향이 있다. 칠레는 유럽문화지향적으로, 사회구조나 관습이 유럽과 흡사하다. 따라서 방문 시에는 반드시 사전 약속이 필수적이며, 불시 방문 시 만날 가능성이 희박하다. 칠레는 남미에 속해 있으면서도 가장 남미적인 문화가 적은 국가이다. 칠레는 남미국가에서 유일하게 피를 흘리지 않고 토지개혁을 한 나라다. 60년대 초 지식인들은 가톨릭 세력과 손잡고 '소수 봉건지주들만이 토지를 소유하는 것은 칠레사회의 빈부격차를 심화시키기 때문에 사회정의에 어긋난다'는 여론을 형성, 기민당 정부로 하여금 평화적인 토지개혁을 할 수 있도록 길을 열었다. 구리가 유일한 자원이었던 가난한 칠레는 지식인 집단이 택한 '경제개방주의 논리'에 힘입어 남미에서 가장 성장 잠재력이 높은 나라가 되었다.

21세기로 접어들면서 칠레는 또 다른 모색을 하고 있다. '20세기에는 미국을 바라봤으나 21세기에는 일본과 한국, 싱가포르를 바람직한 파트너로 삼고 있다'는 아발로 바르돈 전 칠레중앙은행 총재의 말에는 이 같은 고민이 드러나 있다. 피노체트 독재 10년 만에 사회당연합의 리카르도 라고스체제가 들어선 것은 이 같은 노력의 산물이기도 하다. '과거 칠레는 좋은 날씨(weather), 아름다운 여성(woman), 질 좋은 포도주(wine)가 유명해 3W의 나라로 불렸는데, 요즘 들어서는 생선(fish)과 꽃(flower), 과일(fruit) 생산이 많아져 3F의 나라로 불린다'고 소개되고 있다.

남미대륙의 서해안에 연해서 안데스산맥과 태평양 사이에 길게 남북으로 4,2000km, 동서의 폭 평균 176km(가장 좁은 곳 90km)이다. 길다란 나라로서 북은 페루, 동은 볼리비아, 아르헨티나와 접하고 있다.

일라펠(Illapel)에서 콘셉시온(Conepcion)에 이르는 지구는 칠레의 중심부로써 수도 산티아고가 위치하고, 이 나라 인구의 태반이 이 지구에 살고 있다. 여기는 겨울의 강우량은 대단히 많으나, 여름에는 거의 비가 내리지 않고, 토지는 비옥한 농업지대로써 포도밭이 있고, 칠레의 산업, 문화의 중심지이다.

그다음, 콘셉시온(Conception)에서 푸에르토 몬트(Puerto Montt)까지의 땅은 삼림지대이며, 큰 호수와 내가 많아, 그 풍경이 유럽과 비슷하다. 이 지방은 1년 중 몇 달은 비가 많이 내리고, 농업이 발달하였다.

푸에르토 몬트(Puerto Montt)에서 남쪽 케이프 혼(Cape Horn)까지 약 1,600km에 달하는 지대는 무수한 섬이 있고, 기후가 한랭하고, 풍우가 심한 곳이다. 사람도 거의 살지 않고, 빙하가 있는 곳이다.

지진의 나라라고 할 만큼, 아주 약한 지진은 매일 2회, 강진은 연 2회라는 기록을 가진 나라이다. 1879~1883년의 태평양전쟁(Guerra de Pacifico)에서는 이웃 나라 페루·볼리비아와 싸우기도 했었다. 볼리비아는 이후 바다로 나가는 출입구를 잃고, 칠레는 추키카마타 구리 광산 등 광물자원이 많은 지역을 차지하게 된다. 이 전쟁은 지금까지도 페루·볼리비아인의 대 칠레 감정에 복잡한 그림자를 남겨놓고 있다. 그러나 이후 현재까지 100년 이상 동안, 칠레 국민은 타국과의 전쟁을 하지 않고 있다.

인구의 대부분이 백인이고, 교육수준은 라틴아메리카제국 중에서 제일 높다. 그렇지만 개인주의에 철저한 아르헨티나사람들과는 달리 칠레노스(칠레인)들은 다정다감해서 친해지기 쉬운 민족이다. 긴 해안선을 가진 나라인 만큼 가는 곳마다 신선한 어패류의 맛이 각별하다.

해산물 외에도 싱싱한 성게와 우렁쉥이가 인기 있다. 그리고 반드시 칠레의 명물, 와인으로 좋은 여행(Buen Viaje)을 위해 건배하도록!

세계를 바꾼 해협

푼타아레나스(Punta Arenas)는 스페인어로 '끝쪽의 모래'란 의미이며, 1520년 마젤란이 발견한 '세계사를 바꾼 해협', 즉 마젤란해협에 위치한 항구도시로 파나마운하 개통 전 대형선박의 통행 경로 중 하나였다.

마젤란 동상과 레쿠에르도박물관, 펭귄 서식지 등이 있고, 푸에고섬 남쪽 아르헨티나령인 우수아이아는 세계 최남단의 도시이며, 그 남쪽 섬에 있는 푸에르토 윌리암즈는 세계 최남단의 마을이다.

산티아고

칠레공화국의 수도이다. 눈을 정상에 이고 있는 높은 산들에 둘러 싸인 아름다운 도시이다. 꽃밭과 같은 평원 가운데 위치하고 있어, 매력적인 근대적 도시이다.

시의 중심에 아르마스(Armas)광장이 있고, 여기에 대사원, 시청사, 중앙우체국 등이 있으며, 헌법광장에는 대통령 관저, 정부청사 등이 있다. 대통령 관저는 원래 모네다(Moneda)궁전이었는데, 지금도 이 건물 정문에 서 있는 위병의 교대식은 좋은 구경거리이다.

산페드로

　칠레의 안데스산맥을 처음 본 사람은 산세의 단순함에 실망하기 쉽다. 산은 삼각형 모양으로 우뚝우뚝 솟아 있을 뿐 심산유곡이나 명경지수를 찾아볼 수 없다. 게다가 나무 한 그루 없는 민둥산이어서 녹음이 우거진 우리 산처럼 아기자기한 맛도 없다.

　안데스의 매력은 다른 곳에서 찾아야 할 듯싶다. 더없이 평탄한 대지 위에 끝없이 일렬로 늘어선 웅장함이 그 첫 번째다. 눈앞에 보이는 산도 실제로는 50km를 족히 달려야 다다르는 먼 거리에 있다.

　또 산자락까지 접근해 보면 지면은 거대한 쇠스랑에 긁힌 듯 곳곳이 직경사를 이루며 갈라져 있다. 화산활동으로 지면이 융기·침강하며 빚어진 자연의 걸작품이다.

　칠레 안데스의 매력을 더하는 것은 단순한 외관 속에 숨어 있는 비경들이다.

　'달의 계곡'은 그런 비경 중의 하나다. 칼라마에서 시작된 국도가 산페드로에 이르면 평탄하던 길은 갑자기 작은 협곡을 통과하게 된다. 왼쪽에는 수직으로 잘려진 집채만한 흙더미가, 오른쪽의 미로 같은 계곡에는 칼날 모양의 기암들이 도미노처럼 늘어서 있다. 하지만 이들은 암석은 아니다. 오랜 세월 흙이 바위처럼 딱딱하게 굳어져 그렇게 보일 따름이다. 어쨌든 이 길은 관광객들에게 놓칠 수 없는 사진 촬영 장소가 될 만큼 화려한 경관을 보여준다.

　산페드로에서 여장을 풀고 국도를 되돌아가면 협곡이 끝나는 지점에 '달의 계곡' 이정표가 있다. 국도를 벗어나 15분쯤 지나자 어느새 지하에 파묻힌 기분이 들 정도로 사방이 흙더미다. 잠시 평지가 이어지더니 고개를 넘고, 눈앞에는 직경 500m의 분지가 나타난다. 깎아지른 직벽으로 둘러싸인 분지에는 분화구처럼 생긴 수십 개의 기암들이 여기저기 솟아 있다. 직벽 너머 저 멀리에는 해발 5,000m 이상 되는 준령들이 분지를 다소곳이 감싸고 있다. 해질 무렵의 주홍빛 광선은 이곳의 비경을 더한다. 흙 표면을 비껴가는 절묘한 명암의 배합과 기암들의 그림자가 영락없는 달 표면을 연상시키는 것이다.

분지의 한쪽 면은 사막에서 흔히 보이는 모래사구. 달의 계곡을 형성한 거친 흙더미와는 판이하게 다른 고운 모래알로 이루어져 있다. 질감이 다른 이 모래 더미가 어떻게 여기까지 오게 됐는지도 의문거리다. 높이 50여m, 길이 3백여m의 모래언덕은 거의 수직으로 선 채 파수꾼처럼 달의 계곡을 외풍으로부터 보호하고 있다.

사막의 정취를 느끼고 싶다면 폭 1m 남짓한 길이 나 있는 모래사구 정상을 걸어보는 것도 좋다. 길을 벗어난 양쪽은 제법 가파른 모래 경사길이어서 조심해야 하지만 모래사구 정상에서는 달의 계곡이 간직한 신비를 한껏 즐길 수 있다.

산페드로 일대를 소개한 가이드북은 달의 계곡을 '흙이라는 한 가지 소재로 형성된, 세계에서 가장 황홀한 경관'이라고 소개하고 있다.

페루 Peru
잉카문명을 꽃피웠던 나라

페루의 고대문화는 스페인-잉카도시들에서뿐만 아니라 쿠스코에서 80km 떨어진 해발 2,450m의 고지에 있는 잉카제국의 '잃어버린 도시' 마추픽추의 유적에서도 발견할 수 있다. 스페인 통치 이전의 민속문화와 메스티소 전통에서 유래된 요소들이 풍부하다. 스페인의 탐험가 피사로가 점령하여 잉카문화는 몰락하고 대신 유럽문화가 유입됨으로써 백인과 인디오 문화가 고산지역에서 융합되었다. 잉카 문화유적의 대표격인 쿠스코의 마추픽추는 석축문화의 정교함이 출중하기로 유명하다.

페루는 전 국토의 대부분이 3,000m가 넘는 고산지역으로 작물재배와 목축이 곤란하여 소나 양을 기를 수 없고 작물도 감자 등 고산식물이 주요 식량이다.

인종은 인디오와 스페인의 혼혈인 메스티소족이 많으며 이들은 고산지역의 직사광선을 피하기 위해 남녀 가릴 것 없이 머리에 모자를 쓰고 다닌다.

인구의 대부분이 가톨릭신자로, 에스파냐 식민지 이후 잉카제국의 독자적인 종교체계가 무너지면서 급속히 확산되기 시작하여 2001년 현재 국민의 90% 이상이 가톨릭을 믿고 있다.

가족제도는, 가톨릭의식을 존중하면서도 원주민의 전통과 혼합된 가족중심의 생활을 영위하는데, 아직까지 대가족제도의 풍습이 남아 있고, 주거형태는 도시가 비교적 서구적인 반면, 산악이나 밀림지대는 토막집이 대부분이다. 라틴아메리카 특유의 정열적이면서도 온화한 국민성을 가진 나라로 평가받고 있다.

남미대륙 서해안의 중간지점에 있는 나라이다. 비가 거의 내리지 않아 해안지대는 심하게 건조하다. 또 도시에서 떨어지면 한 그루의 초목도 없는 황막한 산등성이와 이름뿐인 관목으로 덮인 낮은 땅이 널려 있다. 대륙 서부를 종단하는 안데스산맥 가운데 높은 산들이 이 나라에 모여 있고, 세계에서 가장 높은 곳을 달리는 철도도 이 나라에 있다. 동부 아마존 상류 밀림지대는 다습열대성 기후로, 우기에는 호우가 내리지만, 해발 1,000m를 넘는 고지에서는 밤은 시원하여 지내기가 수월하다.

페루는 잉카제국이 번영한 중심지로서, 역사적인 매력을 간직한 나라이며, 고고학에 흥미를 가진 사람이면 한번은 가고 싶어 하는 나라이다.

3~7세기경 서해안 피스코(Pisco) 부근에 차빈(Chavin)문명이 있었던 것 같으나, 이에 관한 확실한 자료가 남아 있지 않다.

7~9세기경에는 원시적이긴 하나, 나스카 포라카스(Nasca Poracas) 문명이 일어났고, 북부지방에서는 모치카(Mochica)문명이 구상적인 회화, 직물, 조각을 남겨놓았다. 한편, 남부지방에는 시에라(Sierra) 지방에 번진 고대 티아후안코(Tiahuanaco)문명이 일어나, 그 추상적 예술은 티티카카(Titicaca)호 동부에 폐허로서 위대한 기념물을 남기고 있는데, 이 문명은 10~13세기에 걸쳐 해안지대에서 번영했다.

11세기 말부터 쿠스코(Cuzco) 지방에 일어난 잉카제국 문명이 1532년 스페인사람 피자로(Francisco Pizarro)에 의해 멸망당할 때까지 페루 인디언문화의 꽃으로서 계속되었다. 피자로(Pizarro)는 1535년 리마에 수도를 옮겨, 그 후 300년 가까이 스페인의 부왕(副王) 비세레이(Vicerey)가 주재한 식민지시대를 만들었다.

1821년 남미해방의 지도자 산 마르틴(San Martin)에 의해 독립선언이 행하여지면서 독립국가로서의 근대사가 시작된 나라이다.

먼저 수도인 리마를 방문하여, 이곳을 기점 삼아, 고대 잉카문명의 도시 쿠스코(Cuzco), 마추픽추(Machu Picchu)를 찾고, 자연의 미를 자랑하는 티티카카호수를 찾는 것이 좋을 것이다.

리마는 해발 150m의 고지에 있으며, 기후가 연중 우리나라의 4~5월과 같고, 비가 거의 내리지 않는다.

남미에 최초로 생긴 스페인왕국의 중심으로 부왕이 주재한 땅이며, 1535년 피사로가 잉카문명을 멸망시킨 데서 이 시의 역사는 시작된다.

시가는 스페인 식민문화의 잔영이 짙은 옛 사원, 흰 벽을 가진 집들이 조화를 잘 이루고, 새 건물들과 잘 어울리며, 공원이나 광장도 아름답다.

시내에 30개소가 넘는 광장이 있어, '전원도시'라는 별명이 있다.

관광명소로는, 아르마스(Armas)광장, 중앙사원 카테드랄(Catedral), 산 마르코스(San Marcos)대학교, 산 마르틴(San Martin)광장, 쇼핑센터 지론 데 라 유니온(Jiron de la Union), 교회, 박물관 등이 있다.

빼서는 안 될 곳으로 교외의 파차카막(Pachacamac)유적이 있는데, 여기는 리마에서 32km 떨어진 곳으로, 이 유적은 2000년 전, 혹은 4500년 전의 역사의 흔적이라 한다.

식품의 원산지

페루의 수도 리마의 한 농산물시장을 돌아보면, 주로 서민들이 이용하는 일반시장인데도 거래되는 농산물의 종류와 규모가 엄청나다.

그중에서도 가장 중요한 작물은 다름 아닌 고추와 감자이다. 고추의 종류만 해도 수십 가지에 달하는데, 이 여러 종류의 고추가 이곳이 원산지임을 말해주고 있다. 페루에서 야생종 고추를 재배한 것은 약 2000년 전쯤부터이다. 페루인들은 좀 더 나은 품종을 만들기 위해 노력을 거듭했을 것이고, 그 결과 다양한 고추가 생산되었음을 짐작할 수 있다.

지구상 가장 중요한 식용작물인 감자 역시 바로 이곳 페루인들의 농업기술에 의해 태어났다. 감자의 종류는 더 많아서 수백여 종이다. 가게마다 자신들이 취급하는 감자를 쌓아놓고 이름까지 붙여놓는다고 한다. 야생종은 알이 작고 맛이 아려서 먹을 수 없었다고도 하는데, 지금은 그 맛도 크기도 다양해졌다. 감자의 색이나 수분 정도, 재배지 등에 따라 구분된다. 먹거리의 종류가 다양한 만큼 요리 또한 발달하기 나름이다. 고추를 이용한 것 중 빼놓을 수 없는 것이 살사(스페인어로 소스란 뜻)라고 한다. 고추를 다땅이라고 하는 맷돌에 갈아서 만드는 일종의 양념장이다. 우리 고추장과 마찬가지로 페루음식 대부분에 넣을 수 있다. 고추에 소금, 식초, 약초 등을 함께 간 살사는 무엇보다 톡 쏘는 매운맛이 그 특징이다. 고기, 생선요리, 옥수수나 감자 등에 바르거나 찍어 먹으면 음식의 맛을 한층 더해준다. 튀겨 먹고, 데쳐 먹고, 고추의 쓰임새는 많기도 하다. 손님의 시선을 모으기 위한 장식품으로도 일품이다.

　페루사람들이 즐겨 먹는 빠빠레이예나는 삶아서 으깬 감자 속에 고기, 계란, 올리브 등을 집어넣고 다시 감자모양으로 곱게 다듬은 것으로, 빠빠레이예나라는 요리 이름은 속을 채운 감자라는 뜻이다. 페루요리에서 감자는 빼놓을 수 없는 음식재료이다. 마지막으로 계란을 입히고 끓는 기름에 넣어 튀긴다. 노릇노릇하게 익으면 맛 좋은 빠빠레이예나가 된다. 여기에 토마토, 옥수수를 곁들이면 영양까지 골고루 갖춘 담백한 식사가 되는 것이다.

　페루의 감자가 전 세계로 전해진 것은 15세기경, 콜럼버스가 신대륙을 발견한 후 남미를 정복하러 나선 스페인에 의해서였다. 스페인이 페루의 옛 문명 잉카를 공략한 것은 황금 때문이었다. 그러나 제국주의가 거둔 가장 큰 수확은 감자였다. 감자가 유럽으로 전해지면서 세계의 식량생산 능력은 급격하게 늘어날 수 있었던 것이다. 1533년 프랑스의 정복자 프란시스코의 계략에 의해 잉카는 무너지고 말았다. 하지만 감자의 전래를 통해 인구의 증가와 더불어 18세기에 커다란 변혁의 바탕을 이루게 된 셈이다.

　서양문물은 잉카에 큰 변화를 가져왔다. 오늘날 페루인 중에는 잉카의 후예인 순수한 인디오가 반쯤 되고, 백인과 인디오인의 혼혈인 메스티소와 같은 순수 백인들이 또 반쯤을 이루고 있다. 말 역시 스페인어와 원주민 말인 케치어를 함께 쓰면서 식민지와 잉카문화를 공유하고 있다. 이러한 문화적 특성은 음식에서 더욱 잘 나타난다.

　페루 해변을 바탕으로 페루는 한때 세계 제일의 어획량을 올리기도 했었다. 식사 전 입맛을 돋우기 위한 요리인 세비치를 살펴보자. 일종의 생선피인데, 여기서 눈여겨봐야 할 것이 특히 레몬이다. 생선의 살을 단단하게 해서 싱싱한 맛을 더하는 것이 레몬의 역할이다. 사실 레몬은 페루에서 가장 널리 쓰이는 음식재료 중 하나이기도 하다. 바로 여기서 음식문화의 특징을 찾아볼 수 있다. 이렇게 해야 제맛을 낼 수 있기 때문이다. 레몬의 새콤한 맛, 고추 살사의 매운맛이 어우러져 그 맛이 일품이라고 한다. 옥수수와 감자까지 곁들이면 맛과 영양을 더해준다. 그렇다면 이 레몬은 언제부터 음식에 쓰이게 되었을까? 페루에서는 재배되지도 않았는데…. 레몬이 잉카에 전해진 것은 스페인 정복군들에 의해서였다. 식민통치는 음식문화에도 큰 변화를 가져왔던 것이다. 페루의 농수산물과 스페인의 요리법이 결합되어 새로운 음식문화가 탄생한 것이다. 이것을 크리오야(식민지 태생의 스페인사람)요리라고 부른다. 세비치를 포함하여 오늘날 페루에서 즐겨 먹는 음식 대부분은 크리오야요리이다. 세비치는 페루에서 가장 쉽게 맛볼 수 있는 음식 중 하나이다. 점심시간이면 세비치를 파는 노점상들이 거리 곳곳마다 장사진을 이룬다. 피레체의 재료도 보다 다양해서 조개, 새우, 오징어 같은 해산물들이 널리 쓰인다. 페루에서는 생선을 제외한 해산물들을 마르스꼬스라고 부르는데 노점에서 이 마르스꼬스가 더 많이 쓰이는 이유는 무엇보다 값이 싸기 때문이다. 세비치는 점심시간에만 먹을 수 있다. 이는 해산물의 신선도 때문이다. 풍부한 농수산물을 바탕으로 유럽의 요리법을 이용해서 또 하나의 음식문화를 만들어낸 페루인들이다. 크리오야요리는 바로 서구와 잉카, 두 문화가 하나로 공존하고 있음을 보여주는 것이다.

중동
Middle East

사우디아라비아 Saudi Arabia 국민적 자긍심이 높은 석유부국
요르단 Jordan 3대륙 교통문화의 요충지
이란 Iran 고대문명 발원지의 하나
이스라엘 Israel 성지순례의 나라
쿠웨이트 Kuwait 사막에 현대문명을 세운 나라
터키 Turkey 동서양이 만나는 나라

중동은 옛날부터 티그리스·유프라테스 양 강 유역에 장대한 메소포타미아 문화를 꽃피우고, 그리스도교·회교의 양대 종교를 낳아 세계 정신문화의 선구자가 되었고, 가까이는 저 방대한 석유를 무기 삼아 세계무대에서 주목을 끌고 있다. 다만, 그 자연상황이 결코 평범하지 않고, 황량한 사막과 바위산이 많은 토지라서, 항상 자연과의 갈등이 행하여졌고, 지금도 계속되고 있다.

역사적으로는, 7세기에 사라센제국이 일어나면서부터, 판도를 멀리 유럽까지 넓힌 적도 있으나, 중세 이래 오스만터키의 지배하에 있었던 시대가 길었다. 19세기 중엽 이후는 구주열강의 지배하에 있었고, 근대국가로서 오늘날과 같은 형태의 각국의 싹이 튼 것은 20세기가 되면서부터이다. 그리고 석유가 세계 정치무대에서 발언권이 강해진 수단이 된 최근까지만 해도, 독자성이 충분히 발휘되지 못하고 있다.

아프리카대륙과는 수에즈운하로 떨어져 있고, 유럽과는 카스피해, 코카스 산맥, 흑해, 터키해협을 연결하는 선으로 구획되는 지역이다. 중심이 되는 아랍반도에는 세계에서 가장 건조하다는 루브아르하피사막이 있고, 그 동북에는 티그리스·유프라테스강을 중심으로 개발된 풍요로운 충적평야가 있다. 또 동으로는 엘브르즈, 자그로스 양 산맥에 둘러싸인 불모의 이란고원이 있고, 작은 지역이나마 사막, 평야, 고원 등이 뒤섞여 복잡한 지형을 나타낸다.

사우디아라비아 Saudi Arabia
국민적 자긍심이 높은 석유부국

이슬람교의 진원지인 사우디아라비아에서의 무슬림(이슬람교신자)들의 이슬람 종교생활은 우리에게 퍽이나 생소하다. 그러나 그들의 종교적 자부심과 그것에 따른 관습이나 예절들을 지키며 전통을 키워나가는 열정은 대단하다. 사우디아라비아인들을 이해하려면 먼저 그들의 종교를 이해해야 한다. 그것은 거의 전 국민이 무슬림들이기 때문이며, 그들이 신봉하는 성정 꾸란(코란)에는 무슬림들의 공동 및 개인생활, 즉 정치·경제·사회·종교·법률 등 모든 생활영역의 근거가 되는 규정이 들어 있다.

따라서 사우디아라비아인들은 단순히 종교적 측면에서만 경합되어 있는 것이 아니라 생활의 모든 분야에서 공동체적인 유대성을 지니고 있다. 즉 우리 사회처럼 정교분리가 아닌 정교일치인 것이다. 그러므로 정치·경제같이 종교와 상관없이 보이는 듯한 분야도 이 지역에서는 이슬람사상의 이해 없이는 제대로 접근 혹은 이해하기 어렵다.

아랍의 여러 나라 가운데 가장 큰 나라이며, 아랍반도의 약 4/5를 차지하고 있고, 대부분이 사막이다. 18세기경에는 터키 지배하에 있었으나 1902년 이븐 사우드 왕이 리야드를 중심으로 이웃 제후를 평정하여 1926년에 왕위에 올라 1932년 나라이름을 사우디아라비아라 하고, 왕정체제하에 있으며, 석유를 주 무기로 중동무대에서 큰 역할을 수행하고 있다.

제다(Jeddah)는 메카의 서쪽 약 65km 지점으로 국제공항이 있고, 순례자의 90%가 통과하는 항구도시이다.

메카(Mecca)는 마호메트 탄생지이며, 도심에 있는 600개의 둥근 기둥으로 지탱된 화랑을 두른 회교사원의 뜰 가운데 회교도의 기도의 표적이며, 순례의 최종목표인 성묘가 있다. 높이가 15m나 된다. 이 가운데 검은 돌이 안치되어 있는데, 아브라함과 그의 아들 이스마일이 알라신의 명을 받아 세웠다고 한다.

메디나(Medina)는 메카 북방 약 340km 지점에 있는 제2의 성지이다. 동북부 구시내에 마호메트와 그 후계자들의 묘가 있다.

리야드(Riyad)는 아라비아반도 동부의 중심지이고, 정부관청이 있는 수도이다.

교외에는 호화스런 나스리아스궁전이 있고, 방대한 석유 이권의 일부를 투자하여 근대화를 추진하고 있다.

종교관습

예배 외의 주요 종교관습으로는 자카트, 단식, 하지 순례 등이 있다. 자카트는 일종의 자선이라 할 수 있겠으나 단순히 자선, 희사, 혹은 세금에 불과한 것이 아니고 그렇다고 단순한 친절의 표시도 아니다. 자카트는 이 모두를 합친 것으로 연 순이익의 2.5%이다. 이 비율은 사우디아라비아인들의 의무이고 자의로 이보다 더 내는 것 역시 허락된다.

단식은 이슬람력으로 아홉 번째 달인 라마단 달 전체에 걸쳐 동트기 직전부터 해질 녘까지 음식, 음료, 성교, 그리고 흡연 등을 완전히 삼감을 뜻한다.

사우디아라비아인들의 단식의 의미는 이런 육체적 행위를 절제하는 의미뿐만이 아닌 정신훈련까지를 포함한다. 그러므로 단식하는 시간 중 첫 번째 예배시간부터 네 번째 예배시간까지는 모든 음식점들이 문을 닫으며 외국인이라 할지라도 이 기간 중 공공장소에서 음식물을 먹는 것이 금지되어 있다.

이 시간대에는 대부분 남의 집을 방문하지 않는다. 네 번째 예배시간 이후 다음날 첫 번째 예배시간까지는 음식물을 먹는 것이 허용된다. 이때에는 주위 이웃이나 친척들을 많이 초대해서 같이 음식을 먹으며 단식에 대한 인사말 등을 하면서 즐기는 것이 관습화되어 있으며 되도록 이 기간에는 다툼이나 논쟁을 삼가고 가난한 이웃에게 자선을 베풀기 때문에 분쟁을 삼가는 것이 예의이다.

하지 순례는 사우디아라비아 메카에 있는 하람성원에 가서 '이흐람(재봉질이 안 된 천)' 복장으로 '띠와프(하람성원 안에 있는 카바신전을 7차례 도는 행위)'를 행하고 아파트 지역에서 체류하면서 그 밖의 순례의식을 근행함을 말한다. 이 하지 순례는 능력 있는 ― 재정적·정신적·신체적 ― 무슬림들에 한해서 일생에 한 번 이상 행하는 것이 의무로 되어 있다.

하지 순례는 이슬람력으로 10월부터 12월 10일까지 행해지며 실제 의식은 이슬람력 12월 8~10일 사이에 이루어진다. 이 기간 중에 이흐람 복장을 하고 순례를 떠나는 사람들에게 서로 축하의 인사말을 하며 배웅해 주는 것이 이웃 간의 예절이다. 이 하지 순례는 해마다 약 200만 명 이상의 순례객들이 사우디아라비아 메카와 메디나로 모여드는 매우 규모가 큰 종교행사이다.

요르단 Jordan
3대륙 교통문화의 요충지

아랍인들의 예의바른 모습은 아랍 유목생활의 환경적 요인과 이슬람이라는 종교적 요인이 크게 작용하였다고 볼 수 있다. 아랍인들은 본래 베드윈(사막 유목민)들로, 그들의 생활은 물과 비옥한 토지의 풀 한 포기가 귀한 사막에서 다음날의 일을 예측할 수 없는 거친 삶을 영위할 수밖에 없었다. 오늘날까지 아랍인들은 우리 한국인 못지않게 손님에 대한 환대로 유명한데, 이 같은 관습은 오랜 세월을 두고 전해져 왔다. 그 기원은 바로 사막의 불안정한 생활에서 유래한다. 사막에서 길을 잃고 방황하는 나그네에게—설령 그가 적이라 하더라도—도움의 손길을 제공하는 것은 아랍 베드윈의 신성한 의무였다. 어느 누구도 같은 처지에 놓일지 모르는 사막에서 아랍인들은 도움을 청하며 자신의 거처를 찾아오는 손님을 외면해서는 안 되었던 것이다. 주인은 객을 맞아 그의 체력회복을 돕고 보호해야 했다.

오늘날에도 요르단인들은 집이나 가게 앞에 물이 가득 든 커다란 항아리와 컵을 놓아두어 그 앞을 지나는 사람은 누구든지 그 물을 마시도록 하고 있는데 이는 아랍인들의 삶의 전통에서 비롯된 것이다. 이러한 손님 접대의 관습은 곧 관대함이라는 아랍 최고의 미덕을 낳게 되었다. 그래서 아랍인들의 역사와 문학에는 너그러움과 후한 인심을 높이 찬양하는 이야기가 많다.

우리나라와 면적이 거의 같고, 북은 시리아, 동북은 이라크, 동과 남은 사우디아라비아, 서는 이스라엘과 접하고 있으며, 해안선은 홍해로 통하는 아카바만에 면한 약 15km뿐이다. 내륙부에 있는 국토의 95%가 사막으로서, 물이 상상도 못할 만큼 귀중한 나라이다.

1차 세계대전으로 터키가 패하자, 그때까지 그 지배하에 있던 요르단이 영국 위임통치령이 되었다. 1923년 메카 태수 차남 아브다라가 트란스요르단 정부를 수립, 1946년 영국과 조약을 체결하고, 독립국가가 되었다. 1951년 아브다라가 암살당하고 장남 타랄이 이었으나, 1년 못 미쳐서 퇴위하고, 그의 장남 후세인이 왕위를 계승했다.

국민의 대부분이 아랍인이지만, 요르단강을 경계로 동쪽은 사막의 유목민, 서쪽은 팔레스틴계이다.

그리스도가 세례 요한에게 세례받은 요르단(요단)강의 강구에서 동으로 약 300km 지점에 건설된 사막의 도시가 암만(Amman)이다. Amman에서 예리고 가도를 가면, 유대교, 그리스도교, 회교의 3대 종교 성지 예루살렘이 가깝다. 그래서 천수백 년 동안 순례자의 숙박지로 발달되어 왔다.

관광명소는 엘 후세인 모스쿠(El Hussein Mosque), 님프신전유적, 야외극장, 칼라(Qalaa)라고 하는 고대 그리스의 유적, 요르단 고고학 박물관 등이 있다.

그 밖에 관광지로는 암만(Amman) 남쪽 약 100km에 있는 도적의 성새터인 페트라(Petra)와 세계에서 염분이 가장 많은 호수인 사해(Dead Sea)가 있다. 이 호수에서는 사람의 몸도 가라앉지 않는다.

특별한 과자 '카타예프'

회교국에서만 볼 수 있는 특별한 의식은 성스러운 라마단의 달이다. 라마단의 달은 사람들이 신에게 기도를 드리고 신의 용서를 구하기 위해 회교도들이 한 달 동안 금식을 하는 달이다. 이 기간 동안에는 해가 저물기까지는 어떠한 음식이나 음료, 심지어 흡연도 할 수 없다. 일몰이 지나야만 음식을 먹을 수 있으며, 이를 위해 일몰 전에 많은 종류의 음식과 특별한 과자들을 준비한다.

'카타예프'라 불리는 과자는 오직 라마단 기간 동안에만 만들어지는 독특한 과자로 상점에서 살 수 있다. 또한 카마르딘이라 불리는 말린 살구로 만드는 부드러운 음료도 특별히 준비된다. 한편 정부는 라마단 기간 동안 사람들이 금식을 하고 휴식을 취할 수 있게 하기 위해 하루 근무시간을 6시간에서 4시간으로 단축하며, 사기업과 같은 직장에서는 5시간으로 줄인다.

또한 라마단 동안 회교도들은 일 년 수입의 2.5%에 해당하는 자카트를 가난한 사람들에게 기부해야 한다. 금식을 하며 자카트를 기부하는 것은 타인의 어떠한 통제나 간섭 없이 자신만이 알고 행하는 비밀로서, 인간과 신이 직접적인 연계를 맺는다는 것을 의미한다.

이란 Iran
고대문명 발원지의 하나

이란은 2500년의 역사 속에서 매우 다양한 사회와 문화가 혼재되어 있기 때문에 주변의 다른 아랍국들과는 다른 면이 많다.
유럽・이슬람 등 다양한 문화가 융화되어 있는 이란은 그 자신이 주변의 아랍문화에 영향을 끼치기도 하였다. 페르시아민족이라는 자부심을 강하게 느끼는 편으로 주변 아랍국들과 동일시할 경우 매우 굴욕적으로 여긴다.
이란인의 기질은 두 가지 상반된 모습을 보인다. 우호적・개방적이며 배짱이 두둑한 면이 있는 반면, 엄격한 종교율법에 따른 제약도 많다. 복장규정, 사교행정, 사법에 이르기까지 사회 각 분야에 이슬람적 요소가 깔려 있다. 종교에 기초한 상황은 신이 내린 것으로 간주하여 논박의 여지가 없다고 여기며, 종교율법만이 유일한 법이다.
'고귀하다'라는 뜻을 가진 이란사람들은 대체로 온순하며 여러 사람이 함께 토론하고 대화하는 것을 선호한다. 또한 대부분의 이슬람국가에서 널리 사용되는 말인 '인샬라(모든 것은 신에게 달려 있다)'라는 말을 자주 사용하며 이러한 정신이 삶 속에 깊이 새겨져 있어서 매사에 느긋하며 의사결정에 상당한 시일이 소요된다. 또한, 과거 페르시아 상인이라는 말이 있듯이 상술에 정통했다.

옛날부터 페르시아라는 이름으로 알려진 나라이다. 이란은 동쪽에 인더스강, 서쪽에 티그리스강을 가진 대국이며, 북은 구소련, 카스피해, 동은 아프가니스탄과 파키스탄, 서로 페르시아만, 아라비아해를 바라보고 있다.

티그리스·유프라테스의 두 강을 가진 이 나라는 세계 최고의 문명 발상지의 하나인데, 현재는 석유나라로서 국제적으로 중요한 위치를 차지하고 있다.

이란은 고원의 나라로서, 평균 1,000m의 중앙고원이 넓은 범위로 뻗쳐 있고, 고원의 북은 초승달 모양으로 높고 험한 산악이 계속되고, 북부, 서남부에도 산맥이 있으며, 수도 테헤란(Teheran) 동북에 부채꼴을 한 다마반드산(5,671m)은 엘부르즈산맥의 최고봉이다.

국내에는 사막이 많고, 그중에서도 테헤란 동남 일대의 대사막, 카비르(Kavir)사막은 전 국토의 1/5을 점한다. 이 밖에도 황야가 넓게 펼쳐진다. 그러나 테헤란의 북쪽 엘부르즈를 넘어 카스피해를 바라보는 지방에는, 녹색 짙은 삼림지대도 있고, 비가 많아서 이란의 곡창이며, 논과 기와집도 있다.

도시 전체가 보석창고

테헤란은 이란의 수도로 정치·경제·교통의 중심지이며, 엘부르즈산맥의 남쪽기슭, 해발 1,200m의 고원상에 위치하고 있다.

시의 북쪽에 솟아 있는 엘부르즈의 연봉이 흰 눈에 덮여서 아름답다. 시의 인상이 아시아적이기보다는 서구적 풍미가 짙다. 특히 시의 북부는 사막 안에 건설된 근대적인 도시구역으로서, 깨끗한 거리에 관청·학교·주택 등의 건물이 늘어서 있다. 동편에는 훌륭한 왕궁과 대사관 등이 있는데, 시내의 명소이다.

골레스탄궁(Golestan Palace)은 19세기 전반에 건설된 카자르왕조의 궁전이며, 지금은 외국사절의 접견 등 왕실·정부의 공식행사에 쓰인다. 프랑스식 분수가 많은 정원이 아름답고, 모자이크를 많이 사용한 내부장식이나 가구는 19세기 유럽의 궁전을 모방하여 대단히 호화스럽다.

왕실재보(Crown Jewels)는 애비뉴 페르도우시(Ave. Ferdowsi) 거리를 면한 중앙은행(Bank Markazi Iran)의 지하실에 있는데, 1억 수천만 달러에 달하는 것이라 한다. 가장 유명한 것은 공작의 옥좌인데, 17세기 나데르샤가 인도원정 때 가져온 것이라 하며, 2만 수천 개의 보석을 박은 공작새가 날개를 펼친 모습을 생각하게 하는 화려한 옥좌이다. 이 밖에도 왕관, 세계 최대의 다이아, 5만 1,000여 개의 보석을 박은 지구의, 직경 3cm의 페르시아만산 진주 등은 지난날 페르시아의 영화를 말해준다.

고고학박물관은 밝고 근대적인 스타일의 건물인데, 이란의 고고학적인 유물이 소장되어 있다.

민족박물관은 시 남부에 있는 고풍스런 건물로, 이란민족의 여러 가지 풍속·생활 등을 보여주는 등신대인형, 일상생활용품, 민예품, 민족의상 등의 표본이 전시되어 있다.

바자르(Bazaar)는 중근동에서는 가장 크다고 하는 세계적으로 유명한 시장이다. 폭 800m, 길이 600m의 구역에 온갖 상품이 있고, 수만 평의 공간에서 상인이 장사를 한다. 수출입업자의 대부분도 이 바자르 내 또는 근처에 살고 있고, 이곳이 이란 상업경제의 심장부가 되고 있다.

이스라엘 Israel
성지순례의 나라

이스라엘의 국민 대다수는 유대인이지만 서로 다른 종교와 문화가 공존하는 복합사회를 이루고 있다. 유대인, 아랍인, 투르드족과 기타 민족이 공존하며 종교적인 전통문화와 세속적인 근대문화가 어울려 있는가 하면, 자본주의 경제체제 안에 사회주의 원리를 확립하려는 키부츠가 정착되어 있다.

이런 상황하에서 모든 교파는 자기 고유의 방식대로 예배할 수 있다. 그것은 성지의 불가침과 모든 신앙의 중심지는 각 민족들의 전통적인 관리인에 의해 보호될 것을 법이 보장하기 때문이다.

특히, 이스라엘은 에티켓의 위력을 가장 잘 발휘하고 있는 나라이다. 왜냐하면 오랜 성경적 신앙과 전통에 바탕을 둔 공동체의식이 각별한 나라이기 때문이다. 지금도 수천 년 된 토라(Torah)가 생활규범으로 지켜오고 있다. 가정이나 학교는 물론 나아가 사회에서도 가장 중심적인 규범은 역시 성경이다. 복장과 음식으로부터 안식일, 각종 절기, 할례와 장례에 이르기까지 성경은 이스라엘사람들의 생활규범의 근본이다.

성경의 정신은 한마디로 요약해서 1세기의 랍비 힐렐(Hillel)이 말한 대로 '네가 네 자신에게 원하지 않는 것을 남에게 하지 말라(Do not do to others what you don't want done to you.)'는 것이다. 여기서 이스라엘사람들의 근본을 엿볼 수 있다.

지중해 동쪽 연안, 서남아시아의 팔레스타인 지역에 자리 잡고 있는 이스라엘은 북쪽으로는 레바논, 동쪽으로는 시리아와 요르단, 그리고 남서쪽으론 이집트와 국경을 맞대고 있는 나라이다.

이스라엘의 고대 역사는 성경의 구약이 잘 말해주고 있다. 즉 유대인의 시조인 아브라함이 가나안(이스라엘)땅에 정착한 시기는 BC 18

세기 무렵의 일이며, 이후 2백여 년 후 모세의 등장으로 출애굽의 대역사(주; 이집트에서 노예생활을 하던 히브리인들을 구출한 사건)가 이루어진다. 이를 계기로 이스라엘의 민족개념과 유일신 사상이 자리 잡게 되며, 이를 토대로 BC 11세기에 다윗왕은 예루살렘을 도읍으로 한 이스라엘왕국을 건설한다. 하지만 이 이스라엘왕국은 BC 10세기 전반 이스라엘왕국과 유대왕국으로 분열되었다가 이후 아시리아와 신바빌로니아의 침략을 받아 모두 멸망하고 만다.

BC 1세기 무렵에는 로마제국의 보호 아래 유대왕국이 다시 수립되기도 하지만 유대민족의 끊임없는 저항운동에 대해 로마가 강력히 대처함으로써 AD 70년 이른바 '디아스포라(Diaspora)'라고 하는 유대인의 세계 유랑이 시작된다. 세계 각처로 흩어진 유대민족은 이후 이민족들의 끊임없는 핍박과 박해에도 불구하고 자신들의 '선민의식'과 유일신 사상을 바탕으로 민족적 자긍심을 키워나간다.

19세기, 유럽 전역에 걸쳐 민족주의가 대두되고 이와 함께 반유대주의가 확산되자 그동안 유럽의 기독교 사회에 동화되길 거부했던 유대인들 사이에서는 나라를 건설하려는 움직임이 일기 시작한다. 유대인들이 건국을 희망한 땅은 당시 오스만제국의 영토였던 팔레스타인이었다. 즉 팔레스타인의 시온산이야말로 유대민족의 정기가 서려 있는 곳이었으며, 이곳으로 가자는 운동이 바로 '시오니즘'이고 그 추진자들을 '시오니스트'라고 한다.

1차 세계대전이 발발하자, 영국은 당시 각국에 흩어져 있던 시오니스트들에게 전쟁에 협력할 것을 요구하는 한편, 그 대가로 1917년 '벨푸어선언'을 발표, 팔레스타인에서의 유대인 국가건설을 지지하고 나선다. 1930년대 이후 독일, 이탈리아 등지를 중심으로 불기 시작한 국수주의의 여파로 자본과 기술을 지닌 유대인들은 점차 팔레스타인으로 삶의 터전을 옮긴다. 그러나 팔레스타인에서 유대인 사회가 성장할수록 아랍계 팔레스타인사람들의 반발 또한 고조되기 시작, 쌍방의 알력은 무력충돌로까지 발전한다.

2차 세계대전 후, 나치의 유대인 대학살로 세계 여론이 유대민족에 대한 동정론 쪽으로 기울자, 시오니스트들의 국가 건설사업 역시 더욱 활기를 띠기 시작한다. 하지만 그럴수록 유대인과 팔레스타인사람들 간의 무력충돌은 더욱 격화되고, 영국은 급기야 팔레스타인 문제를 국제연합에 상정하기에 이른다. 이에 유엔총회는 팔레스타인 지역을 아랍지구와 유대지구로 분할하는 결의안을 채택하게 되고, 시오니스트들은 이를 전적으로 수용, 1948년 5월 유대민족은 역사상 2번째의 '엑소더스'를 성공시키며 유대국가 '이스라엘'의 성립을 공식 선언한 뒤 오늘에 이르고 있다.

3대 종교의 성지순례

보잘것없는 풍경과 부존자원이 거의 없는 유대 광야 한가운데 우뚝 솟아 있는 예루살렘. 그러나 성경을 읽는 사람에게 예루살렘은 길가에 있는 돌멩이 하나도 예사로 보이지 않는다. 유대교냐 회교냐 기독교냐에 따라 각각 부여하는 가치나 중요하게 여기는 순위는 달라지지만, 예루살렘은 3대 종교 모두에게 다시없는 성지이다.

유대교에 있어서는 비탄의 벽(서쪽의 벽, 통곡의 벽이라고도 함)만큼 중요한 곳이 없지만, 회교에서는 이 벽 바로 왼쪽으로 보이는 엘 아크사원이 절대적인 성지이다. 마호메트가 승천한 곳이기 때문이다. 자연히 기도시간이면 많은 회교도가 모여든다. 그리스도가 십자가를 등에 지고 걸었던 길 '비아 돌로로사'도 이 부근에 있다. 길은 골고다 언덕이었던 성분묘교회 쪽으로 이어진다.

회교도가 많은 구시가는 회교율법에 따라 금요일 하루가 안식일이어서 상점들도 문을 닫는다. 금세기 유대교도에 의해 만들어진 신시가의 안식일은 유대교리에 따라 금요일 저녁부터 토요일 오전까지 쉰다. 이렇게 각각이지만 신기하게 조화를 잘 이루고 있는 도시가 또한 예루살렘이다.

이집트를 시발점으로 하는 성지순례는 '시내산'을 거쳐 '타바'로 이스라엘에 입국하여 홍해를 보고 '에일랏'에서 하루 쉰 뒤, 예루살렘으로 들어간다. 예루살렘에서는 올리브산(감람산), 겟세마네동산, 기드론 골짜기, 통곡의 벽(비탄의 벽), 성전산, 십자가의 길, 예수님 무덤교회, 시온산, 다윗왕의 무덤, 마가의 다락방, 베들레헴, 예수님 탄생교회 등을 둘러본다. 그리고 티베리아스로 가는 길에 선한 사마리아인의 여관, 여리고, 요단강, 산상수훈의 팔복산, 오병이어기적의 현장, 베드로 수위권교회, 가버나움, 갈릴리호수 등을 거친다.

티베리아스에서 쉰 뒤, 가나마을 혼인잔치교회, 나사렛, 므깃도, 갈멜산, 카이사레아, 욥바 등을 순례한 후 텔아비브에 닿는다. 텔아비브에 들어서는 순간 성스러운 분위기는 순식간에 사라진다. 타임머신을 타고 갔던 성경 속 세계에서 다시 진보적이고 자유분방한 현대로 되돌아온 듯한 홀가분한 기분을 맛보는 것이다.

과월절(Passover)

매년 4월의 14번째 날(유대력 기준, 일반력에 의하면 4월 4일)이 되면 전 세계에 흩어져 있던 이스라엘인들은 예루살렘성전이나 가정으로 모여든다. 모세의 인도 아래 이스라엘민족이 이집트에서 탈출한 것을 기념하는 과월절(유월절)이 시작되기 때문이다. Passover는 하나님께서 이스라엘민족을 탈출시키고자 이집트인의 첫 아들을 죽일 때, 문설주에 양의 피를 바른 유대인의 집은 그대로 지나쳤다는 말에 어원을 두고 있다.

7일간 펼쳐지는 과월절은 무교병축제라고도 한다. 무교병이란 누룩이 없는 밀가루반죽으로 구운 빵을 가리킨다. 당시 서둘러 이집트를 탈출할 때 밀가루반죽을 발효시킬 만한 시간이 없어 그대로 빵을 구워 먹었던 것을 기념하는 것이다.

떠들썩한 다른 나라의 축제와는 달리 과월절은 조용하게 치러진다. 가족끼리 모여 애절한 사연이 깃든 의식을 나누어 먹으면서 축제가 지니는 의미를 되씹는다. 특히 어린이들에게는 민족의 고난과 영광의 역사를 들려주면서 자유의 가치와 본질을 깨닫게 하는 기회를 제공하기도 한다.

과월절의 식탁 위 풍경은 무척 흥미롭다. 이집트에서 겪은 쓰라린 체험을 상징하는 뼈째 구운 양고기, 삶은 계란, 쓴 나물, 네덜란드 젤리의 일종인 카파스, 무교병, 와인 등이 식탁에 오른다. 삶은 계란은 예루살렘 성전 파괴를 뜻하며, 쓴 나물은 이집트 유폐를, 양의 뼈는 희생양을 상징한다. 특별한 문양이 그려진 집기들이 사용되며, 가족 구성원들은 Passover 식사와 관련된 책자를 몸에 지닌다.

Passover는 헤어져 있던 친인척들이 모여 만남의 시간을 가지는 가장 가족적인 축제일이다. 사람들은 예배를 드리며 노래와 기도로 경건하게 식사를 마친다.

이스라엘인들만큼 오랫동안 나라 없는 설움을 절감한 민족은 없을 것이다. 그래서 오늘날도 이스라엘인들은 매년 Passover를 통해 쓰라렸던 과거를 되새기고 풍요한 미래를 기원하는 것이다.

쿠웨이트 Kuwait
사막에 현대문명을 세운 나라

아라비아만 북서쪽에 위치한 소국. 어업과 진주 채취를 주업으로 하며 오두막집에서 가난한 생활을 하던 이들이 1934년의 유전 발견으로 이제는 세계 제2의 국민소득을 기록하고 있다. 온 세계의 부러움을 받으며 지상의 낙원, 풍요한 사회 건설에 박차를 가하고 있다. 향후 100년은 채굴할 수 있다는 막대한 석유자원을 바탕으로 세금, 교육비, 의료비 등을 국가가 부담하는 완벽한 복지사회체제를 갖추어 자국민뿐 아니라, 쿠웨이트 거주 외국인에게도 같은 혜택을 주고 있다.

천박한 지리적 조건 및 주변국의 침범과 간섭 등으로 매우 배타적이며 자존심이 강하다. 아랍인들 특유의 열대성 게으름은 인샬라(Inshalla : 신의 뜻대로)라는 단어가 상징하고 있으나, 일단 자기의 이익과 관련되면 정반대로 악착스러움을 보인다. 과거의 인연보다는 현재의 이익을 우선으로 여기며 체면을 중시한다.

페르시아만의 서북 모퉁이에 위치한 면적 1만 7,818km²의 작은 나라이다. 국토의 태반이 사막이고, 메말라서 내도 없고, 지형은 평탄하나 전체적으로 내륙을 향해 서서히 높아진다. 사막 밑, 바다 밑 등 도처에 부의 원천 석유가 있다. 1946년부터 수출되기 시작한 석유는 이 나라로 하여금 중동의 한 작은 나라에서 소득세, 전화료, 교육, 의료비가 모두 무료, 1인당 국민소득이 세계 최고수준인 부국이 되었다.

쿠웨이트는 1756년, 현재의 통치자 사바하가의 지배하에 들어가, 이후 이 집안의 세습군주국으로 발전해 왔다. 강대한 터키와 사우디아라비아 사이에 끼어서 평온하지 못하다가, 19세기 말 제정러시아와 독일이 전후하여 이 나라에 진출할 기세를 보이자, 영국의 원조를 받아 1899년 영국 보호하에 들어가, 1914년 자치국이 됐다. 1934년 유전을 발견하고, 1946년 석유수출개시 이후 급격히 근대국가로 발전했다. 1961년 정식으로 영국에서 독립하여 오늘에 이르고 있다. 회교가 국교이며, 산업은 석유 외에는 보잘것없다. 추정 원유매장량이 전 세계의 15%를 차지하고 있다.

쿠웨이트시는 쿠웨이트 남안에 위치하고, 18세기 이후 페르시아만 안쪽의 무역항으로 번영하여 왔다. 시가는 동쪽에서 침략하는 적을 방비하기 위한 토벽을 주위에 축조하였는데, 새로운 도시계획에 따라 1960년에 세 개의 성문과 이에 접속하는 일부의 토벽을 제하고는 모두 부수고, 녹지대와 가로가 정연히 조성되고, 고층건축이 들어서게 되었다.

시가의 중심은 사파트 스퀘어(Safat Square)이며, 주변에 백화점·상점, 시장이 있다. 사파트(Safat)광장에서 북으로 쿠웨이트만까지는 '새롭다'는 뜻인 자디드 거리가 뻗어 있는데, 서남쪽으로는 메인스트리트인 파하드 알-살렘스트리트(Fahad Al-Salem Street)가 옛 성터까지 뻗어 있다.

역사박물관에는, 청동기시대에서 바빌로니아시대, 그리스시대를 지나, 비교적 새로운 시대로 접어드는 쿠웨이트의 역사를 말해주는 전시물이 있는데, 특히 '드하우(dhow)'라고 하는 돛단배의 여러 가지 모형이 볼 만하다. 만에는 많은 섬이 있는데, 그 가운데 파일라카섬에는 청동기시대의 부락터와 알렉산더 대왕시대의 그리스 성터가 있다.

그 밖에 해수담수화설비(Shuwaikh Water Distillation Plant)를 들 수 있다. 쿠웨이트시의 서쪽 교외 슈와이크(Shuwaikh)에 있는 물 만드는 공장인데, 세계 최대 규모를 자랑한다. 바다에서 해수를 빨아올려, 이것을 중유보일러로 끓여, 거기서 발생하는 증기를 이용하여 발전한 다음, 이 증기를 냉각해서 진수(眞水)를 제조하고 있다.

공장 견학은 사전에 Ministry of Electricity & Water(P.O.Box 12 & 54 Safat, State of Kuwait)의 허가를 받아야 한다.

쿠웨이트의 문제는 음료수이다. 내는 하나도 없고, 강수량은 180mm 정도고, 우물을 파도 소수의 예외를 제외하고는, 염분이 음료수의 10배, 또는 해수의 1/10에 달하기 때문에, 음료수는 이라크에서 배로 수입했었다. 1953년부터 해수담수화설비에서 진수를 제조하기 시작해서, 지금은 1일 생산량 2만 2,800m³의 물을 제조하여, 여기서 급수차로 각 가정에 배달된다.

진수의 값은 이 나라에서 채굴되는 석유원유의 가격과 거의 같다고 한다.

이민족, 이교도에 대한 배타성

아랍 종교 및 문화에 대한 긍지, 최근의 급격한 소득향상 등으로 자만심이 높은 편이며, 이것이 외국인에 대해서는 우월의식으로 나타나고 있다.

따라서 관공서 업무, 외국인 대상 업무에서 외국인에 대한 배려가 전무하며, 외국인이 아쉬우면 현지상황에 적응하라는 정도의 분위기이다.

특히 인도, 파키스탄, 방글라데시, 스리랑카 등으로부터 하층 노동자(하녀·청소부·일용잡부 등)가 대거 상주함에 따라 외국인에 대한 시각이 주종관계인 양 왜곡되고 있는 경향이 있으며, 이들은 거의 인간대접을 받지 못하고 있다.

외국인의 경우 아무리 오래 살아도 국적취득이 거의 불가능하며, 영주권 제도도 없어서 상시 추방의 대상이 되고 있다.

반면 미국·유럽·일본에 대한 태도는 판이하며, 한국인도 선진국 국민으로 비교적 관대한 대접을 받고 있고 일본인 정도로 존중되고 있다.

터키 Turkey
동서양이 만나는 나라

터키의 장구하고 다양한 문화유산은 페르시아·아랍·비잔틴·오스만·서유럽문명에 기반을 두었다. 아타튀르크의 개혁 가운데 가장 중요한 것은 국민에 대한 이슬람의 영향력을 줄인 것이었다. 오늘날에는 민족주의가 터키문화를 지배하고 있다.
복잡한 역사가 말해주듯이 여러 세기를 지내오면서 다른 민족들과 혼혈되어 외모가 각양각색이다. 먼 옛날 중앙아시아에서 서쪽으로 진출하면서 주위의 다른 민족과 섞여 생겨난 인종이 오늘의 터키족이기 때문이다. 터키 국민은 오스만제국의 영광에 대해 자부심이 크다. 터키 국민은 한국전쟁 참전 때 맺은 인연으로 인하여 한국인을 코렐리(Koreli)라 부르면서 우호적인 태도를 보이며, 문제발생 시 적극적으로 도와주려 한다. 터키인은 전통적으로 체면과 무예를 존중하며, 매우 정열적이고 다혈질이나 서두르지 않는다. 신앙의 전사(戰士)라고 불리는 가지(Gazi)의 정신을 윤리의 주요 덕목으로 생각하고 있다. 터키인들은 민족의식이 매우 강하며, 지정학적인 특성으로 동서양의 사고방식이나 생활양식을 지니고 있다.

이 나라는 '트라키아'로 불리는 발칸반도 동남쪽 끝 일부분의 유럽 터키와 전 영토의 97%를 차지하고 있는 '아나톨리아반도(일명 소아시아 반도)'의 아시아터키 등 2부분으로 이루어져 있다.

터키는 지리적으로 아시아와 유럽을 잇는 지점에 위치한 관계로 지금의 터키민족이 본격적으로 들어오기 이전부터 여러 민족들의 교류가 잦았으며, 더불어 많은 왕국들의 흥망성쇠가 거듭되었던 곳이다. 현재 전해진 바로는 기원전 6000년대의 것으로 추정되는 아나톨리아

원주민의 농경취락유적이 남아 있으며, 기원전 3000년 전후로는 청동기문화가, 기원전 1650년에는 인도유럽어족인 히타이트왕국이 이곳에서 세계 최초로 철기문명을 꽃피우기도 하였다.

기원전 1200년경 트로이전쟁을 통해 트로이가 그리스에 멸망당할 무렵, 이곳 히타이트왕국도 트라키아에서 들어온 트라키아인에게 멸망한다. 그리고 이때부터 기원전 8세기까지 그리스의 식민통치가 이어지면서 이곳엔 밀레투스, 크니도스, 시노프 등과 같은 고대 도시들이 발달한다.

기원전 730년경에는 내륙부에 리디아왕국이 자리 잡았으나 크게 번성하지는 못하였으며, 기원전 5세기 중엽 페르시아 세력이 강대해지면서 그리스의 식민도시들을 비롯하여 소아시아 전 지역을 평정한다. 그리고 2백여 년에 가까운 페르시아의 통치시대가 끝난 뒤에는 한동안 폰토스왕국 등 몇몇 소왕국들에 의한 이전투구가 거듭되다가 로마제국의 등장과 함께 모두 자취를 감춘다.

로마의 식민통치는 3백여 년이나 이어졌다. 그리고 395년 로마제국이 분열할 때, 이곳 소아시아반도는 비잔틴제국에 소속되어 지금의 이스탄불(당시는 '콘스탄티노플')이 제국의 수도가 되기도 한다. 이 비잔틴제국은 6세기 유스티니아누스 황제 때 전성기를 구가하는 한편 근방의 이슬람(사라센)제국의 위협에도 불구하고 11세기까지 세력을 유지한다.

11세기 중앙아시아에서 발흥한 셀주크투르크족은 점차 세력을 확장하여 비잔틴제국을 제압하고 아나톨리아반도 대부분을 수중에 넣는다. 하지만 이들은 14세기 초 몽골의 침입으로 멸망하고 뒤이어 등장한 오스만투르크족에 이르러 본격적인 영토 확장에 나선다. 1453년 콘스탄티노플을 함락하여 비잔틴제국의 마지막 명줄을 끊은 오스만제국은 수도를 이스탄불로 개칭하고, 서아시아와 북아프리카 및 동유럽에 걸친 대제국으로 발전한다. 하지만 16세기 술레이만 대제시대를 정점으로 차츰 쇠퇴의 길을 걷기 시작, 19세기엔 그리스와 이집트의 독립을 허용할 정도로 종이호랑이로 전락하고 만다. 게다가 독일 및 오스트리아와 함께 일으킨 1차 세계대전의 패배로 모든 해외영토를 잃음과 동시에 연합군 측의 터키 분할론과 그리스의 아나톨리아 침공 등 일련의 전쟁 후유증으로 한때 최악의 상황을 맞이하기도 했었다.

이럴 즈음 당시 청년 투르크당의 케말파샤 장군이 이끄는 군부와 지식인들이 봉기에 성공, 술탄 국왕을 해외로 추방함으로써 제정정치를 마감하고, 이듬해인 1923년에 앙카라를 수도로 하여 '터키공화국'을 선포한다. 케말파샤 장군은 초대 대통령으로 취임하여 국내적으로 여러 방면에 걸친 근대화 정책을 추진하는 한편, 대외적으로도 탁월한 외교수완을 발휘, 근대 터키의 초석을 다짐으로써 오늘날까지 '터키의 아버지'로 추앙받고 있다. 이후 터키공화국은 1960년 군부 쿠데타를 계기로 다시 불안한 정국이 이어지다가 1980년에 역시 쿠데타로 집권한 에브렌 대통령 이후에 와서야 차츰 안정을 찾게 된다.

별천지 음식

터키는 먹거리들도 이국적인 풍취가 한껏 느껴지는 곳이다.

아라비안나이트에 나옴직한 물동이에서 뽑아주는 체리주스는 먹거리를 넘어 신기한 볼거리다. 터키는 세계에서 식량을 자급자족하는 몇 안 되는 나라 중 하나다. 비옥한 토지와 곡식이 자라기 알맞은 기후, 문화가 풍부하고 다양한 농산물을 바탕으로 동양과 서양, 유목민과 이슬람의 문화가 혼합되어 탄생한 터키의 별천지 음식문화를 엿볼 수 있다.

터키인들의 집은 거실이 중심이다. 이는 손님을 극진하게 모시는 전통에서 비롯된 것이다. 이때 빠지지 않는 것이 콜론 화장수이다. 손님이 왔을 때 주인은 냉장고에 차게 보관해 온 화장수를 내와 손님의 얼굴을 씻도록 한다. 이 또한 손님을 정성껏 모시겠다는 의미가 포함되어 있다. 또 화장수에 섞인 알코올 성분은 식사 전에 손을 씻는 것과 같은 소독효과가 있어 위생적이다.

식사가 시작되면 주인이 아이란을 따라준다. 아이란은 일종의 요구르트로 터키인이 예부터 즐겨온 옛 전통음료이다. 그들은 요구르트를 음료로만 먹는 게 아니라 오이나 마늘 등 채소와 함께 섞어 반찬으로도 먹는다. 오늘날 식탁에 선보인 것은 시금치를 무친 후 요구르트를 얹은 '요구르트 스파냐'이다. 밥을 기름에 볶아 포도잎에 싼 아프라돌마는 터키인들이 먹는 일종의 주식이다.

모든 음식은 손님이 맛을 본 다음에야 먹고 그날의 식사는 손님 중심으로 이루어지는 것이 터키식 접대문화이다. 식사가 끝났음을 알리는 것도 역시 손님의 몫이다. 손님의 인사는 단순히 식사를 준비한 안주인의 노고를 칭찬하는 말이 아니라 식사가 끝났음을 알리는 일종의 신호이다. 그러면 안주인은 디저트를 준비한다. 터키의 디저트는 주로 땅콩과 시럽, 밀과자 등을 이용한다. 디저트의 종류도 무척 다양해서 '아름다운 내 사람의 입술'이라든가, '여인의 배꼽' 같은 재치 넘치는 이름이 붙여진 것도 있다. 디저트는 하나같이 무척 단맛이 나는데, 이는 달콤한 음식을 먹으면서 달콤하고 즐거운 이야기를 나누자는 뜻이 담겨 있다고 한다. 그 어느 나라보다도 풍부하고 다양한 음식들을 즐기는 터키사람이다. 여기에서는 그들의 음식은 어떻게 잉태됐으며 어떤 영향을 받아왔는지를 살펴보고자 한다.

터키인들은 용맹한 군인이기에 앞서 목초지를 찾아 끝없이 이동해야 했던 유목민이었다. 그러한 영향으로 그들의 오랜 유목생활은 터키의 음식문화에 많은 영향을 주었다.

도시를 벗어나면 터키의 어느 곳에서나 만날 수 있는 드넓은 평원이 보인다. 평원을 따라 끝없이 이동해야 했던 유목민에게 그들이 몰고 다니던 가축들은 요긴한 식품원이었다. 그중에서도 터키인들이 중요시했던 가축은 양이다. 터키의 양은 고기의 맛이 각별할 뿐 아니라 가죽과 털이 우수해 여러모로 쓸모가 있었다. 양털로 만든 섬유 앙고라는 원래 터키의 수도 앙카라에서 그 이름이 비롯되었다고 하는데, 그만큼 터키의 양모가 유명했다는 증거다. 갓 짜낸 신선한 양젖 또한 유용한 양식이었다.

터키인들은 동물의 젖을 유용하게 이용했는데, 치즈와 함께 그들이 좋아하는 유제품이 바로 요구르트다. 터키에서는 요구르트를 직접 만들어 먹는 가정이 많다.

갓 짜낸 양젖을 체에 밭쳐 걸러낸 다음 약한 불에서 서서히 가열한다. 요구르트는 한번 만들어놓으면 장기간 보관해도 상할 염려가 없어 이동이 잦은 유목민에게 매우 편리하고 영양가 높은 음식이었다. 중간중간 젖이 눌어붙지 않도록 몽글몽글하게 될 때까지 끓여준다. 일단 끓인 양젖은 미지근하게 식힌 다음 따뜻한 실내로 옮겨와 유산균 종균을 넣는다. 이때 종균은 크고 건강한 것일수록 진한 요구르트를 만들 수 있기 때문에 종균의 선택은 매우 중요하다. 종균을 넣은 후 두꺼운 모포에 싸서 하루쯤 지나면 완전히 발효된 요구르트가 된다. 완성된 요구르트는 액체와 고체의 중간상태로 완전히 발효된 요구르트가 된다. 완성된 요구르트는 액체와 고체의 중간쯤 되는 걸쭉한 상태로 먹어보면 시큼한 맛이 난다.

이 요구르트 원액은 여러 가지 음식으로 활용되는데, 터키인들이 즐겨 마시는 아이란은 요구르트 원액에 물을 타서 희석시킨 것이다. 물과 요구르트의 비율에 따라 그 맛이 달라지며 소금으로 간을 맞추기 때문에 약간 짭짤한 맛이 난다. 아이란은 터키인들이 즐겨 마시던 것으로 갈증이 없어지고 숙면을 취할 수 있다고 하여 특히 더운 여름밤에 애용한다. 요구르트는 매 끼니마다 터키인들의 상에 오른다. 터키인들은 저녁에는 성찬을 차려 배부르게 먹지만 아침과 점심은 빵과 요구르트만으로 간단히 식사한다. 언뜻 보면 매우 초라한 식탁처럼 느껴지지만, 요구르트가 있는 한 그것은 성찬이다. 반면 진수성찬이라도 요구르트가 없으면 제대로 대접받지 못했다고 여긴다. 유목생활이 남긴 특이한 음식문화가 아닐 수 없다.

현재 터키인들의 98%는 이슬람을 믿고 있으며 이들의 종교는 음식문화에도 지대한 영향을 미치고 있다. 이슬람의 영향은 주로 금기로 나타난다. 금기의 대표적인 예는 돼지고기이다. 터키의 시장엔 갖가지 먹거리가 즐비하지만, 유독 돼지고기는 찾을 수 없다. 심지어 정육점에 걸려 있는 소시지와 햄도 돼지고기가 아닌 양고기와 쇠고기로 만든 것이다.

이스탄불

여행자들에게 세계의 도시 중에서 가장 인상 깊은 도시를 들라면 이스탄불을 꼽는 사람들이 많다. 그만큼 신비스럽다. 콘스탄티노플, 비잔틴이라고도 불리었던 이스탄불은 케말파샤가 수도를 앙카라로 옮길 때까지 오스만제국의 수도였다. 이스탄불의 특징은 돔과 첨탑이다. 회교국가인 터키에는 이슬람사원인 모스크가 많고 대부분의 모스크들이 돔과 첨탑으로 이루어져 있기 때문이다. 더욱이 다른 곳의 둥그런 돔과는 달리 펑퍼짐한 돔이 우리의 가마솥을 연상케 해 친근감을 준다. 이스탄불은 보스포루스해협에 의해 유럽과 아시아로 나누어지므로 시민들 중에는 두 대륙을 오가며 출퇴근하는 사람들이 많다.

이스탄불의 관광명소는 대부분 유럽쪽 구시가지에 있고 특히 술탄 아흐메드 지역에 밀집해 있다. 이스탄불에 머물 때는 숙소를 구시가지에 정하는 것이 여러 가지로 유리하다. 천년 동안 기독교 교회 건축으로는 가장 큰 규모였던 소피아성당과 이슬람사원의 정수라는 블루모스크는 이웃해 있다. 블루모스크 앞이 히포드롬광장으로 이곳에는 이집트 카르나크신전에서 옮겨온 테오도시우스 오벨리스크를 포함한 3개의 고대 기념물이 서 있다. 히포드롬에서도 멀지 않은 곳에 있는 거대한 지하저수장, 콘스탄틴 대제가 건설하고 유스티니아누스 대제가 확장한 성당도 다른 곳에서는 볼 수 없는 건조물이다.

톱카프궁전에서는 오스만제국의 온갖 보물을 구경할 수 있다. 그랜드 바자르는 회교문화권에서 가장 큰 규모의 옥내 바자르로 4천4백개의 가게가 있다. 옥내 바자르 안에 65개의 거리가 미로를 이루고 있어 외래인들은 종종 길을 잃기도 한다.

그 밖에 이스탄불에는 돌마바흐체궁전을 위시하여 수많은 모스크와 박물관, 유서 깊은 명소가 많아 관광을 하려면 최소한 3~4일은 잡아야 한다.

파묵칼레

파묵칼레의 본래 뜻은 '솜뭉치 성'이다. 고원 아래 절벽을 온통 하얀 종유석이 뒤덮고 있어 일대 장관을 이룬다. 이 자연의 경이 위에, 뒤쪽으로는 로마시대의 온천도시 히에라폴리스가 비록 유적이지만 생생하게 남아 있다. 절벽 꼭대기, 거대한 노천 온천탕에는 지진으로 무너진 로마시대의 열주들이 잠겨 있어 신비감을 더한다.

트라브존

터키 흑해 연안도시 중에서 가장 흥미 있는 곳이다. 기후도 온화하고 인심도 좋아 바자르의 상인들도 속이는 법이 없다. 많은 비잔틴양식의 건축물이 남아 있다. 관광객 중에는 14세기에 지은 수멜라수도원을 보기 위해 오는 사람들도 있다. 절벽 전면에 세워진 수도원이 마치 제비집 같기 때문이다.

아프리카
Africa

남아프리카공화국 Republic of South Africa 보석의 나라
모로코 Morocco 전통풍습이 다양한 나라
에티오피아 Ethiopia 가장 오래된 왕국의 하나
이집트 Egypt 피라미드의 나라
케냐 Kenya 동물의 왕국

아프리카대륙은 총면적 약 3,000만km로서 세계 제2의 대륙이며, 수에즈지협으로 아시아대륙에 연결되어 있다. 인종은 여러 종류이나 대체로 사하라사막 이북의 백아프리카와 이남의 흑아프리카로 나눈다.

18~19세기경부터 유럽인이 오지탐험을 하면서 열강의 식민지화되었으나 제2차 세계대전 후 민족운동의 열기가 높아지면서 독립하게 되었다.

아프리카의 매력은 풍부한 야생동물과 규모가 큰 대자연이고, 적도 가까이 위치하면서도 눈으로 덮인 킬리만자로산이라든가, 사하라와 칼라하리의 대사막, 세계적인 경관 빅토리아폭포, 6,700km를 흐르는 대나일강, 자연환경보전을 위해 수없이 만들어놓은 국립공원과 동물보호구역, 거기에서 유유히 살고 있는 가지각색의 동물떼, 최근에 개발되어 오염을 모르는 지중해·인도양 연안의 해변 등지이다. 또 한 가지 매력은 북아프리카에 많은 그레코로만의 유적군과 피라미드를 위시하여 메로에, 짐바브웨에서 볼 수 있는 아프리카의 독특한 문명유적, 사하라와 칼라하리 사막에서 발견된 선주민의 암벽화, 서아프리카의 많은 노예무역유적, 그리고 종교적으로는 이슬람교, 그리스도교의 영향과 더불어 남아 있는 수많은 원시종교와 그 행사 등 인류역사의 발자취를 더듬기에 충분한 문화자원이 풍부하다.

아프리카의 인종이라 하면 먼저 흑인을 생각하나, 사하라사막 이북에는 백인형의 원주민이 살고 있어 백아프리카라 한다.

사하라사막 이남은 흑아프리카로서 콩고분지를 중심으로 한 삼림지대에는 소인 피그미(Pygmy)형 인종이 분산해서 살고 있고, 칼라하리사막 부근에도 역시 소인 부시맨(Bushman)이 살고 있다. 새까맣고 키가 큰 흑인형 니그로(Negro)는 사하라사막 이남의 아프리카대륙에 널리 분포하고 있다. 인구가 편재하여 과잉인구지대가 있는가 하면, 사막과 같이 무인지대도 있다.

백아프리카의 주민은 주로 회교도이며, 아랍어를 사용하고, 모든 면에서 유럽의 영향을 크게 받고 있으나, 흑아프리카에서는 여러 종족이 제각기의 언어·의식습관·터부(taboo)에 따라 생활하고 있다.

남아프리카공화국 Republic of South Africa
보석의 나라

남아공화국은 세계적으로 귀중한 자원이 풍부할 뿐 아니라, 아프리카 최대부국이며, 아프리카 개발의 견인차 역할을 하고 있다.

남아공화국을 구성하는 문화와 인종 및 역사의 다양함은 독특한 성격을 보여준다고 할 수 있으며, 이는 전혀 다른 기후로 이루어진 오염되지 않은 천혜의 아름다운 자연을 가리키는 말이기도 하다. 동시에 선진제국과 동일한 고도의 기술과 문화, 생활양식과 동시에 아프리카의 생생한 부족문화가 공존하는 파노라마가 펼쳐지는 세계 유일의 특이성을 뜻하기도 한다. 그러나 민주주의를 향한 평화적인 이행이 순조롭게 진행되어 흑인중산층이 형성되고 있지만, 대다수의 흑인들은 생계 이하의 빈곤수준에 머물러 있는 반면, 백인들은 선진국수준의 생활을 유지하고 있다. 일부 흑인부족 사이(특히 Zulu족과 Xhosa족 사이)의 분쟁이 지속되는 편인데, 경제적인 문제에 관한 한 흑백 간의 인종적인 편견과 갈등이 깊고, 정치문제에 관한 흑·백 정치세력 간의 갈등이 깊이 잠재된 상태에 있으므로 남아공사회의 제반문제에 대한 언급을 조심해야 한다.

흑인들의 전통적인 생활과 도시생활의 차이점은 백인사회의 그것보다 심각하다. 시골지역에 살고 있는 대부분의 흑인들은 어느 정도 전통적인 가치관을 가지고 있으며 집단의 중요성이 강조되고 개인주의는 서구사회에서처럼 가치 있는 것이 아니다. 최근 흑인 부족사회의 가장 큰 이슈는 일부다처제와 신부 값이다. 과거에는 수많은 전쟁 등으로 인한 성비 불균형으로 일부다처제가 타당성이 있었지만 오늘날에는 상황이 달라져서 단혼제가 일반적인 추세이다. 신부 값도 현재 일부 전통부족들 사이에는 아직까지 존재하고 있지만 급격한 도시화로 인해 점차 사라지고 있는 추세이다.

금과 다이아몬드로 유명한 남아프리카공화국은 아프리카대륙의 최남단에 있어서 덥지도 않고, 1년 중 250일가량은 햇빛이 비치는 좋은 기후를 지닌 나라이다. 대서양과 인도양이 한눈에 바라다보는 희망봉, 동부의 야생동물이 풍부한 크루거국립공원, 서북방의 칼라하리사막 등이 매력적인 곳이다. 한마디로 남아프리카공화국은 하늘의 축복을 받은 나라이다. 사시사철 온화한 기후, 풍부한 지하자원, 아름다운 해변, 아프리카대륙에 이보다 더 살기 좋은 환경이 있을 수 있을까 싶을 정도로 천혜의 자연조건을 가진 나라다.

수십 층의 고층빌딩숲 사이로 늘씬한 백인여자들이 활보하는 요하네스버그는 도무지 아프리카의 도시 같지 않다. 흑인들의 옷차림도 여간 세련되지 않았다. 이는 다이아몬드, 금 등 풍부한 지하자원 덕분으로 이런 풍요는 당연하다 싶다.

줄루족의 축제

줄루족의 축제(Zulus Carnival)는 사카왕이 번창했던 시절에 이웃 부족과의 싸움에서 이겨 부를 얻었으나, 공주가 병으로 죽어 그 슬픔을 극복하기 위해 추모하는 뜻에서 행하는 축제이다. 그들의 전통가옥을 배경으로 하여 전통적 복식을 제대로 갖춘 왕과 왕비, 공주, 그리고 전투사들이 출연하는 호화판 축제이다. 시종일관 춤을 추며 진행되는 이 축제행사는 줄루족의 용맹성을 구가하고 그들의 전통적인 관습을 보여주며 평화를 구가한다는 줄거리가 있는 축제이다.

특히 타 부족과의 전투장면은 어찌나 리얼한지 실제로 싸우는 것같이 격렬해 보인다. 또한 그들의 춤은 아주 격정적이어서 춤의 발상지는 아프리카가 아닌가 할 정도로 율동이 기가 막히다. 동시에 스토리의 전개에 따라 그때그때 변하는 그들의 표정과 감정의 묘사는 섬세하여 얼마나 순박하고 진실된 민족인가를 볼 수 있다.

과거 줄루족의 세력이 컸을 때에는 인근 부족들을 침략하여 줄루족이 가장 강하고 무서운 종족으로 알려져 있었으나, 지금은 많이 순화되어 평온을

되찾고 있다. 현대의 산업화로 인해서 아프리카 흑인들도 점차 전통이 상실되고 있는 이때에 줄루족이 옛 문화를 보존·계승하면서 이러한 축제를 재현하는 사실에 놀라움을 금할 수 없다. 2시간여의 긴 축제는 긴장감 속에서 시종일관 진행되며, 그들의 강인한 삶의 투쟁, 종족보존, 전통계승이라는 점에서 의미있는 축제라 할 수 있다.

요하네스버그

남아프리카에서 가장 큰 도시로서 산업·경제·문화의 중심지인 요하네스버그는 벼락부자들의 땅이다. 금은 요하네스버그라는 도시와 깊게 연관되어 있다. 이 도시에는 구경거리가 무궁무진하다. 칼턴 꼭대기에서 열기구를 타고 멋진 거리를 볼 수도 있고, 동물원의 호수에서 배를 저으며 한가로움을 즐길 수도 있다. 또 줄루족을 찾아 부족민의 드럼에 발맞추어 춤추고, 이 나라에서 가장 훌륭한 사냥터가 가깝다는 이점이 있는 사바나초원의 사냥을 즐길 수 있다.

먼저 골드리프도시(Gold Reef City)를 예로 들면, 이 도시는 황금 러시시대의 개척 요하네스버그로 유명한 황금광산 주변에 세워졌다. 술집과 호텔, 식당, 구식 약제상, 중국식 세탁소, 사무소, 초기의 주식거래소 등이 특이하다. 민속춤과 오래된 갱 등도 볼 수 있다. 방문객들은 지하로 내려가 금을 퍼 올리는 것을 직접 볼 수도 있다. 또 남아프리카는 보석 생산에 있어서도 세계적으로 손꼽히는 국가들 중 하나여서 다이아몬드 채굴광산 방문도 추천할 만하다. 킴벌리 야외광산박물관에 가면 세상에서 제일 큰 다이아몬드(616캐럿) 등 특제품이 전시되어 있는데, 2주일 전에 예약해야만 지하광산까지 구경할 수 있다고 한다.

도심을 벗어나 시골로 가면 원주민들을 볼 수 있는데, 요하네스버

그 근교에서는 줄루족을 만날 수 있다. 40km 떨어진 하이어 사파리라는 원주민 촌락에서는 전통예술과 공예품뿐만 아니라 원시생활과 의식행사 등 고대생활상을 접할 수 있다. 요하네스버그 위쪽 트란스발 지방의 블라이드리버캐니언은 협곡바닥을 따라 굽이치며, 강은 누렇게 음영을 이루고, 그 안에 높다란 버팀벽과 벼랑으로 양 측면이 둘러싸여 있어 뛰어난 경치를 자랑한다. 이 지역을 지나면서 전통부족을 많이 만날 수 있다.

원시생명의 대지 아프리카는 거대한 동물왕국이다. 남아프리카 또한 사막의 사구에서부터 사바나와 아열대림까지의 동물서식지에는 비길 데 없이 많은 종류의 동물과 새들이 살고 있다. 흔히 볼 수 있는 동물로는 코끼리, 사자, 표범, 물소, 코뿔소의 다섯 종류가 있다. 아프리카의 하이라이트인 사파리탐험에 나서기 위해서는 가이드와 차량을 구해야 한다. 요하네스버그는 야생의 아프리카와 거리가 가깝다는 이점뿐 아니라 이 나라에서 가장 훌륭한 사냥터가 있는 곳이어서 정보수집과 예약을 동시에 할 수 있다. 사냥 금지지역은 아열대삼림으로 빛이 들어갈 수 없는 지역까지 광범위하게 펼쳐져 있어 비할 데 없는 다양한 동물과 새들이 서식한다. 새구경, 각종 동물들의 흔적을 찾아가는 게임, 지프와 보트를 이용한 수렵탐험 등 다양한 사냥투어가 마련되어 있다.

더반

더반은 1824년 케이프식민지에서 일단의 무역상들이 들어오면서 유럽인들이 개발한 항구도시이다. 남아공 제당산업의 본거지이며, 다양한 제조활동의 중심지인 더반은 백인보다 인도인이 더 많이 사는 등 백인·흑인·인도인의 문화가 공존하는 도시다. 더반은 남아공에서 세 번째로 큰 도시로 사시사철 따뜻해서 사람들이 살기에 좋고, 인도양의 푸른 물결이 출렁이는 해변은 그야말로 황홀하다. 아름다운 해변은 오랫동안 백인만의 몫이었으나 흑인 대통령 만델라가 집권하면서 흑인도 전용해변을 쓸 수 있게 되었다. 그러나 언제나 북적거리는 백인해변과 달리 흑인 전용해변은 항상 비어 있다. 아직까지 흑인들에게는 해변에서 바다를 즐길 여유가 없기 때문이다. 더반에서는 어디서나 인도인들을 볼 수 있다. 처음 이곳에 이주한 영국인들이 인도인을 흑인과 백인의 중간계층으로 이용했다고 한다. 덕분에 상당수의 인도인이 더반으로 이주해 왔다. 시내에서 가까운 거리에 위치한 캐수워드 마을에만도 8만 명의 인도인이 살고 있다. 이 지역의 상권이 대부분 인도인의 손아귀에 있을 정도로 인도인의 세력은 만만치 않다. 더반 캐수워드 마을의 인도인들은 해마다 힌두교인의 축제를 연다. 축제는 고통과 질병에서 인간을 구원해 달라고 쿠르가신에게 비는 일종의 의식이다.

  축제는 마을 한복판의 넓은 잔디밭에서 벌어지는데, 맨발이 아니면 감히 들어갈 수 없다. 마을사람들은 육체의 고통을 참아내면 영원히 고통과 질병에서 구원받을 수 있는 양, 온몸과 혀에 바늘을 꽂고 바늘에 열매를 매달아 주문을 외우며 쿠르가신에게 기도드린다. 기도가 끝나면, 마을마다 꽃으로 장식한 탑 모양의 수레를, 그 마을에서 가장 건강한 젊은 남자의 몸에 꽂혀 있는 바늘에 맨다. 이윽고 젊은이는 수레를 끌면서 마을을 한 바퀴 돌아 자신의 고통을 신에게 바친다. 이렇게 하면 앞으로 1년 동안은 고통과 질병에서 구원을 받는다고 한다. 극심한 고통을 집단적으로 체험하면서 자기 공동체의 안녕을 기원하는 이들의 풍습이 미련스럽게 보이기도 하지만, 그것은 고향 인도의 거친 자연에 적응해 살아오면서 체득한 그들 나름대로의 삶의 지혜이리라.

모로코 Morocco
전통풍습이 다양한 나라

모로코는 아랍어로 '서쪽의 섬'이란 뜻으로, 아프리카대륙 서북부의 지중해와 사하라 사막에 둘러싸인 섬과 같이 생긴 곳이다.
7세기 말에 아랍 지도자가 세력을 뻗쳐 왕국을 건설한 이래로 통치자 술탄에 대한 충성이 절대적이다. 이곳에는 원래 베르베르인이 살고 있었는데, 7세기 말에 아랍인이 침입하여 독자적으로 이슬람왕국을 건설하게 된다. 금세기 초 유럽 여러 나라의 식민지 획득경쟁이 격화하자, 프랑스가 영·불 협정으로 모로코를 수중에 넣었고, 스페인도 북쪽 일부를 보호령으로 했다. 그러나 1943년 이래의 독립운동으로 1955년 카사블랑카 대폭동이 일어났고, 1955년 여름 이후 반불폭동이 발생하여 1957년 8월 드디어 모로코왕국이 발족되었다.
국민의 대부분이 베르베르인과 아랍인이며, 프랑스인이 일부를 차지하고 있다. 국교는 회교이나 프랑스·스페인계 이주자는 가톨릭교도이다. 주산업은 농업과 광업, 과수, 특히 포도가 풍부하다. 인광석·망간·동·연 등의 광산물도 풍부하고 특히 사피·카사블랑카에서 수출되는 인광석은 연간 1,975만 톤을 생산하여 수출은 세계 제1위이다.

카사블랑카

    모로코 최대의 국제적 도시로서 수도 라바트(Rabat)의 서남 약 90km 지점의 대서양 연안에 위치한 '하얀 집'이라 불리는 아름다운 도시이다. 역사적으로는 고대로부터 있었던 안파 마을에 1465년 포르투갈인이 세운 도시인데, 그때 포르투갈어로 카사블랑카, 즉 '하얀 집'이라고 이름 붙여진 데서 유래하였다. 카사블랑카의 과거는 뚜렷하지 않다. 1755년에 대지진과 해일로 거의 파괴되었던 것이 18세기 말에 재건되었다. 시내 관광명소로는 민예박물관, 프랑스광장, 다마도 장군사령부터 리요네 원수 승마상, 해병대의 문, 살탄왕궁 등이 있다.

페스

모로코의 수도 바라트에서 동쪽으로 약 200km쯤 가면 생생하게 옛 모습 그대로 살아 있는 아랍풍의 중세도시 페스(Fez)를 만난다. 페스는 서기 809년 이드리스 2세가 세운 이드리스왕국의 도성이었고, 아랍학문의 중심지로서 당시에 이미 카라윈대학이 창립되었을 뿐 아니라 14세기에는 세계적인 역사가·여행가 등을 배출, 찬란한 문화의 꽃을 피운 도시다.

페스는 중앙역을 중심으로 남쪽에는 신시가, 북쪽에는 구시가가 펼쳐져 있다. 현지에서는 구시가지를 '메디나'라고 부른다. 페스의 메디나는 다시 9세기 때 생긴 올드 메디나(페스알발리)와 13세기 때 생긴 뉴 메디나(페스알제디드)로 갈라진다.

올드 메디나에는 세계에서 가장 오래된 대학이었던 알 카라윈모스크, 9세기 스페인이 세운 안달루모스크, 페스의 창시자 물레이 이드리스의 무덤 등 오랜 역사유적들이 잘 보존되어 있다. 그러나 올드 메디나의 매력은 세계에서 가장 복잡한 미로라는 골목길에서 찾아볼 수 있다. 원색의 민속의상을 입은 시민과 짐을 싣고 나르는 당나귀들이 들끓는 이 골목길은 안내원 없이 들어가면 되돌아 나올 수 없다는 길이다. 양탄자와 가죽가방, 독 같은 아랍 특유의 상품을 파는 가게들도 이 골목에 있다.

뉴 메디나에는 금빛으로 장식한 호화로운 왕궁을 비롯, 페스알제디드, 최대의 물레이 아브달라 모스브, 700년 전에 세워진 알 함라모스크와 유대인 집단거주지 멜라 등이 있다. 뉴 타운이라고 하지만 700~800년의 역사를 지닌 오랜 것들이다.

페스의 또 하나 명물은 공중목욕탕이다. 페스의 목욕탕은 조금 색다르다. 물론 남탕과 여탕의 구분은 있으나 팬티를 입은 채로 욕탕에 들어간다. 그리고 욕조가 없다. 그 대신 증기실이 있다. 먼저 증기실에서 몸을 쪼인 뒤, 온몸에 비누칠을 하고 수도꼭지 앞에서 물을 뿌려 씻어낸다. 마사지, 때밀이 서비스는 가능하다. 돈을 받고 이런 서비스를 하는 남자종업원들이 늘 대기하고 있다.

페스의 교외에는 일본의 '로텐브로(노천목욕탕)'를 닮은 노천온천풀장이 있다.

에티오피아 Ethiopia
가장 오래된 왕국의 하나

에티오피아는 전체 인구 중 20%도 안 되는 소수파이면서도 솔로몬왕과 시바의 여왕 이래로 3000년 동안 역사를 지배해 온 종족은 암하라족들이다. 암하라어라는 독특한 언어를 갖고, 콥트파 기독교라는 독자적인 종교로 결속되어 있다. 거무스름한 독특한 피부색을 황금이라 부르는 긍지 높은 민족의 색이다. 일반적으로 홀쭉한 형이어서 스마트하고 놀랄 만한 미인도 많다. 그러나 이런 고원의 새로운 도시에 어울리는 밝은 풍경은 아디스아바바의 극히 일부의 표정에 지나지 않는다.

수도라고는 하지만 중심가를 조금만 벗어나면 바로 가난한 서민의 거리이다. 흙벽돌에 양철지붕집이 대부분인데, 붉고 노란 페인트를 칠한 나무창틀이 묘하게 쓸쓸하다. 수도도 아직 두 집에 하나꼴밖에 없어서 조석으로는 커다란 병에 물을 사들고 돌아가는 여자들의 모습을 볼 수 있다.

근대적인 시설의 국립은행과 국립극장, 그리고 호텔과 아케이드로 둘러싸인 중심가의 넓은 로터리 부근에서는 흰 천을 이중삼중으로 멋지게 두른 민족의상의 남자들, 그 흰 옷에 푸르고 붉고 노란 천을 댄 의상의 여자들을 볼 수 있다. 둥근 대접 같은 색색의 양산이 독특한 분위기를 자아내면서 지나간다.

에티오피아는 약 3000년의 역사를 가진 나라로 세계에서 가장 오래된 왕국의 하나였으나, 1974년 군사 쿠데타로 255대를 이어온 제정이 붕괴된 후 이웃 소말리아와 분쟁 중이며, 다난한 상황에 처한 나라이다. 국토의 대부분이 건조한 고지이며 중앙을 루돌프호수에서 홍해로 향하여 달리는 대지구대로서 둘로 나누어지는데, 중심부의 표고가

2,000~2,500m이다. 동북부의 반 사막지대는 다나킬저지로 하강하여 홍해로 들어간다. 서북부의 대지에 있는 타나호는 이 나라에서 가장 큰 호수이다. 지구대 남부는 평야가 많고, 아름다운 호수와 강이 있다.

 BC 1000년 시바의 여왕이 예루살렘의 솔로몬왕을 방문하여 그 아들을 잉태했다. 그래서 낳은 왕자 메넬리크 1세를 에티오피아왕조의 시조로 삼고 있다. 1세기에 건국된 북부의 악숨제국은 중계무역으로 발전했고, 전성기인 4세기에는 에자나왕이 그리스도교를 수용하여 국교로 삼았다. 7세기 이후 회교도가 북아프리카에서 홍해 연안까지 진출했기 때문에 에티오피아는 중동 서구의 그리스도교 문명으로부터 격리상태가 되었다. 그 후 몇 개의 왕국이 흥망했으나 19세기 구주열강의 아프리카 분할 이래로 그 독립이 위기에 처해지게 되었다. 특히 1896년과 1936~1941년 사이에는 이탈리아의 침략을 받았다. 1942년 영국왕의 협정에 의해 독립주권국가의 지위가 부여되고, 1962년에는 동북부의 에리트레아를 병합했다.

 1974년 봉건적 내정에 대한 불만으로 군사쿠데타가 일어나 9월에 황제 퇴위, 12월에 임시군사평의회에서 사회주의선언을 했다. 1975년 3월 제정 폐지, 그해 8월 하이레 셀라셰 황제가 사망하자 제국시대의 막을 내리게 되었다. 약 3000년의 역사를 가진 세계에서 가장 오랜 왕국의 하나가 지구상에서 사라진 것이다.

마타라의 유적

시바의 백성이 '아라비아의 호수'라 불리는 홍해를 건너온 종족들임에 틀림없다. 이들 이주민과 원주민의 혼혈로 오로모족과 암하라족이 생겨났고, 이 두 종족이 협력해서 악숨제국을 세웠다. 19세기 말까지 역대 황제는 북부의 도시 악숨의 '시온의 성모 대성당' 앞에서 대관식을 거행했다. 이 대성당에는 신이 모세에게 내린 십계명의 석판이 들어 있는 유명한 '계약의 궤'가 있다고 한다. 이것은 지금도 성당에 비장된 모양인데, 엄중하게 보관한 채 일반에게는 공개되지 않는다. 신앙의 상징이어서 공개해서는 안 된다는 것이리라. 성당 정면 농가의 마당과 같은 곳에 대관식에 쓰인 돌의 옥좌가 있다. 이 옥좌와 다른 옥좌들을 유칼리숲이 둘러싸고 있다. 에티오피아에서 가장 오래된 기념건조물은 악숨이 아니라, 그 북동쪽 예하에 있는 기원전 5세기의 신전이다. 아라비아반도 남부의 건물과 마찬가지로 대좌 같은 것 위에 세웠는데, 모르타르를 쓰지 않고 돌로 쌓아 올린 창 없는 두꺼운 벽과 안뜰과 장중한 정면계단이 볼 만하다. 이 신전의 바깥쪽은 천재적인 건축가 클렝커에 의해 재건되어 더욱 훌륭해졌다.

메넬리크 1세는 예루살렘에서 가져온 '계약의 궤'를 지키기 위해 거대한 방벽을 쌓았다는 전설이 있는데, 이런 사연이 있는 방벽 역시 예하에 있다. 그런데 유적지 일대에 마을이 생겨서 발굴이 일체 금지되어 있으므로 전설의 진위를 확인할 길이 없다. 그러나 1959년 이래로 예하 북동쪽 마타라의 유적은 두 프랑스인에게 발굴조사가 허용되었다.

마타라의 유적은 우선 그 크기에 놀란다. 웅장한 계단, 복잡한 요철의 교차, 바깥벽이 없는 것 등이 특징이다. 클렝커와 같은 인물이 나타나서 이 유적의 전모를 복원시킨다면 굉장할 것이다. 머리에 초승달을 인 돌기둥은 아라비아와 에티오피아를 잇는 인연이 시바의 달의 신이었음을 말해주고 있다.

아디스아바바

　상쾌한 고원의 바람 속에 내려서는 수도 아디스아바바의 국제공항은 '태양의 나라에 어서 오십시오' 하고 맞아주는 깨끗한 에티오피아의 현관이다. 짙푸른 유칼리의 가로수가 늘어선 하이웨이는 밝은 태양 속에 유칼리의 향기를 풍기면서 사람들을 유혹한다. 해발 2,500m의 고원을 장식한 이 유칼리는 19세기 말에 에티오피아를 처음으로 개발하기 시작한 황제 메넬리크 2세가 멀리 오스트레일리아에서 가져온 것이라고 한다. '새로운 꽃'이라는 뜻의 아디스아바바는 푸르름 속에 있다. 연자색의 재커랜더 꽃이 만발한 시원한 공원, 청공에 외롭게 떠 있는 구름이 손에 잡힐 듯이 낮은 고원의 도시는 참으로 상쾌하다. 북위 9도의 열대임에도 불구하고 우리나라의 가을을 연상시키는 기후가 계속된다.

　옷감이나 야채를 파는 노천시장의 떠들썩함, 외국인을 보면 거미나 그림엽서를 사라고 조르는 소년, 그리고 맨발의 구두닦이 소년이 끈질기게 따라붙는다. 아동의 취학률이 겨우 20%라는 에티오피아의 문맹률은 아직도 90%에 이른다고 한다.

이집트 Egypt
피라미드의 나라

이집트는 세계에서 가장 오랜 문명의 역사를 가진 나라 가운데 하나이다. BC 2925년 경에 상이집트와 하이집트가 통일되었는데, 이는 메네스왕에 의해 이루어졌을 것으로 추정된다. 이 통일로 인해 이집트문명은 절정기에 들어섰고, 이후 약 3000년 동안 본 토출신들이 계속해서 지배자의 위치를 이어갔다.

피라미드와 신전으로 대표되는 수천 년의 문화적 전통과 지중해의 여러 문화, 이슬람문화, 서유럽문화가 섞여 있으나 그 바탕에는 나일강 유역에서 생겨난 유구한 토착 이집트문화가 있다. 국민성은 붙임성이 있으며 인정미가 넘치고 온화하다. 융통성이 있는 반면 겉치레가 심하고 이기적이며 자기 주장이 강하다.

이집트는 나일강의 선물이라고 평했듯이 나일강에 크게 의존한다. 옛날부터 홍수를 예측하기 힘든 메소포타미아의 경우와는 달리 나일강의 홍수는 점진적이어서 예측 가능하여 미리 대비할 수 있고, 주변의 지형적 여건상 외적으로부터 보호받을 수 있어 안전감을 갖는다. 따라서 그들의 세계관은 낙관적이고 성격도 비교적 낙천적이었다. 오늘날 경제적 낙후로 국민들이 다소 위축되고 있기는 하나 오래된 문명의 발상지를 갖고 있어 자부심이 대단하다.

이집트 문턱을 한 발 디디고 들어가면 시간을 초월한 신비의 나라에는 피라미드, 대신전, 유유히 흐르는 나일강, 끝없는 사막 등 모든 것이 장대하여 방문자를 압도한다. 다시 남쪽으로 가면 드디어 문명의 끝장, 옛 모습을 지금도 그대로 보여주고 있으며, 눈이 번쩍 뜨이는 홍해의 산호초가 펼쳐진다. 맑은 홍해의 밑바닥은 바다의 낙원이다. 무수한 열대어와 분홍색, 자색, 오렌지색 등 색다른 산호초가 펼쳐져 있다. 해저에서는 블루치크, 바타플라이, 엔젤피시, 핸프헤드, 베라, 더 악명 높은 쏨뱅이의 아름다운 심포니가 연주된다. 티란해협, 라스모하메드 벼랑의 어지러울 정도로 높은 아래쪽 바다에는 가오리, 상어, 꼬치고기가 우아하게 놀고 있다. 특이하고 즐거운 휴가를 원하는 분에게는 홍해에서의 다이빙과 이집트 관광을 권하고 있다. 홍해에 잠수하여 바다의 보고를 즐기고 이집트인의 심정에 닿을 수 있는 여행, 생각만 해도 가슴이 설렌다. 당신은 반드시 이집트의 매력에 사로잡히게 될 것이다. 이렇듯 이집트는 여러 방면에 걸쳐 오랜 세월 동안 나일강의 흐름과 함께 흥망성쇠를 겪어왔다.

종교는 삶의 지침이요, 도덕적 권위의 상징

인접제국의 문화가 전쟁문화임에 반해 북쪽이 바다로 둘러싸이고 남서쪽이 사막으로 막혀 있다는 지리적 여건에 힘입어 고대의 찬란하고 웅장한 문화를 꽃피울 수 있었던 이집트. 이미 기원전 5천 년경에 세계 최고의 문자인 상형문자가 사용되었고, 기원전 3200년경에는 통일왕국이 세워지면서 장대한 문화가 발달. 아직도 풀리지 않는 수수께끼로 남아 있는 스핑크스는 그 시대의 측량술과 건축술을 가히 짐작케 한다.

이 같은 고대 이집트문화는 자연현상과 자연물, 심지어는 동물에게까지도 신이 있다고 믿고 숭배하는 다신교와 토테미즘에 뿌리를 두고 있다. 고대 이집트인들은 순수한 동물숭배에서부터 인신수수(人身獸首)의 신들, 인간신·우주신·추상신·외래신 등을 섬겼으며, 최고의 신은 태양의 아들 파라오로서 국왕이 이를 대신한다고 믿었다.

과거나 현대나 이집트인의 생활상을 결정짓는 가장 중요한 요소는 종교이다. 종교는 어떠한 삶을 살아야 하는지에 대한 지침으로서뿐만 아니라 영속적인 행위들을 지탱할 수 있는 도덕적인 권위를 갖기 때문이다.

나일강 델타 지역

나일강은 카이로에서 지중해 쪽으로 몇 줄기로 나누어져 흐르고 있으며, 지류를 따라 광대하고 비옥한 토지가 생겨났다. 입구 부근은 풍족한 평야지대로, 이집트 하면 연상되는 건조한 사막의 이미지와는 거리가 멀다. 실제로 이곳은 예부터 잘 정비된 무수한 수로망에 의해 관개가 이루어진 비옥한 대평야이다.

사막지대

이집트 국토의 97%를 차지한다. 나일강 서편에는 관대한 리비아사막이, 동편에는 길고 좁은 아라비아사막이 있으며, 홍해를 사이에 두고 있는 시나이반도에는 전 지역에 걸쳐서 시나이사막이 펼쳐져 있다. 이곳은 낙타를 타고 여행하는 것이 어울리는 곳이다. 강우량이 세계에서 가장 적다고 말해도 좋다.

카이로

이집트박물관

신시가의 마레테 파샤(Marette Pasha)가에 있는 나일힐튼호텔 앞의 해방광장에 있다. 관내의 진열실에 있는 소장품은 선사시대로부터 고·중·신왕조를 지나 그레코로만기에 이르는 이집트 고미술의 정수를 모았고, 조각·석관·석주가 많고, 상형문자, 그림문자도 이색적이다. 특히 투탕카멘(Tutankhamen)의 약 3300년 전 금관은 이 박물관의 자랑거리인데, 왕의 미라를 넣은 금제의 관으로, 순금의 무게가 900파운드를 넘는다고 한다. 미라실에는 역대 왕과 왕비의 미라 30여 기가 진열되어 있다.

술탄하산사원(Mosque of Sultan Hassan)

시타델(Citadel) 근처에 있는 이집트 회교도의 대본산이라 할 수 있는 사원이다. 14세기 반에 기자의 피라미드 거석을 쌓아 올려 만든 것이고, 몇 개의 사원을 모아서 조합한 것이어서 평면이나 정면이 모두 복잡다단하다. 그 주요부분인 높이 55m의 돔은 내부의 장식이 놀라운 것들이다. 현존하는 두 개의 첨탑도 카이로 제일을 자랑하며, 그중 하나는 높이가 81m에 달한다. 절 바깥벽에는 나폴레옹의 대포가 명중한 흔적이 있어 그가 쏜 대포알도 이 절을 파괴하지 못했다는 것이 회교도의 자랑이다.

아즈하르사원(Mosque of Azhar)

카이로 동부에 있는 10세기 말의 건축물로 회교의 학사가 되어 있다. 세계 회교문화의 한 중심을 이루는 교육기관이다.

기자의 피라미드(Pyramids Gizeh)

시타델과 나일강을 사이에 두고 마주보는 기자에서 7km에 이르는 사막에 있다. 카이로 서남쪽의 13km에 위치한 세계 최대의 건물이라 하는 3대 피라미드가 차례로 서 있다. 모두가 이집트 고대왕국의 전성기인 제4왕조시대 즉 BC 2500년 전후에 건조된 국왕의 분묘이다. 그중 최대의 것은 쿠푸(Khufu)왕의 것인데, 평균 2.5톤의 석회암 230만

개를 써서 높이 137m, 저변 230m, 사변길이 186m, 경사각 51도 50푼으로 정확하게 쌓았다. 돌을 깎아서 길을 다듬는 데만도 10만 명의 사람이 1년에 3개월씩 일했을 경우 10년을 요하고, 지하실에 10년, 피라미드 건조에 20년을 요한 것이라 한다. 제2 피라미드는 카프레왕의 것으로 높이 135m이며, 제3은 멘카우레왕의 것으로 높이 65m이다.

스핑크스(Sphinx)

기자의 제2 피라미드 앞에 있는 것으로 얼굴은 사람, 몸은 사자형의 거상으로 왕자의 권력을 상징한다. 높이 20m, 길이는 앞발에서 꼬리 끝까지 약 80m, 입의 폭이 2.5m, 얼굴 높이는 4.5m가 된다.

수에즈운하

수에즈운하(Suez Canal)는 지중해의 포트 사이드(Port Said)와 홍해의 수에즈를 연결하는 운하로서 전장 173km나 된다.

처음에는 지면폭 22m, 수면폭 60~100m, 수심 8m였으나, 현재는 수심 10m, 지면폭 61m, 수면폭 120~150m로 확장되었으며, 교통량의 증대를 완화하기 위해 대기수로 바이패스(Bypass)도 운하의 남북 2개소에 설치되었다.

선단의 통과시간은 18시간, 통항속도는 7.5노트이다. 운하는 5개의 호수를 관통하며, 곳곳에 제방이 있는 것 외에는 평지이므로 전망이 좋다. 연안은 대부분 황량한 사막이고, 대소의 사구가 파상으로 연달아 나타나며, 운하기슭에는 푸른 나무가 무성하며, 인가도 산재해 있고, 낙타 떼가 보이기도 한다. 이 운하가 개통된 것은 1869년 11월 17일이다.

알렉산드리아(Alexandria)

이집트 제2의 도시로서 카이로 서북 약 180km 지점에 있으며, '지중해의 진주'라 불리는 아름다운 항구이다. 전장 36km의 해안이 지중해에 연하여 뻗어 있으며 고층빌딩이 즐비하고 '카지노'라 불리는 식당 겸 음악당이 있다.

BC 331년 마케도니아의 알렉산더 대왕이 페르시아군을 쫓고 도시의 기초를 이룩한 곳이며, 저명한 기하학자 유클리드가 학교를 설립한 곳도 이곳이며, 호머가 오디세이를 쓴 것도 이 도시였다.

시내에는 그레코로만박물관(Greco-Raman Museum), 세라피움사원(Serapium Temple), 몬타자궁(Montazah Palace), 엘 알라메인(EL Alamein) 등의 관광명소가 있다.

나일강 유역

나일강은 총연장 6,690km, 상류는 수단국 내에서 둘로 갈라져 백나일과 청나일이 된다. 본류인 백나일은 멀리 적도 직하 빅토리아호가 수원이다. 한편 청나일은 에티오피아의 아비시니아고원이 수원이고, 맑은 청색을 띠어서 청나일이란 이름을 붙였다. 연안에는 옛 왕조의 도시 룩소르(Luxor)와 카르낙(Karnak)이 있고, 유명한 아스완(Aswan)댐은 룩소르에서 230km 운항한 곳에 있다.

케냐 Kenya
동물의 왕국

> 세계에서 용맹스럽기로 유명한 마사이족은 케냐의 소수부족의 하나로, 탄자니아 국경 깊숙이까지 퍼져 광활한 지역에서 문명세계와는 동떨어진 원시생활을 하고 있다. 이들의 생활양식과 에티켓은 독특한 점이 많은데, 예를 들어 마사이촌을 방문하는 외부인사를 향해 아이들이 침을 뱉는 것은 환영의 표시라고 한다. 이것을 오해하면 도리어 모욕을 당할 우려가 있으므로 주의를 요한다. 이곳은 물이 없으므로 침으로 방문객을 맞이하면 최대의 환영이 되는 것이다.
>
> 보통 '할례'라고 알려진 성인식은 케냐에서도 없어지지 않고 있다. 여기서는 Circumcison이라고 부르는데, 남아공의 넬슨 만델라 대통령도 자서전에서 밝혔듯이 이 예식을 거쳐야 완전한 성인이 된다고 믿고 있으므로 어느 정도의 고통은 감수하는 것이다.

코코야자의 녹음으로 우거진 해변, 대초원을 질주하는 얼룩말떼, 케냐산의 빙하, 창으로 무장한 마사이족 등 여행사들의 광고에 등장하는 주역들은 동아프리카의 맹주라고도 할 수 있는 케냐의 이미지를 세계에 보급시켰다. 그러나 이 같은 선전문구는 지나치게 이미지를 단순화하고 있다. 사실은 좀 더 풍부한 매력을 지니고 있다. 이것을 한마디로 정의한다면 복잡성이란 말이 가장 적당할 것이다. 이 복잡성에는 지리와 인간의 양면이 있다. 우선 지리적으로는 서부의 고지에 대해 동북쪽이나 연안지대에서 볼 수 있는 저지 등과 같은 전혀 다른 성격의 지역이 병존하고 있다. 인간적인 면의 복잡성은 이 나라에 공존하는 문명의 다양성 때문이다. 연안 지역에서는 아랍과 말레이시아의 영향이 지배적이고 이슬람교가 확고한 기반을 구축하고 있다. 낮은 평지에는 유목생활에 적합한 나일로트계 민족이 많이 산다.

고지는 남북으로 달리는 동(東)지구대에 의해 넓이가 다른 두 지역으로 갈라진다. 이 단층의 서쪽 빅토리아호 주변에는 나일로트계인 루오족이 주로 살고, 동쪽에는 반투계인 키쿠유족이 주로 산다. 그 중간에 있는 동지구대에는 또 다른 나일로트계의 유목민 마사이족이 살고, 이 밖에도 아랍인, 인도인, 파키스탄인, 그리고 영국을 중심으로 한 유럽인 등 많은 소수민족이 산다.

기후 역시 다양하다. 연안지대는 고온다습하여 몸바사의 평균기온은 27도에 강우량은 2,000mm나 된다. 여기에 비해 북부와 북동부는 반사막으로서 연평균강우량이 400mm 이하이다. 표고 1,000m인 고지에서는 평균기온이 17도를 넘지 않고 비가 많다. 또 4,600m 이상이 되면 거의 눈과 얼음으로 덮인다. 이 같은 다양성 때문에 관광산업이 크게 발달했다. 다채로운 풍경과 함께 동물의 종류가 세계에서 가장 많고, 호텔시설도 잘 정비되어 있다. 이리하여 케냐에는 해마다 50만 명 이상의 관광객이 모인다.

한편 이 나라의 농업은 관광과 함께 케냐의 경제를 뒷받침하는 기둥이다. 농산물은 토양과 기후의 다양성에 따라 밀, 쌀, 파인애플, 차, 아마, 바나나, 목화 등이 재배된다. 경작지의 대부분은 루오족과 키쿠유족이 사는 고지대에 치우쳐 있는데, 케냐에서 '경제적 열매'를 맺는 지역은 전체면적의 약 6분의 1에 지나지 않는다.

케냐의 수도 나이로비에서 260km쯤 떨어진 곳으로 차로 5~6시간이나 걸리는 단점이 있으나 관광객들이 가장 많이 찾는다. 이곳의 관광 포인트는 '빅5' 즉 코끼리, 버펄로, 사자, 표범, 코뿔소를 모두 볼 수 있는 이점이 있다는 것이다. 7~9월에는 수백만 마리의 이동광경도 구경할 수 있다.

　암보셀리국립공원은 킬리만자로산을 볼 수 있어 빼놓지 않고 찾는 관광코스 중 하나다. 나이로비에서 남쪽으로 230km나 떨어져 좀 먼 편이지만 많은 동물을 만날 수 있으면서 자연경관이 빼어나 인기가 있다.

　이상 3대 야생동물공원 이외에 아버대어국립공원, 삼부르국립보호구, 메루국립공원, 마운트 케냐 등이 있다.

아프리카 제일의 동물 관광국

　케냐는 동물의 왕국으로 알려질 정도로 동물의 수와 종류가 다양할 뿐만 아니라, 동물보호에 정부가 최선을 다하고 있다. 국제멸종동식물보호규약을 엄격히 시행하고 있는데, 가끔 한국사람들이 밀수꾼으로부터 산 표범가죽을 여행백에 넣고 출국하다가 붙들려 물품도 압류당하고 며칠씩 유치장 신세를 지고 추방되는 경우도 있었으니 이곳 여행 시 유의해야 한다.

　이같이 일찍이 동물보호정책을 펴 많은 동물보호구와 국립공원을 가꾼 결과 아프리카 제일의 관광국이 되었다. 남북을 관통하는 대지구대로 인하여 생성된 수많은 호수와 산, 그리고 야생동물의 낙원인 사반나지대 등 관광객을 매료시키는 좋은 조건들을 갖추고 있다.

　풍부한 물과 기복이 심한 자연조건은 동물들에게는 더할 수 없이 좋은 낙원이다. 케냐에는 야생동물을 구경할 수 있는 국립공원이 많아 처음 가는 사람은 어디를 봐야 할지 헷갈리기 쉽다.

　가장 큰 곳은 차보국립공원이다. 적색토의 흙과 화산재 흙으로 항상 붉은 먼지가 일어 토욕(土浴)을 즐기는 코끼리들이 핑크빛으로 보인다 해서 이곳에서는 핑크 엘리펀트라고도 부른다. 차보에는 2만 마리의 코끼리가 서식하는 것으로 알려지는데, 한번에 수백 마리가 떼지어 이동하는 광경이 장관이다. 규모는 작지만 동물을 가장 많이 볼 수 있는 곳은 마사이마라국립보호구이다.

지은이 약력

仁山 원융희

경기대학교 관광경영학과를 졸업(학사)한 뒤 경희대학교 경영대학원 관광경영학과를 수료(석사)하고, 세종대학교 대학원(경영학과)에서 관광경영 전공으로 경영학박사학위를 받았다. 2005년 미국 남일리노이주립대학교 관광학과 교환교수로 있으면서 폭넓은 견문을 접할 수 있는 기회를 갖기도 하였다.
일찍이 서울플라자호텔과 밀레니엄서울힐튼호텔에서 현장업무를 익혔으며, 우송정보대학 관광경영과 교수를 거쳐 용인대학교 문화관광학과 교수로 강의에 임한 지 30여 년이 되었다.
실무와 이론 등이 어우러진 실용적이고 생동감 있는 강의를 하고 있으며, 서비스, 호텔경영, 식음료, 실버산업, 그리고 병원경영학 관련서적에 이르기까지 더욱 품격 있고 가치 있는 글을 찾기 위해 다방면에 걸친 저술활동을 위해 노력하고 있다.
최근에는 레스토피아를 통하여 서비스와 레스토랑 컨설팅에도 임하고 있다.

牛步 오용수

한국외국어대학교 일본어학과(학사)를 졸업한 뒤 경희대학교 경영대학원 관광경영학과(석사)를 수료하고 가천(경원)대학교 대학원에서 관광경영을 전공하여 경영학박사학위를 받았다.
1979년 한국관광공사에 입사한 이래 국내에서 업계협력부장, 일본부장, 해외마케팅실장, 기획조정실장, 개발기획실장, 카지노사업단장, 관광교육원장, 국내마케팅실장을 역임하였으며, 일본에서 후쿠오카, 오사카, 도쿄지사장으로 활약하다가 2011년 경기관광공사로 옮겨 관광마케팅본부장으로 재직 중이다.
경희대학교 대학원, 용인대학교, 일본 후쿠오카산업대학, 도요대학 등에서 강의를 하였으며, 가천(경원)대학교 관광경영학과 겸임교수로서 국제관광, 관광정책, 관광마케팅, 카지노사업, 문화관광에 대하여 풍부한 실무 경험을 바탕으로 강의를 겸하고 있다.
특히 한일 양국의 정부, 지자체, 단체 자문활동과 신문·방송에도 칼럼, 대담을 통하여 관광을 논하고 있다.

세계의 여행꺼리

2012년 6월 25일 초판 1쇄 인쇄
2012년 6월 30일 초판 1쇄 발행

지은이　　원 융 희 · 오 용 수
발행인 寅製 진　　　　욱　　　　상
발행처　　백산출판사
서울시 성북구 정릉3동 653-40
　등록 : 1974. 1. 9. 제 1-72호
　전화 : 914-1621, 917-6240
　FAX : 912-4438
　http://www.ibaeksan.kr
　editbsp@naver.com

이 책의 무단복사 및 전재는
저작권법에 저촉됩니다.

값 15,000원
ISBN 978-89-6183-593-0